GOLDMAN

GOLDMAN

LAURENCE CATINOT-CROST

City
Biographie

Du même auteur

... dans la même veine.

Amélie de Portugal, Éditions Atlantica, 2000.
La Tsarine martyre, dernière impératrice de Russie, Éditions Atlantica, 2001.
Le Démon bleu du tsar. Katia Dolgorouky, l'épouse du tsar libérateur, Éditions Atlantica, 2003.
Wallis la magnifique ! L'extraordinaire destin de la duchesse de Windsor, Éditions Atlantica, 2004.
Eva Perón, la Révolutionnaire, Séguier, 2005.
Rosemonde Gérard. La fée d'Edmond Rostand, Séguier, 2006.
Madame Pouchkine. Les malheureuses amours d'Alexandre Pouchkine, Séguier, 2008.
Créatrices de légende, Éditions Bartillat, 2019.
Joailliers de légende, Éditions Bartillat, 2020.
Dis-moi Céline, City Éditions, 2023.
Rosemonde Gérard, Editions Triartis, 2024.

Photo de couverture : © Jean-Paul Guilloteau/Kipa/Sygma via Getty Images

ISBN : 978-2-8246-2764-9
Code Hachette : 30 5614 5
Catalogues et manuscrits : city-editions.com

Dépôt légal : Octobre 2024

À Michel
À Clara et Eléa
À Joëlle

1

Parce qu'il fallait bien vivre avant d'exister…

Il a longtemps marché, il est venu de loin Alter Mojsze (Moïshé) Goldman[1]. À quinze ans, il quitte son pays, son *shtelt*[2], sa ville, Lublin, sous domination russe, où il est né le 17 novembre 1909. Son pays ? La Pologne en tant qu'État indépendant n'existera qu'après le 11 novembre 1918. Avant cette date, elle était divisée entre trois Empires : l'Allemagne, la Russie et l'Autriche-Hongrie.

Au commencement de la guerre, en 1914, la Russie a conquis une partie de l'Empire austro-hongrois, la Galicie. Durant les premiers mois, les autorités russes déportent des milliers de juifs des zones frontalières. Elles les soupçonnent de déloyauté. Mais dès la fin de l'année 1914, les puissances centrales reprennent du terrain. Après la bataille de Gorlice-Tarnow, en mai 1915, toute la partie qui avait appartenu aux Russes passe sous le contrôle de l'Allemagne et de l'Autriche-Hongrie. Le territoire est divisé en deux zones : le gouvernement général de Varsovie et le gouvernement militaire de Lublin. La frontière est approximativement matérialisée par la Vistule. Les troupes de l'armée austro-hongroise ont commis nombre d'exactions au moment de la reconquête des terres car elles considéraient les juifs – mais aussi les Ukrainiens – comme des traîtres.

1. Alter Mojsze (Moïshé) Goldman né le 17 novembre 1909 à Lublin (Pologne), fils de Berek Lejb Goldman et Chaja née Choren.
2. Shtelt : bourgade, petite ville. Peut désigner aussi un quartier.

La situation économique est catastrophique. Le pillage dans la région de Lublin est d'une dureté comparable à celle de l'occupation allemande. Les mentalités sont arriérées. L'antisémitisme polonais est de plus en plus virulent.

Moïshé préfère emprunter les routes de l'exil plutôt que de se soumettre aux discriminations antisémites dont sa mère, Chaja, née Choren, veuve de Berek Lejb Goldman, décédé le 22 novembre 1910, ne perçoit pas encore le danger. « Mon père n'a pas connu le sien qui est mort en 1909, à sa naissance, raconte Jean-Jacques dans *Chorus*[1], mais celui-ci avait créé une école laïque dans le ghetto de Lublin. Dans le contexte de l'époque, les années 1890-1900, ça devait être quelqu'un de vraiment peu ordinaire. Mon père a donc été le fruit de cet homme-là, un érudit, large d'esprit, et d'une femme simple, qui a survécu ensuite en faisant des ménages. » Jean-Jacques sait peu de choses à leur sujet si ce n'est : « Après la mort de son père, ils ont vécu très pauvrement, mais il avait deux sœurs institutrices, donc il a baigné un peu dans ce milieu de l'éducation et il lui en est resté ce besoin d'agir et d'aller de l'avant[2]. »

Moïshé confiera, en 1976, qu'il avait quatre ans d'activisme derrière lui, notamment au sein du Bund, l'union générale juive des travailleurs de Pologne. Il n'a pour tout bagage que deux pièces de monnaie « cachées dans son col de chemise », précisera son fils Jean-Jacques[3]. Mais il est riche de l'enseignement des classiques français, étudiés en yiddish, Victor Hugo, Émile Zola…

Pour lui, le pays rêvé, c'est la France. Le pays de la Révolution, de la liberté, des droits de l'homme, et d'une certaine douceur de vivre. Une expression en yiddish ne dit-elle pas « Heureux comme Dieu en France » : Gliklekh vi got in *Frankraych* ?

La promesse d'une vie libre, loin des persécutions, et l'attrait d'une grande puissance économique ont de quoi le motiver.

1. *Chorus* n° 53, automne 2005.
2. *Chorus* n° 53, automne 2005.
3. Interview Jean-Jacques Goldman, 1er février 1986, *Télé 7 Jours*.

Il a la foi. « La foi en l'intelligence et la culture, expliquera des années plus tard son fils[1]. Puisque lui a vécu le pire : il a été dans les conditions raciales, sociales, matérielles, les pires. Ses deux sœurs qui étaient institutrices sont mortes de faim en Pologne. Lui savait lire et écrire. Orphelin de père, il a été élevé par les intellectuels juifs et grâce à cela, il a pu traverser toutes les épreuves. Simplement grâce à ce bagage qui était l'appétit de culture et l'intelligence. »

Il travaille six mois en Allemagne avant de rejoindre, en juin 1925, la patrie de Jean Jaurès. Le jeune migrant s'intègre progressivement à la société française. Le plus urgent est de trouver du travail. Il ne manque pas de courage et de persévérance. Il occupe un emploi, de juillet à septembre 1925, dans les mines de plomb argentifère, à Trémuson, en Bretagne. Il a la chance de pouvoir travailler, d'avoir un salaire, de ne plus subir la faim. « Il nous racontait son ahurissement devant les mottes de beurre posées à table ! écrira Jean-Jacques. Son incompréhension face aux menus des restaurants, sa gaieté perpétuelle. Pour lui, ce pays était un paradis. Il l'est toujours resté[2]. » Il réside ensuite dans la Nièvre, à Fleury-sur-Loire, de 1926 à 1927. « J'avais fait le métier de tailleur, mais j'étais dégoûté des métiers qu'on appelait les métiers juifs. Je voulais exercer le métier d'un vrai prolétaire »[3], dit-il. Paris enfin est au bout de la route. Il trouve un emploi d'ouvrier mécanicien dans un atelier de confection, 104 rue des Couronnes, dans le 20e arrondissement. Cet arrondissement avait été créé en absorbant la commune de Belleville et celle de Ménilmontant – partagée entre le 20e et le 19e –, une partie de la commune de Charonne et celle de Saint-Mandé.

Le 20e, c'est toute une histoire. Et quelle histoire ! Gabriel Ranvier[4] est l'une de ses figures des plus marquantes.

1. Rencontre avec Jean-Jacques Goldman. Propos recueillis par Raphaël Toledano. Entretien enregistré le 20 février 2002.
2. Lettre de Jean-Jacques Goldman de 2006 à l'Association les Bistrots de la Vie du Pays Briochin.
3. La Pensée Sauvage, entretien par Wladimir Rabi. Supplément à la revue *Les Temps Modernes* nº 353, décembre 1975.
4. Gabriel Ranvier (1828-1879).

Sa signature figure au bas de la dernière affiche de la Commune proclamant : « Citoyens du 20e arrondissement, le moment est venu de combattre avec acharnement un ennemi qui nous fait depuis deux mois une guerre sans pitié. Si nous succombions, vous savez quel sort nous serait réservé. Aux armes donc, et ne les quittons plus qu'après la victoire. Je viens donc, dans un intérêt commun, au nom de la solidarité qui unit en ce moment tous les révolutionnaires, vous demander d'exécuter fidèlement les ordres qui vous seront transmis [...]. En avant donc et Belleville aura encore une fois triomphé. Vive la République ! » Gabriel Ranvier appartenait au Comité central de la Garde nationale, et le 18 mars, à la tête des bataillons de Belleville, il se joignit aux fédérés de Montmartre avec lesquels ils s'emparèrent de l'Hôtel de Ville et firent hisser le drapeau rouge. Délégué par le Comité central de la Garde nationale auprès de la réunion des maires, il prononça devant la Commune le discours par lequel le Comité résigna ses pouvoirs. Il proclama la Commune à l'Hôtel de Ville le 28 mars 1871. De quoi ravir Moïshé. Il est au bon endroit.

Même si ses conditions de vie ne sont pas faciles, Moïshé souhaite s'intégrer de la meilleure façon en France, s'y bâtir une vie. Il est important pour lui de devenir français. La guerre a entraîné la mort d'un million et demi de Français. Elle est responsable des séquelles de deux millions de handicapés. La France a besoin de main-d'œuvre étrangère. C'est pourquoi, afin de faciliter l'intégration des étrangers, la loi du 10 août 1927 permet l'accès à la nationalité française. Moïshé y voit une chance. Il la saisit. Il obtient sa naturalisation française par décret du 13 juillet 1930[1]. Or, le fonctionnaire commet une erreur en écrivant son prénom. Il transforme Alter[2] en Albert. Moïshé ne s'en offusque pas, au contraire, pour lui c'est un signe de la Providence. Il contracte la même année un engagement de deux ans au 5e régiment de chasseurs d'Afrique. « Je voulais

1. *Journal Officiel* du 27 juillet 1930.
2. Alter = l'Ancien en yiddish.

être comme les autres, dit-il, mais je voulais aussi voir du pays et faire du cheval[1]. » Revenu à Paris, il doit gagner sa vie. Il devient ouvrier tailleur dans le 11e arrondissement et pratique le football au YASK[2], un club communautaire ouvrier rattaché au parti communiste, à Puteaux. Il milite dans le Bund.

Alors qu'il doit participer avec son équipe de basket-ball du YASK aux Olympiades populaires, prévues du 19 au 26 juillet 1936, à Montjuïc (Barcelone), le « pronunciamento » du 18 juillet du général Franco engendre le début de la guerre en Espagne. Dans la nuit du 18 au 19, les premiers coups de feu éclatent à Barcelone. Le lendemain, si la majorité des sportifs restent dans leurs hôtels, certains rejoignent la rue et participent à l'offensive contre les militaires. Le 23 juillet, les Olympiades sont annulées. Les premières colonnes de miliciens partent en direction de l'Aragon. Léon Blum rappelle les athlètes français. Certains des camarades de Moïshé s'engagent dans les brigades internationales. Il refuse de les suivre.

La prise de Barcelone par les troupes du général Franco, en février 1939, jette sur les routes des colonnes entières de républicains espagnols. Plusieurs Juifs polonais, engagés volontaires dans les Brigades internationales, franchirent les Pyrénées avec les civils et les soldats vaincus de l'armée républicaine.

L'armée allemande attaque la Pologne le 1er septembre 1939. L'armée polonaise n'offre que peu de résistance. Elle est écrasée en quelques semaines. À la faveur du pacte signé avec Hitler, Staline convoite de nouveaux territoires. Les Russes occupent l'est de la Pologne, annexent les régions biélorusse et ukrainienne.

Mobilisé le 5 septembre 1939 au 11e régiment de dragons portés, le soldat Goldman se bat sur le front en mai-juin 1940.

1. La Pensée Sauvage, entretien par Wladimir Rabi. Supplément à la revue *Les Temps Modernes* nº 353, décembre 1975.
2. YASK = *Yiddisher Arbeiter Sporting Klub.*

Il est cité à l'ordre du régiment pour sa bravoure au combat et décoré de la Croix de guerre avec étoile de bronze.

Le 10 mai 1940, l'attaque de la Belgique par la Wehrmacht provoque un exode massif vers la France. Après la signature de l'armistice du 22 juin 1940, l'instauration du régime de Vichy et l'entrée en vigueur du statut des juifs, la population juive est la cible des mesures antisémites édictées par les autorités françaises et allemandes en zone occupée.

Démobilisé le 3 août 1940, Moïshé reprend son métier à Paris, ouvre sa petite échoppe de tailleur spécialisé dans la maroquinerie. Il travaille jusqu'en mai 1941 puis rejoint la ville de Lyon alors non occupée. Il trouve un emploi dans son domaine. Mais en novembre 1942, la zone libre est envahie par les Allemands et les Italiens. La défaite de juin 1940 et l'installation du nouveau régime en France ont permis l'instauration d'une législation raciste et xénophobe servie par la loi du 22 juillet 1940 qui prévoit la révision systématique de toutes les naturalisations accordées depuis 1927. Mise en œuvre à partir de l'automne 1940, cette loi appliquée jusqu'au mois de juin 1944 exclura de la communauté nationale et rendra apatrides plus de quinze mille personnes. Chargée d'examiner les dossiers des personnes ayant acquis la nationalité française depuis la loi du 10 août 1927, la Commission émet sur chacun d'eux un avis. Au vu de celui-ci, le garde des Sceaux prend sa décision, le retrait étant prononcé « s'il y a lieu » et sans autre motif. Le dossier d'Alter Moïshé Goldman est étudié à deux reprises, en 1942 et 1943. Il échappe au statut d'apatride grâce à la mention de ses blessures au combat, d'une citation et d'une période de captivité.

Hitler envahit l'URSS en juin 1941 et le 8 décembre les États-Unis entrent en guerre. Après le débarquement des Alliés en Afrique du Nord, le 8 novembre 1942, la zone libre est envahie par la Wehrmacht. Les troupes allemandes occupent Lyon le 11 novembre. Moïshé, depuis le mois d'août 1942, milite au sein du groupe lyonnais de la résistance juive et des FTP-MOI[1]. Avec son ami, Charles Lederman, qu'il a connu à Paris, créateur du MNCR[2], ils organisent la fuite de quatre-vingt-neuf enfants israélites du fort de Vénissieux. Charles Lederman est le responsable lyonnais de l'OSE[3] qui cache déjà des juifs. Avec Gilbert Lesage, directeur du Service social des étrangers de Vichy, le père Chaillet et l'abbé Glasberg, deux membres de l'Amitié chrétienne, une association interconfessionnelle d'aide aux réfugiés, ils parviennent à écarter des enfants des convois en partance pour les camps d'extermination. Le 29 août, trois cars emmènent les enfants à Lyon, montée des Carmélites, dans un ancien couvent occupé par les Éclaireurs israélites de France, tandis que d'autres cars emportent leurs parents… Sur les cinq cent quarante-cinq adultes juifs partis ce jour-là vers Drancy, puis Auschwitz, seule une dizaine reviendra des camps. « C'est seulement six mois avant sa mort que j'ai appris, par un ministre, le rôle primordial qu'il avait joué dans la Résistance, dans la région de Lyon », confiera Jean-Jacques à Philippe Labro[4].

En novembre 1942, Moïshé passe à la clandestinité. Il a pris le prénom d'Albert et rejoint l'UJRE[5] dès sa création en 1943. Jean Moulin crée le Conseil National de la Résistance, et le 26 janvier 1943, naissent à Lyon les Mouvements unis de la Résistance. Jacques Ravine, responsable de l'UJRE pour la zone Sud, charge Moïshé, en octobre 1943, de former à Lyon le premier noyau des groupes de combat de l'organisation. La première réunion se tient au 151 rue Paul-Bert à Lyon. « Au début, nous n'étions que cinq camarades, après quinze jours nous étions déjà quatre groupes », témoignera-t-il plus tard auprès de David Diamant. Ils sont démunis, n'ont pas d'armes. Les premiers revolvers seront fournis par les FTP, mais les groupes sont disloqués pour des raisons de sécurité.

1. FTP-MOI = Francs-tireurs partisans – Main-d'œuvre immigrée.
2. MNCR : Mouvement national contre le racisme.
3. OSE = Œuvre des secours aux enfants.
4. Entretien avec Philippe Labro, *Le Point*, 27 mai 1991.
5. UJRE = Union des juifs pour la résistance et l'entraide.

Jacob Tancerman, responsable militaire régional, reprend le groupe en main fin 1943. Les actions des groupes de combat de l'UJRE se multiplient à Lyon et ses environs : sabotage de transformateurs, attentat contre une maison de repos destinée aux Allemands à Lyon, attentats contre les locaux de l'UGIF rue Sainte-Catherine au cours desquels les archives sont subtilisées, sabotages de machines-outils à Villeurbanne...

En juin 1944, Albert-Moïshé est nommé responsable militaire de la zone Sud pour l'UJRE, succédant à Jacob Tancerman parti pour la capitale. Il organise alors des groupes de combat à Toulouse, Marseille, Agen, Grenoble ou encore Avignon. Il assure la répartition du matériel nécessaire aux différents groupes, contrôle leurs directions, dirige le fonctionnement général. Avec les groupes de combat de l'UJRE de Lyon, il prend part aux opérations de la libération de Villeurbanne, occupe le consulat allemand, le bureau de placement pour l'Allemagne et le siège du Parti populaire français. Mis en congé à la dissolution des groupes de combat de l'UJRE, en octobre 1944, Moïshé Goldman est cité à l'ordre du régiment, le 31 mai 1947, pour ses activités dans la Résistance. « Ensuite il a été au PC ou, du moins, dans les FTP pendant la guerre, précise Jean-Jacques. Mais il a été très éclairé puisque, dès les procès des Blouses blanches, il a été un des premiers à comprendre le stalinisme. Donc, ce qu'il m'a appris, c'est une grande indépendance d'esprit et une confiance en soi, puisqu'ils étaient très peu, à ce moment-là, à penser ainsi. »

À Lyon, Moïshé a fait la connaissance de Janine Sochaczewska[1], émigrée juive polonaise qui a renoncé à émigrer au Mexique et exerce de hautes responsabilités dans la résistance sous le pseudonyme de Danielle.

Son histoire est édifiante. Janka est née en Pologne, à Lodz, en 1914, au sein d'une famille juive de tradition hassidique. Elle grandit à Lodz dans une ambiance très religieuse qu'elle

1. Janka Sochaczewska, née en 1914 à Lodz, décédée en 1993.

peine à supporter : « Dieu me fatiguait. Du matin au soir, il fallait prier, respecter les heures où l'on mange de la viande, et celles pour le fromage, le lait, le beurre (il y avait six heures de décalage). » Le yiddish était la seule langue à la maison. Sa mère tenait un commerce de quincaillerie. Ainsi Janka était en contact avec des clients polonais et elle étudiait dans une école polonaise. Étouffée par la société juive, à quinze ans elle prend contact avec une organisation sioniste de gauche et adhère au mouvement des libres penseurs de Lodz. Elle découvre l'antisémitisme et se lance dans le militantisme. Elle est arrêtée au cours d'une manifestation, condamnée à un an de prison. À sa sortie, en 1928, elle adhère aux Jeunesses communistes. Pistée par la police, elle part vivre en Allemagne et milite au Rot Front (PC allemand) quelques mois.

À l'automne 1929, elle passe clandestinement en France où elle est accueillie par le Secours rouge. Elle prend sa carte au Parti communiste français. Permanente du PCF, section polonaise, elle travaille et milite à Saint-Denis (Seine-Saint-Denis), Boulogne-Billancourt (Hauts-de-Seine). Elle anime la section MOI polonaise dans le Nord, le Pas-de-Calais (1932-1933) où elle organise le syndicat des mineurs polonais, puis à Saint-Étienne (Loire) sous le pseudonyme d'Olga. En 1931, elle met au monde une fille, Jacqueline, fruit de ses amours avec Bolek, un militant communiste polonais. Il sera tué à la fin de la guerre d'Espagne. Recherchée, elle est arrêtée par la police, en février 1934, au Martinet, près d'Alès. Elle est libérée grâce au maire qui aurait alors déclaré : « Si à dix-sept heures cette femme n'est pas libre, je mets tout le Martinet dans la rue. » Elle reprend ses activités, s'exprime dans les meetings, milite à la CGT. Menacée d'expulsion en 1938 pour son activité militante à la CGT, elle est défendue par le syndicat des ouvriers mineurs de Villars et par l'Union départementale CGT de la Loire.

« En 1939, Maurice [Thorez] a exigé que tout le monde régularise sa situation auprès de la police. C'est alors que les emmerdes ont commencé, racontera-t-elle à son fils Pierre.

Ma situation n'était pas tout à fait légale, tous les jours j'étais soumise à des pressions policières. » Elle est arrêtée le 19 octobre 1939 et envoyée, sans sa petite fille, au camp d'internement de Rieucros. Elle y demeure un peu plus de deux ans. « Là-bas, un copain communiste polonais m'a dit : "Il faut te sauver, Hitler ne laissera pas un juif en vie." » Un groupe organise alors son passage au Mexique via l'Espagne. « Un jour, j'ai reçu un visa pour le Mexique et un billet, payé par un comité juif antifasciste de New York. On m'a transférée [en avril 1942] à Marseille dans un camp de transit. Le gendarme était sympa, il m'a laissée sortir un moment. Je ne suis pas rentrée. [...] J'ai été cachée trois semaines par le PCF à Marseille. Je leur ai dit que je ne voulais pas partir, que je voulais combattre l'hitlérisme. Ils m'ont dirigée vers la MOI section juive à Lyon. » Elle s'y cache et s'y montre très active sous l'identité de Josefa Legrand. Responsable du service technique central de la zone Sud FTP-MOI d'avril 1942 à février 1943, elle met sur pied neuf imprimeries clandestines. Elle s'occupe des groupes de combat de UJRE de Lyon et de Grenoble.

Elle n'a pas revu sa petite Jacqueline. Elle a conservé de son séjour au camp de Rieucros une carte en raphia avec un poème en polonais, souvenir offert en juillet 1940 par ses camarades polonaises pour le neuvième anniversaire de sa fille.

21.VII.40. Rieucros.
Toute la Famille t'envoie ses meilleurs vœux pour l'anniversaire de Jacqueline.
Quand Liza tresse un panier de paille
Quand Kicia cherche des fleurs dans les montagnes
Aussitôt, je cherche ma muse en secret

J'attends que de ma plume coulent les rimes
La muse est capricieuse et les rimes effrayées
En lisant, tu me reconnaîtras, Janka, et tu me pardonneras
Bien que le poème soit boiteux et les mains fatiguées

Je me dis : avant que le souvenir ne s'efface, tu le liras !
C'est ta fête aujourd'hui – l'anniversaire de ton enfant
Nous voulons que ce jour soit le plus joyeux
Bien que le ventre gargouille – faisons bonne contenance

Pour toi l'enfant – l'espoir le plus audacieux !
Peut-être demain dans un an ou deux
Jacqueline combattra pour les droits de sa mère
Et peut-être le tort résonnera-t-il dans son cœur
Peut-être NOTRE cause surgira dans sa petite tête !

Comme toute mère, tu souffres sans ton enfant
Pense que malgré tout, tu n'es pas seule
Qu'aujourd'hui la petite fête ses neuf ans
Et que tu es malgré tout sa très chère maman !

Pour Janka, le jour de l'anniversaire de sa fille Jacqueline
Zocha et toute sa famille de Rieucros. Rieucros 21/VII/1940.

Donner la vie ! Telle est la plus héroïque des actions pour une femme selon Janka. C'est sa façon à elle de résister aux atrocités, porter l'espoir, alors que les nazis tentent par tous moyens d'éradiquer les juifs. « Il y avait des attentats tous les jours, se souviendra Moïshé. La mort pouvait survenir à tout instant, pour chacun de nous. Elle a dit : “Je veux avoir un enfant.” Et quand elle est devenue enceinte, elle a dit : “Envers et contre tout, je veux cet enfant.” Quelle raison à un tel comportement ? Certes, il y avait chez elle la conviction de lutter ainsi contre la mort qui nous menaçait tous à l'époque. Mais aussi, selon moi, le fait que cette militante qui avait toujours une vie de militante désirait être une femme dans la pleine acceptation[1]. »

De mai à août 1944, Janka assure le secrétariat du comité de section juif du PCF. Elle accouche, le 22 juin 1944, sous une

1. La Pensée Sauvage, entretien par Wladimir Rabi. Supplément à la revue *Les Temps Modernes* n° 353, décembre 1975.

fausse identité, de leur fils prénommé Pierre Legrand. Les troupes alliées ont débarqué en Normandie. Elle part pour la région grenobloise où elle est nommée chef du réseau de la Résistance. « Peu après ma naissance, ma mère fut appelée à Grenoble pour y remplacer un responsable que les Allemands avaient fusillé. Elle m'emmena, témoignera Pierre. [...] Dans mon berceau, il y avait des tracts et des armes qu'on dissimulait. [...] De cette époque je n'ai pas de souvenir, mais je conserve, je le sais, la marque de ce combat et j'ai erré pour en retrouver la saveur[1]. » Janka confie son fils à des nourrices pour mener à bien ses activités. Elle se trouve à Grenoble au moment de la libération de la ville en 1944, puis rejoint Paris en juin 1945 et quitte le PCF, la même année. Le couple se retrouve, s'installe à Paris. Moïshé reprend son échoppe. Mais rapidement, ils se déchirent. Janka, en 1947, ne rêve que d'un retour en Pologne. Elle veut emmener Pierre. Moïshé s'y oppose absolument. Il n'est pas question que son fils soit élevé dans un pays qu'il juge désormais « fasciste et antisémite ». Il l'enlève et le confie à sa sœur en attendant de clarifier la situation. Janina Sochaczewska sera expulsée en Pologne par les autorités françaises, en 1948. Elle sera professeur dans un lycée de Varsovie avant de revenir à Paris en 1979, et naturalisée française sous le nom de Janine Socha.

L'Allemagne capitule le 8 mai 1945 et le Japon en septembre après les bombardements de Hiroshima et Nagasaki. Le procès des criminels de guerre nazis s'ouvre le 30 novembre 1945 à Nuremberg. Libérés en avril et mai 1945, un grand nombre de survivants des camps prennent le chemin de la France. Détruits, dévastés, ils veulent rentrer chez eux. Ils ont presque honte de parler de ce qu'ils ont vécu. Ils ne montrent pas le numéro tatoué sur leurs avant-bras gauches par les nazis. Les Français veulent oublier la guerre, l'Occupation. Ils n'auraient pas compris ou n'auraient pas voulu savoir, s'imaginent-ils. Ils ne pensent qu'à l'avenir. Après avoir vécu l'horreur, les

1. Pierre Goldman, *Souvenirs obscurs d'un juif polonais né en France*, Seuil, Paris, 1975.

rescapés doivent se reconstruire, retrouver progressivement une place dans la société. Comme l'explique très bien Boris Cyrulnik[1], les résilients sont placés face à un dilemme : témoigner pour eux, c'est transmettre un traumatisme ; se taire, c'est transmettre l'angoisse du silence. Confrontés à cette difficulté à raconter l'inracontable dans un pays n'ayant au fond pas vraiment envie de savoir, de nombreux juifs d'Europe orientale, parlant yiddish, se retrouvent dans le 20e arrondissement, notamment dans le quartier de Belleville. Ils habitent de petits appartements sans confort. Deux pièces. La première sert de chambre à coucher aux parents. La deuxième de salle à manger. La cuisine, bien souvent, n'a pas de fenêtre. Un point d'eau se trouve sur le palier et les W.-C. dans la cour ou entre deux étages. Malgré les difficultés matérielles, ils apprécient la vie animée du quartier, les marchands des quatre-saisons, les vitriers, les chanteurs des rues… Tout le monde parle le yiddish. Fonder une famille est leur souhait le plus cher, en partie pour remplacer celle qu'ils ont perdue et remporter une victoire sur les nazis.

« Je me déclarerai juif tant qu'il y aura des antisémites », assure Moïshé aux siens. Jean-Jacques décrypte son message : « Parce qu'il avait été marxiste et lui avait une explication de sa condition et de son statut très scientifique et très historique, qui était assez peu affective, finalement. Puisqu'il a beaucoup détesté le milieu dont il venait, qui était celui des juifs, disons, non combatifs du ghetto de Pologne. »

Victor Hugo affirmait : « Il faut avoir connu l'exil pour aimer la France. »

Moïshé, à Lyon, rencontre Ruth Ambrunn, née à Munich en 1922, dont la famille s'était installée à Lyon en 1933. « Mon grand-père maternel a quitté l'Allemagne en 1933, à l'avènement de Hitler »[2], précise Jean-Jacques. « Il est venu à Lyon où il a pu travailler. C'était déjà énorme. Énorme aussi d'avoir

---

1. Boris Cyrulnik, *« La honte caractérise la condition humaine », Le Vif/L'Express, 18 octobre 2010.*
2. *La Vie* n° 2878, du 26 octobre au 1er novembre 2000.

pu éduquer ses enfants en France, d'avoir profité du "désordre" français, de l'éducation française[1]. » Renvoyée de son emploi, en 1942, après la promulgation des mesures discriminatoires envers les personnes de race juive, Ruth a été contrainte de se cacher dans un petit village près de Lyon. « Elle était cachée pendant la guerre. Elle était beaucoup plus jeune que mon père puisqu'elle est née en 1922, à Munich, de deux parents juifs allemands. En 1933, son père a senti le vent tourner et a émigré à Lyon. Il lui était impossible de rester vivre là-bas. Il a donc quitté l'Allemagne très tôt. D'ailleurs, toute sa famille a été déportée. C'est le seul qui a réussi à s'en sortir. Pendant la guerre, ma mère était cachée avec ses deux parents âgés dans un petit village à côté de Lyon », se souvient Jean-Jacques. Le mariage de Ruth et Moïshé est célébré en juin 1949 à la mairie du 11e arrondissement de Paris. Ils s'installent dans un modeste appartement de l'avenue Gambetta dans le 20e. Le point central du quartier en est la place Gambetta sur laquelle est située la mairie dite de Ménilmontant. Pourtant on le désigne comme le quartier du Père-Lachaise où est implantée la nécropole des illustres citoyens français d'après les plans de Brongniart, l'architecte de la Bourse. Il y a là Honoré de Balzac, Alphonse Daudet, Jules Vallès, Sarah Bernhardt, Frédéric Chopin, Jean de La Fontaine… mais aussi le monument aux morts et le mur des Fédérés, emblème de la Commune. À deux pas se trouve l'hôpital Tenon ouvert en 1878.

L'année suivant leur union, leur fille Évelyne voit le jour, en juin. Grâce à la grandeur d'âme de son épouse, Moïshé a repris la garde de son fils Pierre, officialisé comme premier enfant du couple. Ruth laisse son emploi dans une garderie d'enfants pour ouvrir avec son mari un magasin d'articles de sport et s'occuper des enfants. Jean-Jacques naît le 11 octobre 1951, avenue Gambetta. « Ma mère m'a souvent raconté que, lorsque je suis né, la sage-femme, en voyant mes longs doigts,

1. Alain Etchegoyen, *Les pères ont des enfants. Dialogue entre deux pères sur l'éducation*, Le Seuil, 1999.

a dit : “Il sera violoniste ou pickpocket”, raconte-t-il à *OK ! Magazine*[1]. Vous connaissez mon choix… Mais il me faudra encore attendre vingt-quatre ans avant de décider que la musique serait mon métier. » La fratrie accueille Robert, le 6 juin 1953. Ruth et Moïshé ont choisi des prénoms chrétiens pour leurs enfants, sans doute par souci d'intégration et de discrétion. Jean-Jacques remarque à ce propos : « Avec un père polonais et une mère allemande, même en naissant en France, on a toujours l'impression de venir d'ailleurs. C'est peut-être pour cette raison que j'ai passé mon enfance dans une famille un peu repliée sur elle-même. »

Les Goldman quittent le 20e pour emménager, en 1957, dans un pavillon avenue de la République, un quartier tranquille de Montrouge, dans les Hauts-de-Seine. Quelque deux cent cinquante kilomètres d'anciennes galeries, des salles, des puits, d'où fut extraite la pierre calcaire utilisée pour construire les monuments et habitations parisiens, courent sous le bitume. Il n'y a pas si longtemps, la nuit, les carrières se transformaient en cour des miracles, zone de non-droit où voleurs, contrebandiers et prostituées cohabitaient. Ce que retient Moïshé Goldman, c'est que, durant la guerre, l'immeuble situé au 47 rue Chaintron, place Jules-Ferry, cachait une imprimerie clandestine qui diffusait le journal *Résistance*, un média libre qui avait remplacé le journal *Valmy* disparu en 1942. À deux pas, la Compagnie des Compteurs, fabrique mondiale de compteurs de gaz, abritait de nombreux résistants, dont Henri Rol-Tanguy. C'est lui qui ordonna la mobilisation générale des Parisiens et installa, le 20 août 1944, l'état-major des FFI dans les carrières sous la place Denfert-Rochereau. La mairie était transformée en Kommandantur. Les Allemands tenaient le dépôt SNCF, vital pour approvisionner et déplacer leurs troupes d'occupation. Les nazis avaient aménagé des abris sous le lycée Montaigne et le Sénat. Tout cela fait froid dans

1. *OK ! Magazine*, 1983.

le dos et maintient une forme d'inquiétude chez les rescapés de la terreur nazie.

Moïshé rompt définitivement avec le parti communiste, cesse toute activité politique pour se consacrer à sa famille et à son commerce, un magasin familial, *Univers Sport*. « Quitter le PC à cette époque, dans ces conditions, c'était une rupture terrible, explique Jean-Jacques. On devient un renégat ! Mais, il a dit : "Il y a manipulation, il y a mensonge, cette idée n'est pas la mienne"[1] ! » Il est choqué par les événements en URSS. La *Pravda*, le 13 janvier 1953, annonce l'arrestation d'une « bande de médecins empoisonneurs » employée par le Kremlin. D'abord neuf, puis quarante médecins, juifs pour la moitié d'entre eux, sont soupçonnés d'avoir conspiré pour assassiner plusieurs dirigeants soviétiques, dont Andreï Jdanov[2] mort cinq ans plus tôt.

Quinze ans après la « Grande Terreur », le maître du Kremlin lance une nouvelle répression à grande échelle, connu sous le nom de « Complot des Blouses blanches », après avoir déclaré un mois plus tôt devant le comité central du parti que « tout juif est un ennemi potentiel à la solde des États-Unis ». Moïshé est ébranlé dans ses convictions. « Mon père avait été proche des communistes, résistant FTP-MOI, mais dès les années 1950, il avait compris les dérives des grands procès, comme le procès des Blouses blanches », expliquera Jean-Jacques. « Il a été d'une très grande clairvoyance. Il s'est éloigné du parti à ce moment-là. Il est resté avec ses idées, on va dire "altruistes" et socialistes, mais anti-PCF. »[3] Comme le soulignera Philippe Labro[4] : « La figure du père domine le souvenir : petit (1,63 m) mais une force d'athlète, habité par une énergie de vie peu coutumière, parlant peu de son passé mais diffusant un climat de culture politique, imposant une des données essentielles dans la famille : l'idéa-

1. *La Vie*, 26 octobre 2020.
2. Andreï Alexandrovitch Jdanov (1896-1948) bras droit de Staline.
3. Alain Etchegoyen, *Les pères ont des enfants. Dialogue entre deux pères sur l'éducation*, Le Seuil, 1999.
4. *Le Point* nº 975, 27 mai 1991.

lisme, l'altruisme. » Deux mois plus tard, la mort du dictateur [5 mars 1953] met un terme à cette purge. Les autorités reconnaissent que les accusations portées contre les médecins étaient mensongères. En URSS, Khrouchtchev crée le KGB[1] en 1954. Une structure unique réunissant contre-espionnage et renseignement extérieur. De l'autre côté de la planète, après deux ans de guérilla, Fidel Castro, secondé par Ernesto « Che » Guevara, libère Cuba de la dictature pro-américaine et corrompue de Batista en janvier 1959. Cette nouvelle fait écho chez Pierre Goldman et aura des conséquences sur le destin familial.

On parle yiddish à la maison. C'est important, même si Jean-Jacques a du mal à suivre une conversation. « Cela signifie des choses sur le plan personnel et cela signifie des choses dans le rapport aux autres. Sur le plan personnel, c'est un passé, des traditions, traditions que je connais très peu sur le plan religieux, mais que je connais bien sur la façon de parler, l'humour, la musique, l'histoire, quand même, des traditions, une façon d'être – puisque, chez moi, on parlait yiddish à table. »[2] Tous les sujets d'actualité sont abordés entre la poire et le fromage. Plutôt entre le bouillon de poule avec des *Lockschen*[3], les *Knaidlach*[4] et le *Cholent*[5]. « J'étais dans une famille très révoltée, très militante, et moi j'étais un peu le traître de la famille puisque je ne m'intéressais qu'à la musique et aux filles. Disons que j'étais un peu la risée de la famille dans le sens où, à table, ça parlait de Cuba, et moi, je ne savais même pas où c'était. [...] Je leur parlais de Jimi Hendrix et je les trouvais débiles de ne pas le connaître[6]. » Il est rarement question de religion. « Ma mère a été élevée dans la religion, confie-t-il. Après la guerre, sa foi s'est

1. KGB = Comité de la sûreté de l'État.
2. Rencontre avec Jean-Jacques Goldman. Propos recueillis par Raphaël Toledano. Entretien enregistré le 20 février 2002.
3. Lockschen = vermicelles.
4. Knaidlach = petites ravioles farcies à la viande de la cuisine juive ashkénaze.
5. Cholent = ragoût de viande et légumes.
6. *Le Soir illustré*, 18 mai 1994.

étiolée, surtout après avoir rencontré mon père. Mais leur morale n'avait pas besoin de ce substitut de conscience[1]. » On respecte, mais on ne pratique pas. « Mon père faisait partie de ces juifs communistes pour qui la religion était forcément l'opium du peuple. Je n'ai pas du tout été élevé dans la religion juive que je connais extrêmement mal. [...] Par contre, nous avons été élevés avec une conscience extrêmement forte du fait que nous étions juifs. »[2]

Les Goldman ont gardé des liens, à Lyon, avec leurs amis Schmitt. Les femmes sont de grandes amies. Leur fils Bernard est le tout premier ami d'enfance de Jean-Jacques : « Nos mères étaient très amies. Elles étaient dans la même classe. Et, pendant la guerre, notre famille a caché la maman de Jean-Jacques. Elles sont restées très unies par la suite. La première fois que l'on s'est vus, Jean-Jacques devait avoir trois mois et moi un an... Nos parents étaient amis. Mais c'est surtout vers quatorze-quinze ans que l'on a commencé à pas mal se voir. J'habitais Lyon et Jean-Jacques Paris. Passionné de cinéma, je montais souvent à la capitale pour m'enfermer à la Cinémathèque. Lors de ces voyages, je logeais chez les parents de Jean-Jacques[3]. » Les jeunes gens se voient de loin en loin, explique Bernard : « On ne faisait que se croiser car Jean-Jacques partait au ski. On passait une soirée ensemble et puis lui partait. Je dormais dans sa chambre. On se voyait peu, mais on était toujours au courant de ce qui se passait dans la vie de l'autre. C'est quand il a commencé à marcher que l'on s'est revus. J'avais déjà commencé à faire du ciné. J'étais encore à Lyon[4]. » Bernard deviendra, en son temps, le maître d'œuvre de l'aspect visuel des concerts de Jean-Jacques et l'un de ses réalisateurs de clips fétiches.

Ruth et Moïshé font donner des cours de piano à Jean-Jacques par Yvonne Levoisier, leur voisine. Ancien premier prix de violon de la Schola Cantorum, concertiste, elle enseigne aux

1. *La Vie* n° 2878, du 26 octobre au 1er novembre 2000.
2. *La Tribune juive*, 5 septembre 1997.
3. *Salut !*, 2 janvier 1986.
4. Propos recueillis par Alexandre Fievée, *Fredericks Goldman Jones*, Gründ.

particuliers le piano et le violon. Jean-Jacques est installé face à l'instrument et apprend à déchiffrer l'incontournable *Méthode rose.* Il n'est pas vraiment emballé. « Pour mes parents, un de leurs challenges fondamentaux était d'avoir des enfants très bien intégrés à la société française. Parmi ces signes d'intégration, le fait de faire de la musique faisait partie de ça. » Évelyne est une très bonne élève, cela sera difficile de l'égaler. « Ma sœur était bien meilleure que moi, alors je me suis rabattu sur le violon pour éviter les comparaisons ! »[1] Il n'est pas très impliqué, il faut dire que la musique classique n'est pas sa tasse de thé : « J'ai vraiment fait beaucoup de classique et je peux vraiment dire que je n'aime pas du tout la musique classique. Je n'ai jamais rien ressenti en écoutant de la musique classique[2]. » Le violon serait-il plus approprié ? Qu'à cela ne tienne, ses parents font le nécessaire. Il y met de la bonne volonté. Pas assez cependant aux yeux d'Yvonne Levoisier. « J'apprenais le violon comme on apprend les sciences naturelles, ça ne me plaisait pas du tout ! J'en ai fait longtemps sans que ce soit une nécessité[3]. » Le professeur qui a décelé chez lui des dons musicaux voudrait bien le pousser davantage. « Il était bien élevé, toujours aimable, toujours poli, mais il ne me satisfaisait pas beaucoup car il ne travaillait pas assez. Alors un enfant doué qui ne veut pas travailler, j'ai envie de l'étrangler tout de suite », confiera-t-elle[4]. Sa maman, dans une de ses très rares interviews, dira : « C'était un garçon assez calme, secret. Il aimait la musique, mais sans plus que cela. Ses rêves ? Difficile à dire, il se laissait très bien diriger, il n'était pas bien décidé. » Sur les bancs du collège d'enseignement général de Montrouge, avenue Aristide-Briand, en 1962, il ne se fait pas remarquer. « C'était un enfant qui, sans être banal, était un enfant normal, confiera son frère Robert. Il n'était ni le premier de sa classe ni le dernier. On ne peut pas dire davantage qu'il rêvait d'être

1. *OK ! Magazine*, 30 janvier 1983.
2. *Grand Format*, RTL, 29 juillet 1991.
3. *Cool*, 1987.
4. *Plus vite que la musique*, M6, 14 juin 2003.

chanteur ou musicien. Il y a des gens qui deviennent médecins ou pompiers, et qui disent, quand ils étaient petits, qu'ils rêvaient d'être médecins ou rêvaient d'être pompiers. Lui, non. Jamais on n'avait le genre de discussion que l'on prête souvent aux enfants du genre : "Quand je serai grand, je ferai ceci, ou quand je serai grand, je ferai cela." On n'a jamais eu l'insouciance des grands rêves. On n'a jamais rêvé d'être quelque chose d'exceptionnel[1]. » Jean-Jacques est timide, réservé, plus observateur que meneur. En réalité, il s'ennuie à cent sous de l'heure. « J'en veux beaucoup au corps professoral français. Parce qu'en plus, il y a beaucoup de choses maintenant qui m'intéressent en histoire, en géographie. Je découvre tout ça dans la vie et quand je pense qu'ils ont réussi à me faire haïr tout ça : la littérature, les maths, la géologie, la géographie, l'histoire. Je leur en veux terriblement d'avoir perdu tellement de temps avec eux[2]. »

La musique l'aide à se fondre dans la masse : « Il y avait une chorale à l'école dont je faisais partie. J'étais attiré par la musique. Pendant les récréations, je cherchais dans la classe où le prof avait laissé son synthé et j'essayais de jouer des trucs[3]. » De lui-même, il se place à l'écart par crainte de l'adversité : « Enfant, j'avais peur de tout. L'école, les autres, tout me terrifiait. Je ne comprenais pas le monde et les règles du monde comme des poissons dans l'eau. Ils s'éveillent en souriant. Moi, je devais réfléchir. Tout a été compliqué[4]. » Est-ce en raison de l'angoisse qu'il perçoit chez ses parents ? « Mes parents ressentaient le danger tout le temps. Partout. À travers une certaine façon de marcher dans la rue, à travers leurs visages qui étaient typés, à travers ces injures qu'ils redoutaient. Quand tu es un enfant, tu sens tout ça, tu n'es pas tranquille. C'étaient les années 1950 et la guerre n'était pas loin… Ils avaient cette inquiétude dans leur sang. Ce

1. *Grand Format*, RTL, 29 juillet 1991.
2. *Grand Format*, RTL, 29 juillet 1991.
3. Rencontre avec Jean-Jacques Goldman. Propos recueillis par Raphaël Toledano. Entretien enregistré le 20 février 2002.
4. La Pensée Sauvage, entretien avec Alter Moïshé Goldman, par Wladimir Rabi. Supplément à la revue *Les Temps Modernes* n° 353, décembre 1975.

n'est pas tragique, mais cela te permet de prendre conscience de certaines choses[1]. » Inconsciemment, de ses parents, il recueille la passion d'exister.

N'a-t-il pas quelques grosses sottises à son actif ? Non, aucune. C'est un garçon sage. « Très sage, confirme-t-il à Évelyne Pagès. Je n'ai jamais reniflé de la colle, je n'ai jamais volé aucune mobylette... J'ai jamais dit "merde" à mes parents... Très très banal quoi. J'étais même pas cancre, ni révolutionnaire, ni exceptionnel[2]. » Les filles ? Les amourettes ? Les flirts ? Rien de transcendant. « ... quand j'avais treize-quatorze ans, les filles, je ne les intéressais pas beaucoup... Je dois reconnaître que je n'étais pas très attirant non plus : j'avais les cheveux courts et je portais encore des culottes courtes, comme un enfant maintenant[3]. »

Chez les Goldman, on transmet le goût du mérite, le goût de l'effort. De bons repères, de solides valeurs dont Jean-Jacques a hérité : « Les enfants cherchent les limites, et quand ils ne les trouvent pas, ils vont les chercher plus loin. Quand un gamin ne les trouve pas chez lui, il va les chercher chez le concierge, et s'il ne les trouve pas chez le concierge, il va les chercher chez les flics[4]. » Il est sensible aux qualités véhiculées par son père. Un exemple pour lui. « Il m'a appris l'honnêteté, je crois... Le travail et la joie d'être vivant. Mon père était toujours très positif[5]. » Apprécier la vie, la respecter. « Donc, peut-être, l'héritage qu'il m'a laissé, c'est celui-là[6]. » En lui naît le désir d'admirer, l'ivresse d'entreprendre. Il se débrouille pour trouver des petits boulots, se faire de l'argent de poche, vendre du muguet le 1er Mai. C'est dans l'air du temps. Même si la fête du muguet et la fête du Travail n'ont rien en commun, elles se confondent à présent. La célébration du 1er Mai et la fête du Travail et des travailleurs furent associées en 1889, en

1. *14, Le Journal*, mars 1993.
2. Grand Format, RTL, 29 juillet 1991.
3. *OK !Magazine*, décembre 1987.
4. Alain Etchegoyen, *Les pères ont des enfants. Dialogue entre deux pères sur l'éducation*, Le Seuil, 1999.
5. *La Vie* n° 2878, du 26 octobre au 1er novembre 2000.
6. Entretien enregistré le 20 février 2002, propos recueillis par Raphaël Toledano. *L'Arche* n° 535, septembre 2002.

mémoire des personnes trépassées lors de la manifestation du 1er mai 1886 à Chicago alors qu'elles réclamaient l'instauration de la journée de travail de huit heures. « Le peu que j'avais, ça me suffisait ! assure Jean-Jacques. Je n'avais pas de gros besoins. Je ne dépensais pas beaucoup de fric. J'avais bien assez d'argent avec ce que me rapportait de laver la voiture de mon père et de vendre du muguet le 1er Mai. En fait, dans ces années-là, nous, les enfants, n'étions pas un "marché" potentiel ! Comme les jeunes d'aujourd'hui. On ne nous avait pas créé de besoins[1]. »

Apprendre, étudier, dévorer les livres, se cultiver toujours. Ruth et Moïshé instaurent autour de leurs enfants un climat propice à l'érudition. « Dans notre milieu privilégié, l'évaluation chez les juifs – enfin, les juifs ashkénazes –, c'est encore plus clair. Contrairement aux idées reçues, les gens les plus appréciés ne sont pas ceux qui ont l'argent, mais ceux qui ont le savoir », explique-t-il. Les perpétuelles persécutions, les nazis, les antisémites, leur ont tout enlevé, mais une chose est sûre, ils ne leur enlèveront jamais la connaissance. Précieux savoir qu'il faut accumuler telle une richesse. « À la maison, on lisait aussi bien Zola que Hemingway, San-Antonio que Montaigne[2]. » Jean-Jacques plonge dans les œuvres de Richard Llewellyn, Roger Martin du Gard. Outre le divin savoir dispensé par les grands classiques, il goûte particulièrement l'univers des premières BD. « Lorsque j'avais douze ans, les bandes dessinées avaient beaucoup d'importance, surtout *Tintin*, *Lucky Luke*, le journal *Pilote*, puis *Astérix*[3]. » Les séances de cinéma du quartier ritualisent les sorties en famille du samedi soir ou dimanche après-midi ainsi que le concert annuel des Chœurs de l'armée Rouge. Cette formation avait triomphé en 1937 lors de l'Exposition universelle à Paris à l'occasion de leur premier spectacle en France. On va aussi écouter les artistes à la mode, comme Jean Ferrat.

1. *La Vie* nº 2878, du 26 octobre au 1er novembre 2000.
2. Entretien avec Philippe Labro, *Le Point*, 27 mai 1991.
3. Entretien avec Philippe Labro, *Le Point*, 27 mai 1991.

Jean-Jacques s'en souvient : « Jean Ferrat a été un chanteur très important pour moi. C'est quelqu'un que j'ai énormément écouté, que je suis allé voir en concert. Mais très tôt, avant même de découvrir la musique rock. Je devais à peine avoir douze ans. Je me souviens l'avoir vu pour la première fois avec mes parents à Bobino. C'est un chanteur qui me touchait, qui chantait Aragon… ses musiques également me faisaient rêver[1]. »

Pour les parents Goldman, le parcours d'intégration familial doit être exemplaire. Jean-Jacques entre chez les scouts. Il devient louveteau aux Éclaireurs de France. Il explique : « À côté des Scouts de France, d'obédience catholique, il y avait des scouts israélites, des unionistes protestants et donc des Éclaireurs de France laïcs. Pas des laïcs par hasard, mais des militants de la laïcité qui avaient fait sécession avec le scoutisme catholique[2]. » Il se réjouit de cette expérience : « J'ai été éclaireur (laïque) de France durant dix ans. J'aurais dû passer animateur à dix-sept ans, mais j'ai commencé à jouer du rock, le samedi et le dimanche. J'ai donc une dette envers le scoutisme qui m'a tant apporté. Il m'a appris la vie, les relations humaines, la débrouille. J'y ai découvert la nature, la nuit, l'effort, la musique, le chant choral, la façon de monter un spectacle, le sens des responsabilités. Imaginez qu'à quinze ans nous sommes partis en Irlande, seuls. Le responsable avait seize ans. Chacun à son niveau assurait une responsabilité. On faisait du stop et on dormait dans des granges. […] Moi qui étais assez asocial, surtout à l'école, j'ai appris la vie en collectivité. Mes parents étaient commerçants et travaillaient énormément, samedi et dimanche matin compris. On vivait beaucoup en autarcie. Le scoutisme m'a permis de devenir quelqu'un d'un peu plus sociable[3] ! » Pendant les camps, il apprécie l'ambiance : « On chantait

1. *Midi Libre*, 18 juillet 2000.
2. *Chorus* n° 53, automne 2005.
3. *La Vie* n° 2878, du 26 octobre au 1er novembre 2000.

beaucoup, on faisait des chorales[1]. » Il pense de plus en plus à la musique, se remet à pianoter : « C'est là que je suis monté sur scène la première fois, c'est là qu'un jour j'ai emprunté la guitare de mon chef de patrouille et que j'ai commencé à gratter dessus. C'est là que j'ai eu mes premières histoires avec les filles... Tout s'est passé là[2]. » Son totem est « Caffra arrogant et décidé ». Caffra, c'est le chat sauvage d'Afrique australe, autrement dit *Felis silvestris cafra.* « Caffra parce que j'étais maigre, comme ce chat sauvage ! Arrogant : c'était peut-être un malentendu dû à mon côté réservé, solitaire. Mais le scoutisme m'a ouvert. Il m'a intégré à la vie collective et m'a appris des valeurs de respect de l'autre[3]. » Il développera cet aspect pour *OK ! Magazine*[4] : « On ne peut pas dire que nous formions un clan, mais nous étions très unis. D'ailleurs, aujourd'hui encore, on vit tous à proximité les uns des autres dans un rayon de cent mètres. Et toutes les occasions sont bonnes pour se retrouver ensemble. Les réunions familiales, c'est comme une tradition chez nous. Je me souviens que chez mes parents on restait longtemps autour de la table à parler. C'était des discussions sans fin que l'on continue d'avoir encore aujourd'hui. C'était très passionné, très chaleureux même lorsqu'on n'était pas d'accord. S'il n'y avait pas d'artiste dans ma famille, sauf peut-être grand-père qui faisait du café-théâtre en Allemagne, en revanche, tout le monde se passionnait pour la littérature. Adolescent, au lieu d'aller faire du vélo ou jouer au foot, je dévorais des livres allongé sur le lit de ma chambre. J'ai toujours été un enfant très renfermé, n'aimant pas me mêler à la foule. De cette époque, j'ai d'ailleurs conservé un goût très prononcé pour les endroits clos. La cave où je compose aujourd'hui est mon univers préféré. Je déteste l'été, les grands espaces ; en revanche, il n'y a pas

1. Rencontre avec Jean-Jacques Goldman. Propos recueillis par Raphaël Toledano. Entretien enregistré le 20 février 2002.
2. C8, *Jean-Jacques Goldman, de Coluche à Céline Dion.*
3. *La Vie* n° 2878, du 26 octobre au 1er novembre 2000.
4. *OK ! Magazine*, 1983.

plus heureux que moi en hiver, dans un train ou une ville grise. Hé oui ! Je suis un ténébreux solitaire ! »

Ruth et Moïshé sont certains que l'encadrement scout complétera l'éducation qu'ils dispensent à leur fils. Il lui a aussi dévoilé d'autres horizons à travers les voyages : au Luxembourg à bicyclette ; le tour de l'Irlande en roulotte tirée par des chevaux ; et durant l'été 1967 le jamboree aux États-Unis, dans l'Idaho au pied des Rocheuses de Farragut State Park. « C'est à ce moment-là que j'ai acheté ma toute première guitare, dit-il dans *OK ! Magazine*[1]. J'avais économisé péniblement les sept cents francs qu'il fallait à l'époque pour acquérir un tel instrument. Mais jamais je n'aurais pensé qu'un jour elle me guiderait vers mon métier. La musique fait partie de mon éducation et avec elle j'ai trouvé un formidable moyen de communication. C'est d'ailleurs un peu pour me guérir de ma timidité et de mon isolement que j'ai commencé à faire partie des groupes qui se montaient au lycée. »

Son frère aîné, Pierre, à l'opposé, fait des embarras : « On m'envoyait aux Éclaireurs de France et j'eus du dégoût pour l'aspect paramilitaire de leurs saines activités. Je repoussais toute action qui eût troublé la fantaisie de mes rêves », écrit-il[2]. Il est évident que les deux frères n'ont pas le même genre de fréquentations. « J'étais disponible pour toute aventure [révolutionnaire], si désespérée fût-elle, pourvu qu'elle me jetât dans un affrontement authentique, historique. Dès lors, je fus membre d'un groupe. »

Ces deux-là se connaissent bien peu, n'ont pas de véritable relation fraternelle. Jean-Jacques l'explique de la façon suivante : « Nos rapports étaient distants. Déjà, il était né en 1944, moi en 1951 ; sept ans d'écart, c'est beaucoup quand on est enfant. Lorsque j'avais cinq ans, il en avait douze… Je l'ai assez peu connu, en fait. Quand je dis "Tes yeux, ton visage et ta main dans la mienne" [texte de la chanson *Ton autre chemin*],

1. *OK ! Magazine*, 1983.
2. Pierre Goldman, *Souvenirs obscurs d'un juif polonais né en France*, Seuil, Paris, 1975.

je n'ai jamais vécu de telle relation avec lui, il n'y a jamais eu d'intimité entre nous… En plus, il n'était pas très affectueux avec nous et il ne se sentait pas spécialement bien à la maison. Il est parti en pension dès qu'il a eu treize ou quatorze ans, parce qu'il était très turbulent et qu'il se faisait renvoyer de tous les lycées. On ne se voyait plus vraiment[1]. »

Les appréciations à propos de Ruth et Moïshé sont tout autre chez Jean-Jacques qui saisit les qualités inculquées dans la famille : « Le sens des valeurs. L'amour de la France. Le fait que rien ne va jamais de soi. Ni se promener dans la rue librement, ni voter, ni aller à l'école gratuitement, ni avoir de quoi manger. Je suis essentiellement ce qu'ils étaient. Ce qu'ils m'ont inculqué[2]. » À un journaliste, il dira : « Fils de deux personnes immigrées, on a du mal à considérer que la ville dans laquelle on est né soit une évidence. » Oh ! bien sûr, il y a eu ce passage à l'adolescence où il a pensé à rouler un brin des mécaniques, mais rien de bien affirmé. « La politique, les injustices… comme tous les jeunes de cet âge, j'ai eu moi aussi envie de changer le monde, de le refaire… Et puis cette envie a disparu comme elle est venue[3]. »

Il reprend à son compte les termes de son frère Robert : « J'étais un enfant grisâtre… c'est péjoratif, mais sans histoires », se définit-il. « J'avais des parents très bien, mais je me sentais un peu victime du monde adulte. Je n'étais pas content d'être là dans l'ensemble[4]. » Il confie ses états d'âme et ses pensées à son journal intime. « J'en avais écrit cinq ou six volumes que j'ai brûlés à dix-huit ans. J'avais mis dans mes cahiers tout ce qui bouillonnait en moi et que je n'arrivais pas à exprimer ouvertement[5]. » Ses interrogations sont multiples : « J'avais des problèmes personnels, disons d'intégration au monde, j'en étais encore à me poser des questions

1. *Chorus* nº 53, automne 2005.
2. Alain Etchegoyen, *Les pères ont des enfants. Dialogue entre deux pères sur l'éducation*, Le Seuil, 1999.
3. *OK ! Magazine*, 30 janvier 1983.
4. *Studio 1*, Europe 1, mars 1986.
5. *OK ! Magazine*, 30 janvier 1983.

sur ce que je foutais là[1]. » Période où émerge une vulnérabilité potentielle chez tout adolescent en attente de changements qui ne manqueront pas d'engendrer de nouveaux choix et le renoncement aux attachements de l'enfance. « Quand on me demandait si j'étais juif, mon père m'avait appris à dire oui, quitte à essuyer des injures et à se battre pour ça [...] et d'un autre côté, il ne m'avait pas appris ce que c'était qu'un rabbin, ce que c'était qu'une synagogue, ce que c'était qu'une prière [...] je me revendiquais juif vis-à-vis des autres et d'un autre côté je me sens très mal à l'aise avec les juifs, les vrais, parce que quand on me parle de *bar-mitsvah*, je ne sais pas ce que c'est, *Roch Hachana*, je ne sais pas ce que c'est, j'arrive dans une église... le lapsus est bon, dans une synagogue, je ne sais pas ce que c'est. » Les soirées sont sages et paisibles au sein du foyer. « Je conserve la vision de tous les enfants, dans la même pièce, le soir, sans radio, sans télé, chacun plongé dans un livre, et l'un relevant la tête pour rire à une formule et l'échangeant avec les autres[2]. » Pierre est de son côté : « ... l'austère, le sérieux, c'était plutôt moi, et lui le futile, commente Jean-Jacques. C'était un bon vivant, du genre hâbleur, un noceur, un danseur, il profitait de la vie, quoi ! Il n'était pas que ça bien sûr, mais ça aussi[3]. »

Pendant les vacances scolaires, on file au bord de la mer dans un camping : « On avait de quoi se payer des glaces à l'eau, mais ça n'allait pas beaucoup plus loin que ça. On n'a manqué de rien et on n'a rien eu de trop non plus[4]. » Les échanges linguistiques permettent aux enfants de passer la Manche. Jean-Jacques vit des expériences musicales à sensation : « J'ai entendu Jimi Hendrix la première fois quand j'étais à Londres dans une famille. Je devais avoir treize ou quatorze ans. Et j'allais dans un club où il y avait un jukebox et vingt fois de suite je réécoutais son disque, l'oreille collée à l'appareil. J'adorais son modernisme et son origina-

1. Fred Hidalgo, *Les Chansonniers de la Table ronde*, Fayard/Chorus, 2004.
2. Entretien avec Philippe Labro, *Le Point*, 27 mai 1991.
3. *Chorus* n° 53, automne 2005.
4. *Génération Laser*, RTL, 15 au 19 novembre 1991.

lité qui, selon moi, n'ont jamais été égalés. Mon grand regret : ne jamais l'avoir vu sur scène[1]. » Selon ses dires, il subit un véritable choc lors d'un concert d'Aretha Franklin auquel il assiste dans une boîte « je ne sortais pas beaucoup, ça devait être pour le Nouvel An. [...] Avec *Think*, j'étais touché par une atmosphère, un plaisir non intellectuel, absolument pas raisonné, complètement physique, comme une expérience amoureuse... [...] Je suis allé voir le disc-jockey et je lui ai demandé ce que c'était et il me l'a écrit sur un bout de papier et je me suis précipité chez un disquaire en revenant de vacances. [...] Je suis devenu fou en écoutant cette chanson, alors que j'étais vraiment un enfant très calme. [...] Ça faisait dix ans que je faisais de la musique classique sans recevoir la moindre chose. Et en rentrant en contact avec cette chanson, je suis devenu fou, je ne pensais plus qu'à ça. À ce moment-là, j'ai tout changé. J'ai arrêté le violon, j'ai appris la guitare avec un copain [Paul Ferrette] qui jouait du blues et j'ai commencé à jouer dans des groupes. »[2] Il abandonne le violon en effet et se met à la guitare achetée sept cents francs (équivalent de huit cents euros actuels) avec ses économies. L'instrument est plus approprié pour commencer à composer. C'est l'époque où il intègre le lycée François-Villon dans le 16e arrondissement de Paris, entre le boulevard périphérique et le boulevard Brune, non loin de la porte de Vanves. Sur ses bancs, Patrick Bruel, André Comte-Sponville, Michel Jonasz, Yann Queffélec, attendront eux aussi, parfois avec impatience, l'heure de la sortie. Il y fait la connaissance de Jean Bender, un gars de première, âgé de dix-sept ans, qui commence à taper sur une batterie. Jean a un an de plus que lui. Ils décident de faire de la musique ensemble et envisagent dans un premier temps d'animer la fête de fin d'année. « J'étais franchement moyen. Moyen en lettres, en anglais... enfin un peu partout. Sauf en physique-chimie, où j'étais vraiment nul. Au final, j'avais juste le niveau nécessaire pour

1. *OK ! Magazine*, 18 février 1985.
2. *M6 Music*, 2001.

passer chaque fois dans la classe supérieure[1]. » Il s'est fondu dans le groupe de classe sans problème. On le remarque à peine : « Il n'avait pas de traits de personnalité extrêmes, remarque son frère Robert. [...] Je ne veux pas dire qu'il passait complètement inaperçu, c'est pas vrai, mais il avait un certain conformisme et aujourd'hui, je pense que cela correspondait à un certain décalage entre une certaine insouciance qu'avaient ses camarades de classe et ses préoccupations. Il n'avait rien d'excessif. Ni il n'était seul dans un coin ni il n'était le leader de grands chamboulements dans les écoles. Il était toujours, j'allais dire, proche des faibles, mais c'est pas ça. Quand il y avait un môme un peu attardé dont les autres se moquaient, c'est vrai qu'il n'était pas du côté des loups[2]. » Il ne pratique pas de sport collectif, mais se passionne pour le football. Il suit à la radio les retransmissions de matchs et les exploits de ses équipes fétiches, le Stade de Reims, Saint-Étienne et Lyon.

Heureusement, Jean-Jacques trouve un espace de liberté salvateur dans les surprises-parties organisées chez les copains : « Ma première découverte vraiment personnelle, ça a été dans les surprises-parties des années 1963-1964 : tous ces disques de rhythm'n'blues sous le label Formidable, où cohabitaient des artistes comme Aretha Franklin, Otis Redding, Sam and Dave, Wilson Pickett, Solomon Burke... ça et le blues. Puis Bob Dylan, qui est arrivé après[3]. » Son copain Couselin l'initie aux grandes figures emblématiques du blues. Il découvre Bob Dylan à L'Olympia de Paris, en 1965. « C'était mon premier concert et je m'en souviens parfaitement. J'ai le souvenir de cet immense drapeau américain derrière lui, toute la première partie acoustique, le Bob Dylan que l'on connaissait, qui avait déjà un peu défrayé la chronique en se réaccordant pendant vingt minutes. Je pense qu'il ne savait plus très bien où était le *mi* et où était le *sol*... Et ensuite, en deuxième partie, les My

1. *OK ! Magazine*, décembre 1987.
2. *Grand Format*, RTL, 29 juillet 1991.
3. Télérama, 22 octobre 1997.

Bloom Field et autres qui arrivent sur scène, et c'était l'époque de *Highway Sixty-One*. Un souvenir vraiment inoubliable[1]. »

Paul Ferrette lui présente un groupe de musiciens débutants, les Red Mountain Gospellers, créé en 1966, composé de copains de lycée qui se produisent dans l'église Saint-Joseph de Montrouge. La formation réunit Jean Bender (batterie), Paul Ferrette (basse), les frères Christian et Alex Francfort (guitare et chant) originaires de Martinique, recrutés grâce à une petite annonce dans *Rock&Folk*. Ces derniers, avec leur frère Patrick, formeront, en 1976, le groupe Gibson Brothers qui connaîtra un énorme succès deux ans plus tard grâce au titre *Cuba*. Les chanteurs de gospel de Montrouge ont trouvé plus smart de traduire en anglais leur nom. Red Mountain Gospellers, ça sonne mieux ! Ils animent les célébrations. Le père Bertrand Dufourmantelle, curé de quartier du Haut-Mesnil, à Montrouge, les a pris sous son aile. « Il y avait un orgue électrique, ce qui était une denrée extrêmement rare à cette époque-là, et ils avaient besoin d'un clavier »[2], précise Jean-Jacques. Il accueille le petit nouveau et lui confie l'orgue électrique : « Mes petits paroissiens m'ont demandé si je ne voyais pas d'inconvénient à ce que l'un de leurs camarades, qui n'était pas de notre foi, tienne ce rôle. Bien entendu, j'ai immédiatement accepté[3]. » Une aubaine pour ces jeunes gens : « Nous jouions Eddie Cochran, Jerry Lee Lewis, les tubes du moment… Et, à la demande du prêtre, des gospels dans son église[4]. » Ils tournent le plus possible, grâce au bouche-à-oreille, dans les soirées privées, les Maisons de la jeunesse et de la culture (MJC) et les bals de la banlieue parisienne.

Au prix de bien des sacrifices, les Goldman offrent à leurs enfants des vacances agréables. Pour Pierre, c'est un peu

1. *OK ! Magazine*, décembre 1987.
2. *Télé Moustique*, 25 juin 2003.
3. Entretien avec Bertrand Dufourmantelle, par Dominique Prehu, *France-Dimanche*, 12 mars 1984.
4. *Chorus* n° 22, hiver 1997-1998.

particulier. Dès 1957, il est envoyé par le train auprès de sa mère qui vit à Varsovie. « Je la reconnus parce qu'elle était la seule juive dans cette blondeur polonaise, dans cette blondeur rose et grise où éclatait sa chevelure noire, hébraïque, sa peau comme d'un désert. Je fus contre elle, et je pensais que c'était ma mère et que ça n'avait aucun sens et j'avais envie de pleurer mais je ne pleurais pas[1]. » Le lendemain, toute affaire cessante, Janka l'emmène à Auschwitz. On imagine sans peine le choc pour cet enfant de treize ans. L'attrait pour la lutte révolutionnaire serait-elle née de l'endoctrinement maternel, d'un besoin d'identification au couple formé par Janka et Moïshé durant la guerre ? Pour Jean-Jacques : « Il y eut comme une mythologie autour du père, de son passé de combattant clandestin[2]. » Moïshé ne partage pas cet avis : « Comment en est-il venu à être à tel point fasciné par la Résistance ? Moi, je ne lui parlais guère. Mais chaque année, pendant les vacances scolaires, il allait en Pologne chez sa mère. Sa mère et surtout beaucoup des amis de sa mère, qui avaient vécu et combattu en France, rappelaient les événements de la guerre à laquelle ils avaient participé. Ils parlaient aussi d'Auschwitz. Et comment pourrait-on ne pas en parler en Pologne ? C'est ainsi qu'il a été peu à peu hanté par cette expérience historique qu'il n'avait pas vécue[3]. »

Pendant ce temps, l'enfance est plus apaisée pour les trois autres Goldman qui partagent des séjours à la neige en Savoie. Courchevel avec son frère Robert pour Jean-Jacques, c'est le rêve. Il skie, reçoit ses premières étoiles. Cependant, il se trouve à part d'autant que ses camarades le surnomment gentiment « le Chinois » en référence à ses yeux un peu bridés et ses cheveux mi-longs et raides. « J'étais très décalé, les autres étaient coiffés, ils avaient des vêtements à la mode, nous on était dans le monde un peu à part. Je faisais mon violon, j'étais boy-scout, les autres allaient au café, je

1. Pierre Goldman, *Souvenirs obscurs d'un juif polonais né en France*, Seuil, Paris, 1975.
2. Entretien avec Philippe Labro, *Le Point*, 27 mai 1991.
3. La Pensée Sauvage, entretien avec Alter Moïshé Goldman, par Wladimir Rabi. Supplément à la revue *Les Temps Modernes* n° 353, décembre 1975.

n'étais pas comme eux. » Tandis que Pierre, marqué par les discours de sa mère, est obsédé par les témoignages de la guerre, la déportation des juifs. Il l'écrit : « Je me rassasiais, je me pénétrais, je me hantais de films et d'histoires de cette guerre, d'images de l'Holocauste[1]. » Bien sûr, leurs origines les déterminent, mais Jean-Jacques a déjà perçu que : « Les valeurs ne sont pas dans une terre ou dans un endroit mais elles sont en nous, [...] on traverse le temps et les kilomètres avec des valeurs. » Renvoyé du lycée d'Évreux, où il était interne, pour avoir mené une fronde contre le surveillant général, Pierre sera admis en seconde à Étampes. Il est inscrit à Compiègne l'année suivante puis au lycée Lakanal de Sceaux. Il a adhéré aux Jeunesses communistes. Il reprend son cursus, passe son baccalauréat en auditeur libre, tout en travaillant comme surveillant d'internat, puis à dix-neuf ans, décide d'assister aux cours de philosophie à la Sorbonne. En 1963, il est inscrit en auditeur libre à l'École des hautes études en sciences sociales. Il rejoint le cercle de philosophie de l'UEC[2] de la Sorbonne et s'engage au sein des services d'ordre d'organisations étudiantes d'extrême gauche. Il a quitté ses parents et vit chez l'un ou l'autre de ses camarades qui lui offrent le gîte et le couvert. Il emprunte de l'argent qu'il ne rembourse jamais. Il devient rapidement responsable du service d'ordre de l'UEC, avec Yves Janin. Sa principale activité est d'organiser la chasse aux groupements d'extrême droite. En 1966, il quitte la France. Via la Tchécoslovaquie, il va retrouver sa mère en Pologne. « Je dis à ma mère que j'étais venu la voir parce que je voulais qu'elle m'aide à rejoindre les rangs d'une guérilla latino-américaine. Bouleversée, elle contemplait cette représentation absurde et pourtant logique de sa vie. Elle savait que je l'aimais profondément dans ce désir d'une autre Espagne, d'une autre Résistance, dans cette passion d'être comme les hommes qu'elle avait aimés. [...] Elle caressa mes cheveux en disant que son fils était fou et

1. Pierre Goldman, *Souvenirs obscurs d'un juif polonais né en France*, Seuil, Paris, 1975.
2. UEC : Union des étudiants communistes.

promit qu'elle allait tout faire pour que je puisse réaliser ce rêve qui me venait d'elle[1]. » Il s'embarque pour les États-Unis afin de gagner l'Amérique latine et participer à la lutte révolutionnaire. Il parvient à Cuba mais arrive à La Havane le soir de la mort du Che[2]. « Quand j'arrive, la Révolution est finie ! » remarque-t-il. Expulsé du Mexique, arrêté par la police américaine pour défaut de passeport, il fait un séjour en prison. Il s'engage dans la lutte armée révolutionnaire au Venezuela, puis revient en Europe en novembre 1967 comme clandestin. En effet, déserteur, il est condamné à un an de prison par contumace. « Nous avons appris le côté "mauvais garçon", après ses aventures au Venezuela, par les journaux, mais nous savions qu'il n'était pas intéressé par l'argent, précise Jean-Jacques. On n'a jamais eu l'impression d'être loin de lui. J'ai toujours considéré que ses valeurs restaient les mêmes que les nôtres : amitié, idéalisme, fraternité ; une tendresse pour les faibles, la lutte contre les forts[3]. » Moïshé se fait violence et malgré ses convictions, rencontre son fils en catimini dans des cafés à l'insu de la police : « Mon père voulait que je me rende aux autorités militaires, que je choisisse un avocat et effectue mon temps de prison. Il m'apprit que j'avais été condamné à un an de prison par défaut et que, régulièrement, les gendarmes venaient chez lui s'enquérir de moi. » Pour Évelyne, Jean-Jacques et Robert, c'est le retour du frère prodigue. « Je fus surpris de découvrir que ma sœur avait dix-neuf ans, qu'elle étudiait la médecine, savait danser, avait un amant, militait et croyait que le développement des forces productives s'était arrêté en 1939, écrit Pierre. Mes frères étaient âgés de seize et dix-huit ans. Ils étaient jeunes, fins, enjoués, plaisants. Ils aimaient la musique pop et portaient chacun une longue chevelure[4]. » Les Goldman ont un cœur immense, tout particulièrement Ruth. Pierre ne peut qu'en convenir : « Quant à ma belle-mère, ma mère légale

1. Pierre Goldman, *Souvenirs obscurs d'un juif polonais né en France*, Seuil, Paris, 1975.
2. Octobre 1967.
3. Entretien avec Philippe Labro, *Le Point*, 27 mai 1991.
4. Pierre Goldman, *Souvenirs obscurs d'un juif polonais né en France*, Seuil, Paris, 1975.

dans la langue juridique, notre problème ne fut point que je ne l'aimais pas, mais que je l'aimais aussi. Le contraire aurait été plus simple », admet-il.

L'univers de Jean-Jacques est tout autre. Il baigne dans la musique. Il travaille et répète des morceaux de *negro spiritual*, anime des bals avec Dominique Proust qui révélera à *Paris-Match*[1] : « On alternait rocks et slows. Il fallait faire transpirer les gens pour qu'ils boivent, nous étions rémunérés selon la recette du bar ! On jouait Johnny, Claude François, les Beatles. Jean-Jacques venait aux boums organisées dans la salle paroissiale. On dansait, on buvait quelques bières. Avec les filles, on faisait gaffe, elles ne prenaient pas toutes la pilule. »

Le groupe des Red Mountain Gospellers marche si bien que le père Bertrand Dufourmantelle finance le premier disque autoproduit du groupe. Septembre 1967, les jeunes passent par la grande porte du studio Blanqui, sis au 94 boulevard du même nom dans le 13e arrondissement de Paris. Jean Bender (batterie, percussions), Paul Ferrette (basse), Jean-Jacques Goldman (orgue, harmonica et guitare), Danièle et Joëlle Henriel (chœurs), Denis Hoche (guitare) et Marian Rémir (guitare soliste) gravent *Nobody knows*, *Colours*, *Go down Moses* sur un vinyle. Les mille exemplaires vendus à la sortie de l'église, les Red Mountain Gospellers remboursent l'avance consentie par le prêtre, puis la formation d'origine se sépare pour créer un nouveau groupe au répertoire très rock : The Phalanster, en référence à la folle utopie de Charles Fourier[2]. Le phalanstère désigne une cité dont les bâtiments sont pensés pour favoriser la vie en communauté d'associés qui mettent leurs compétences au service de tous et partagent leurs ressources. Autour de Jean-Jacques on retrouve Jean Bender, Paul Ferrette, Christian Francfort (chant) et Alex Francfort (claviers). Paul Ferrette se souviendra d'un séjour en Normandie durant les vacances scolaires, dans la demeure des parents du batteur, propice à une retraite musicale : « À

1. *Paris-Match*, 17 août 2015.
2. Charles Fourier (1772-1837).

part une promenade, nous avons fait essentiellement de la musique. Nuit et jour. »

Jean-Jacques, sans le connaître, entend parler d'un garçon qui se fait remarquer dans un groupe amateur sévissant les week-ends dans la banlieue, Daniel Balavoine. « Dans les années 1968-1969, nous étions sur le même catalogue. Un catalogue de groupes à louer (voire à vendre !) pour les soirées, clubs, bals, etc. Lui, c'était le groupe phare : Présence ; nous, c'était Phalanster, *outsiders* de la banlieue sud. Déjà on parlait de lui avec respect. Différemment[1]. » Ils se rencontreront lors d'un concert à Wembley, organisé en faveur de l'Éthiopie, en juillet 1985…

1. *Chorus* n° 54, hiver 2005-2006.

2

La qualité d'un homme se calcule
à sa démesure ; tentez, essayez, échouez
même, ce sera votre réussite.

JACQUES BREL

Dans la France de De Gaulle, la jeunesse aspire à une nouvelle société. La révolte des étudiants débute en mai 1968. La contestation, partie de Nanterre, s'étend à la Sorbonne et au Quartier latin, à Paris. Le mouvement n'est pas bien perçu, y compris par les syndicats de travailleurs et une partie de la gauche. Dans une tribune au vitriol publiée dans *L'Humanité*, le communiste Georges Marchais dénonce « ces pseudo-révolutionnaires dirigés par l'anarchiste allemand Cohn-Bendit », qui « servent les intérêts du pouvoir gaulliste et des grands monopoles capitalistes ». Le 10 mai, les étudiants occupent le Quartier latin et dressent des barricades. La répression est violente. Trois jours après, le pays tout entier est paralysé par une grève générale. « Il m'arriva de traverser le Quartier latin au moment des tumultes les plus durs et je m'amusais d'y voir les manifestants se prendre pour des combattants », écrit Pierre Goldman[1]. Moïshé essaie de maintenir son commerce et tenir les siens hors de l'eau. « C'était très intéressant de l'avoir à la maison, parce que quand des gens défilaient en criant "CRS SS", lui disait :

1. Pierre Goldman, *Souvenirs obscurs d'un juif polonais né en France*, Seuil, Paris, 1975.

“Non, pas SS”, observe Jean-Jacques. Quand on parlait de grève générale, il disait « la grève s’arrêtera dès qu’on redistribuera de l’essence », il avait une grande expérience des mouvements ouvriers. Ça a beaucoup tempéré Mai 68 pour nous. *[...]* Pour lui c’était de la rigolade, il regardait ça, je crois, avec un immense mépris[1]. » Cela n’empêche pas Évelyne, future étudiante en médecine, d’être active au sein d’une cellule trotskiste. Jean-Jacques observe son paternel : « Mon père ne faisait pas la cuisine, ne faisait rien de ce qui n’était pas “masculin”, mais je n’ai pas une vision de lui comme incompétent. J’ai une vision de lui “spécialiste des choses d’hommes”[2]. » En classe de première, Jean-Jacques est élu délégué du Comité d’action lycée de son établissement, mais il fait un pas en arrière à juste raison. « Je suis allé à une réunion qui était organisée par le fils Figuères, dont le père était le maire communiste inamovible de Malakoff. Je suis parti au bout de quinze minutes. Tout était noyauté par les Jeunesses communistes. À partir de là, je ne suis jamais allé me battre au Quartier latin[3]. » L’attitude de certains professeurs l’attriste : « Ce qui m’a peut-être le plus frappé dans ces événements, c’est la démission des professeurs, à quel point certains ont été complices de cette négation de leur autorité, à quel point certains n’ont pas résisté, à quel point ils n’avaient pas de conviction sur leur autorité, confie-t-il à Alain Etchegoyen[4]. Je me rappelle un prof de philo qui arrivait dans ma classe où l’on avait changé les tables de sens, où l’on fumait pendant les cours. Il arrivait en disant : “J’ai beaucoup à apprendre de vous !” C’est ça, pour moi, Mai 68, cette espèce de déliquescence, ce peu de résistance. Il a suffi d’une pichenette pour qu’une partie du corps professoral s’agenouille. »

1. Alain Etchegoyen, *Les pères ont des enfants. Dialogue entre deux pères sur l’éducation*, Le Seuil, 1999.
2. Alain Etchegoyen, *Les pères ont des enfants. Dialogue entre deux pères sur l’éducation*, Le Seuil, 1999.
3. Alain Etchegoyen, *Les pères ont des enfants. Dialogue entre deux pères sur l’éducation*, Le Seuil, 1999.
4. Alain Etchegoyen, *Les pères ont des enfants. Dialogue entre deux pères sur l’éducation*, Le Seuil, 1999.

Quant à Pierre, il décrira son Mai 68 ainsi dans *Souvenirs obscurs d'un juif polonais né en France*[1] : « Vint Mai 68. Je fus d'abord surpris de cette émeute inattendue et qu'elle fut si massive. Je m'en tins écarté. Par mesure de sécurité, bien sûr, mais aussi parce que j'étais déjà en Amérique latine, bien que je fusse à Paris. [...] Je fus excité, mais je ne peux dissimuler que je respirais dans cette révolte des effluves obscènes. Il me semblait que les étudiants répandaient dans la rue, à la Sorbonne, le flot malsain d'un symptôme hystérique. Sous ses formes ludiques et masturbatoires, ils satisfaisaient leur désir d'histoire. Je fus choqué qu'ils ne prennent que la parole et s'en réjouissent. À l'action, ils substituaient le verbe. Je fus choqué qu'ils mettent l'imagination au pouvoir. Cette prise de pouvoir était une prise de pouvoir imaginaire. Mon opinion est qu'ils méconnaissaient gravement la tactique du gouvernement et que cette tactique était subtile, efficace. Ils se croyaient dans la violence, dans l'insurrection, mais c'était des pavés qu'ils lançaient, non des grenades. " CRS SS", disaient-ils. Ce cri névrotique, je le trouvais ridicule. Les CRS n'étaient pas des SS, eux n'étaient pas des partisans. L'art du régime ne fut pas d'être violent. Il fut plutôt de savoir maintenir l'affrontement dans des limites pacifiques, d'où l'emploi des armes était banni, tandis que les révoltés s'imaginaient en pleine insurrection et assouvissaient ainsi, fictivement, leur rêve de révolution. »

Après sa rencontre avec Régis Debray, Pierre décide de partir, en juin 1968, à Cuba, puis au Venezuela où il passe un an dans les rangs de la guérilla. « J'ignorais le contenu exact de la ligne politique du groupe auquel j'appartenais. Je l'avoue, je le confesse : peu m'importait[2]. » Il est plus que jamais en relation avec sa mère, en Pologne, qui a commencé une carrière de professeure et continue d'adhérer au communisme. Profond est le déchirement de Janka lors de la campagne antisémite déclenchée par Gomulka et le parti, en 1968, suite à la guerre des Six-Jours, présentant les juifs comme une cinquième

1. Pierre Goldman, *Souvenirs obscurs d'un juif polonais né en France*, Seuil, Paris, 1975.
2. Pierre Goldman, *Souvenirs obscurs d'un juif polonais né en France*, Seuil, Paris, 1975.

colonne. « Je voulais en avoir le cœur net. Je me rendis à un meeting organisé au Palais de la Culture par le Parti communiste. Il y avait dans la grande salle un parterre trié sur le volet : tous les apparatchiks, toute la police politique. Et ils criaient au point qu'on entendait à peine Gomulka : "Qu'ils partent ! Dehors les juifs ! Aujourd'hui ! Cette nuit[1] !" » Ils respiraient la haine. J'avais l'impression de me retrouver à Nuremberg, dans un *Parteitag* nazi. Je suis sortie. Horrifiée. Je compris que je venais d'enterrer les belles idées de ma jeunesse. Je marchais, hagarde dans les rues de Varsovie, en pleurant[2]. » Ce n'est qu'en 1979 que Janka reviendra en France. (Elle y décédera le 28 décembre 1993.) Les chars soviétiques entrent en Tchécoslovaquie en août 1968. Le réformateur Alexandre Dubček, arrivé au pouvoir en janvier, avait ouvert une période d'espoir, connue sous le nom de Printemps de Prague, afin d'installer un gouvernement « socialiste à visage humain ». Or, à vingt-trois heures, dans la nuit du 20 au 21 août, les troupes aéroportées et terrestres du pacte de Varsovie franchissent les frontières. Moscou et ses alliés déploient deux cent mille soldats. Ils seront rapidement six cent mille. Radio Prague annonce, à cinq heures, que Prague, la capitale, et toute la République tchécoslovaque sont occupées.

Jean-Jacques a obtenu un Bac D, avec mention, alors que le premier homme à marcher sur la Lune, en juillet 1969, est américain. Edwin « Buzz » Aldrin, Michael Collins, Neil Armstrong, les trois astronautes, membres de la mission Apollo 11, avaient décollé le 16 juillet 1969 depuis la Floride. Neil Armstrong posa le pied sur la Lune le 21 juillet et prononça sa célèbre phrase : « C'est un petit pas pour l'Homme, un bond de géant pour l'Humanité. » Dix-neuf minutes après, Buzz Aldrin vint le rejoindre. Les deux hommes passèrent deux heures et demie à la surface du satellite, à recueillir des échantillons et à installer des instruments scientifiques. L'exploit fut suivi par des centaines de millions de téléspectateurs à travers le monde.

1. *Le Soir illustré*, 24 avril 1986.
2. Pour le souvenir du camp de Rieucros n° 25, janvier 2018.

Très certainement, Jean-Jacques fut émerveillé par cette prouesse. D'autant qu'il était particulièrement attentif à tout ce qui venait d'Amérique, la liberté d'entreprendre, la satisfaction de réaliser des projets, la reconnaissance du succès, quel que soit le statut social. Il se trouve à l'étroit dans son univers, limité par l'instruction qu'il a reçue de ses maîtres, peu outillé face à de grandes ambitions : « Franchement, le souvenir que j'ai de mes quinze ou vingt ans d'études, c'est une horloge grise derrière, ronde avec ces minutes si lentes alors qu'elles me paraissent tellement rapides maintenant, dira-t-il à un journaliste. Vraiment, je ne pardonne pas ça. Je ne pardonne pas ça. Entre six ans et vingt ans, je trouve qu'on a tellement mieux à faire. On pourrait le faire de façon tellement plus passionnante que là, il y a vraiment un problème[1]. » Ses parents l'incitent à entrer en classe de préparation HEC, au lycée Lavoisier, afin de se mettre à niveau pour passer les concours d'entrée aux grandes écoles de commerce. « À dix-sept ans, je passais le bac et je ne savais pas quoi faire ; ils m'ont donc demandé ce que je voulais. Moi j'ai dit que je voulais faire de la musique ; ils ont pensé que c'était vraiment aléatoire et ils m'ont inscrit en prépa. Mais je n'étais pas du tout déterminé. [...] de toute façon, mes parents avaient une grande emprise sur moi. J'avais plein de copains beaucoup plus indépendants qui partaient, qui allaient vivre dans des piaules, en étant musiciens, bouffant de la vache enragée comme on dit, moi j'étais pas du tout prêt à ça[2]. » L'alcool et la drogue circulent dans les loges et les coulisses des salles où il joue avec son groupe d'amis. Il est de bon aloi de se shooter avant d'entrer en scène. Hélas pour certains d'entre eux, les paradis artificiels se transforment en enfer. « J'ai fait partie de plein de groupes de rock, deux de mes amis musiciens sont morts d'overdose. La drogue était là, mais moi, on ne m'a jamais proposé un joint. Alors que je jouais avec eux. [...] L'un avait dix-huit ans, il vivait dans une grande

1. *Grand Format*, RTL, 29 juillet 1991.
2. Alain Etchegoyen, *Les pères ont des enfants. Dialogue entre deux pères sur l'éducation*, Le Seuil, 1999.

villa seul, parce que ses parents n'étaient pas là. […] Je connais quelques alcooliques depuis l'âge de seize-dix-huit ans. […] J'ai pas mal côtoyé le monde de la drogue ; c'est vraiment une vie terrible, pathétique. Il faut vraiment ne connaître rien ou avoir un problème pour choisir cette existence-là, un problème presque psychiatrique[1]. » Il avoue son impuissance à les ramener à une vie plus saine : « Je me sentais ailleurs. Il était plus difficile d'être dans mon cas, quelqu'un qui n'y touchait pas, plutôt que d'être dans le leur. Le leur était socialement beaucoup plus facile à vivre. »

Après avoir joué dans les bals, The Phalanster se taille un joli succès lors du Tremplin du Golf Drouot, en 1970. Tous les vendredis soir, quatre ou cinq groupes se succèdent sur la scène de cette salle, au premier étage du 2, rue Drouot, au-dessus du *Café d'Angleterre*. À l'origine, le lieu était un salon de thé, doté d'un golf miniature de neuf trous, tenu par Mme Perdrix, un peu en perte de vitesse… Le barman, Henri Leproux, y installa un juke-box afin d'attirer la jeunesse du quartier. Jacques Dutronc habitait juste à côté, rue de Provence. Jean-Philippe Smet, alias Johnny Hallyday, vivait rue de la Tour-des-Dames. Avec leur copain Claude Moine, rebaptisé Eddy Mitchell, ils venaient écouter les disques américains, jouer de la guitare, chanter. Le parcours de golf fut supprimé, en 1960, pour installer une scène sur laquelle Henri Leproux lança les fameux « Tremplins » ouverts aux groupes de musiciens et apprentis rockers. Dix ans plus tard, les membres du Phalanster ont les mêmes rêves que leurs aînés. « On détonnait un peu quand même, il faut le reconnaître, rappelle Chris Gibson. Déjà, il y avait deux Noirs. Ensuite on avait une dégaine assez particulière. Jean-Jacques avait son éternel pantalon noir, qu'il a porté pendant des années… Il avait un haut avec des rayures. Moi j'avais mis un débardeur et un vieux jean. Et Paul, à la basse, avait sa dégaine de professeur. Finalement, il n'y avait que

1. Alain Etchegoyen, *Les pères ont des enfants. Dialogue entre deux pères sur l'éducation*, Le Seuil, 1999.

Jean qui avait un côté un peu rock[1]. » Cette description plutôt sage des membres de leur groupe ne laisse pas de surprendre en écoutant la suite du récit : « On a terminé par *Stone Free* d'Hendrix. On a tout défoncé ! [...] Je me souviens encore de notre jeu de scène avec Jean-Jacques, c'était dément. C'était une bête de scène, Goldman. Une vraie bête de scène ! Ce n'était pas « Je suis là, j'accompagne ». Il était par terre avec la guitare et moi je sautais à deux mètres du sol[2]. » Le vote du public les désigne comme vainqueurs. Ils remportent cinq cents francs et une séance d'enregistrement dans un studio. « Nous avons carrément remporté le premier prix ! » se souvient Jean-Jacques. Une joie vite effacée par l'opprobre qui s'abat sur le foyer de Ruth et Moïshé.

Pierre, en possession de faux papiers – un passeport vénézuélien, sous un pseudonyme –, dès son retour en France, en septembre, n'a qu'une ambition : « Mon intention était d'organiser un groupe qui pratiquerait une guérilla urbaine. » Il envisage d'enlever des personnalités comme Jacques Lacan ou Jean-Edern Hallier. Pour financer sa lutte, il commet une série de braquages : un vol avec armes, le 4 décembre 1969, dans une pharmacie de la rue Ernest-et-Henri-Rousselle. Butin : 2 500 francs. Un vol organisé le 20 décembre 1969, avec deux autres complices, aux établissements VOG, rue Tronchet. Butin : 22 675 francs. L'agression, le 19 janvier 1970, avec un complice, du payeur de la caisse d'allocations familiales, passage Ramey. Butin : 7 800 francs.

C'est dans ce contexte qu'un drame se joue à Paris le 19 décembre 1969, aux alentours de vingt heures trente. Un homme entre dans la pharmacie au numéro 6 du boulevard Richard-Lenoir et tire sur la pharmacienne et sa préparatrice. Un policier, alerté, en tentant d'intercepter l'homme, est blessé d'une balle dans le ventre. Les témoins ne parviennent pas à donner une description fidèle de l'agresseur. Les semaines

1. Propos recueillis par Alexandre Fievée, *Fredericks Goldman Jones*, Gründ.
2. Propos recueillis par Alexandre Fievée, *Fredericks Goldman Jones*, Gründ.

passent. Des mouchards font courir le bruit que le braqueur serait un certain « Goldi », qui aurait participé aux événements de Mai 68 au sein d'un groupe particulièrement violent, « les Katengais ». Pierre Goldman est arrêté le 8 avril 1970, près du carrefour de l'Odéon. Il sort de chez son ami le psychanalyste et philosophe Félix Guattari, qui habite rue de Condé, pour se rendre chez Marc Kravetz, ancien dirigeant de l'UNEF, rue de l'Odéon. Décidé à quitter la France, il est venu leur faire ses adieux. Il est en possession d'un faux passeport et de deux armes de poing, un Herstal 9 mm et un Walther P38.

Au lendemain de l'arrestation de Pierre, la vie de Jean-Jacques connaît un bouleversement, sa famille est anéantie. Marc Kravetz, un journaliste, proche de Pierre, narre : « À Montrouge, cet après-midi-là, un petit homme nous a ouvert la porte. Il a posé sa guitare électrique dans un coin du couloir. Il s'appelait Jean-Jacques. Il n'a pas dit un mot et s'est éloigné, nous regardant de loin avec méfiance. Puis nous avons vu Robert [frère cadet de Jean-Jacques] et leur grande sœur Évelyne. La belle-mère de Pierre nous a reçus, effondrée. Le père était aussi présent, mais ne voulait pas nous parler. Il ne parvenait pas à cacher ses larmes ; des larmes de rage, de colère, plus que de tristesse. C'était une scène extrêmement dure, parce qu'à cet instant précis, le Pierre Goldman dont on était en train de parler, pour sa famille, dans sa maison de Montrouge, c'était l'assassin des pharmaciennes du boulevard Richard-Lenoir. »

Moïshé s'exprimera plus tard en ces termes : « Lorsque j'ai vu son nom cité dans la presse, j'ai cru que son passeport avait été volé. Le lendemain, j'ai vu sa photographie dans les journaux, ce fut affreux. Mais j'ai toujours cru en son innocence. Jamais il n'avait battu un plus faible que lui. Et quand il s'est battu, ce fut toujours aux poings[1]. » Les articles de journaux ne sont pas tous à charge, ce qui réconforte un peu la famille accablée. « Un journaliste de *France-Soir* est venu me voir à

1. La Pensée Sauvage, entretien avec Alter Moïshé Goldman, par Wladimir Rabi. Supplément à la revue *Les Temps Modernes* n° 353, décembre 1975.

cette époque. Il m'a dit que lui-même ne pouvait pas croire à la culpabilité de Pierre. Jamais il n'avait vu un meurtrier capable de commettre un hold-up à visage découvert, le lendemain d'un meurtre, car c'était là une impossibilité psychologique totale. Il a ajouté que la reconnaissance n'était pas valable, dès lors que la plupart des témoins avaient vu sa photo dans le journal avant cette reconnaissance. Lorsque l'affaire a éclaté, j'ai cru que les voisins se détourneraient de moi. Mais les gens m'ont fait confiance. Personne ne m'a jamais dit un mot. Ça, c'est la France. » Le père et le fils s'entretiennent les yeux dans les yeux. « Lorsque je me suis décidé à aller voir Pierre à Fresnes, je lui ai simplement demandé : "Est-ce toi ou n'est-ce pas toi ?" Il a répondu : "Ce n'est pas moi." Il a aussi, plus tard, prêté serment sur la mémoire des morts d'Auschwitz. Mais je n'ai pas accordé d'importance à ce serment. Je suis contre tout serment. Un serment n'ajoute rien. Une parole d'homme suffit[1]. »

Jean-Jacques, avant d'intégrer sa classe de préparation à HEC à Paris, passe chez le merlan de son quartier : « Pour l'occasion, mais pas à ma grande joie, j'ai fait un détour par le coiffeur. J'en suis ressorti avec des airs de jeune homme de bonne famille bien sage. De quoi rassurer mes parents et les professeurs[2]. » Pas très concluante cette année… Il réussit le concours de l'EDHEC[3] de Lille, une école de commerce privée reconnue par l'État français, fondée à Lille en 1906 grâce au soutien des évêques et de patrons chrétiens d'entreprises textiles du Nord. En parallèle, Jean-Jacques se passionne pour les cours de sociologie auxquels il s'est inscrit à la faculté catholique de Lille. Il décrochera une maîtrise de sociologie. « Je me demande si le fait d'écrire des chansons n'est pas un peu de la sociologie quand même », s'interrogera-t-il lors d'une émission de radio[4]. Il s'intéresse à la musique

1. La Pensée Sauvage, entretien avec Alter Moïshé Goldman, par Wladimir Rabi. Supplément à la revue *Les Temps Modernes* n° 353, décembre 1975.
2. *OK ! Magazine*, 13 juin 1983.
3. École des hautes études commerciales.
4. Radio Vibration, 9 avril 1998.

et à la société. D'ailleurs, toute la frénésie de ces années se retrouvera en arrière-plan des succès qui feront sa renommée.

Son professeur d'anglais, Alain Bourgois, confiera à Évelyne Pagès : « Jean-Jacques Goldman apparaissait comme quelqu'un de discret, je ne dis pas effacé, mais discret, très réservé, et évidemment, le souvenir que j'en ai, est le souvenir de quelqu'un qui n'attirait pas particulièrement l'attention, mais dont on pouvait garder, ça ou là, un souvenir. En particulier, à la fin d'une épreuve d'anglais oral, le jour où je l'avais interrogé sur un sujet aussi peu palpitant que le fonctionnement de la Bourse en Grande-Bretagne, je lui avais posé une question sur la chanson – et j'ignorais tout à fait, lui aussi sans doute, quel serait son avenir dans ce domaine – : "Connaissez-vous un certain Stéphane Goldmann ?" [Il se nomme en réalité Stéphane Golmann], c'est un de mes chanteurs préférés. Il m'avait répondu, comme toujours d'ailleurs, de façon assez évasive, "Oui, oui, sans doute, peut-être". C'est le souvenir le plus marquant que j'en ai. C'était quelqu'un qui se situait dans le milieu du tableau, dans la deuxième moitié de tableau sur le plan des résultats dans le domaine commercial. Je crois me souvenir qu'à l'époque, son point fort était plutôt le droit que les matières quantitatives. Je pense enfin que c'est quelqu'un qui a traversé les études commerciales gentiment, poliment, discrètement[1]. »

Une fois. Juste une. L'élève Goldman se fait remarquer par l'un de ses professeurs en quittant le cours. « Il avait piqué une crise de nerfs, explique Jean-Jacques. J'ai quitté la salle car je n'avais pas à subir sa mauvaise humeur. Je me suis dit que je reviendrais quand il serait calmé. Ce jour-là, tout l'amphithéâtre m'a suivi[2]. » Jean-Jacques gratte les cordes de sa guitare le soir dans sa petite chambre d'étudiant sous les toits de Lille[3]. « Dans ma chambre (toute petite sous les toits), j'avais recréé un univers dans lequel je me sentais à l'aise, narre-t-il[4].

1. Émission *Grand Format* animée par Évelyne Pagès, RTL, 29 juillet 1991.
2. *Le Journal de l'île de La Réunion*, 22 mars 1998.
3. Entre 1971 et 1973.
4. *OK ! Magazine*, 1983.

Au mur, les posters de mes idoles, Jimi Hendrix et le groupe Chicago, une queue de renard porte-bonheur, beaucoup de fouillis et bien sûr, dans un coin, ma guitare qui me suivait partout. Même et surtout en vacances, j'avais pris, en été, l'habitude de partir à la découverte de nouveaux horizons souvent accompagné de Jean-Max, un copain que je revois toujours d'ailleurs. Ensemble, on a traversé les États-Unis, le Canada et le Mexique avec notre sac sur le dos. » Il gagne le surnom de « Benny » attribué par son condisciple Jimmy, en référence à Benny Goodman[1], clarinettiste, chef d'orchestre et compositeur de jazz américain né à Chicago. « Déjà, je pensais à la musique. Ce qui ne m'a pas posé de gros problèmes, d'ailleurs : j'avais assez de temps libre entre les cours et les révisions pour jouer de la guitare quotidiennement et progresser. » Il décroche des petits contrats dans les clubs du quartier Vauban, la rue Meurein, les restaurants universitaires et les boîtes de nuit : « Avec des copains, dès que le week-end arrivait, je partais dans les Ardennes afin d'y assurer dans les bals. J'y jouais du Status Quo, John Mayall, Peter Green, Eric Clapton et du Deep Purple. On ne faisait pas d'exceptionnelles performances, mais cela nous apprenait chaque jour davantage notre métier. C'était souvent difficile de jouer et de chanter devant un public qui avait un peu trop arrosé la soirée, mais c'était finalement une bonne épreuve[2]. »

Chris Gibson a conservé de mémorables souvenirs : « Durant toute cette période, on a pas mal voyagé. On faisait la route dans une camionnette – une Peugeot J7 – que Jean-Jacques avait achetée avec l'argent qu'on avait gagné avec les premiers galas. On prenait à l'époque mille deux cents francs par gala. C'était une fortune pour nous. On payait tout avec : l'essence, les affiches, la bouffe, etc. On faisait donc la route dans ce fourgon. C'était Paul qui était au volant. Et, nous, on était derrière assis sur les amplis. [...] Parfois, on jouait même le dimanche après-midi. C'était notamment le cas à Revin, dans

1. Benny Goodman (1909-1986).
2. NRJ Saint-Omer, 3 mai 1998.

les Ardennes. On a dû aller une dizaine de fois là-bas. Soit Jean-Jacques retournait ensuite directement à Lille, soit il redescendait avec nous[1]. »

Il aime bien ça, Jean-Jacques, tourner avec les copains : « Quatre-vingt-dix pour cent des gens de ma génération sont passés par cet apprentissage qui est également un art de vivre. Des artistes comme Voulzy, Balavoine, Cabrel, Jonasz même, je crois, sont passés par là. Je l'ai fait notamment dans la région parisienne, mais on partait aussi avec le Ford Transit jusqu'en Normandie, dans les Ardennes. Étant étudiant, j'ai connu la même chose dans le Nord[2]. » Alex Gibson confirme : « On a vraiment été à fond pendant deux ans. Il n'y a pas une semaine où il ne se passait pas quelque chose. C'était l'époque où tous les week-ends il y avait des bals. Tous les week-ends, il y avait des groupes qui jouaient. Et nous, on jouait du rock, comme d'autres jouaient du Sardou… Ce qui est dingue, c'est qu'on avait un public pour écouter ça[3]. »

Durant les congés scolaires, il part en stop avec son ami Jean-Max à l'étranger. Dans un camping en Grèce lui parviennent des accords de blues : « Ils provenaient d'une tente voisine. Sans le voir, j'ai pris à mon tour ma guitare et ai joué avec lui un bon moment. Et puis, on s'est retrouvés dehors en éclatant de rire. Du coup, on est devenus copains et je suis parti avec lui dans son pays, la Suède. C'est lui qui, le premier, m'a fait connaître Elton John, alors complètement inconnu en France[4]. » Ces périples le mènent en Suède (1971), en Turquie (1972), au Canada, aux États-Unis et au Mexique (1973). Il aime à raconter son voyage en voiture avec Jean-Max, en Turquie : « Nous sommes partis de Paris dans une vieille 2 CV dans laquelle nous avions entassé nos tentes, nos sacs de couchage et nos guitares. On partait souvent comme ça à l'aventure, dormant au bord des plages ou dans les auberges de jeunesse. Cette façon de voyager était toujours formidable et, en général, le

1. Propos recueillis par Alexandre Fievée, *Fredericks Goldman Jones*, Gründ.
2. *L'Est Républicain*, 8 décembre 2001.
3. Propos recueillis par Alexandre Fievée, *Fredericks Goldman Jones*, Gründ.
4. *OK ! Magazine*, 18 février 1985.

retour vers Paris arrivait beaucoup trop vite à mon goût[1]. » Tous les prétextes sont bons pour s'évader aussi à la découverte de toute forme de musique : « Avec les copains, on allait par exemple écouter des groupes dans les festivals. On dormait sur la plage. J'étais comme beaucoup d'étudiants français, un hippie à traveller's chèques[2]. » Ce jeune homme tranquille, la guitare en bandoulière, voyage léger. Il retrousse ses manches pour gagner quelques subsides. « Grâce à elle [sa guitare], les gens m'ouvraient leur porte. [...] Pour vivre, je faisais des tas de petits boulots et même la manche. Dans les couloirs du métro de Belgrade, je me souviens ainsi d'avoir joué *Butterfly* de Danyel Gérard, le tube du moment. Mais cela n'avait encore rien à voir avec une vocation[3]. »

À des milliers de kilomètres, dans sa cellule de prison à Fresnes, Pierre lit Kant, Hegel et prépare une licence en philosophie et en espagnol. Il écrit *Souvenirs obscurs d'un juif polonais né en France*, qui obtiendra un certain succès populaire avec plus de soixante mille exemplaires vendus. « Pour écrire ce livre, j'ai dû surmonter le dégoût d'écrire, explique-t-il. J'ai dû surmonter le dégoût de cette affaire : le dégoût qu'il y soit encore publiquement question de moi. [...] Je n'aspirais qu'à disparaître dans l'ombre et le silence de la réclusion. Qu'elle fût à vie m'importait peu : je n'étais pas spécialement amant de la vie. Il m'était cependant intolérable d'être dépossédé, non pas de ma liberté au sens judiciaire, pénal, matériel du terme, mais de moi-même : ce que je ne pouvais supporter, c'était d'être pris pour un autre dans cette accusation, dans cette condamnation. Si j'écris donc, c'est pour assurer personnellement la lutte pour mon acquittement. » Ce livre autobiographique attire la sympathie d'une partie de l'opinion publique pour sa cause. Moïshé visite enfin son fils à Fresnes : « Mon père vint au bout de deux ans. Il avait d'abord fallu qu'il soit convaincu de mon innocence dans les meurtres qu'on m'imputait », écrit Pierre.

1. *OK ! Magazine*, 8 août 1983.
2. *Paroles et Musique*, décembre 1985.
3. *OK ! Magazine*, 31 janvier 1983.

« Ça va, écoute, mon petit gars, c'est rien, on en a vu d'autres », le rassure-t-il avant de l'interroger : « En précisant qu'il n'avait aucun doute à cet égard, si face aux policiers, je m'étais conduit avec dignité. Je lui dis que mes complices n'avaient pas été identifiés. Il en fut ravi, heureux. »

Dehors, des hommes s'affrontent encore et toujours, combattent, souffrent, meurent. Après vingt ans de guerre, les accords de Paris sur la paix au Vietnam sont signés le 27 janvier 1973, entre la République démocratique du Vietnam, la République du Vietnam de Saigon, le gouvernement provisoire du Vietnam et les États-Unis.

Jean-Jacques obtient, en 1974, son diplôme à l'issue de ses trois années universitaires. « J'ai terminé mes études, mais dans un coin de ma tête, je savais bien que je ne resterais pas une seconde derrière un bureau. La musique était devenue non seulement une passion, mais un but[1]. » Son père l'accueille avec plaisir dans le magasin de sport familial. « Entrer dans le circuit normal de mes collègues de l'EDHEC dans le bancaire, l'organisation d'entreprise ou le marketing, c'était bien sûr y consacrer tout mon temps et, surtout, m'assujettir à une hiérarchie[2]. » Il travaille avec son frère Robert. « On a repris le magasin de sport de mes parents qui était en vente à Montrouge, parce qu'ils commençaient à être âgés. Mais il a fallu d'abord les convaincre : qu'on ait fait des études pour vendre des articles de sport était assez incompréhensible pour eux[3]. »

Lorsque s'ouvre le procès de Pierre, soutenu par les milieux de gauche, Alain Krivine, Bernard Kouchner, Daniel Cohn-Bendit plaident son innocence. Simone Signoret est présente ainsi que Joseph Kessel. Il y a un amalgame d'incohérences. Les témoins assurent le reconnaître. Lui nie. L'annonce du verdict dans une ambiance houleuse est sans appel, il est condamné à perpétuité par la cour d'assises de Paris le 14 décembre 1974.

1. *OK ! Magazine*, 1er mars 1982.
2. *Chorus* n° 22 hiver 1997-1998.
3. *Chorus* n° 22 hiver 1997-1998.

Aussitôt, un comité de soutien est créé, une pétition est lancée. Des personnalités intellectuelles et artistiques de gauche, des artistes, Jean-Paul Sartre, Simone de Beauvoir, Simone Signoret, Françoise Giroud, Pierre Mendès-France, Françoise Sagan, Robert Badinter, Agnès Varda, etc. prennent fait et cause pour lui. Maxime Le Forestier écrit sa chanson *La Vie d'un homme*[1].

[...] *À tous ceux qui n'ont rien à craindre,*
Je dis que Pierre est en prison. [...]
Soyez contents, jurés, notables,
Vous avez vengé proprement [...]
Soyez satisfait, commissaire,
Vous n'avez pas été trop long
Pour mettre un nom sur cette affaire.
Tant pis si ce n'est pas le bon.
Tant pis si chez vous, on dispose [...]

Tu n'aimes pas la pitié, Pierre,
Aussi je ne te plaindrai pas.
Accepte juste ma colère,
J'ai honte pour ce peuple-là.
Je crie à ceux qui se reposent,
À ceux qui bientôt t'oublieront.
La vie d'un homme est peu de chose
Et Pierre la passe en prison.

Jean-Jacques, appelé sous les drapeaux, effectue son service militaire dans l'armée de l'air[2]. Il est affecté à la base aérienne de Villacoublay en région parisienne. Il ne lui faut qu'une quarantaine de minutes par les transports en commun et le métro pour rentrer chez ses parents et rejoindre ses nouveaux copains musiciens, les frères Hô Thông, à Sceaux. Rendu à la vie civile, il part retrouver une charmante jeune fille, Catherine,

1. *La Vie d'un homme*, 1975.
2. (1974/1975).

inscrite à la faculté de Nanterre, en licence de psychologie. La flèche décochée par Éros a mis dans le mille. Il est amoureux. Il contera un jour, avec beaucoup de pudeur, à *OK ! Magazine*[1] : « J'avais dix-huit ans, pendant les vacances scolaires d'été, j'avais décidé avec mon copain de visiter la Turquie. [...] Mais cette année-là, en Turquie, je ne tenais pas en place. Et je n'avais qu'une idée en tête : rejoindre une copine qui passait ses vacances en Espagne avec sa sœur. Je connaissais Catherine depuis quelque temps déjà car nous avions les mêmes copains. On se voyait régulièrement à Paris, mais il ne s'était jamais rien passé entre nous puisque j'avais une petite amie et elle un flirt attitré. Et pourtant, sans trop réfléchir, j'ai décidé en un instant d'aller la retrouver. Pour cela, j'ai fait plusieurs milliers de kilomètres à travers l'Europe, sous une chaleur torride, sans même savoir comment elle allait m'accueillir. J'ai imaginé plusieurs fois sa réaction tout en conduisant, et même si parfois j'ai eu le trac, j'ai poursuivi mon chemin tout de même. Et grand bien m'en a pris, puisque Catherine, après avoir été surprise de me trouver là, a été ravie. Cette histoire d'amour remonte à quinze années déjà, mais jamais je ne l'oublierai. Catherine non plus d'ailleurs, j'en suis certain. Ah ! Au fait, vous ai-je dit qu'aujourd'hui elle porte mon nom et qu'elle est la mère de mes deux enfants ? »

Tout cela n'est pas très sage, un peu bousculé, et surprenant de la part de ce jeune homme de bonne famille, comme on disait à l'époque, mais tellement attendrissant.

Au cours d'une soirée chez des amis, Khanh Maï et Taï Sinh Hô Thông, deux frères d'origine vietnamienne, rencontrent Jean-Jacques. Le courant passe immédiatement entre eux. Khanh Maï, à la guitare, et Taï Sinh, à la basse, ont monté un groupe de musique rock néo-symphonique, baptisé Taï Phong[2] selon la suggestion de leur père gérant d'un restaurant asiatique à Savigny-sur-Orge. Ils passent une petite annonce dans l'heb-

1. *OK ! Magazine*, août 1983.
2. Taï Phong = Grand vent, en vietnamien.

domadaire musical *Melody Maker*. Les deux musiciens qui y répondent partent au bout de six mois. Tout est à recommencer. Les frères Hô Thông proposent à Jean-Jacques de faire un bout d'essai avec eux. Pourquoi pas ? Khanh est ingénieur du son dans un studio, Taï est employé à la BNP, Stéphan Caussarieu donne des cours de batterie et Jean-Alain Gardet – voisin d'immeuble de Jean-Jacques – aux claviers, accompagne d'autres musiciens. Les capacités vocales de Jean-Jacques dans les aigus collent tout à fait à leur musique et ils l'accueillent avec enthousiasme. « Il a interprété l'un de nos morceaux et ça collait, se souvient Khanh. Avec son timbre aigu et haut perché, il chantait parfaitement dans la lignée de ce qu'on aimait[1]. » Jean-Jacques doute plutôt de ses capacités : « On m'a baptisé chanteur uniquement parce qu'il n'y en avait pas parmi nous. [...] Finalement, j'ai vraiment l'impression que toute ma vie a été guidée par des concours de circonstances, sans que j'aie besoin de prendre beaucoup d'initiatives[2]. » Tous les membres de Taï Phong composent. La sélection des morceaux se fait par vote, à bulletins secrets. Ils répètent pendant des heures sur un même passage avant de trouver le son juste. L'organisation des séances, dans le sous-sol du pavillon de Sceaux, 13 avenue de la Duchesse-du-Maine, n'est pas simple. Il y a les horaires de travail certes, mais aussi les disponibilités de Jean-Jacques qui doit s'arranger en fonction de ses permissions. Le grand rêve, c'est de sortir un disque. Ce n'est pas pour déplaire à Jean-Jacques : « Si, chez les Vietnamiens, artiste est le dernier des métiers, chez les juifs, c'est très bien vu. Mais il faut avoir du succès, il faut que ça marche en dollars ! Le mythe du génie incompris, cela n'existe pas[3]. » Pour tester leurs compositions et connaître la réaction du public, Taï Phong donne des concerts dans des MJC et les petites salles de banlieue. L'accueil est bon. Jean Mareska, le directeur artistique du groupe, a remarqué Jean-Jacques, un garçon solide au regard des autres. Taï Phong

1. Entretien avec Khanh Hô Thông, par Bernard Violet, 27 août 2009.
2. *OK ! Magazine*, 31 janvier 1983.
3. *Rock&Folk*, novembre 1975.

choisit de sortir son premier album, en anglais, en 1975, chez WEA qui a constaté que le groupe est aussi bon sur scène qu'en studio. Il est managé par Dominique Lamblin, produit par Jean Mareska. La réalisation est assurée par Khanh et Andy Scott. Les séances d'enregistrement ont lieu au studio IP, en février-mars 1975. Il sort en juin sous le nom de *Taï Phong*. L'accueil est positif, les critiques sont bonnes. Claude Alvarez-Pereyre, dans *Rock&Folk*, encense « la recherche formelle et sonore : un bon mélange entre acoustique et électrique avec une grande variété de sons sur *Goin' away*, des vocaux de toute beauté sur *Fields of gold*. Selon lui, « un futur plus intéressant, plus personnel se dessine ». La diffusion du titre *Sister Jane* sur les radios décide la maison de disques à le sortir en petit format. La promotion passe par des apparitions télévisées, à *Ring Parade* de Guy Lux, *Midi Magazine* présenté par Danièle Gilbert, *Les Rendez-vous du dimanche* de Michel Drucker. Deux cent mille exemplaires du 45 tours sont vendus en France et en Belgique. L'album s'est écoulé à cinquante mille copies.

Catherine Morlet[1] devient Mme Goldman, le 7 juillet 1975, en la mairie de Montrouge. Les familles se rassemblent autour des jeunes époux au manoir du Cœur-Volant, une gentilhommière de style anglo-normand, à Louveciennes, dans les Yvelines. Le Cœur-Volant avait appartenu à Mme Aubernon dont Marcel Proust s'inspira pour camper Mme Verdurin. Au début du XXe siècle, le riche ambassadeur argentin de Alvear, futur président de la République d'Argentine, y habita. Le manoir fut occupé par les Allemands durant la Seconde Guerre mondiale. Hermann Göring, le bras droit d'Hitler, y séjourna un temps… Des abominations, dit-on, y auraient même été perpétrées dans les caves. C'est étrange, lorsqu'on y songe, que les Goldman aient choisi ce lieu pour célébrer leurs noces. Le comte de Paris acheta le domaine en 1952 et s'y établit avec son épouse et leurs onze enfants puis le vendit dans les années 1970. Ce beau

1. Catherine Morlet, née en 1952 à Boulogne-Billancourt.

jour de juillet, il y a là tous les amis, les copains musiciens, les membres du clan Hô Thông. « Catherine était une jeune femme très bien. Sans être exubérante, elle se montrait moins introvertie que Jean-Jacques. Elle parlait en tout cas davantage que lui », remarque Khanh[1]. Un avenir plein de promesses s'offre à ce couple à l'amour ambitieux, comme tous les jeunes amants. Ce qu'exprimera fort bien Jean-Jacques avec sa chanson *Je voudrais vous revoir* :

Nous vivions du temps, de son air
Arrogants comme sont les amants
Nous avions l'orgueil ordinaire
Du nous deux c'est différent

Du fond de sa prison, Pierre est exclu de ce bonheur, concentré sur la préparation de sa défense. Ses soutiens et ses avocats n'ont pas chômé. Le 20 novembre 1975, l'arrêt de la cour d'assises est cassé par la Cour de cassation pour vice de forme en raison de l'absence de date sur le procès-verbal des débats. Au terme d'un second procès, le 4 mai 1976, à Amiens, devant la cour d'assises de la Somme, où il est défendu par les avocats Georges Kiejman et Émile Pollak, sa culpabilité n'est pas retenue pour les meurtres du boulevard Richard-Lenoir. Par contre, il est condamné à douze ans de réclusion criminelle pour les trois autres braquages qu'il a reconnus. « On ne guérit jamais de son enfance », avait lancé Georges Kiejman lors de sa plaidoirie. « On est heureux », déclare Jean-Jacques aux journalistes qui l'attendent à la sortie de la salle d'audience avec leurs absurdes questions. « Je crois que les gens qui étaient dans la salle ont montré que… ils ont trouvé une justice. Je sais que pour mon père ça représente énormément, et je crois pour tout le monde. […] Si c'était votre enfant qui était acquitté, que ressentiriez-vous ? » Il possède déjà cet art d'amener les inquisiteurs à s'interroger.

1. Entretien avec Khanh Hô Thông, par Bernard Violet, 27 août 2009.

Pierre épouse à la prison de Fresnes, le 17 août 1976, l'Antillaise Christiane Succab[1]. Francis Chouraqui, son avocat, et Régis Debray sont les témoins de Pierre. Christiane a sollicité Elizabeth Burgos, l'épouse de Régis Debray. « Au terme de ce récit, confiait Pierre dans son livre *Souvenirs obscurs d'un juif polonais né en France*, je devrais me tuer, expier cette révélation où j'ai dû m'écrire afin de sauver ma vie d'une accusation fausse et infamante. Je ne le fais pas : mon désir de liberté est principalement inspiré par l'amour d'une femme. Elle m'a ramené dans la vie. Je veux l'y rejoindre. Sinon le calvaire de l'innocence perpétuelle et recluse m'eût parfaitement convenu. » Avec les réductions de peine et la prise en compte de la détention provisoire déjà effectuée, il sort de Fresnes le 5 octobre 1976, bénéficiant d'une mesure de libération conditionnelle. Malgré les propositions nombreuses qui lui sont faites dans le monde de l'édition et de la presse, il travaille pour les *Temps modernes* et *Libération.* « C'est le seul journal dans lequel je puisse écrire », affirme-t-il. Il s'exprime à propos de musique et de danse, particulièrement la salsa. Il vit dans le 13e arrondissement de Paris et préfère recourir à des expédients plutôt qu'à prendre un travail stable. Il reprend la plume pour un second ouvrage, qui sera publié en 1977, *L'Ordinaire Mésaventure d'Archibald Rapoport.* Il met en scène un personnage qui lui ressemble par certains aspects et qui commet une série d'assassinats, créant chez beaucoup de lecteurs un sentiment de malaise.

Pour leur second *single*, Taï Phong enregistre un titre de Jean-Alain Gardet, *North for winter*, un de Stéphan Caussarieu et un de Jean-Jacques, *Let us play.* Il est indéniable que l'intérêt du public fléchit. Des divergences musicales se font jour au sein du groupe. Taï Phong décide de partir en tournée, mais Jean-Jacques ne se sent pas prêt. Il a tellement le trac avant de monter sur scène que cela le rend malade, lui déclenche

1. Christiane Succab, née en Guadeloupe le 3 septembre 1948.

des nausées. Ce qui ne l'empêche pas d'assurer ses parties instrumentales et vocales. Il commence à être reconnu dans son quartier et cela le met mal à l'aise. Comme il travaille au magasin familial, *Sport 2000*, il se cache de la clientèle, fuit les admirateurs qui lui demandent des autographes. Il ne veut pas tout mélanger. Avec son frère Robert, ils se partagent les tâches et elles sont multiples : relations avec les fournisseurs, commandes, réception des marchandises, mise en rayons, gestion du stock, facturation, comptabilité, etc. « J'étais incollable sur les fixations de ski, le moulage des crampons ou les cordages des raquettes[1]. » À côté de cela, de janvier à mai 1976, Taï Phong enregistre son second album, appelé *Windows.* Jean-Jacques n'a écrit qu'un seul titre : *When it's the season.* Sa découverte des textes signés Léo Ferré et Georges Brassens lui laisse à penser qu'il doit être possible de chanter en français et de « ne pas se contenter d'être un chanteur à texte ». En effet, Léo Ferré l'a scotché. C'était à l'automne 1971. Il assistait, à Lille, au concert de Zoo[2]. Il raconte : « Comme j'avais payé ma place et que Zoo l'accompagnait, je suis resté. Et là, je me suis retrouvé cloué sur ma chaise. Je n'ai pas compris ce qui m'arrivait. Et puis j'ai compris que c'était possible en français, qu'il y a des mots qui peuvent tuer. Il m'a eu. Il est inhumain. Devant Ferré, qui que tu sois, tu es un petit garçon. Tous les mots comme poésie, mysticisme, dont quinze ans d'Éducation nationale avaient réussi à me dégoûter, je les ai compris. La force des mots, le choc des notes[3] ! » Selon Jean Mareska, sa rencontre avec Michel Berger, croisé chez WEA, a aussi fait pencher la balance. Jean-Jacques l'admire. Fils du professeur de médecine Jean Hamburger, issu d'une famille juive néerlandaise qui s'est convertie au protestantisme, et de la célèbre concertiste Annette Haas, il connaît le succès en tant qu'auteur-compositeur de *La Déclaration*, tube qui a relancé la carrière de France Gall. « Je me souviens de les avoir présen-

1. *L'Équipe Magazine*, 12 janvier 1994.
2. Zoo : groupe de rock français.
3. *Chanson* n° 10, été 1984.

tés l'un à l'autre dans l'un des couloirs de WEA où Berger travaillait également, révèle Jean Mareska. Les échanges entre les deux hommes se sont limités aux amabilités d'usage. En même temps, je me souviens que Jean-Jacques semblait très ému[1]. » Son impression ne variera pas : « Je peux te dire que Berger, c'est la personne qui m'a le plus inspiré [...] que j'ai le plus écouté en français, qui m'a donné envie même de faire de la musique en français. En France, je crois que musicalement, comme au niveau des textes, c'est la personne la plus intéressante pour moi[2]. »

Games, le premier extrait, un slow dans la lignée de *Sister Jane*, sort en mai. Il ne connaît pas le même succès. L'album est mis en vente en octobre. Le public n'a pas l'air de suivre. C'est le début des incertitudes au sein du groupe. Jean-Jacques est toujours lié par contrat pour la production d'un troisième album et un 45 tours. Il sortira au printemps 1977 avec *Follow me*, écrit et composé par Jean-Jacques. Pour l'heure, en octobre 1976, Taï Phong se prépare à faire de la scène. L'argent gagné avec le premier album a permis d'acheter une sono, une console Midas 32 voies. Sans quitter Taï Phong, chacun de ses membres tente une nouvelle expérience. Jean-Alain Gardet enregistre un album avec Alpha Ralpha. Jean-Jacques sort, au sein de la Warner, un premier 45 tours solo avec deux titres : *C'est pas grave, papa* et *Tu m'as dit*[3]. Il s'en vend quelques centaines d'exemplaires. C'est maigre ! Jean Mareska se souvient de la méthode de travail de son poulain : « Il faut dire que pour poser sa voix, ça allait très vite pour Jean-Jacques : en une ou deux prises, il était en place, avait le *feeling*, était parfait. La seule chose qu'il demandait, c'est qu'on le prévienne vingt minutes avant de chanter pour qu'il aille se remplir l'estomac, en allant acheter deux ou trois brioches, pains au chocolat et autres croissants. La seule chose qui le gonflait vraiment, c'était le mixage. Il y assistait, mais ne voulait pas intervenir. Il

1. Entretien avec Jean Mareska, par Bernard Violet, 19 avril 2009.
2. *Chorus* n° 22, hiver 1997-1998.
3. 45 tours deux titres : *C'est pas grave, papa* et *Tu m'as dit* (1976).

disait souvent qu'à partir du moment où il avait fini de mettre sa voix sur la bande, il avait fini son boulot et que c'était mon affaire et celle de l'ingénieur du son[1]. »

En février 1977, le groupe semble prêt pour les concerts, mais Jean-Jacques annonce qu'il ne veut pas faire de scène. C'est à ce moment-là qu'intervient une rencontre déterminante pour son avenir. Il sympathise avec le Gallois Michael Jones[2] venu le remplacer pour la série de concerts prévue pour l'été. « Michael m'a appelé pour me dire qu'il était prêt à rejoindre le groupe, explique Khanh Maï. Il chantait pas mal, il jouait de la guitare et, naturellement, il pratiquait couramment l'anglais[3]. » Et pour cause, fils de Simone Lalleman, une Normande de Caen, et d'un officier gallois, John Merrick Jones, qui avait débarqué avec les Alliés durant la guerre, Michael est bilingue. Il aime évoquer ceux-ci : « Mon père a fait le Débarquement, il est arrivé en Normandie le 6 juin 1944. Il s'était engagé pour neuf ans dans l'armée britannique. Fort heureusement, mon père était sapeur. Et donc quand il est arrivé sur les plages normandes, le pire était déjà passé. [...] Il a rencontré ma mère qui était normande. Puis mon père a dû repartir avec son régiment pour l'Allemagne. Ils se sont retrouvés plus tard à Paris, où ils se sont mariés. C'était au début des années 1950. Ma mère est allée s'installer chez ses beaux-parents au Pays de Galles[4]. » Après ses études, Michael travaille comme carrossier chez un garagiste de Caen. « J'ai appris à jouer de la guitare tout seul, dira-t-il à Jean-Jacques. Par contre, les bases de la musique, je les ai apprises à l'école. Au Pays de Galles, c'est très important d'apprendre à chanter. L'instrument national, c'est la voix. Les chorales du Pays de Galles sont connues mondialement. » Une rencontre déterminante : « C'est une espèce de coup de foudre musical immédiat ! Il s'est passé quelque chose tout de suite, assure Michael. On a commencé à faire le bœuf, à jouer du blues

1. *Platine* n° 13, août-septembre 1994.
2. Michael Jones né en 1952 à Welshpool, au Pays de Galles.
3. Entretien avec Khanh Hô Thông, par Bernard Violet, 27 août 2009.
4. Propos recueillis par Alexandre Fievée, *Fredericks Goldman Jones, de l'intérieur*, Gründ.

ensemble et depuis on n'a jamais arrêté de jouer ensemble[1]. » Michael aime à se souvenir : « … tous les autres membres du groupe, je les connaissais parce que j'avais travaillé avec eux, mais Jean-Jacques, je ne l'avais jamais rencontré. Il était resté au sein du groupe en tant que chanteur-compositeur sur disque, mais il ne faisait pas de scène et c'est des choses qui arrivent. Ça a gazé tout de suite, voilà[2]. » Très vite s'établit entre eux une complicité, une connivence. Ils ne boudent pas leur plaisir d'improviser ensemble. Jean-Jacques, petit à petit, fait une place à Michael dans sa vie. Sans doute a-t-il l'intuition qu'ils vont aborder des moments importants de leurs existences respectives et tresser un lien amical qu'aucun autre interlocuteur ne saura nouer.

Jean-Jacques et Catherine accueillent Caroline dans leur foyer en 1977. Le jeune papa est un rien désorienté par l'arrivée de ce petit être : « Quand j'allais voir ma femme à la clinique, j'allais la voir, elle, raconte-t-il. Le machin dans le berceau ne m'intéressait pas plus que ça. C'est le souvenir que j'ai. C'était un truc qui n'était pas vraiment à moi[3]. » Rendre son épouse heureuse était son essentiel : « Avoir pour priorité de rendre la mère heureuse, c'est une action très efficace sur le devenir de l'enfant. » Il s'est beaucoup préoccupé de son bien-être durant la grossesse : « Ce qui me paraît le moment le plus clé, où il faut qu'elle soit heureuse. Ce n'est pas possible qu'un enfant sorte indemne d'une gestation dans le stress. Là, notre attitude a des effets très directs, déterminants[4]. » Bien qu'il s'en défende, il est bouleversé par le miracle de la vie, attendri par cette merveille née de sa chair et de son épouse. En papa protecteur et attentif, il écrira une tendre berceuse pour ses petits : *Dors bébé, dors*[5].

1. *Télé 7 Jours*, 5 avril 2023.
2. O'FM, 29 décembre 1993.
3. Alain Etchegoyen, *Les pères ont des enfants. Dialogue entre deux pères sur l'éducation*, Le Seuil, 1999.
4. Alain Etchegoyen, *Les pères ont des enfants. Dialogue entre deux pères sur l'éducation*, Le Seuil, 1999.
5. Album *Positif*, 1984.

Dors bébé, dors
Bébé dors, il pleut dehors, dors encore [...]
Dors mon amour, dors [...]
Il nous reste quelques heures
De quiétude et de tiédeur
Et moi, j'écoute les bruits de vos silences
Dans notre îlot de chaleur et de confiance [...]
Et moi pendant que je veille
Je surveille vos sommeils
Si vous saviez comme vos sommeils
Veillent sur mes trop longues veilles.

Comme toi[1] disait déjà beaucoup de cet amour-là...

Comme toi que je regarde tout bas
Comme toi qui dors en rêvant à quoi, comme toi...

Un 45 tours de Taï Phong sort sur lequel Jean-Jacques a signé *Follow me.* Il persiste dans sa tentative en solo avec un second 45 tours avec les titres *Les Nuits de solitude* et *Jour bizarre.* C'est également le moment où Taï Sinh décide de quitter le groupe. Confronté à l'échec de son 45 tours en solo, Jean-Jacques retrouve la nouvelle formation qui intègre à présent Michael Jones et Pascal Wuthrich. Il a désormais une certitude, il ne veut pas être chanteur. Cela ne lui correspond pas. S'il s'y résout, c'est uniquement parce qu'il ne parvient pas à vendre ses compositions, textes et musique aux interprètes auxquels il les destine. Il n'arrive pas à convaincre. On ne peut de mon point de vue y songer sans sourire étant donné le nombre d'artistes qui feront appel à lui par la suite... Il dressera plus tard un portrait sans concession de cette période : « J'ai été très choqué par le fait que j'essayais de leur présenter des chansons par l'intermédiaire d'éditeurs et autres ; ils n'écoutaient jamais ces chansons parce que je n'étais pas connu. Alors qu'il s'agissait

1. Album *Jean-Jacques Goldman*, 1982.

de chansons que je chante maintenant, donc elles avaient une chance. En revanche, maintenant, ils me demandent des chansons à tout prix. Alors cette attitude prouve un réel manque de talent à mon avis, c'est-à-dire qu'ils accordent leur confiance à des équipes qui sont composées simplement de leurs copains ou alors qui, ayant eu des succès avant, chantent n'importe quoi comme ils l'ont fait ces derniers temps. [...] Ils ne font pas confiance à la chanson elle-même, mais à la notoriété de celui qui l'a faite. J'estime cette attitude un peu nulle. Et ceci dit, ils le paient cher, à mon sens[1]. » Il sort néanmoins un troisième 45 tours en solo : *Back to the city again* et *Laetitia*. Il prête son concours à un 45 tours pour Taï Phong : *Back again*, écrit par ses soins et *Cherry* de Khanh. Le groupe se maintient bon an mal an, et s'offre quelques séances au studio du château d'Hérouville, studio résidentiel très rock'n'roll. Pink Floyd, David Bowie, T-Rex, Iggy Pop y enregistrent ou y composent leurs albums et font sa renommée. Elton John est l'un des premiers à y poser ses valises. Il lui consacre d'ailleurs le titre d'un de ses albums *Honky Château*. C'est donc là que Khanh, Stéphan, Pascal et Jean-Jacques enregistrent un disque de démonstration pour le compte du magazine *Sono*. Le rédacteur en chef, Jean-Paul Poincignon, cherchait une idée pour le salon de la musique. Khanh lui a proposé d'enregistrer un disque 30 cm expliquant les différentes étapes de l'enregistrement d'une chanson. Le résultat : une première face à écouter à la vitesse de 45 tours/minute avec des sons de test pour platines et une seconde face de 19 minutes, à écouter en 33 tours, où l'on entend le titre *Rise above the wind* se construire petit à petit. Le disque est offert aux lecteurs de *Sono*.

Michael vient au monde, en juillet 1979, dans le 14e arrondissement de Paris. Caroline est ravie d'avoir un petit frère à qui elle peut jouer des berceuses. Haute comme trois pommes, la petite fille se hisse déjà sur le banc du piano pour apprivoiser

1. Europe 1, mars 1986.

les touches de l'instrument grâce à l'enseignement d'Yvonne Levoisier, jadis professeur de son papa. Fort occupé au magasin dans la journée, le soir il savoure leur présence, partage avec eux les émerveillements des premières découvertes. En pinçant les cordes de sa guitare, il se prend à rêver. Il aimerait bien placer une ou deux chansons, mais n'est pas plus que cela affecté par les refus qu'il essuie : « Ils n'étaient pas durs à vivre puisque je n'en dépendais pas pour gagner ma vie, je n'avais jamais pensé vivre de la musique. J'avais fait des études, j'avais un métier, je travaillais. Pour moi, la chanson était un hobby. Je faisais ça avec beaucoup de décontraction[1]. » La banque lui a accordé un crédit et il a pu racheter le pavillon de son oncle, une solide construction en meulière, assez vaste pour loger sa famille. L'école maternelle est à deux pas. Le quartier est paisible, rassurant.

Le troisième album de Taï Phong, *Last flight*, enregistré entre février et juin 1979, est placé dans les bacs des disquaires en août. Jean-Jacques signe deux titres : *End of an end*, et *Sad passion*. Si les titres sont toujours de qualité, l'album semble décousu, sans véritable unité musicale. Un autre 45 tours est proposé avec des titres inédits : *Fed up*, de Jean-Jacques, et *Shanghai Casino*, de Khanh. Le cœur n'y est plus. « Petit à petit, je me suis désintoxiqué du boulot colossal que représentait le travail de Taï Phong en répétition, et je me suis vraiment remis à travailler », constate Jean-Jacques[2]. Il propose à Jean Mareska de faire un coup de pub. « Jean-Jacques m'a dit : "Si on faisait la même chose que Laurent Voulzy avec des slows ?" J'étais OK, et on a enregistré la chanson sous un pseudonyme : Sweet Memories, afin d'éviter la confusion avec sa carrière de chanteur chez Taï Phong[3]. » Banco, il enregistre un 45 tours et un maxi 45 tours de reprises de tubes des années 1960, à la *Rockcollection*, qu'il intitule *Slow me again*[4]. « C'était à la limite de la variété, tout à fait dans le genre "truc qui devait

1. *Ciné Télé Revue*, 28 mai 1987.
2. *Rock&Folk* n° 179, 1er décembre 1981.
3. Entretien avec Jean Mareska, par Bernard Violet, 19 avril 2009.
4. 1979.

marcher" et, précisément parce que c'était fait pour cela, ça ne marchait pas[1] », dit-il avec lucidité. Taï Phong se délite inexorablement et se dissout. « Le groupe s'est arrêté parce que les groupes, ça meurt », constatera Jean-Jacques quelques années plus tard.

Pierre Goldman, le 20 septembre 1979, sort du Fleuron, l'immeuble où il vit, passage Trubert-Bellier, dans le 13e arrondissement de Paris. Il se dirige vers la place de l'Abbé-Georges-Hénocque. Il longe l'enceinte de l'hôpital de la Croix-Rouge. Il doit passer voir sa femme sur le point de mettre au monde leur premier enfant à la maternité Baudelocque. Dans la rue, deux jeunes hommes en jean s'avancent à visage découvert. L'un d'eux sort une arme et la décharge sur lui. Huit balles de 11,43 mm. Derrière, son complice tire sur lui avec un calibre 9 mm. Pierre s'écroule. Il meurt sur le coup. Les tueurs rejoignent un homme qui les attend en voiture. Ils s'enfuient à bord d'une Renault 5 rouge. Un communiqué d'« Honneur de la police » revendique l'action. L'Agence France-Presse reçoit un appel anonyme : « Pierre Goldman a payé ses crimes. La justice du pouvoir ayant montré une nouvelle fois ses faiblesses et son laxisme, nous avons fait ce que notre devoir nous commandait. » L'horreur s'invite de nouveau dans la famille Goldman.

« Assassiné » titre le quotidien *Libération* à la une, le lendemain[2]. Deux photos de Pierre et celle de son cadavre recouvert d'un drap gisant à même le trottoir illustrent les premiers articles. Dans son éditorial, Serge July ne mâche pas ses mots : « Il avait fallu arracher Pierre Goldman à la justice, qui, sans preuves, l'envoyait à perpétuité dans une cellule de prison. La justice dut reprendre le dossier : elle le déclara normalement innocent d'un crime terrible. Cela devait suffire. Cela n'a pas suffi. Pierre Goldman devint le symbole de l'anti-France pour tous ceux qui veulent étriller les oppositions, imposer une morale nationaliste et expurger le pays des sangs impurs. Pour

1. *Rock&Folk* n° 179, décembre 1981.
2. *Libération*, vendredi 21 septembre 1979.

eux, c'était trop, juif polonais marié à une Antillaise, joueur de tumba, braqueur, taulard, révolutionnaire, revenant d'une condamnation à perpétuité qui avait fait faire demi-tour à la justice, écrivain : le portrait-robot de l'homme à abattre à la première occasion. » Le journaliste Jean-Louis Peninou, accouru sur les lieux, dans son article d'ouverture, raconte : « Ils l'ont emmené vers quatorze heures trente. C'était bien lui. Jusqu'à ce que je reconnaisse son corps allongé dans le car de police, j'avais désespérément refusé de croire l'abominable nouvelle diffusée par un flash de radio à quatorze heures. Le visage était déjà gris. » Il s'interroge sur l'identité des « salopards » qui ont fait ça. « De vrais policiers ? Des commandos d'extrême droite qui brouillent les pistes ? »

Le Monde[1], avec un rappel à ses origines, joue de la corde sensible : « Un juif polonais est mort en France. Non pas comme ses pères ont péri, dans les camps de l'Est, il n'y a pas si longtemps, mêlés à des millions d'autres, durant des massacres de crépuscule et de nuit ; mais singulièrement assassiné, dans l'orgueilleux midi de Paris, mort de ses trois assassins, chacun d'eux paraissant avoir eu en charge de tuer l'une des trois vies de Pierre Goldman, juif, militant de gauche, délinquant qui en avait appelé à la loi. [...] Ceux qui l'ont accompagné dans tout ou partie de sa vie, non sans peine parfois, n'ont jamais tenu pour décisif le débat judiciaire qui était, simultanément, crucial et second. Délinquant, Pierre Goldman se voulait idéalement tel, pour des raisons qui étaient siennes et qu'on l'a, pour jamais, empêché d'expliquer tout à fait. »

Les hypothèses les plus diverses sont avancées. Certains prétendent qu'il s'agit d'une vengeance d'anciens guérilleros du Venezuela avec lesquels il combattit ou de l'ETA. Depuis, des publications et articles apportent un nouvel éclairage. Ainsi dans *Le Figaro*, Patrice Burnat fait-il des révélations[2]. « ... l'ex-commissaire Lucien Aimé-Blanc parle enfin, au détour d'un chapitre de son livre, *L'Indic et le Commissaire* :

1. *Le Monde*, 22 septembre 1979.
2. *Le Figaro*, 21 avril 2006, article de Patrice Burnat.

lui savait, depuis bien, bien longtemps, par qui et pourquoi Goldman, militant révolutionnaire, braqueur de pharmacies, jugé pour un double meurtre mais finalement acquitté, avait été assassiné, en ce 20 septembre 1979. Son "indic", Jean-Pierre Maïone-Libaude, lui en avait fait la confidence, un jour, fin janvier 1980, très précisément lors d'un rendez-vous au *Café de la Paix*. [...] Jean-Pierre Maïone-Libaude, dont l'ex-commissaire Aimé-Blanc ne met aucunement la parole en doute, dit avoir agi pour le compte du GAL, ce Groupe antiterroriste de libération qui s'est juré, en Espagne, d'éliminer physiquement les membres d'ETA. Et de poursuivre son œuvre, de ce côté-ci des Pyrénées, en faisant appel à la fine fleur de la truanderie : gâchettes marseillaises du parrain Gaétan "Tany" Zampa ou soldats bordelais des héritiers de Jo Attia. L'indic, tueur à l'occasion, n'en dit pas plus, mais tout se tient. On sait en effet que Pierre Goldman, peu avant sa mort, travaillait à la constitution d'un groupe armé censé s'opposer au GAL. Il a connu, en détention, une "pointure" du milieu, Charlie Bauer. Par lui, il tente de contacter Jacques Mesrine. Il n'enrôlera en fait ni l'un ni l'autre. Il n'est pas pris au sérieux. Sauf, semble-t-il, par "l'armée ennemie", qui ne lui laisse aucune chance, place de l'Abbé-Georges-Hénocque, le 20 septembre 1979. [...] Pourquoi diable le commissaire Aimé-Blanc n'a-t-il rien dit, quatre mois plus tard, quand Maïone-Libaude s'est confié à lui ? [...] "Évidemment, écrit-il, je ne pouvais pas balancer Jean-Pierre. Je n'avais aucune preuve, en dehors de ses confidences, et c'était bien loin d'être suffisant pour le confondre [...] Et puis, pour tout dire, je n'en avais rien à faire, de Goldman, et, comme tous les flics, sa mort ne m'avait pas particulièrement attristé." »

Lors des obsèques – sans couronne ni drapeaux, selon les souhaits de Ruth et Moïshé – le 27 septembre, quinze mille personnes, à l'appel d'une trentaine d'organisations, accompagnent son cercueil depuis l'institut médico-légal jusqu'au cimetière du Père-Lachaise. Le visage cadenassé sur son indicible douleur, Jean-Jacques remarque à peine les nombreuses personnalités présentes pour rendre hommage au défunt : Jean-Paul Sartre, Régis Debray, Daniel Cohn-Bendit, Simone de Beauvoir, André Glucksmann. Un air de musique sud-américaine est joué à l'issue de la cérémonie. Manuel Goldman, le fils que son épouse Christiane a porté, est né six jours après l'assassinat de son père. Le succès venu, Jean-Jacques sera questionné sans vergogne sur son lien fraternel avec Pierre par des journalistes peu soucieux de raviver une douleur protégée par le cercle des intimes. « Je n'ai jamais caché que Pierre était mon frère dans le sens où je pensais qu'il était hors sujet, explique-t-il. Il y avait évidemment un grand écart d'âge, on était demi-frères. Mais il n'était pas atypique dans la famille. D'une certaine manière, une fois de plus, la personne la plus atypique de la famille, c'était moi parce que je n'étais pas militant. Moi, je faisais de la musique, de mouvance un peu sociale-démocrate qui les faisait un peu ricaner. Ce n'était pas par opposition vis-à-vis d'eux, mais bien par conviction et comme c'étaient des gens tolérants, ils le toléraient. J'étais considéré comme le canard de la famille, un peu trop pragmatique, un peu trop réaliste. Tous étaient donc militants, lui aussi. Il a seulement poussé son militantisme jusqu'à aller faire la guérilla en Amérique du Sud, mais ce n'était pas très particulier dans la famille. Le cas particulier, c'est ce qui lui est arrivé après et qui relève du droit commun[1]. »

En écrivant les paroles de *Ne lui dis pas*[2], songe-t-il à ce frère à jamais nimbé de mystère ?

Troubles images issues du temps [...]
Ne lui dis pas
Ça sert à quoi
Ce n'est qu'à toi
Ne lui dis pas
On n'avoue rien si l'on est innocent

1. *Le Soir*, 16 février 1994.
2. *Ne lui dis pas*, écrite en 1993.

Les mots sont vains, les mystères indulgents
La pénombre éclaire
Du silence au mensonge
C'est l'espace des songes
Page après page, vie sur vie
Quand les questions dansent
N'est-ce que ça ? [...]
Si c'était à refaire
Mais « chut » mieux vaut se taire
Ne lui dis pas.

Peut-être pas… « C'est une chanson qui parle du mensonge… enfin du mensonge par omission… du mensonge utile en quelque sorte », confessera-t-il dans le livret de l'album *Rouge* : « Peut-on tout dire, et faut-il tout dire avec celle ou celui avec qui l'on vit ? Ne faut-il pas des espaces, du mystère, des silences pour préserver ou simplement rendre possible une relation physiquement si proche de nous. À l'inverse d'un ami à qui l'on peut tout déballer si on en ressent le besoin, l'intimité de vie n'implique-t-elle pas, justement, une distance ? »

Jean-Jacques se replie sur sa famille, fait silence, verrouille les contacts. Pas de commentaire. Une seule règle d'or, la discrétion. Il retourne à ses activités professionnelles et musicales. Il ne veut pas refaire de disque solo chez WEA. « Je devais avoir vingt-huit ans et mon passé musical ambitieux était derrière moi[1] », pense-t-il. Il rompt son contrat. Il recherche une nouvelle maison de disques. « Je voulais changer de boîte parce que le principal défaut de WEA, c'est que tu y fais tous les disques que tu désires. Une fois que tu as un contrat, ils acceptent tout ce que tu leur présentes, que ce soit bon ou mauvais ; et puis le disque sort et tu n'en entends plus jamais parler. Ça n'est pas ça rendre service à un artiste[2]. » Il signe un dernier 45 tours, sous le pseudonyme de First Prayer, avec ses deux titres écrits en

1. *Paroles et Musique*, décembre 1985.
2. *Rock&Folk* n° 179, décembre 1981.

anglais : *High fley* et *Tell me why*. Ce disque n'est pas distribué par Warner, mais par un indépendant, René Barret. « Ce qui ne me plaisait pas […] c'est que tout le monde trouvait tout ce que je faisais génial et que ça ne servait à rien puisqu'il ne se passait rien[1]. » Il sort plusieurs 45 tours qui se soldent tous par des échecs. *C'est pas grave, papa* (1976), *Les Nuits de solitude* (1977), *Back to the city again* (1978), *Slow me again* (1979 sous le pseudo de Sweet Memories), *High Fly* (1980 sous le pseudo de First Prayer).

Il continue à travailler dans le magasin de sport, sous franchise *Sport 2000*, avec Robert, mais il a décidé d'écrire des chansons en français pour les autres. Il ne tarde pas à en compiler une vingtaine. Il enregistre les maquettes, sur un TEAC quatre pistes, dans la cave-studio qu'il s'est aménagée dans son pavillon, 67 avenue Verdier. Il les présente aux maisons de disques. Il faut se rendre à l'évidence : « J'ai réalisé que les interprètes sont plus intéressés par celui qui apporte la chanson, la signe, que par la chanson elle-même[2]. » Un jour, alors qu'il mettait en place la vitrine du magasin, passe un de ses voisins. Ils tapent un brin de causette. Celui-ci est à la recherche de textes de chansons pour une fille qu'il a l'intention de produire et qui doit participer au télé-crochet *Le Jeu de la chance*, présenté par Danièle Gilbert, dans *Midi Première*. Jean-Jacques raconte : « À l'époque, je travaillais dans le magasin de sport à Montrouge. Un preneur de son de chez Barclay était devenu mon voisin. Il m'a demandé si je n'avais pas des chansons pour une chanteuse qui devait participer au *Jeu de la chance* sur TF1, elle s'appelait Anne-Marie Batailler. Je lui ai donné une K7. La fille a fait le jeu et elle a gagné. La semaine d'après, on m'a dit "il m'en faut une autre", j'ai remis une nouvelle chanson, et elle a de nouveau gagné : ceci trois ou quatre fois. Danièle Gilbert présentait ce jeu et me citait à chaque fois : "Une chanson de Jean-Jacques Goldman[3]." »

1. *Rock&Folk* n° 179, décembre 1981.
2. *Paroles et Musique*, décembre 1985.
3. *Solo* n° 2, novembre/décembre 1997.

Trois de ses titres sont pris par René Barret parmi lesquels *Mauvaise tête*, interprété par Janie Prévost, et *Gros câlin blues*. Il propose aussi *Fais-moi des sourires*, une nouvelle version de *Tu m'as dit*. Sa tentative de placer *Il suffira d'un signe* n'aboutit pas.

Anne-Marie Batailler a conservé le souvenir de leurs premiers rendez-vous professionnels : « Je suis allée le rencontrer pour le remercier et pour lui demander de m'écrire d'autres chansons dans le même style. Notre premier échange fut furtif, car nous étions tous les deux de grands timides. Cela étant, il m'a promis des titres pour la fin de la même semaine[1]. » Jean-Jacques lui écrit une dizaine de chansons. « À chacune de nos rencontres, Jean-Jacques me fournissait les chansons, cassettes et paroles que j'allais récupérer à *Sport 2000*. Mais parfois aussi chez lui, d'abord à son appartement, avenue de la République, puis après son déménagement, dans une maison située rue Verdier. Je me souviens qu'il y recevait la plupart du temps en compagnie de ses deux jeunes enfants, Caroline et Michael, qui s'amusaient à gribouiller les partitions. Parfois, il me les chantait pour me montrer comment les interpréter. Lorsque je lui suggérais de légères modifications, il prenait sa guitare et on se mettait au point. Malgré sa timidité, il se montrait toujours à l'écoute et disponible[2]. » Vient le jour où Anne-Marie interprète le titre de Jean-Jacques lors d'un concours à la télévision. Derrière son poste, Marc Lumbroso, jeune manager des Éditions Vogue et gérant des Nouvelles Éditions Françaises, en quête de nouveaux talents, décèle le potentiel de l'auteur-compositeur de ce titre. Ancien du lycée Janson-de-Sailly et de la faculté de droit de Nanterre, Marc Lumbroso est né en Tunisie en 1950. Sa société édite des ouvrages certes, mais recherche aussi de nouveaux talents tant en radio, au théâtre, que dans les milieux musicaux. Il fait des pieds et des mains pour obtenir le numéro de téléphone de Jean-Jacques qui en sourit encore : « Marc Lumbroso, qui était un jeune éditeur affamé, autrement dit qui était obligé

1. Entretien entre Anne-Marie Batailler et Bernard Violet, 30 septembre 2009.
2. Entretien entre Anne-Marie Batailler et Bernard Violet, 30 septembre 2009.

de faire son métier, a vu mon nom au générique et a appelé la Sacem pour avoir mon numéro de téléphone. Il m'a demandé ce que j'avais. C'est lui qui a commencé à me faire travailler, à me stimuler surtout. J'ai besoin de stimulation[1]. » Il lui demande de nouvelles maquettes qu'il enregistre « sur quatre pistes le soir après le travail[2] ». Or, Anne-Marie Batailler met fin à sa carrière : « Après la sortie de mon disque en 1980, et quelques tournées en province, puis une participation à un autre concours de la chanson française, mes deux producteurs m'ont laissée tomber. Pour dire vrai, ils n'ont guère forcé pour la promo du 45 tours et m'ont, par ailleurs, fait comprendre qu'ils n'appréciaient guère ma volonté de mener de front une carrière d'interprète et mon désir de devenir maman. Déçue, j'ai préféré décrocher en mettant entre parenthèses la première pour la vie plus exaltante de mère de famille[3]. »

Les regards de Marc Lumbroso et de Jean Mareska se concentrent à présent sur Jean-Jacques. Ils se démènent comme de beaux diables pour trouver une maison de disques qui donnera sa chance à leur poulain. « De fait, raconte Jean Mareska, on a fait le tour des maisons de disques et on s'est fait jeter de partout. Lumbroso, chez les gens qu'il connaissait, et moi, chez les gens de ma connaissance. Chaque fois qu'on sortait d'un rendez-vous, c'était avec un "non" catégorique, ou un "Bon, rappelez la semaine prochaine". Et puis, la semaine d'après, c'était : "Finalement, non[4]." » Jean-Jacques, de son côté, prend contact avec Jean-Jacques Gozlan, patron marketing de CBS, filiale du label américain Columbia Records, qui conseille à Alain Levy, le boss de CBS, de se pencher sérieusement sur le cas du petit *Frenchie* de Montrouge. Il ne parvient pas à convaincre Jean-Michel Fava, directeur de production chez CBS, et du coup se rabat sur Philippe Duwat, le patron d'EPIC[5], le label de tous les nouveaux talents de

1. *Chanson* n° 10, janvier 1984.
2. Master-Class Sacem, 11 mars 2014.
3. Entretien entre Anne-Marie Batailler et Bernard Violet, 30 septembre 2009.
4. Entretien avec Jean Mareska, par Bernard Violet, 19 avril 2009.
5. EPIC, aujourd'hui Sony Music.

CBS. Marc Lumbroso lui présente la maquette d'*Il suffira d'un signe*. Il est tellement enthousiaste qu'il parvient à lui faire signer un contrat pour cinq albums[1] ! Enfermé dans sa cave, Jean-Jacques maquette une douzaine de compositions. « Les thèmes des paroles viennent séparément, c'est-à-dire que je note des bribes, des petites phrases sur un thème, d'autres sur un autre. Après, une autre phrase vient. D'un côté, je compose à la guitare des petits bouts de chanson que je mets de côté. Et une fois qu'une musique est prête et aboutie, je choisis le thème. À partir de là, je travaille la mouture définitive du texte, mais toujours à la lumière des notes. Il ne peut pas y avoir de textes abstraits sans musique[2]. » Marc Lumbroso s'active tant et plus, il le stimule, l'aiguillonne. Son rôle est déterminant. « Il a fait bien plus que la moitié du travail, reconnaît Jean-Jacques. Je ne vois pas comment on peut se dire que tout ce qui est arrivé après aurait pu arriver d'une autre façon[3]. » Jean-Jacques n'a toujours pas intégré le fait qu'il se lance comme chanteur : « Je suis allé peut-être des millions de fois au concert, mais il ne m'est jamais arrivé d'avoir envie d'être à la place du gars sur scène. Et Dieu sait que j'ai pris mon pied à ces concerts [...] Mais, vraiment, jamais je n'avais rêvé d'être à la place du chanteur sur scène[4]. » D'autant qu'éclot une légion de nouveaux venus aux multiples talents : Daniel Balavoine, Michel Berger, Francis Cabrel, Yves Duteil, Jacques Higelin, Michel Jonasz, Bernard Lavilliers, Véronique Sanson, William Sheller, Alain Souchon, Laurent Voulzy, pour ne citer qu'eux.

Il se décide sur onze titres : *À l'envers, Sans un mot, Brouillard, Pas l'indifférence, Il suffira d'un signe, J't'aimerai quand même, Autre histoire, Quelque chose de bizarre, Quel exil, Le Rapt, Juste un petit moment*. « J'ai été obligé de retravailler certains morceaux pour arriver à un produit satisfaisant pour tout le monde[5]. » Il s'y prête de bonne grâce : « Le problème

1. Automne 1980.
2. *La Tribune juive*, 5 septembre 1997.
3. Master-Class Sacem, 11 mars 2014.
4. *Cool*, juin 1987.
5. *Rock&Folk* nº 179, décembre 1981.

n'est pas de subir ou non des contraintes de la part des maisons de disques, mais d'avoir le talent de reconnaître dans ce qu'on te demande ce qui est bon et profitable de ce qui est n'importe quoi : faire la part des choses et s'en servir pour progresser[1]. »

Il enregistre, durant son mois de vacances, au studio Vénus, à Longueville (Seine-et-Marne) et dans l'un des studios parisiens de Pathé. Il s'est entouré de ses copains : Patrice Tison à la guitare, Guy Delacroix à la basse, Max Middleton aux claviers, Georges Rodi aux synthés et Clément Bailly à la batterie. À deux portes d'eux, Elton John travaille sur son prochain album *The Fox*. Emblème de la musique pop-rock, l'extravagant, le grandiloquent Britannique triomphe sur toutes les scènes à travers le monde. Les foules se précipitent à ses concerts pour assister à ses performances scéniques. L'année précédente, Elton a enregistré avec son amie France Gall deux chansons : *Donner pour donner* et *Les Aveux*, réunis sur un 45 tours qui s'est hissé en tête du hit-parade. « À cette époque, je connaissais ses trois premiers albums par cœur. Je pouvais les jouer, mais j'étais incapable de lui parler. J'avais l'impression de déjà le connaître. J'ai eu tort. J'aurais dû lui dire que je connaissais ses chansons parfaitement parce que, quand on me le dit, je suis touché[2]. » Le destin est parfois facétieux. À quelques jours de là, c'est Jean-Jacques qui passe la Manche pour mixer ses titres dans les studios anglais parce que "le producteur et le preneur de son étaient anglais[3] ." »

Il veut appeler son album *Démodé* pour signifier qu'il se considère comme un « produit d'arrière-garde » par rapport à la musique du moment[4]. Il justifie ce choix : "Démodé", parce qu'il l'était vraiment ! C'était l'époque du punk, de la *new wave*, et moi j'arrivais avec un batteur, un bassiste, un guitariste très *seventies*[5]. » Il est tout à fait conscient du décalage sonore entre sa production et celle des groupes de l'époque. Sa musique est

1. *Rock&Folk* n° 179, décembre 1981.
2. *Télé Moustique*, 24 septembre 1977.
3. Numéros 1, juillet 1983.
4. Cité dans *Le Journal de Lausanne*, 3 mars 1984.
5. *Notes*, avril 1993.

essentiellement inspirée des années 1970/1975. Il trouve ses sources dans le son anglo-saxon de ces années-là, donc pas très moderne. Le pape du reggae, Bob Marley, symbole de la contestation universelle, est décédé en mai[1]. Les radios pirates sont devenues des radios libres qui peuvent émettre en modulation de fréquence, mais sans diffuser de messages publicitaires. La sculpturale Jamaïcaine Grace Jones sort l'album *Nightclubbing* qui fait la transition entre la période disco et l'avènement de la *new wave*. Bashung chante *Vertige de l'amour*.

Le service communication de CBS rejette *illico Démodé*. Ce titre par trop négatif risque de rebuter le public. Jean-Jacques, lui, refuse de changer son nom, Goldman, « l'homme en or », comme le lui suggère la maison de disques. Si d'autres l'ont fait, pour sa part, il n'en est pas question. « Ils auraient peut-être préféré que je m'appelle Francky Jordan, ou un truc qui sonne, quoi. C'est vrai que Jean-Jacques Goldman, ça ne fait pas trop chanteur[2] ! » Plus tard, il choisira des pseudonymes pour signer ses compositions certes, et non sans humour, il optera pour Sam Brewski… Consonance un brin polonaise, non ? Aucun compromis. L'album sort, sans titre, le 4 septembre 1981. Quatre photos de l'artiste, cravate dénouée sur chemise claire, façon Photomaton, dans les tons jaunes, ornent la pochette. Malgré une bonne promotion, il a du mal à décoller. Entré au Hit RTL le 11 octobre 1981, il ne progresse que de quinze places en dix-huit semaines. C'est trop lent pour la maison de production.

Entre-temps, François Mitterrand a remporté l'élection présidentielle face au président sortant, Valéry Giscard d'Estaing. Il devient le premier président socialiste de la Ve République. Questionné sur son choix électoral, Jean-Jacques ne dissimule point son opinion : « J'ai voté blanc en mai 1981 et je ne m'en cache pas. Je n'ai jamais aimé ni voté Mitterrand. L'arrivée de la gauche en 1981 était un non-sens. Comment des socialistes

1. Bob Marley, décédé le 11 mai 1981.
2. Émission *Grand Format*, RTL, animée par Évelyne Pagès, 29 juillet 1991.

pouvaient-ils s'associer avec ceux qui avaient approuvé l'entrée des chars à Prague et Varsovie[1] ? »

Le titre *Il suffira d'un signe*, même s'il dure près de six minutes, enthousiasme la directrice des programmes de RTL, Monique Le Marcis. Elle matraque sur les ondes. C'est une chance. Tout le monde n'a pas la possibilité de démontrer son talent surtout si l'on ne fait pas partie du cénacle. Elle a du nez Monique Le Marcis. Le titre se vendra à cinq cent mille exemplaires. Des clips vidéo, qui tiennent plus du Scopitone des années 1960, ont été gracieusement réalisés par RTL, d'après les volontés de Monique Le Marcis qui a décidé de prendre Jean-Jacques sous son aile. Elle l'impose dans l'émission radio de Michel Drucker[2] sur RTL. Le jeune homme lui plaît, lui paraît intéressant, malgré sa voix particulière. Jean-Jacques est habitué à interpréter ses textes en anglais, sa tessiture, très aiguë, a du mal à s'accorder avec le français. Par la suite, il reprendra ses premiers titres en les baissant de deux à trois tons. Sa première prestation a lieu sur le plateau de l'émission *Avis de recherche* animée, chez Patrick Sabatier, en octobre 1981, en présence de Nicoletta. Anne Sinclair, début janvier 1982, le reçoit dans *Les Visiteurs du jour*. Lors de la première de *La Nouvelle Affiche*, qui se déroule à Cannes dans le cadre du Midem, en février 1982, il est présenté par Max Meynier. « Le public était très jeune, mes chansons passaient beaucoup dans les bals ou des choses comme ça et elles étaient faites essentiellement pour danser. C'est ce que je voulais aussi[3]. » Il enchaîne avec *Dimanche Martin*[4], puis Michel Drucker l'invite à *Champs-Élysées*, sur Antenne 2, pour la soirée du 6 mars 1982. Il apparaît assis dans le public, tout en haut de la salle, mais la bande-son ne part pas. Michel Drucker meuble comme il peut, on est en direct. Le problème technique résolu, Drucker refait son annonce pour « le petit jeune de l'émission : Jean-Jacques Goldman ». Sa voix s'élève, forte et déterminée. Le public est ébahi par cette

1. *Ouest-France*, 19 janvier 1994.
2. Octobre 1981.
3. *Fréquenstar*, M6, 24 mai 1998.
4. Février 1982.

« musique très anglo-saxonne, dure[1] » qu'est, d'après son créateur, *Il suffira d'un signe*. « On n'imagine pas ce que représentait Champs-Élysées quand, le samedi 6 mars 1982, j'y suis venu chanter *Il suffira d'un signe*, témoignera-t-il quarante ans plus tard dans *Paris-Match*. C'est comme si toute la France regardait. Pour tous les artistes, particulièrement les débutants, c'était un moment très important et forcément stressant. On y croisait aussi des artistes établis, parfois des mythes, et c'était une rampe de lancement très puissante, par son audience, sa réputation. Un rendez-vous naturel, incontournable. » À jamais reconnaissant, Jean-Jacques rend hommage à l'animateur qu'il estime tant. « Dans notre métier, qui a le mépris très facile, Michel Drucker s'est toujours bien comporté avec les "petits" comme avec les "grands", il met à l'aise, il n'y a pas de piège. Je crois que c'est sa nature, elle est rare. Mais la vraie consécration, c'est lorsqu'il nous demandait d'en être l'invité principal. Nous nous sommes croisés une ou deux fois depuis vingt ans. [...] Il n'est pas le seul humain à avoir fait de son métier une passion, une raison de vivre ! Rencontrer des gens, valoriser des talents, distraire, c'est bien plus qu'un métier et c'est une très jolie vie, non ? Aujourd'hui, à la télé, je regarde essentiellement du sport. D'ailleurs, adolescent, j'ai vu débuter un jeune journaliste sportif prometteur, Michel Drucker[2]. »

Jean-Jacques se retrouve numéro un, le 9 mai 1982. C'est la surprise. « Avec la démarche que j'avais, une musique et des textes pareils, je m'attendais à plaire à trois pelés et un tondu. Je me suis retrouvé dans les hit-parades comme ça, à côté de gens plutôt connus, sans trop comprendre pourquoi. J'étais très étonné, même je revendique complètement les chansons qui m'ont fait connaître[3]. » Il a bien conscience qu'il doit travailler son chant même si la presse musicale, assez bienveillante, lui concède déjà des talents de mélodiste. « Mon premier album est, je le reconnais, hurlé du début à la fin. C'est insoutenable !

1. *Salut !*, 31 mars 1982.
2. *Paris-Match*, 8 septembre 2022.
3. *OK ! Magazine*, 20 février 1984.

remarquera-t-il. Par ailleurs, j'y baisse de deux ou trois tons dans tous les titres. Pas l'indifférence est en *ré* mineur et je la prends maintenant en *la* mineur – *ré, do, si, la* –, ce qui fait une énorme différence ! Depuis que je me suis rendu compte qu'il était difficile de hurler le français, je ne cesse de baisser les tonalités. C'était une erreur de jeunesse[1] ! » Sur France 3, dans *La Nouvelle Affiche*[2], il est déconcerté par l'attitude du public : « L'intro a commencé, c'était la première fois que les gens commençaient à taper des mains et à chanter, et c'est la première fois que j'ai joué devant des gens qui connaissaient déjà la chanson. Et ça, ça m'avait frappé[3]. »

Sa maison de disques l'encourage à sortir dans la foulée un nouvel opus. Jean-Jacques reprend et retravaille des textes gardés sous le coude. « Je suis quelqu'un de pas très rapide et comme je fais tout moi-même, paroles, musique et arrangements, il me faut du temps. Je ne veux pas aussi tout réaliser d'un seul trait, c'est-à-dire entrer et ressortir avec le disque sous le bras[4]. » Il bosse pendant l'été alors que les autres rêvent de vacances au soleil, de filles en bikini, de farniente sur la plage, un cocktail à la main et les doigts de pied en bouquet de violettes. « Si je fais mes disques en été, c'est en partie à cause de ça, je n'aime pas l'été ni le soleil, affirme-t-il[5]. Je préfère les jours de mauvais temps, le froid. [...] Le soleil est indispensable, mais ça me branche davantage de passer des vacances en Suède ou en Hollande, plutôt qu'en Italie ou au Maroc. J'ai une nette préférence pour les gens du Nord, un peu renfermés. Par contre, j'ai une épouse diamétralement opposée. D'ailleurs, avec ma femme, nous ne sommes pas toujours d'accord sur le lieu des vacances. »

Il fait appel à la même équipe de musiciens auquel il adjoint Norbert Krief, dit « Nono », le guitariste du groupe Trust. Ils enregistrent au Studio Gang, à Paris. Marc Lumbroso est à la

1. *Paroles et Musique* n° 55, décembre 1985.
2. Le 6 juin 1982.
3. Interview radio : Jean-Jacques Goldman, 7 avril 1986.
4. *Salut !*, 31 mars 1982.
5. *Salut !*, 31 mars 1982.

réalisation. Il sera déterminant dans sa carrière : « À la fin du premier album, je me suis rendu compte que je ne pouvais pas être dans la cabine et, en même temps, être en train d'enregistrer[1]. » Il est parfait dans son rôle « le genre de gars qui gratte un peu de la guitare, mais ce n'est pas un musicien. [...] qui a un goût très sûr [...] une oreille pas du tout du métier, une oreille de bon sens[2] ».

Toujours pas de changement dans son quotidien. « J'ai continué à concilier mon emploi et la chanson en m'amusant de me voir le samedi soir à la télévision alors que je venais de passer une journée de travail[3]. » Il y a une explication à cela : « Un chanteur apprenti qui n'est pas sollicité par les télévisions, les interviews, les déplacements et les tournées, il peut tout à fait travailler, ou travailler à mi-temps, dans un bar ou ailleurs, ou étudier[4]... » Donc, pas de précipitation. « Je ne suis pas d'une famille d'artistes, je ne suis pas d'une famille de musiciens, je ne suis pas d'une famille d'héritiers, explique-t-il. On avait un loyer à payer, on avait l'essence à payer [...] rien n'a jamais été facile quoi ! Donc... Il fallait vraiment que je pense à ma famille, enfin tu vois, ce n'était pas un choix comme ça. Si ça ne marchait pas, je n'avais personne pour m'aider[5]. » Il est trop tôt pour envisager d'abandonner son job de vendeur de baskets : « Je ne supporterais pas de faire autre chose que ce que j'ai envie de faire ou de devoir changer quoi que ce soit à mes chansons sous prétexte que je dois faire vivre ma famille[6]. » Il est important pour lui de conserver une certaine indépendance vis-à-vis de CBS : « Il n'y a plus de recette, sinon qu'il faut qu'il se dégage quelque chose d'assez fort de ce que tu donnes à entendre. C'est la sincérité qui est en train de prévaloir sur le système, sur la mode[7]. »

1. Master-Class Sacem, 11 mars 2014.
2. Master-Class Sacem, 11 mars 2014.
3. *L'Union de Reims*, 17 mai 1998.
4. Alain Etchegoyen, *Les pères ont des enfants. Dialogue entre deux pères sur l'éducation*, Le Seuil, 1999.
5. *Fréquenstar*, M6, 24 mai 1998.
6. *Rock&Folk* n° 179, décembre 1981.
7. *Rock&Folk* n° 179, décembre 1981.

3

C'est la marque d'un esprit cultivé
qu'être capable de nourrir une pensée
sans la cautionner pour autant.

ARISTOTE

Fin septembre 1982, un second album arrive dans les bacs des disquaires. Il aurait dû s'appeler *Minoritaire*, mais, une nouvelle fois, le titre n'a pas trouvé grâce auprès de la maison de disques. Ce sera donc un album éponyme ! Son style a mûri. « Une chanson est pour moi le véhicule de l'émotion au premier degré due au mariage entre la musique et les mots », explique-t-il[1]. L'album est plus élaboré. Il s'est attaché à parfaire ses petites recettes de fabrication : « Une musique, des mots et des arrangements[2] » mitonnés avec « une approche sensuelle du mot, plus ressentie que comprise[3] » propres à provoquer « une émotion, une excitation ou une attitude chez la personne qui l'entend ».

Le Républicain Lorrain[4] le couvre de louanges :

« Silhouette fragile, esprit subtil, contact facile, rien ne sert de jongler avec les rimes ou de s'accrocher aux parenthèses du langage quand on veut découvrir la face cachée de l'une des grandes révélations de ces derniers mois, en l'occurrence Jean-Jacques Goldman.

1. *Paroles et Musique* n° 55, décembre 1985.
2. *Salut !*, 23 mai 1984.
3. *Numéros 1*, mai 1984.
4. *Le Républicain Lorrain*, 22 septembre 1982.

Auteur, compositeur, interprète, Jean-Jacques étonne par son flegme. Plus nature que sa propre image, il séduit précisément par sa simplicité assortie d'une sensibilité bien rassurante. Jean-Jacques s'appuie sur un texte musical très homogène. Les mots qu'il adule trouvent précisément leur puissance dans cette douceur aiguisée d'une touche de réalisme très contemporaine. Ainsi au-delà même de son premier tube *Il suffira d'un signe*, Jean-Jacques s'est attaché au profil même de sa carrière. "Avoir les pieds sur terre en attendant la suite." Eh oui ! Vous ne rêvez pas. On peut crever d'emblée le plafond des ventes avec un seul titre et ne pas se laisser griser par cette explosion subite d'affection rarement désintéressée. [...] Un premier album le révèle. Le second actuellement sous presse devait le propulser au plus haut niveau. [...] Tous les titres ont été travaillés à la perfection. [...] Ajoutez à cela sa gentillesse et surtout sa spontanéité. Il n'est pas là pour casser la baraque. [...] Jean-Jacques hésite toujours à parler de lui, mais après quelques secondes de discussion à sens unique, il vous lâche quelques petits mots qui en disent long sur son espoir de s'installer parmi ceux qui chantent non seulement pour franchir enfin les étapes d'une manière bien menée, mais surtout pour amplifier les sentiments ou les ressentiments de toute une génération : "Ah, ce deuxième 33 tours. Je me suis investi avec d'autant plus de facilité que le courant est passé avec toute l'équipe qui a collaboré à sa sortie. J'y crois car il est le résultat d'un travail intensif mais tellement sain. Je souhaite que le public le reçoive non plus par curiosité, mais tout simplement pour en savoir un peu plus sur mon envie de convaincre et d'affirmer ma personnalité sans aucune restriction. J'écris, je chante, je vis pour tous ceux qui me font confiance en s'intéressant à moi, en écoutant ce que je fais. Le reste n'a guère d'intérêt." »

De cet album sont extraits trois tubes très différents les uns des autres peaufinés sur « un TEAC quatre pistes avec un Fender et une guitare électrique[1] ». Le premier *Quand la musique est bonne* est des plus judicieux et ne met que quelques semaines à s'octroyer la première place du classement. Il livre son secret de fabrication : « *Quand la musique est bonne* est une chanson où j'ai commencé à dire "Quand la musique est bonne" ; je ne savais pas du tout de quoi allait parler la chanson. Peut-être ne parlerait-elle finalement de rien, mais il est clair qu'une fois le texte venu, on ne pouvait pas le changer. [...] Il y a des mots qui viennent musicalement en dehors du sens. Parfois on doit s'adapter à ça[2]. »

Le *single* se vend à plus de cinq cent mille exemplaires. D'instinct, Jean-Jacques, sans prétention, sait que ça va marcher. « Comment le savoir ? C'est un peu stupide, mais j'en étais sûr[3]. » Et il a raison, le public est fidèle au rendez-vous. « C'est bien, en plus, ça arrive tellement rarement. Quand on voit le nombre de gens qui chantent et le peu de disques qui réussissent, il ne faut pas prendre ça de façon banale et en disant que c'est tout à fait normal. Chaque fois que quelqu'un rentre dans un magasin et achète un disque, je pense que c'est exceptionnel. Alors je ne suis pas blasé par ça[4]. »

Comme toi, le deuxième extrait, très troublant par sa pudeur et sa tendresse, évoque les enfants victimes du génocide et son attachement à la mémoire collective juive. L'idée de s'adresser à une petite fille nommée Sarah lui est venue en feuilletant l'album photo de sa mère : « Où il y avait les photos les plus banales possibles. Vous savez, avec des petites filles, des gens après un repas avec des sourires niais, comme toutes les photos de famille du monde. [...] C'est là que je me suis rendu compte qu'il y avait cette petite fille qui était là, qui regardait ailleurs, qui visiblement pensait plutôt à aller jouer avec sa poupée alors qu'on lui disait "Souris !"[5]. » Sous les divers portraits représentant ses cousins et des membres de sa famille, Ruth, avait

1. *Paroles et Musique* n° 55, décembre 1985.
2. *Paroles et Publics*, 9 décembre 1994.
3. *Génération Laser*, RTL, novembre 1991.
4. *Soir 3*, FR3, 5 janvier 1983.
5. *Paroles et Musique* n° 55, décembre 1985.

écrit « *déporté* ». « À ce moment-là, j'ai pris conscience qu'on imaginait toujours ces gens-là avec une tête de déportés [...] et là, sur la photo, je voyais à quel point c'était des gens d'une banalité incroyable, qui nous ressemblaient. [...] Je ne sais pas si cette petite fille s'appelait Sarah, mais, en tout cas, son visage existe pour moi[1]. » Ce titre voit le jour en février 1983. Il ne met que huit semaines à atteindre la première place du Hit RTL. La partie violon est jouée par Patrice Mondon, violoniste à l'Opéra de Paris. « C'est avec *Comme toi* que j'ai compris que je m'inscrivais dans la durée vis-à-vis des gens. C'est avec *Comme toi* qu'a débutée une histoire profonde avec le public. Il y avait aussi *Veiller tard* qui est devenue "la" chanson par excellence du public. Elle n'est jamais sortie en *single* et pourtant deux lettres sur trois qui m'étaient adressées y faisaient référence[2]. » Il a aussi écrit un titre, sous le pseudonyme Sweet Memories, pour une jeune chanteuse, Jane Surrey : *Tout tout doucement*[3]. Le disque pressé par Barclay restera anonyme. Il a rencontré une jeune artiste prometteuse, Danielle Messia, et compose pour elle une musique sur l'un de ses textes *Le Temps des enfants*. Ce titre figurera sur *Carnaval*, un album sorti en 1995, après la mort subite de Danielle Messia d'un cancer foudroyant. Il signe, toujours sous le pseudonyme de Sweet Memories, *J'essaierai d'oublier*, pour Émilie Bonnet. Ce titre ne vous évoque probablement rien, mais si je vous dis que onze ans plus tard, il est ressorti avec la même musique et les mêmes arrangements, avec de nouvelles paroles signées Sam Brewski interprétées par Florent Pagny... les plus perspicaces auront sans doute reconnu *Si tu veux m'essayer*.

Jean-Michel Fontaine a recueilli les confidences d'Émilie Bonnet[4]. Elles éclairent la genèse de cette collaboration. « J'étais l'invitée d'une émission sur RTL avec André Torrent dans laquelle je devais chanter en direct. J'étais en train de me

1. Europe 1, mars 1986.
2. *Chorus* n° 54, hiver 2005-2006.
3. 1982.
4. Propos recueillis par Jean-Michel Fontaine pour son site « Parler d'sa vie », 30 mai et 1er juin 2013.

préparer lorsque quelqu'un a frappé à la porte. C'était Jean-Jacques Goldman, qui n'était pas invité ce jour-là. Il était venu exprès pour me voir, car il avait entendu une de mes chansons qui passait à l'antenne et avait "craqué sur ma voix", selon son expression. Il m'a simplement dit qu'en écoutant ma voix, il m'avait tout de suite écrit une chanson. Il m'a remis le titre *Si tu veux m'essayer*, qu'il avait juste fait avec sa guitare et sa merveilleuse voix, et m'a donné son numéro de téléphone pour que je le rappelle si la chanson me plaisait. Après avoir écouté la chanson avec ma DA [directrice artistique], je l'ai rappelé pour lui dire que je souhaitais l'enregistrer. Nous avons répété chez lui, dans sa cave, tous les deux, jusqu'à ce que je sois prête. » Elle avoue qu'alors elle connaissait à peine son premier titre : « Je n'ai entendu parler de lui que lorsqu'il a fait son premier titre en solo. Mais lorsque nous nous sommes vus, sur le coup, ce n'était pas le bon moment pour moi, car je devais chanter en direct quelques minutes après. J'avais tellement le trac que je lui ai à peine répondu. D'ailleurs, il m'a vue une fois avoir un malaise à cause de ce trac que je n'arrivais pas à maîtriser à ce moment-là, derrière un micro, alors que l'on passait tous les deux en direct sur France Inter avec Jean-Louis Foulquier. Il en a été si touché qu'il a attendu un moment avant de pouvoir chanter. » Il est demandé à Jean-Jacques de légèrement modifier sa chanson : « … le titre *Si tu veux m'essayer* ne me gênait pas, mais c'est ma DA qui trouvait que cela faisait trop vulgaire avec ma voix éraillée. Elle a donc demandé à Jean-Jacques de changer le titre. Je ne pouvais pas la faire changer d'avis, contrairement à ce que pensait Jean-Jacques, et j'en explique la raison principale dans mon livre. Cela m'a fait tellement mal de ne pas pouvoir dire la vérité à Jean-Jacques, alors que je voyais qu'il était hyper-contrarié. » Rien n'est simple pour la jeune interprète : « Ce titre, qui est devenu *J'essaierai d'oublier*, passait sans arrêt sur NRJ. J'ai fait des concerts avec Jean-Jacques, mais malheureusement, ma DA a fait sortir le disque des bacs peu de mois après, alors que ça démarrait fort. »

La profession remet à Jean-Jacques, en décembre 1982, le Diamant de la chanson française dans la catégorie « Meilleur espoir de l'année 1982 ». Avec de telles facilités pour composer et une telle nature, le chemin semble tout tracé pour Jean-Jacques… Et, à la fin du mois, il reçoit son dernier bulletin de paie de *Sport 2000*. Il entre dans la carrière avec gravité et componction : « On n'est pas des fonctionnaires, on n'est pas des salariés, on est donc absolument au service des gens pour leur procurer de l'émotion ou de la réflexion, en tout cas pour leur plaire[1]. » *Au bout de mes rêves*, troisième extrait, ne tarde pas à camper à la première place du hit-parade. Le texte empreint de détermination, porteur d'espoir et d'ambition, colle aux aspirations de la jeunesse. Il les encourage à se battre envers et contre tous pour se bâtir une belle vie. Cette dynamique plaît aussi à leurs parents qui apprécient la popularité de ce jeune homme, bien sous tous rapports, qui pourrait être aussi bien leur fils que leur frère. Les ventes s'envolent. Modeste, il explique qu'il remet à sa sauce les musiques des années 1970 : « Je ne fais que franciser, finalement. Je ne suis pas un créateur – disons un novateur – à ce niveau-là[2]. » Il est sidéré par ce succès. « Je ne représentais aucun des "canons" du "chanteur sérieux", ni par le physique ni par les médias, ayant délibérément choisi la presse des jeunes, les émissions dites "grand public", refusant l'étiquette "rock'n'roll" et en ne faisant pas de scène, commentera-t-il. Malgré tout cela, le public m'a accepté comme un vrai chanteur et, pour tout dire, a acheté beaucoup d'albums et pas seulement des 45 tours. La vente d'albums, c'est exister en tant que personne et pas seulement par les chansons[3]. » Est-ce seulement le fruit du hasard ? Il aime à le penser, se voit comme « l'agréable victime d'un courant[4] ». Il est arrivé sur le devant de la scène au bon moment : « Il existe une expression formidable pour

1. Alain Etchegoyen, *Les pères ont des enfants. Dialogue entre deux pères sur l'éducation*, Le Seuil, 1999.
2. *Chanson*, juin-juillet 1984.
3. *Numéros 1*, mai 1984.
4. *Ciné Télé Revue*, 8 septembre 1983.

expliquer un succès : “être dans le vent”. C’est-à-dire qu’il faut se battre pour gagner, mais qu’il faut aussi être à la mode. [...] Le public attendait peut-être un chanteur qui emploie tel type de mots et qui joue tel type de musique ; je profite de ce courant-là. Mais, si le vent avait soufflé vers une autre mode, j’aurais pu chanter les mêmes chansons, elles seraient passées dans l’indifférence générale[1]. »

Une pause s’impose. Se recentrer sur l’essentiel, la famille, les petits bonheurs simples du quotidien. Il emmène les siens pour quelques jours à Courchevel. « J’ai cherché un endroit bien isolé où je puisse dormir douze heures par jour sur vingt-quatre, vivre au ralenti, flâner, aller au cinéma, me vider la tête, explique-t-il[2]. Sans cette soupape de sécurité, je n’aurais certainement pas pu tenir le coup. Depuis cinq ans, je n’ai pas réussi à partir vraiment. Je ne me plains pas parce que ce que je fais me passionne, mais mes nerfs, eux, réclament une pause. Il est bien fini le temps où, étudiant, je partais durant trois mois à la découverte d’un pays. En stop, seul ou avec un copain, j’ai vu ainsi l’Europe et l’Amérique. Au hasard de mes haltes, j’ai rencontré des gens super. Ma guitare me servait de carte de visite, et grâce à elle, les gens m’ouvraient souvent leur porte. Aujourd’hui je ne serais plus capable de repartir comme ça, enfin pas pour l’instant. Dans dix ans peut-être, lorsque j’aurai avancé dans mon travail. À Paris, j’ai des tas de choses à faire et ça me passionne trop pour avoir envie d’évasion. Plus tard, on verra, il se pourrait bien que je reparte mon instrument en bandoulière à la rencontre d’univers nouveaux. »

Cinq jours de vacances, c’est court... surtout lorsqu’ils sont amputés par des interviews. Il s’y prête néanmoins avec gentillesse. Ainsi le magazine *Salut !*[3] dévoile le programme qu’a concocté l’artiste : « Ski et repos. Ce grand solitaire se sent bien dans cette célèbre station savoyarde où il ne connaît personne. [...] C’est devant une tasse de thé au citron, dans le

1. *Ciné Télé Revue*, 8 septembre 1983.
2. *OK ! Magazine*, 31 janvier 1983.
3. *Salut !* n° 194 du 2 au 15 mars 1983.

petit appartement sentant bon le lambris de sapin, que nous avons passé un couple d'heures avec lui. Il était seize heures, Jean-Jacques revenait de sa journée de ski, quelques flocons accrochés à ses cheveux et le walkman sur les oreilles. "Je n'écoute que deux bandes cette année, Supertramp et Flash and the Pan, un groupe peu connu. Je trouve cette musique idéale pour descendre les pistes." » Le journaliste est estomaqué : « Dans la pièce où nous sommes, pas de radio, pas de télé, mais des jeux : Scrabble, cartes, etc. Quelques bouquins et, dans un coin, une guitare.

— Tiens, tu travailles même en vacances ? s'étonne-t-il.

— Oh que non ! répond le chanteur. Ma guitare, c'est pour le plaisir, juste pour gratter à la veillée quelques vieilles comptines. Pour moi, les vacances, c'est le repos total. Le premier jour, je m'écroule et je dors plus de quinze heures. La notion du mot vacances a bien changé dans ma tête. Quand j'étais étudiant, je n'aimais guère les études aussi, sitôt le semestre terminé, je partais pendant trois mois faire de longs voyages. C'est ainsi que j'ai traversé les USA en stop. Mais maintenant que je fais ce qui me plaît toute l'année, j'ai moins envie de m'évader. En revanche, j'ai besoin de repos et de me retrouver avec les gens que j'aime, ma famille.

Jean-Jacques se passe la main sur une barbe naissante et poursuit :

— Dans la vie, je vis un peu en hippie, je déteste faire des efforts de toilette, je ne me sens bien que dans mon vieux pull. Par contre, je ne conçois pas de faire une télé sans m'habiller et mettre une cravate. C'est une forme de respect que tout artiste devrait avoir vis-à-vis de son public. Il prend sa guitare et "les yeux fixés sur les montagnes blanches qui se découpent dans la baie vitrée, plaque quelques accords". »

Les déplacements en province afin d'assurer la promotion lui réservent quelques effarements. Comme à Metz, en avril[1],

1. Locaux du *Républicain Lorrain*, rue Serpenoise, Metz, avril 1983.

dans le hall du *Républicain Lorrain* pris d'assaut par une nuée d'admirateurs. « Il fallait avoir le cœur bien accroché. Pour ma première séance de dédicace, c'est réussi. Je vais ruiner ma maison de disques si l'on continue à ce rythme », remarque-t-il après avoir dédicacé cinq cents cartes postales. « Cinq cents cartes postales en quarante-cinq minutes. Faites votre compte. Le record est atteint surtout si l'on ajoute les cent posters et la cinquantaine de disques. » Plus tôt dans la journée, il était intervenu en direct à l'antenne puis avait rejoint des élèves. « 16 h 15 : deuxième grand frisson, l'arrivée de Goldman à Schuman », rapporte le journal[1]. Dans une salle pouvant contenir deux cents personnes bien serrées, près de huit cents lycéens accroupis, recroquevillés, au coude à coude, genou contre genou, avaient pris position, réservant une ovation exceptionnelle à celui qui pendant une heure allait participer avec humour et talent à l'émission de Serge, avant de rejoindre un podium installé dans la cour du lycée pour faire face au raz-de-marée de ses admirateurs : deux mille lycéens qui surent avec enthousiasme et spontanéité propulser sentimentalement Goldman en tête de leur hit-parade : « Je n'avais jamais connu pareille ambiance. En plus, dans un lycée. Je garderai de cette aventure avec Radio L un souvenir inoubliable. Je vous promets de revenir à Metz, mais cette fois avec mon orchestre. » De mémoire de proviseur, on n'avait jamais connu pareille ambiance au lycée Schuman. « Deux mille lycéens en liesse pour fêter dignement non seulement le vingtième anniversaire de leur établissement, mais surtout pour saluer à leur manière la venue de Jean-Jacques Goldman[2]. »

EPIC le persuade d'adapter ses titres en anglais, afin d'exporter ce succès en Europe. Jean-Jacques réécrit deux versions en anglais d'*Il suffira d'un signe*. La première, *Hold on high*, sort en Angleterre, interprétée par une jeune inconnue, Linda Singer. La seconde, *Just a little sign*, chantée par Jean-Jacques,

1. *Le Républicain Lorrain*, 30 avril 1983.
2. *Le Républicain Lorrain*, 30 avril 1983.

est lancée en Allemagne. En face B, on retrouve *Talk about her*, la version anglaise de *Je ne vous parlerai pas d'elle*. La version espagnole de *Comme toi*, *Como tu*, réécrite par un auteur espagnol, sort en Espagne. Aucun de ces titres ne connaît le succès. Néanmoins, autour de lui, on ne tarde pas à lui suggérer de monter sur scène. Il n'a pas vraiment prévu cela : « Je ne suis pas une bête de scène genre Johnny Hallyday. Si un jour je fais des galas, il faudra que je m'entoure d'un bon groupe et d'une solide mise en scène. Car moi tout seul, je ne déplacerai pas les foules. » Dont acte. Il continue à s'entourer de ceux qui le touchent par leurs qualités humaines et leurs capacités. Il appelle Bernard Schmitt, l'ami d'enfance. Il sera l'homme de l'image. Surpris par l'intérêt qu'il suscite, il relate : « Nous étions chacun dans notre histoire jusqu'au jour où Quand la musique est bonne devient un tube. C'est le succès. Jean-Jacques, qui se considère comme un aveugle, a besoin de quelqu'un de confiance pour prendre en charge son visuel. » Bertrand répond présent. Il réalisera des clips, mettra en scène les spectacles. « Bernard réalise tout ce qui est visuel et que je suis incapable d'assumer », confesse-t-il[1]. *Quand la musique est bonne* inaugurera leur complicité. Jean-Jacques est rassuré avec Bernard à ses côtés : « C'est un autre métier, que je vis comme une grande incompétence de ma part. Je savais, dès le départ, que l'image n'était pas mon fort… » Le clip vidéo *Quelque chose de Tennessee*[2] pour Johnny Hallyday, conçu par Bernard, sera sélectionné pour les Victoires de la Musique dans la catégorie Meilleur clip. Suivront *Le Paradis blanc*[3] pour Michel Berger ; *Ella, elle l'a*[4] de France Gall, *Marilyn et John*[5] de Vanessa Paradis, pour les plus représentatifs.

En Amérique, l'enfant prodige, bientôt surnommé « Le Roi de la Pop », Michael Jackson, se produit sur scène au Pasadena

1. *Paroles et Musique* n° 55, décembre 1985.
2. Clip *Quelque chose de Tennessee* réalisé par Bernard Schmitt, 1985.
3. Clip *Le Paradis blanc*, de Michel Berger, 1990.
4. Clip *Ella, elle l'a* de France Gall, 1987.
5. Clip *Marilyn et John*, de Vanessa Paradis, 1988.

Civic Auditorium de Los Angeles, le 25 mars 1983, à l'occasion des vingt-cinq ans de la célèbre maison de production Motown. Ce soir-là, il interprète pour la première fois le titre *Billie Jean*, en *live*, un morceau culte : « *Billie Jean is not my lover, she's just a girl who claims I am the one.* » Tenue de scène travaillée, chorégraphie ciselée. Le public assiste à une véritable performance mêlant danse et chant. Michael évolue remarquablement bien, comme à son habitude, tout en souplesse et élégance. Cependant, il surprend son monde en exécutant un pas de danse glissé vers l'arrière. Aussitôt baptisé « *Moonwalk* », ce mouvement devient sa signature et le fait entrer dans la légende. Le titre *Billie Jean* figure dans l'album *Thriller*, sorti en novembre 1982. L'album le plus vendu de l'histoire de la musique, certifié trente-quatre fois disque de platine et trois fois disque de diamant, contient neuf succès mémorables pour lesquels le Roi de la Pop recevra huit Grammy Awards !

Formidable révélation en France aussi. En juillet, le référendum organisé par le magazine *Numéros 1*, désigne Jean-Jacques Goldman comme le meilleur chanteur français de variétés avant Jean-Luc Lahaye et Johnny Hallyday. Cela ne le trouble pas outre mesure. Selon lui, ce résultat est lié à sa popularité au moment où le sondage est réalisé, pas nécessairement à l'ensemble de son travail. C'est avant tout dû au fait « que les gens puissent danser dessus [sa musique] en discothèque [qui] prolonge beaucoup la vie d'une chanson. [...] Il est plus important de faire une chanson comme *Quand la musique est bonne*, parce qu'il y a des tonnes de chanteurs français qui sont capables de faire des textes aussi beaux que celui de *Comme toi*. Par contre, il n'y en a pas beaucoup qui sont capables de faire de la musique sur laquelle on danse[1]. » Chanteur de variétés ? Chanteur à minettes ? Bien sûr. « J'accepte complètement cette étiquette de chanteur à minettes. Les minettes sont des filles que j'aime beaucoup, des filles qui vont passer le bac dans un an ou deux, alors je ne vois pas pourquoi elles seraient obli-

1. *Numéros 1*, mai 1984.

gatoirement bêtes. Moi, j'ai un souvenir formidable de cette époque où j'avais leur âge : j'étais très ouvert musicalement. De plus ce sont ces “minettes” et “minets” qui ont construit tous les grands phénomènes musicaux de ces dernières années. Je ne me souviens pas que des gens de trente ou quarante ans aient soutenu Elvis, Hallyday et autres Beatles à leurs débuts[1]. » Il souligne : « J'ai une fascination pour le “hit”, cette chanson populaire qui parvient à émouvoir une foule de gens au même moment. C'est une réussite. Une étincelle inexplicable. C'est digne d'intérêt, estimable et aucunement méprisable[2]. »

Il constate que le regard posé sur lui se modifie et cette attitude le perturbe. Il n'a pas changé, lui. Il vit toujours à Montrouge, achète son pain dans sa boulangerie habituelle, fréquente les mêmes amis. On l'arrête pour lui demander un autographe, on le salue d'un bonjour plus appuyé. « Il arrive un moment où la musique rend beau. [...] Les gens trouvent un chanteur connu beau, alors qu'objectivement, il ne l'est pas. Mais en écoutant sa musique, ils arrivent à le trouver magnifique. [...] C'est très étonnant[3]. » Sa notoriété trouble sa vie familiale et il s'en émeut : « Je ne peux plus faire mes courses tranquillement. Je ne peux plus emmener mes mômes à l'école. Je ne peux plus aller à un concert. J'aime bien me balader tranquillement, rêver, et c'est vrai qu'à présent, ça m'est très difficile. Flâner maintenant, même si ce n'est pas dramatique, est devenu difficile[4]. » Il protège au maximum sa vie de famille. « C'est difficile de protéger les enfants du succès et de ses conséquences financières. À la crèche de Montrouge, on a d'abord refusé un de mes enfants parce que j'avais les moyens de me payer une garde à domicile. J'ai dit que c'était justement parce qu'il était d'un milieu très favorisé qu'il avait besoin d'aller à la crèche ! L'argument a d'ailleurs été accepté. Au début, les responsables

1. *Salut !*, 23 mai 1984.
2. *Paroles et Musique* n° 55, décembre 1985.
3. *Numéros 1*, juillet 1983.
4. *Numéros 1*, juillet 1983.

ont réagi simplement sur l'aspect financier ; je pouvais me payer une *nurse*. Ensuite, ils ont admis l'aspect éducatif[1]. »

Il est toujours cet homme discret, silencieux, effacé, poli. « C'est trop par rapport à mes ambitions de départ, qui étaient finalement de vivre normalement en faisant de la musique[2]. » Sa normalité dérange. « Aujourd'hui, on s'étonne que j'arrive à l'heure. Je pose simplement la question : à partir de quel nombre de disques vendus a-t-on le droit d'arriver en retard ? Si les gens ont de faux rapports avec les vedettes, c'est parce qu'ils pensent que nous avons une certaine idée de nous-mêmes et que nous entretenons une certaine image[3]. » Il tient à lire son courrier et y répondre : « C'est formidable de recevoir une lettre d'un jeune de quatorze ans qui vous dit : "J'ai écouté telle chanson, ça m'a plu." Dans ce cas-là, il faut répondre, savoir dire merci. Quand on triche, on est toujours sanctionné. En revanche, quand on donne, les gens le sentent[4]. » Les propositions les plus diverses abondent : « On m'a offert un rôle dans un film [...] mais je me contente de ce que j'ai. Je suis d'un naturel à me contenter de peu et j'ai réussi à arriver plus haut que je ne l'avais espéré. Donc, cela me suffit[5]. » On lui propose aussi d'enregistrer un disque aux États-Unis. Ce n'est pas la peine d'y songer : « Je devais y passer un an. Cela aurait bouleversé ma vie. J'ai donc refusé[6]. »

Il entre en studio pour l'enregistrement de son troisième album en juillet 1983. « C'est le premier album où je n'ai plus de réserve, c'est-à-dire que toutes les chansons quasiment [...] étaient des chansons nouvelles. Le stock était épuisé[7]. » Il a bossé dur. « Mon travail est de prendre des notes n'importe où, n'importe quand, sur n'importe quoi. J'ai mon carnet sur lequel

1. Alain Etchegoyen, *Les pères ont des enfants. Dialogue entre deux pères sur l'éducation*, Le Seuil, 1999.
2. *Numéros 1*, juillet 1983.
3. *Ciné Télé Revue*, 17 mars 1983.
4. *Ciné Télé Revue*, 17 mars 1983.
5. *Girls Magazine*, 1983.
6. *Girls Magazine*, 1983.
7. *Fréquenstar*, M6, 5 décembre 1993.

je note des idées de textes, de musiques[1]. » Il a ses habitudes : « Je note sur un carnet – qui ne me quitte jamais – une idée, un bout de phrase que je trouve beau, une rencontre, ma réaction à un article de journal, des choses qui m'ont impressionné[2]. » Passent les semaines jusqu'au jour où il a les mélodies en tête : « Je rassemble les quarante-huit petits papiers qui traînent dans le vide-poche de la voiture, les feuillets dispersés sur la table de nuit, mon carnet… Pendant quelques jours, je classe par thèmes, regroupe les bouts de phrases sur un cahier. La chanson est quasiment là. Il ne reste qu'à structurer page après page pour arriver au texte final[3]. » Il le connaît bien ce processus de maturation : « Excitation violente, nostalgie ou envie de danser […] ce qui se passe prend une valeur[4]. » « Quand je sens que c'est mûr, que j'en ai une dizaine de chaque côté, eh bien je fais une réunion. Je convoque l'auteur et le compositeur, c'est-à-dire moi, et puis je fais une liste des styles musicaux que j'ai, une liste des textes, et puis je fais des mariages[5]. » C'est infaillible : « Au bout de cinq ou six mois, c'est mûr. Je m'arrête pendant quinze jours, j'écris les textes, je fais les découpages et je commence à mettre au point. Après, j'entre en maquette. Je fais ça chez moi. J'ai un petit quatre pistes tout simple. […] Une fois que j'ai les maquettes devant moi, je peux les écouter, et le travail le plus important commence. Je change des textes, des découpages. Je fais ma petite cuisine quoi ! Et donc, quand j'arrive en studio, tout est prêt, découpages, minutages, choristes, enfin tout[6]. » C'est bien le cas, il arrive avec de la matière. « La phase la plus importante est celle avant d'entrer en studio. Il y a beaucoup de chanteurs qui improvisent quand ils sont en studio, qui ont de vagues idées de ce qu'ils vont faire. Ce n'est pas du tout mon cas. » Il livre sa méthode de travail : « Le jour "J" du studio, j'ai un cahier de deux cents pages où tout est marqué. J'ai refait cent fois les maquettes. Je sais

1. *Numéros 1*, juillet 1983.
2. *Paroles et Musique*, décembre 1985.
3. *Paroles et Musique*, décembre 1985.
4. *Paroles et Musique*, décembre 1985.
5. RTL2, 20 novembre 2001.
6. *Numéros 1*, juillet 1983.

exactement ce qui va se passer. Le studio est l'éclatement de toute cette préparation[1]. » Ce faiseur de chansons, comme il se définit, est un artisan : « Mes textes s'adaptent à ce que dit la musique, alors que dans la chanson française traditionnelle la musique s'est toujours peu ou prou pliée à l'exigence des mots. Je ne me sens pas du tout fils de cette chanson-là[2]. »

Plus complexe qu'il n'y paraît, l'album *Positif*, enregistré et mixé au Studio Gang, est co-réalisé avec Marc Lumbroso et Roland Romanelli. « C'est un élément important, indique Jean-Jacques à propos de Romanelli. S'il y a une différence musicale entre cet album et le précédent, c'est en partie grâce à lui. [...] Il est très chaleureux et possède parfaitement ces techniques [boîtes à rythmes et synthétiseurs] aussi intéressantes qu'irréversibles[3]. » L'album demeurera marqué par cette dédicace : « *À* ceux qui resteront fidèles quand il sera moins facile de l'être. » Qu'on se le dise ! Il s'en explique dans *Numéros 1* de mai 1984 : « Il y a des tas de gens à qui j'aurais pu dédier ce disque et qui le souhaitaient. J'avais commencé une liste de noms comme il y en a sur tous les albums. Finalement, je me suis dit : "Je ne sais pas s'il y aura tant de gens que cela le jour où cela marchera moins bien pour moi et qu'il y aura un autre jeune, plus fou que moi pour faire *danser les farfelus*" comme dit Charlebois. Et je me suis dit qu'en faisant une phrase comme ça, j'en supprimais pas mal. Curieusement, cela a créé un grand froid autour de moi ! Probablement que beaucoup se sont demandé s'ils étaient concernés. Ça leur impose peut-être un examen de conscience ! » Pour ce qui est du titre : « Celui-là c'est *Positif* parce qu'il me semble que dans les textes, en particulier, même s'ils ne sont pas toujours très drôles, il y a toujours une espèce de porte de sortie, une éventualité rosâtre ou grisâtre plutôt que le couac noir systématique[4]. » OK, sa maison de disques l'a suivi pour le titre, mais par contre elle ne l'a pas gâté pour

1. *Numéros 1*, juillet 1983.
2. *Paroles et Musique*, décembre 1985.
3. *Numéros 1*, mai 1984.
4. *Rocking Chair*, FR3 Normandie, 30 juin 1984.

la pochette selon lui : « L'une des plus odieuses que je connais. J'avais déjà l'air niais, mais alors là[1] ! » On s'interroge sur son look d'ailleurs. « Depuis tes débuts il y a deux ans, vestimentairement parlant, tu n'as pas beaucoup changé : est-ce que tu délaisses volontairement ton look ? » questionne *Salut !* La réponse est simple : « Je le délaisse involontairement. Ce n'est pas mon métier, c'est une chose qui ne m'a jamais intéressé de savoir comment j'allais être habillé ou d'aller chez le coiffeur souvent. Je ne dis pas que ceux qui font ça ont tort, mais pour moi ce n'est pas une préoccupation[2]. »

Composé avant tout pour la scène, l'album est porté par *Envole-moi* et *Long is the road.* John Helliwell, le saxophoniste du groupe britannique Supertramp, joue sur tout l'album. *Rock Music Magazine* pose un regard favorable sur l'artiste : « Au terme de l'année 1983, il est déjà extrêmement populaire. Seule (petite) ombre au tableau : ses rapports avec la presse rock. Elle n'aime pas, ne reconnaît pas Jean-Jacques Goldman, ou ne voit en lui que l'archétype du chanteur à minettes et celui-ci dit quand l'occasion s'en présentera, qu'il peut aussi avoir la dent dure, ainsi sur FR3 : "Depuis quelques années, de plus en plus de groupes marchent en France. Le phénomène date du moment où la presse rock a perdu toute son influence. Ce qui a permis une floraison de nouveaux groupes, comme s'ils étaient libérés du carcan prétentieux, dogmatique et stupide qu'impose ce style de magazine." Ou encore dans *Jeu-numéro 1* : " Ce sont de mauvais météorologues, quand on lit les chroniques de disques de la presse institutionnelle (celle, qui paraît-il, fait le bon ou mauvais sort d'un disque), elles sont fausses neuf fois sur dix. Les spécialistes ont une approche désuète de la chanson : uniquement littéraire, intellectuelle, jamais sensuelle[3]." »

Une petite tournée en novembre 1983 est prévue en province, la sortie du disque *Positif* en janvier 1984 et une « longue scène pour appuyer l'album de mars à mai[4] », confie-t-il à la presse.

1. *Génération Laser*, RTL, novembre 1991.
2. *Salut !*, juin 1984.
3. *Rock Music Magazine*, 1988.
4. *Numéros 1*, juillet 1983.

Il le sait, il ne peut pas y couper. « Je vais en faire l'année prochaine parce que je sais que c'est nécessaire pour continuer à faire des disques et pour donner une légitimité, avoir une authenticité. [...] Il y a tellement de demandes, quand je fais des galas en province par exemple, tellement de gens qui ont acheté l'album, qui ont été touchés par mes chansons et qui me demandent : "Quand est-ce que tu viens ?" Si je me contentais de vendre mon disque sans rien donner de moi-même sur scène, ce serait moche[1]. » Il en convient : « Il était temps que j'aille à la rencontre de mon public, malgré mes appréhensions ! » Il connaît ses lacunes et c'est avec humilité qu'il se lance : « À la scène, explique-t-il à *Ciné Télé Revue*, en mars 1984, je suis un débutant ! Mais en tenant compte de ce qui s'est passé avec les disques, je ne pouvais pas présenter un spectacle de débutant au cours de ma tournée... Le public n'aurait pas comparé mon spectacle avec celui d'un chanteur... qui commence, mais avec le "*show*" de quelqu'un qui a déjà réussi quelque chose. Il fallait donc que cela tienne debout... J'ai commencé par un essai, en novembre, parce que je voulais savoir comment je me comportais sur scène et surtout sur le plan vocal : mes chansons sont difficiles à chanter, et d'autre part je n'étais pas sûr de pouvoir tenir pendant deux heures tous les soirs. Enfin, je voulais aussi savoir si les gens viendraient, parce que le fait d'avoir remporté un certain succès grâce aux disques ne signifie pas nécessairement que les salles vont se remplir : il y a là quelque chose de très mystérieux... Mais quand j'ai constaté que tout se passait plus ou moins bien, je me suis jeté à l'eau pour de bon. » Il reconnaît : « J'adore le travail de composition et de studio... Je préfère tout ce qui se fait plus ou moins dans l'ombre : c'est ce qui me passionne et qui me fait ressentir des choses très fortes. » Il se sent différent : « Pour monter sur une scène, les artistes doivent être un peu exhibitionnistes, ce qui n'est pas mon cas. Pour compenser, je devais m'entourer d'une infrastructure susceptible de compenser le magnétisme que je

1. *Numéros 1*, juillet 1983.

ne possède pas. J'ai donc soigné particulièrement le décor et impliqué les musiciens au maximum dans ce "show". J'ai d'autre part mis au point quelques gags, sans oublier la projection de diapositives et de films, ainsi que les lumières qui rappellent davantage un éclairage de théâtre... Je crois que c'est une question de tempérament : je n'ai jamais rêvé d'être seul sur une scène, alors que la plupart des artistes que je connais avaient à peine sept ou huit ans qu'ils se promettaient déjà d'être un jour des vedettes ! » Il s'est fait violence : « Depuis la sortie de mon premier disque, c'est fou ce que ma vie a changé, dit-il à *OK ! Magazine*[1]. J'avais peur que cela aille trop vite. Je ne me suis pas trompé, c'est un véritable tourbillon mais tellement grisant. Avant, je faisais mes chansons dans ma cave, puis en studio, à la télé, à la radio. Je ne savais pas ce qu'était le contact avec le public. Je ne savais même pas qui était ceux qui achetaient mes disques. Aujourd'hui, tout cela est concret, "palpable". Et puis, je dois avouer que la promotion pure me rendait un peu malheureux. Les reportages, les interviews m'éloignaient trop de ma guitare. En tournée, je peux consacrer enfin du temps à la musique, je ne fais que ça. Et c'est un formidable plaisir ! » Il se prépare pour cette tournée tel un sportif avant une compétition importante : « En se contraignant notamment à une hygiène de vie sans faille, indique Bernard Violet[2]. Chaque jour, à lui de veiller à des repas réguliers et équilibrés qu'il alterne avec une ou deux séances de footing. » Tous les artistes ont des rituels avant un spectacle. Certains ne peuvent pas entrer en scène sans avoir fait un signe de croix, d'autres ont besoin de mâcher une pâte de gomme. Jean-Jacques, lorsqu'il est dans sa loge une heure avant le début du concert « ce sont des dattes qu'il tient à mâchonner, révèle Bernard Violet. Sa façon de faire provision de calories, arrosées comme il se doit d'une boisson de sa composition ». Il nous donne même la recette secrète, digne de la potion de Panoramix : « Infusion de tilleul, jus de citron et miel. »

1. *OK ! Magazine*, février 1984.
2. *Jean-Jacques Goldman, un homme bien comme il faut*, Bernard Violet, Flammarion, 2010.

Il entame le *Positif Tour* sans grande conviction. Pourtant c'est un triomphe dont il s'étonne. « J'étais physiquement incapable de tenir ma place. J'avais un trac incontrôlable, des nausées… Je prenais des médicaments pour pouvoir simplement monter sur scène[1]. » Bernard Schmitt, son metteur en scène, en est témoin : « C'était un peu difficile. Jean-Jacques était un petit peu "coince man". Mais lorsqu'il s'est retrouvé avec ses musiciens, qu'il était bien avec eux, qu'il a pris sa guitare, qu'il chantait, à ces moments-là, il aime bien que des choses se passent autour de lui. […] Je me souviens aussi d'un concert à Sedan, c'était une petite salle d'environ huit cents personnes et le public était juste au bord de la scène. Il y avait des fans qui tendaient les bras, et Jean-Jacques a essayé de serrer les mains d'une ou deux personnes, et plouf, il est parti dans le public ! On ne voyait que le micro qui dépassait le public[2]. » L'intéressé martèle pour se rassurer : « La scène sera toujours pour moi le support du disque[3] […] et restera pour moi un moyen et non une fin. Autant je pense qu'en studio il faut des musiciens précis et expérimentés, autant je pense qu'un concert ne doit pas donner une réplique du disque complètement inintéressante ! Un concert doit amener de l'énergie et des images. C'est mon vieux complice Bernard Schmitt qui a réalisé tout le visuel du spectacle. Il a toujours vu des images quand moi j'entendais des notes ! Tous mes musiciens ont pour point commun qu'ils sont de vrais mordus de scène. Nous fonctionnons comme un groupe. »

Lors des premiers concerts, il est entouré par le guitariste Kamil Rustam, le bassiste Guy Delacroix, les pianistes Jean-Yves d'Angelo et Didier Makaga, le saxophoniste Philippe Herpin et le batteur Manu Katché. Michael Jones l'accompagne sur cette tournée, d'abord sur un titre, puis sur deux. De jour en jour, il trouve sa place sur scène. Jean-Jacques, qui apprécie grandement son ami gallois, lui écrit un titre, *Viens*, sous le pseudonyme de Sweet Memories. Hélas, le 45 tours ne se démarque pas. *Positif*, lui, se vend en quelques mois à cinq

1. *Télé Moustique*, 16 janvier 1999.
2. *Génération Laser*, RTL, 19 novembre 1991.
3. *Numéros 1*, juillet 1983.

cent mille exemplaires. Une très belle surprise arrivée à point nommé pour Noël et les fêtes de fin d'année auxquels la famille Goldman accorde une grande attention[1]. « Noël chez moi, est une fête très importante, témoigne Jean-Jacques. Toute la famille se réunit et nous nous retrouvons le plus souvent à une quarantaine de personnes bien décidées à s'amuser. Mais il s'agit d'une fête essentiellement préparée par les enfants pour les adultes, et je dois dire qu'ils prennent leur rôle d'organisateurs très au sérieux et ils se débrouillent vraiment très bien. Depuis quelques années, en effet, les enfants ont décidé que Noël serait la fête du théâtre et chacun prépare son sketch. Le soir du réveillon, lorsque nous arrivons, tout est prêt pour la représentation. Le salon est débarrassé de ses meubles, des chaises sont installées pour les spectateurs, des draps tendus servent de rideaux, les trois coups sont frappés et les enfants commencent toujours par leurs propres sketches. C'est une tradition. L'année dernière, ma fille mimait une chanteuse célèbre déguisée en Piggy la cochonne du Muppet Show. Elle nous a fait mourir de rire. C'était vraiment bien imité et plein d'humour. Les enfants sont toujours pleins de ressources et leur avoir donné l'initiative d'organiser chaque année le réveillon de Noël est une excellente idée. Pour les cadeaux, ce sont eux aussi qui ont décidé deux choses. Tout d'abord, chacun apporte une mini surprise pour tous, donc nous achetons une quantité de petites choses, nous en fabriquons même certaines, peu importe, du moment que chacun ait pensé à chacun. Toutes ces bricoles, chacune bien emballée, sont accrochées au sapin de Noël. Et à minuit, nous ouvrons tous ces petits cadeaux. Dans un deuxième temps, nous organisons une espèce de loterie où chacun tire un papier sur lequel est inscrit le nom de la personne à laquelle il devra faire un cadeau, cette fois plus important, dans la semaine qui suit. L'année dernière, par exemple, j'avais tiré le nom de mon beau-père. Cette année, je ne sais pas, ce sera la surprise. »

1. *Podium* n° 143, décembre 1983.

Les affaires sérieuses reprennent après la trêve des confiseurs. La tournée passe par Paris, plus exactement L'Olympia, où Jean-Jacques se produit du 26 mars au 1er avril 1984. Bernard Schmitt rapporte une anecdote très mignonne : « À la fin de la première chanson, il y eut comme un silence, juste après les applaudissements. Et là, une voix est venue briser le silence. Cette voix disait : "Mais c'est papa !" En fait, c'était Michael [le fils de Jean-Jacques et de Catherine] qui était présent avec sa mère, qui venait de réaliser que le mec qui était en train de chanter sur scène, c'était son père. Il y a eu un énorme éclat de rire dans la salle[1]. » À l'inverse, l'artiste n'a pas souhaité que ses parents le voient sur scène : « J'ai fait L'Olympia, je n'ai pas invité mes parents parce que pour eux ça n'avait aucune signification, j'en avais presque honte, ou de passer à la télé. Alors que si j'avais écrit un livre, si j'avais trouvé quelque chose en médecine ou si j'avais fait quelque chose de vraiment bien, j'aurais été fier de ça, mais là, passer à la télé, ou avoir des filles qui crient mon nom, j'étais pas spécialement fier de ça, je me cachais plutôt. »

Cette audace – « faire » L'Olympia – titille la presse. « Ne penses-tu pas que c'était prendre des risques que de passer une semaine à L'Olympia ? » lui demande un journaliste pour *Salut !*. « Au début, on a pris trois jours en option, ce qui est déjà bien pour un premier passage en vedette à L'Olympia, et puis on a prolongé pendant une semaine en voyant les locations. La scène, surtout à Paris, est une chose complètement différente des ventes de disques, et le fait de vendre des disques ne veut pas dire que l'on peut remplir une salle, alors il faut être prudent[2]. » Il a osé. De plus, la salle était comble chaque soir et le public enthousiaste. Les journaleux vont-ils sortir le vitriol où enfin le consacrer ? Les réactions sont intéressantes. *Le Matin*[3] évoque « du bon et du léger » : « Une ascension fulgurante. Premier album, un tube [...] Deuxième album, un

1. Propos recueillis par *Alexandre Fievée, Fredericks Goldman Jones*, Gründ.
2. *Salut !*, juin 1984.
3. *Le Matin*, 26 mars 1984.

tube [...] Troisième album, un tube [...] Bigre ! Ça n'est plus une percée, c'est du cannibalisme, c'est un raz-de-marée, un véritable phénomène de société ! En trois disques et trois ans, surgie du néant, *a star is born*. Quelle aventure.

Alors, une comète aveuglante et éphémère dans les cieux agités du *show-biz*, ce petit Goldman qui, avec sa voix trop aiguë et son look de star sage, a su creuser son trou dans le cœur des ados ou bien une valeur sûre de la chanson française, une vraie vedette de demain ? C'est toute la question. Parce qu'il y a du bon et du franchement léger chez Goldman. De très bonnes idées de chansons, mais des textes un peu boiteux parfois, ou bien pauvres. Des mélodies superbes aussi, et puis une espèce d'enthousiasme et d'envie du partage qui "passe" jusque dans ses disques et qui incontestablement nous touche. [...] Jean-Jacques Goldman, qui se dit avant tout un "homme de studio", a aujourd'hui franchi le pas, il fait de la scène pour donner davantage de lui-même à son public. »

La presse dite sérieuse s'intéresse enfin à lui. *L'Express*[1] se veut sympathique envers « le cousin Jean-Jacques » : « En tête des ventes de 33 tours et de 45 tours chez CBS. Au moment où toutes les maisons de disques crient famine et que défilent à tombeau ouvert les charrettes où s'entassent chanteurs recalés et managers virés, il y a quand même un phénomène : Goldman. À l'écoute, ce n'est pas mal. [...] Il est assez beau, Goldman. Sexy, selon certains de mes collègues. Il présente bien, veste noire légère, chemise blanche, jeans délavés mais pas trop, le cheveu souple, normal, longueurs et pointes sans plus. Jolie voix qui s'étrangle dans les aigus, c'est bon signe, ça marque l'effort. L'air sympa. A sûrement arrêté ses études à temps, avec une touche "jeune cadre" ayant opté pour le rock, finalement assez risqué, non ? » Néanmoins, Michel Braudeau[2] jette un œil condescendant sur son public : « Une majorité de mouflets. À peine des ados, des pré-ados. Du 12-13 ans, filles et garçons tout droit sortis de *La Boum 3*, sans rien de sulfu-

1. *L'Express*, 30 mars 1984.
2. Michel Braudeau, *L'Express*.

reux dans la socquette ni le t-shirt. […] L'ambiance de patronage gentil culmine à l'arrivée de Jean-Jacques. […] Cela dit, Goldman apporte une certaine fraîcheur, une vraie gentillesse, une intelligence de son public qui devraient lui assurer une longue carrière. »

Minoritaire répond par paroles interposées :

Je n'ai pas mérité de jouer du rock'n'roll
Mes ghettos, mes idées ne sont pas homologués
J'ai pas le bon blouson j'ai pas les bonnes bottes
Et en haut de mon bras je n'ai rien fait tatouer
J'ai donné aux curés du sauvetage collectif
J'ai joué les mêmes notes, swingué les mêmes riffs
Peu à peu j'ai compris les données du débat
Que rien ne bouge et l'égalité par le bas
Et tant pis si la foule gronde
Si je tourne pas dans la ronde
Papa quand je serai grand je sais ce que je veux faire
Je veux être minoritaire.

Libération[1] reste sur sa ligne : « Le hit *Il suffira d'un signe* était un signe réellement encourageant pour du très bon, mais dès le second tube, Goldman s'est fourvoyé dans la ritournelle plagiée et sans saveur. » Comment se sent-il après « ce démarrage foudroyant comme chanteur à succès ? Changé ? Fatigué ? » l'interroge *Numéros 1*, en mai 1984. « Un peu fatigué et victime en même temps ! explique-t-il. Très heureux de tout ce qui m'arrive mais avec une impression curieuse : celle de ne faire que cela ! Du disque ! De la promo ! De la scène ! Celle aussi de ne pas vivre. J'attends avec impatience la fin de cette tournée (juin-juillet) pour exister autrement : que s'ouvre une autre ère ! Je pourrais enfin vivre en tant que chanteur, avoir un emploi du temps et faire autre chose. Fondamentalement, un chanteur ne peut pas se nourrir que de

1. *Libération*, cité par *Numéros 1*, mars 1984.

cette vie-là. Il lui faut vivre certaines situations pour pouvoir écrire et chanter. On ne peut pas écrire sur… le *show-biz* ou les émissions. Donc avoir le temps de rencontrer des gens, celui de nouer des relations, bouquiner, aller au ciné, au théâtre, refaire du sport régulièrement, etc. “créer de la matière à chansons”. Je pense avoir le temps de recommencer à vivre “normalement” après la tournée. »

La scène est une performance à l'image d'une compétition sportive. Après chaque concert, il est vidé, épuisé physiquement. Il récupère à son rythme et surtout ne se laisse pas envoûter par les sirènes de la renommée. Il reste centré sur ce qui lui semble essentiel, la « vraie » vie. Il s'enquiert des uns et des autres. C'est pourquoi lorsque le père Bertrand Dufourmantelle organise une fête à l'occasion du vingtième anniversaire de l'édification de son église dans sa paroisse de Montrouge, au printemps 1984, il se manifeste. « Deux jours avant cette fête, raconte-t-il à *France Dimanche*, j'ai reçu un coup de téléphone de Jean-Jacques. Il m'a dit : “Je viens à la soirée.” Je n'aurais jamais osé le lui demander. J'avais suivi, à la télévision, dans les journaux, sa formidable réussite et je le savais trop occupé et vivant dans un autre monde. Eh bien, il est venu à notre fête paroissiale. Il a même assisté au repas ! Il n'avait pas oublié[1]. » Le père Dufourmantelle se réjouit aussi de l'heureuse naissance de la dernière enfant du couple prénommée Nina (1984). Jean-Jacques est des plus discrets concernant ses proches, à plus forte raison lorsqu'il fait la couverture du magazine *Chanson*[2] à qui il répond sans détour. « Bouleversant de sensibilité mais d'une grande force secrète, Goldman sait ce qu'il vaut et ne se prend pas pour ce qu'il n'est pas. Il a toujours su qu'il y arriverait. Il n'avait pas prévu que cela irait aussi loin, aussi fort. Pourtant, il est l'un des seuls que le succès n'ait pas transformés, pourris, détruits. Anodin, Jean-Jacques Goldman ? Surtout pas. C'est justement ce décalage entre son image de minet BCBG et la violence de certains de

1. *France Dimanche*, 12 mars 1984.
2. Été 1984.

ses textes : *Sans un mot*, *Minoritaire*, *Plus tard*, *Envole-moi*, qui m'a donné envie de le rencontrer. [...]

— *Minoritaire*, ce n'est pas vraiment innocent. [...] on a l'impression d'un certain dégoût, suggère le journaliste.

— Oui, ça, c'est certain. Je ne trouve pas que ce soit bien d'être pauvre, d'être agressif, de... de faire pipi à côté des toilettes. Or il se trouve que toute une certaine chanson, ces dix dernières années, a glorifié la zone, la laideur, la crasse, la violence... Moi, ces choses-là ne m'intéressent pas. Par exemple, je trouve que c'est mal de se droguer. [...]

— Dans tes chansons, on retrouve souvent l'idée que tu es seul, à part, différent des autres.

— J'ai toujours eu peur des masses. Des gens qui se regroupent, obéissent au plus fort, vont à gauche ou à droite sur un ordre. Je n'aime pas les slogans que tout le monde reprend sans réfléchir, sans les remettre en question. Ce que j'aime, ce sont les individus.

— C'est important pour toi « les autres » ?

— Bien sûr. On ne vit que par et pour les autres. On se nourrit des gens, de leurs histoires. Même si j'éprouve le besoin d'être souvent seul et tranquille. Un des dangers de notre métier, c'est justement de nous couper des autres, de la réalité.

— Quand on entend tes chansons, elles accrochent tout de suite, on a l'impression qu'on les connaît. Comment expliques-tu ça ?

— Je crois que je suis un creuset où beaucoup d'influences s'expriment. Moi, ce que je fais, c'est remettre à la sauce Goldman des systèmes qui existent déjà dans la musique anglaise et américaine. [...]

— Tu as longtemps reculé le moment de faire de la scène...

— Oui. Je n'aime pas vraiment ça. Il y a des artistes qui ne vivent que pour la scène, pas moi. J'ai été poussé, tout le monde me le réclamait, le courrier, la maison de disques. Pour la première tournée, je partais vraiment dans l'inconnu. C'est pour ça que je n'ai pas voulu faire le Printemps de Bourges. C'était trop tôt, je n'étais pas assez rodé. Et j'ai eu peur que le public de Bourges ne soit pas le mien, ne se déplace pas pour moi. L'année prochaine. Peut-être.

— Quelles sont tes impressions après la tournée, L'Olympia ?

— J'ai pris des risques. C'est peut-être nul d'essayer de faire chanter les gens, mais c'est tellement bien quand ils chantent ! Mais j'ai du mal à être détendu, à prendre du plaisir. J'ai toujours peur pour tout. Ça me coûte beaucoup physiquement, nerveusement. Je dois travailler chaque intervention, je cherche mes mots. Je n'ai pas ce talent d'impro, cette magie qui se crée sur scène, un peu « cocaïnesque ». Mais ça peut venir à force de travail. Quand je serai grand, peut-être… […]

— Tu as dédié ton album *Positif* « à tous ceux qui resteront fidèles quand il sera moins facile de l'être ».

— C'est bizarre, ce métier. On est entouré de gens qui vous font des cadeaux, qui feraient n'importe quoi pour un regard, une caresse de la main. La célébrité amène à des choses curieuses, même des vieux copains m'invitent à des fêtes où ils ne s'occuperont pas de moi. C'est juste pour pouvoir dire : "Il y aura la potiche chinoise de ma grand-mère et il y aura Goldman." Ils se sentent valorisés par ma présence. Ce n'est plus pour moi qu'ils m'invitent, mais pour ce que je représente. Un jour, une fille m'a dit que j'avais les yeux profonds. C'est marrant, personne n'avait remarqué que j'avais les yeux profonds, entre vingt-deux et trente-deux ans. En fait, à cent mille albums, on est pas mal, à trois cent mille, on devient vraiment intéressant, et à cinq mille, alors là, je te raconte pas, on est carrément irrésistible !

— Tu es au sommet du succès maintenant. Mais plus tard ?

— Je te le dis avec toute la bonne foi dont je suis capable, le succès, je n'en ai vraiment rien à foutre. Tous ceux qui m'ont connu avant te le diront, j'étais très heureux avant et je le resterai si ça devait s'arrêter. […] Mais j'ai trente-deux ans, je sais ce que c'est que la vie, ce qui est important et ce qui ne l'est pas. Quand on est une vedette, les armes qu'on nous donne sont tellement énormes et dérisoires, notre pouvoir basé tellement sur rien, que ça ne peut qu'être dangereux. C'est pour ça qu'on ne peut qu'être gentil et humble. »

Cette placidité peut exaspérer, d'ailleurs certains s'avouent déçus par ses choix de ne pas se produire sur toutes les scènes françaises. La sélection qu'il opère est justifiée selon lui. Il s'en explique dans le *Berry Républicain*[1] alors qu'on lui reproche d'avoir snobé l'invitation au Printemps de Bourges : « Je fais de la scène pour répondre à une demande. Je pense que, honnêtement, je n'ai pas le droit d'émouvoir des gens par des disques et de ne pas aller les voir ensuite, de les laisser tomber. Le Printemps de Bourges, ou ces festivals-là, sont des endroits où les gens viennent, pas obligatoirement pour vous voir, vous. Il y a un public qui m'aime, un autre qui me hait. Il y a peu de gens qui peuvent venir passer une soirée comme ça… Bon. C'est pas la peine que j'aille agresser ceux qui n'ont pas envie de me voir. […] La scène, c'est loin d'être mon tempérament. C'est pas l'endroit où je me sens bien, c'est pas l'endroit où j'ai rêvé d'être, contrairement à un tas de chanteurs pour qui elle représente une finalité. Dans leurs rêves, ils se voyaient sur scène avec des gens qui crient. J'avoue que moi, je n'ai jamais rêvé à ça. Je le fais un peu par nécessité, en tout cas fortement contre nature. Je suis beaucoup plus à l'aise chez moi, en train d'écrire des chansons, dans un studio en train de les réaliser, que sous le feu des projecteurs avec des gens qui crient, avec l'obligation de leur parler. Du fait que c'est loin de moi, c'est sûr que j'en tire énormément de choses. Je pense que cela se lira dans mes prochains albums et probablement dans ma façon d'être. »

Pascal Vigneron dresse de lui un portrait idéal :

« Goldman fait "gentil", bien élevé, mari rêvé pour ses jeunes fans, gendre idéal pour leurs mères ?

— Cette image de chanteur "gentil", je la perçois très bien. Je préfère être en face de gens qui ne m'agressent pas, que de gens qui me donnent des coups de poing. Je dois être un peu bizarre.

1. *Berry Républicain*, 1984.

La connotation entre "gentil" et "niais", c'est une chose dont je me tamponne, en gros. Il faut dire "con" et "merde" pour avoir l'air intéressant, je peux le dire, mais ce n'est pas une chose qui m'excite vraiment. Ceux qui ne trichent pas, je ne voudrais pas être démagogique, c'est quand même le public car, lui, il paie ses disques. On a beau leur raconter que l'image du chanteur est niaise, eux ils achètent ce dont ils ont envie. De ce côté-là, merci, ça se passe bien ! »

Dernière question du journaliste :

« Qu'est-ce qui a le plus d'importance pour vous, la musique ou le texte ?

— La musique. À la limite, presque plus à la musique des mots qu'aux mots eux-mêmes. Ce qui ne veut pas dire, une fois de plus – c'est comme le fait d'être gentil et niais – que mes textes ne veulent rien dire. Je ne dis pas non plus que ce sont des messages, mais ce qui me paraît le plus important, c'est que lorsqu'on entend une chanson pour la première fois, de la même façon qu'on entend une chanson anglaise ou américaine pour la première fois, on ne sait pas de quoi ça parle. Mais cela crée immédiatement un climat. C'est ce que j'essaie de faire avec mes chansons. »

EPIC tient absolument à exporter les succès de Jean-Jacques. Cette fois, il demande à Dominique Simpson-Jones, un auteur franco-britannique, d'adapter *Envole moi* et *Long is the road. Love me away* et *Long is the road*, interprétées par Jean-Jacques, sortent en Allemagne, en Espagne et en Angleterre… Fiasco. Au même moment, Warner propose une compilation intitulée Jean-Jacques Goldman & Taï Phong regroupant *Sister Jane, When it's the season, End of an end*, ainsi que les six titres sortis en solo entre 1976 et 1978. Il sait raison garder : « Le piège, c'est de vivre la vie de chanteur, qui est quand même une des plus bêtes du monde : on vous appelle un taxi, vous êtes invité au restaurant, etc. Et à partir du moment où il ne se passe plus rien et où l'on ne vit pas des choses réelles et authentiques, je crois qu'on est cuit[1]. » Il ne se berce pas d'illusions, n'a pas la grosse tête. Cette période de sa vie est agréable, certes, mais elle ne saurait être éternelle. Il sait qu'il retombera sur ses pattes comme un chat lorsqu'il sera passé de mode, que d'autres seront au-devant de la scène et récolteront les lauriers. L'échange qu'il a avec Michel Drucker est dénué de forfanterie. Ses propos sont on ne peut plus clairs : « On fait des chansons parce qu'on vit des choses. Le jour où l'on ne vit plus des choses, on ne fait plus de chansons parce qu'on n'a plus de sujets, parce qu'on n'a pas vécu des choses intéressantes[2]. »

« Et le fric ? » l'interroge Julien English pour *Podium Magazine*[3]. Réponse cash : « Contrairement à beaucoup de musiciens, je ne suis pas parti d'un point zéro pour atteindre un infini. Je n'ai jamais "ramé" et que ce soit dans mon milieu familial, ou plus tard lorsque je me suis assumé, je n'ai jamais souffert du manque d'argent. Aussi, le fait d'en gagner plus depuis deux ans n'a rien changé à ma vie. Je roule toujours avec la même voiture, une Talbot Horizon complètement délabrée, pas par snobisme d'ailleurs, mais simplement parce que les voitures ne m'intéressent pas. J'habite toujours dans la même maison et je n'ai pas changé de femme ! Le petit plus que peut m'apporter cet argent, c'est la sécurité dans mon métier. Désormais, je sais que si ça ne marche pas pendant un certain temps, je ne serai pas acculé. Je ne suis pas obligé de faire "le" tube pour survivre. »

La gloire ? « J'ai toujours été très casanier. J'ai peu de goût pour les grandes marques d'affection avec les voisins, d'ailleurs ils me laissent tranquille. En fait, je vis très retiré, je sors rarement, je ne me balade jamais dans Paris, et au bout du compte, je ne peux pas dire que je souffre d'être assailli dans la rue ou les lieux publics… On ne m'y voit presque jamais[4]. » Il fuit les paillettes, les cocktails, les réceptions,

1. *Champs-Élysées*, Antenne 2, 7 avril 1984.
2. *Champs-Élysées*, Antenne 2, 7 avril 1984.
3. *Podium Magazine*, 1984.
4. *Podium Magazine*, 1984.

cette « vie extrêmement stérilisante et bête avec ses hôtels, ses repas tout prêts, ses attachés de presse, ses limousines, avec très peu de choses à faire, très peu de gens à rencontrer ou des gens extrêmement stéréotypés, des interviews où l'on parle sans arrêt de nous[1] ». Il omet de dire qu'il a fondé avec son frère Robert la maison de production « *JRG* » (Jean-Jacques, Robert Goldman). Dans le documentaire *Jean-Jacques Goldman, Confidentiel* produit par *Complément d'enquête*, Jean Mareska dévoile leur méthode : « Lorsqu'il fallait signer un contrat avec une maison de disques, il y avait le bon et le méchant flic. Robert étant le méchant et Jean-Jacques le gentil. C'était une séparation parfaite des pouvoirs, l'un s'occupant de l'argent, l'autre de la musique. »

— Tu es un chanteur à succès et pourtant tu n'as rien changé ou presque dans ton train de vie : voiture, maison, etc., le questionne *Salut !*[2].

— Non, je ne vois pas pourquoi, je n'ai jamais été victime de mon existence, j'ai toujours vécu en choisissant mes amis, « ma famille »......, l'endroit où je voulais vivre, donc il n'y a pas de raison que tout cela change. Ce sont des valeurs qui me paraissent aujourd'hui aussi importantes, sinon plus qu'avant. [...]

— Quelle qualité faut-il posséder pour t'impressionner ?

— La compétence. Quelqu'un qui fait bien son travail et qui sait ce qu'il dit sans en dire trop. L'efficacité, c'est toujours quelque chose qui m'a beaucoup impressionné.

— Qu'est-ce qui te met en colère ?

— La sûreté en soi, les gens qui savent tout et qui méprisent un peu trop facilement les autres.

— T'intéresses-tu à la politique comme certaines vedettes ?

— Je m'y intéresse même beaucoup plus que certaines vedettes. Je peux montrer mes cartes d'électeur : je suis probablement un des rares chanteurs qui ait voté dès qu'il a eu dix-huit ans. Je ne crois pas que ce soit le cas de beaucoup de chan-

1. *Numéros 1*, août 1985.
2. *Salut !*, juin 1984.

teurs engagés, enfin on s'engage comme on peut ! dit-il dans un éclat de rire.

— Penses-tu que Michael Jackson ait fait évoluer la musique ou qu'il ait gêné les chanteurs français ?

— Je crois qu'il a fait évoluer la musique dans le sens de l'image. Il y a l'époque avant Michael Jackson et l'époque après. Un peu comme le son stéréo : avant il y avait la mono et maintenant la stéréo, deux mondes différents. Depuis Michael Jackson, il y a la musique plus les images, c'est une révolution extrêmement importante qui couvait déjà pas mal depuis *La Fièvre du samedi soir*, et que lui a entraînée de façon définitive. [...]

— Que détestes-tu par-dessus tout ?

— Les gens sûrs d'eux, incompétents et méprisants vis-à-vis des autres, les gens qui friment.

— Johnny Hallyday, Jean-Luc Lahaye, Billy et Michel Sardou te demandent une chanson, pour lequel travailles-tu de préférence ?

— Je crois qu'ils n'ont pas besoin de moi pour trouver une chanson, ils sont suffisamment talentueux pour les trouver tout seuls. [...]

— Quel est le disque français qui t'a intéressé ces dernières semaines ?

— *Cargo* d'Axel Bauer.

Savoir s'extraire du monde du *show-biz* est essentiel. C'est pour lui « le signe et le don des gens créatifs, très ambitieux au niveau de la création, et non au niveau du succès[1] ». Il s'est installé un petit studio hors de la résidence familiale : « Il faut absolument avoir un lieu séparé. On ne peut pas mélanger ça avec une vie de famille, surtout quand il y a des enfants. Parfois, il faut y aller jusqu'à six heures du matin, parfois il faut se réveiller tard. Et puis, en plus, on n'est pas disponible...

1. *Numéros 1*, août 1985.

Donc, il m'a semblé, pour ce qui me concerne, absolument fondamental de bien dissocier les deux états[1]. »

— Tu es très famille ? lui demande-t-on.

— Pas par principe. Il se trouve que j'aime bien plusieurs membres de ma famille, mais je serais incapable d'aimer quelqu'un uniquement parce qu'il fait partie de ma famille.

— Tu n'as jamais caché que tu étais marié et père de deux enfants, mais on n'a jamais vu de photos de ta femme ou de tes gosses. Pourquoi les planques-tu ?

— Ma femme a son métier, elle est peu impliquée dans ce que je fais. De plus, elle ne souhaite pas apparaître. Si elle travaillait avec moi, ce serait peut-être différent, mais il se trouve qu'elle ne fait pas partie de mon univers professionnel. Je respecte son choix. Quant aux enfants, nous avons décidé pour eux qu'il n'était pas nécessaire d'en faire de petites stars.

— Mais tu comprends que ta vie privée intéresse tes fans ?

— On est tous curieux et voyeurs vis-à-vis des autres, c'est sûr. Cela dit, moi je crois que quelqu'un est intéressant par ce qu'il fait, pas par ce qu'il est. [...]

— Tu accepterais de participer au *Jeu de la Vérité* de Patrick Sabatier ?

— On me l'a proposé et j'ai refusé. Je n'ai pas envie de raconter ma vie privée aux gens. Moi, je ne leur demande pas avec qui ils vivent. [...]

— Tes fans doivent avoir du mal à t'imaginer en père de famille...

— Je suis un père très classique, pas un père copain ni un père Fouettard. Un papa. J'adore mes enfants, mais je sais être ferme. Par exemple, je ne supporte pas les caprices. J'estime que l'enfant étant un être doué de raison et pas un petit animal, il faut le considérer comme tel. Se conduire en responsable et lui parler comme quelqu'un de responsable[2].

1. Master-Class Sacem, 11 mars 2014.
2. *Podium Magazine*, 1984.

Jean-Jacques participe à l'action engagée par Renaud pour tenter de venir en aide à l'Éthiopie où une terrible famine cause la mort de milliers d'individus. Après l'avoir persuadé de modifier un couplet de sa chanson *Éthiopie*, il l'enregistre, accompagné d'une trentaine d'autres artistes regroupés sous le nom de *Chanteurs sans frontières*. Le titre caracole en tête du Top 50 de nombreuses semaines. Les recettes sont reversées à Médecins Sans Frontières. Elles permettent de récolter l'équivalent d'un million cinq cent mille euros. Cet enregistrement sera suivi du *Concert des Potes*, le 15 juin 1985, au profit de l'association SOS Racisme. Trois cent mille personnes se réunissent sur la place de la Concorde. Il y aura une autre manifestation à La Courneuve, le 16 octobre, où Jean-Jacques chantera en duo avec Daniel Balavoine, *Je marche seul*. Auparavant, Daniel et lui feront véritablement connaissance, en juillet 1985, lors du concert à Wembley. En effet, le 13 juillet, deux concerts géants, l'un à Londres, l'autre à Philadelphie, sont organisés par Bob Geldof pour lever des fonds contre la famine sévissant en Éthiopie. Seize heures de concerts sont diffusées par les télés de cent cinquante pays. David Bowie, Dire Straits, Elton John, Paul McCartney, Queen, U2 se succèdent sur la scène de Wembley sous les yeux ébahis de la délégation française composée de France Gall, Michel Berger, Jean-Louis Aubert, Jean-Jacques et Daniel Balavoine. Jean-Jacques est tout de suite frappé par « cet artiste… un activiste, un meneur, un acteur du monde. […] Daniel, c'était un talent, des désirs, de l'enthousiasme, de la force, de l'altruisme, de l'honnêteté. Cette personnalité si rare et attachante…[1] ». Tout cela résonne profondément en lui. Comme Balavoine, ses élans humanistes le portent à croire que par la musique on peut changer le monde, du moins l'améliorer. Ils sont convenus de se revoir au retour du rallye Paris-Dakar auquel Balavoine doit participer, mais le 14 janvier 1986, il mourra dans un accident d'hélicoptère.

1. *Chorus* n° 54, hiver 2005-2006.

En mai, *Je marche seul*, précédant de peu l'album *Non homologué*[1], est diffusé en radio. Le clip souligne les qualités créatrices de Bernard Schmitt. Allusion à peine déguisée à la guerre froide, le scénario reprend le sujet très en vogue de l'homme – un marin – se sentant prisonnier à l'Est qui déserte pour rejoindre l'Ouest. Rien à voir avec le sujet de la chanson où l'auteur traite de la solitude en général : « Il y a des jours comme ça, vous vous mettez en colère contre tout, alors vous claquez la porte et vous partez dans la rue, tout seul pour avoir la paix. Une fois la colère passée, vous commencez à réfléchir. À ce moment-là, vous saisissez tout le ridicule de votre comportement, de vos soi-disant problèmes. Tout devient futile, accessoire, et brusquement votre moral revient au beau fixe[2]. » Lequel d'entre nous n'a jamais connu ce sentiment ? Il parle vrai. C'est pourquoi le public ressent ses textes car il y retrouve ses émotions, ses réactions, ses modes d'expression. Ce n'est pas si fréquent… « C'est une chanson vraie, prévient-il. Le texte a l'air bien futile, c'est une chanson de danse, mais c'est une chanson que je ne renie pas du tout au niveau du texte[3]. »

Non homologué se place directement à la première place du Top 20. Un million deux cent mille exemplaires se vendent en un an. On retrouve ses thèmes favoris : l'amitié, le refus de la respectabilité et des lieux communs collectifs, l'apprentissage des différences. Il propose un duo avec son complice Michael Jones, *Je te donne*. « Un jour, Jean-Jacques me dit : "J'ai une chanson, c'est un duo dans lequel on chante tous les deux. Voilà le texte en français. Toi, tu dois me répondre par rapport à ce que je dis. C'est à toi de faire le texte en anglais." », narre Michael[4]. « J'ai écouté la maquette et j'ai craqué instantanément. La chanson est magnifique. J'ai dû mettre deux jours à faire le texte. Il est venu tout de suite. Après, Jean-Jacques a revu deux ou trois phrases avec moi, mais pas davantage.

1. Album *Non homologué*, sorti en septembre 1985.
2. *Podium Magazine*, 1986.
3. *Grand Format*, RTL, 29 juillet 1991.
4. Propos recueillis par Alexandre Fievée, *Fredericks Goldman Jones*, Gründ.

Cette chanson a été enregistrée en *live*, au Studio Gang, avec le groupe de scène. Ça s'entend d'ailleurs. » Michael n'imagine pas que ce titre sera un tube. « Moi je pensais que ce serait juste un titre de l'album. Un parmi les autres. Je crois bien d'ailleurs que la maison de disques était réticente à l'idée de sortir la chanson, voire de la mettre dans l'album[1]. » *Je te donne* restera huit semaines numéro un des ventes de 45 tours. Michael, aussi modeste que son ami, explique : « J'ai collaboré à Je te donne au niveau des textes, mais c'est avant tout une chanson de Jean-Jacques ! Nous la chantons à deux, mais c'est du Goldman ! On aime bien chanter tous les deux. » Famille est dédiée à la chanteuse Danièle Messia, disparue prématurément. Chet Baker interprète le long solo de trompette final sur Parler d'ma vie. Son album se tient, il lui correspond et c'est l'essentiel à ses yeux : « Certaines chansons sont faites pour être sous les néons, dans une émission de Guy Lux ou dans un hit-parade : elles ont l'habit, l'uniforme, la force qui conviennent – la légèreté, diriez-vous, et je dirais l'insouciance – pour être dans un grand magasin ou un ascenseur… pour être des chansons de consommation. [Il y a les autres chansons] qui ne s'adaptent pas à de telles situations et dont la place n'est pas dans un hit-parade. […] Il faut aller les chercher et elles prennent ainsi toute leur valeur[2]. »

En direct à l'antenne d'Europe 1, le 26 septembre 1985, l'humoriste Coluche, qui anime son émission quotidienne, *Y'en aura pour tout le monde*, fait appel à la générosité des Français pour aider ceux qui n'ont pas de quoi s'acheter à manger. Il lance « sa petite idée comme ça » pour créer une cantine gratuite fonctionnant grâce aux dons. Il est révolté face à cette situation absurde alors que l'Europe détruit régulièrement des stocks de nourriture. On retire du lait, du beurre et de la viande du marché afin de soutenir les prix pour aider les agriculteurs. « On reçoit beaucoup, beaucoup de courriers de chômeurs […],

1. Propos recueillis par Alexandre Fievée, *Fredericks Goldman Jones*, Gründ.
2. *Paroles et Musique*, décembre 1985.

explique-t-il à l'antenne. Et j'ai une petite idée comme ça, si des fois y'a des marques qui m'entendent [...], si y'a des gens qui sont intéressés pour sponsorer une cantine gratuite qu'on pourrait commencer par faire à Paris, par exemple, et puis qu'on étalerait après dans les grandes villes de France. Nous, on est prêts à aider une entreprise comme ça [...] qui aurait comme ambition au départ de faire deux mille ou trois mille couverts par jour gratuitement [...]. On est prêts à recevoir les dons de toute la France [...]. Quand y'a des excédents de bouffe et qu'on les détruit pour maintenir les prix sur les marchés. À ce moment-là, on pourrait peut-être les récupérer. Et puis on essaiera un jour de faire une grande cantine, peut-être cet hiver, gratos. Voilà. Je lance l'idée comme ça. S'il y en a qui nous écoutent et que ça intéresse, ils nous écrivent[1]. » L'idée des Restos du Cœur est née.

Coluche le sait, son appel n'y suffira pas, il doit trouver un moyen pour lever les fonds nécessaires à mettre en route la machine. Face aux injustices de l'époque, la mode est aux chansons caritatives : *SOS Éthiopie* en France, *Do they know it's Christmas* en Grande-Bretagne, *We are the World* aux États-Unis. Une chanson fédératrice ferait merveille, tout comme pour la cause de l'Éthiopie. Qui mieux que Goldman, le faiseur de tubes, pourrait lui donner un petit coup de main ? Coluche se pointe à Canal+, frappe à la porte de la loge de Jean-Jacques et Michael Jones qui attendent d'être appelés en plateau.

— Salut, les mecs ! lance Coluche.

— Salut !

— Voilà, j'ai un truc qui s'appelle Les Restos du Cœur, comme tu sais. On veut faire un disque et on veut gagner beaucoup d'argent. Comme c'est toi qui fais des disques qui marchent, il faut me le faire.

— OK. Ça parle de quoi ?

— J'en sais rien

1. Coluche, le 25 septembre 1985, sur Europe 1.

— C'est avec qui ?
— J'en sais rien.
— C'est pour quand ?
— C'est pour la semaine prochaine[1].

Jean-Jacques accepte. Il écrit la chanson en une nuit. En une semaine, il remplit sa mission… paroles et musique… « La conception, la cogitation, la maturation ont été relativement rapides[2] », indique-t-il. Michael Jones raconte : « La première manifestation publique des Enfoirés est un match de foot en salle à Saint-Ouen (Seine-Saint-Denis) en janvier 1986. Il a lieu le jour où Coluche demande à Jean-Jacques s'il peut composer une chanson pour les Restos dans une loge à Canal+. Je suis avec eux et Coluche me demande ce que je fais le soir. Il m'embarque dans un match caritatif avec des artistes, des sportifs, des journalistes[3]. » Michael retrouve sur le terrain avec Coluche, Michel Boujenah, Henri Leconte, Joël Bats, Didier Six, Patrice Martin : « Je me souviens juste que j'étais arrière droit et qu'on a battu les journalistes. »

Coluche et Goldman, leur rencontre était inéluctable, c'était écrit. Ils sont tous deux des gosses de Montrouge. En effet, Coluche, l'amuseur, le clown, c'est avant tout Michel Colucci… Montrougien ! Le fondateur des Restos du Cœur a vécu avec sa mère au 5 avenue Émile-Boutroux, au premier étage. Scolarisé à l'école Raymond-Queneau, il a traîné avec ses copains à la Cité de la Solidarité, au 43 avenue de la République. Malgré son déménagement dans le 14e arrondissement – qui n'était autre que le Petit-Montrouge avant le passage de Napoléon III, il n'y a jamais de hasard –, il a continué de rendre visite à sa mère régulièrement. Il est resté attaché à la ville qui le lui rendra bien, car le centre socio-culturel prendra son nom en 1998 et une statue de son emblématique salopette l'honore sur la place de la Libération.

---

1. D'après le récit de Jean-Jacques Goldman, *Fréquenstar*, 5 décembre 1993.
2. *Génération Laser*, RTL, novembre 1991.
3. *Le Parisien*, 8 mars 2019.

Coluche et Jean-Jacques vont réunir pour l'enregistrement des personnalités d'horizons divers, des artistes, des sportifs, des acteurs et actrices. Pour remercier l'auteur, Coluche se rend à son domicile et lui offre une guitare électrique Gretsch vintage. Moment privilégié d'échanges entre les deux hommes. Retour sur les souvenirs d'enfance, Montrouge, les premières surprises-parties… Ils passent plus de deux heures en tête à tête, se souvient Jean-Jacques : « C'est le jour où il est venu m'offrir une guitare pour me remercier de La Chanson des Restos, qui avait amené pas mal d'argent. […] Il a grandi dans la banlieue où je vis. Nous nous sommes promenés dans cette banlieue et nous avons revu des endroits qu'on connaissait. Nous avions une espèce de passé commun. On s'est dit au revoir sur le pas de la porte[1]. » Huit millions de repas seront distribués dans toute la France grâce aux recettes générées par la vente d'un demi-million d'exemplaires de *La Chanson des Restos*. Quelques mois plus tard, le 19 juin 1986, Coluche se tue dans un accident de moto entre Cannes et Opio…

1. *Ciné Télé Revue*, décembre 1990.

4

Si la musique est la nourriture
de l'amour, continuez à jouer.

WILLIAM SHAKESPEARE

Jean-Jacques avait accepté l'invitation de Michel Berger pour Le Grand Échiquier1 qui lui était consacré, et avait interprété avec lui *Seras-tu là* ? Daniel Balavoine était là aussi, ainsi que Jeanne Mas et Johnny Hallyday. Les hommes se sont rapprochés, ont échangé brièvement leurs points de vue sur les variétés à la page, le souci de se renouveler, de ne pas lasser, de ne pas passer pour des ringards. Après le succès de l'album *Rock'n'Roll Attitude* que Michel Berger a écrit pour Johnny, la maison de disques avait sollicité Jean-Jacques. Il a entièrement écrit, composé et réalisé pour « Le Taulier », l'album *Gang* qui s'avérera décisif pour la seconde partie de la carrière de Johnny.

Une nouvelle tournée se profile. *Deuxième visite* démarre à Paris. Jean-Jacques remplit le Zénith du 3 au 20 décembre 1985. Les spectacles se jouent à guichets fermés. Le 15, Johnny Hallyday monte sur scène pour chanter *Toute la musique que j'aime* en duo avec lui. Goldman adoubé par « L'idole des jeunes », de quoi clouer le bec aux médisants ! Les cent cinquante dates proposées dans l'Hexagone vont modifier son opinion concernant la scène : « Sur cette tournée, la confiance existe vraiment.

1. 3 novembre 1985.

On se connaît, il n'y a plus d'examen de passage, et dans ce sens, c'est un vrai plaisir. » Il est prêt à revoir ses *a priori*. « Dès la fin de la dernière tournée, il nous paraissait évident qu'il fallait garder le même esprit, cette espèce de rencontre avec le public : laisser des espaces pour que le public puisse participer au spectacle, garder cette ambiance de complicité – que je ne leur en mette pas plein les yeux avec des feux d'artifice –, tout simplement passer une soirée ensemble… Je ne pense pas que le public attende de moi que je me roule par terre et que je lacère mes vêtements… ça tombe bien ! » Les papiers dans la presse sont moins hostiles, semble-t-il : « Car il est passé maître dans l'art de créer des chansons impérieusement accrocheuses, rappellera *Rock Music Magazine*. Il les qualifie lui-même d'utilitaires, et n'en a pas honte, bien au contraire : "J'ai une fascination pour le hit. Cette chanson populaire qui parvient à émouvoir une foule de gens au même moment. C'est une réussite. Une étincelle inexplicable. C'est digne d'un intérêt estimable et aucunement méprisable." (*Paroles et Musique*) Jean-Jacques Goldman est désormais connu jusqu'au fin fond de la Corrèze, et l'ensemble des médias va commencer à s'intéresser de près à cette nouvelle idole[1]. »

L'année 1986 est celle de la scène. Alors qu'il est en tournée, sort *La Chanson des Restos* dans laquelle, à ses côtés, interviennent Coluche, Nathalie Baye, Catherine Deneuve, Yves Montand, Michel Drucker et Michel Platini.

Coluche débute ainsi :

Moi, je file un rancard
À ceux qui n'ont plus rien
Sans idéologie, discours ou baratin
On vous promettra pas
Les toujours du grand soir
Mais juste pour l'hiver
À manger et à boire.

1. *Rock Music Magazine*, 1988.

Au Studio Gang, à Paris, l'ambiance des séances d'enregistrement était des plus concentrées. Jean-Pierre Janiaud, l'ingénieur du son, veillait au grain. Guy Delacroix et Roland Romanelli étaient aux synthétiseurs. Francine Chantereau, Catherine Bonnevay, Jean-Pierre Janiaud et Jean-Jacques assuraient les chœurs. Jean-Pierre Janiaud se souviendra : « Jean-Jacques, avec qui je travaillais depuis des années, m'a appelé pour me dire qu'on allait faire une chanson pour les Restos. Et on y est allés joyeusement ! Nous étions quatre à faire les chœurs. Je me rappelle aussi de Coluche qui était venu poser sa voix, assez timide et concentré[1]. » Guy Delacroix, le chef d'orchestre, a constaté que « la maquette de la chanson contenait déjà l'essentiel. J'ai joué de plusieurs instruments, Jean-Jacques a fait les guitares, Roland Romanelli les claviers, d'autres les chœurs. Tout a été bouclé en une nuit et deux après-midi[2] ». Quant à Jean-Jacques, il justifiera ainsi son choix : « J'avais l'impression que les gens en avaient un peu marre des chansons caritatives de chanteurs, qu'il fallait autre chose. Je me suis dit qu'on pourrait élargir à d'autres horizons l'image des Restos, et faire appel à des sportifs, des acteurs, des gens de la télé, il fallait donc des couplets parlés entre des refrains chantés. [...] Coluche, c'était l'âme du mouvement. Pour le cinéma, ce fut Nathalie Baye, pour la télévision Michel Drucker. Pour le sport, Michel Platini était tout indiqué, enfin Yves Montand chanteur, acteur et remueur d'idées[3]. » La chanson va traverser les décennies. « Jamais je n'aurais imaginé que cette chanson retrouverait une même place chaque année, s'émerveille encore Marc Lumbroso. Qu'elle reste à ce point emblématique. Quand on y a participé, c'est très étonnant de voir que la chanson franchit les années[4]. » Coluche ne s'y était pas trompé en sollicitant Jean-Jacques. Ce gars-là pense collectif. Il est fédérateur. On le suit et on le suivra longtemps. Il a créé l'unité entre une œuvre, une éthique et un engagement.

1. Entretien avec Jean-Paul Chaluleau, L'Indépendant, mai 2016.
2. Entretien avec Jean-Paul Chaluleau, L'Indépendant, mai 2016.
3. Entretien avec Jean-Paul Chaluleau, L'Indépendant, mai 2016.
4. Entretien avec Jean-Paul Chaluleau, L'Indépendant, mai 2016.

Pas toi, la chanson de Jean-Jacques, est lancée au même moment. Avec Bernard Schmitt, ils se sont offert un séjour sur la Côte Fleurie. C'est à Houlgate que Bernard a choisi de réaliser le clip. On les voit marcher et discuter sur la plage, au pied des falaises des Vaches Noires et dans une villa avec vue sur mer. Ils sont rejoints par l'actrice Gaëlle Legrand, qui joue l'héroïne de l'histoire… Jean-Jacques est satisfait, le tout est harmonieux, comme il aime : « Il y a des chansons comme *Confidentiel*, *Comme toi*, *Pas toi*, *Je te donne* sur lesquelles je ne me suis jamais posé de questions. J'étais sûr de ces chansons. Ce n'est pas de la prétention. Mais pour moi, elles étaient pleines, pas construites ou fabriquées… Le jour où je les ai jouées, je me suis dit "ça y est"[1]. » Il est absolument partout, radios, télés, magazines. Il est sympathique Goldman, ce qui autorise certains journalistes à lui balancer quelques vannes :

— On m'a dit que tu n'as pas un caractère très agréable.

— Je crois que c'est pire que ça parce que je n'ai pas vraiment mauvais caractère, dans le genre à m'énerver et puis on oublie. Il y a des gens qui sont comme ça, moi, c'est le contraire. Je garde tout ça à l'intérieur, j'arrête de parler pendant un mois. Ça, il paraît que c'est très difficile à vivre pour les gens autour. Et puis, je suis très rancunier.

Il a le mérite d'être direct, franc et entier. Cela ne plaît pas toujours. Patrice Delbourg le piétine, lui crache à la face dans *L'Événement du jeudi*[2]. Rapporter et citer quelques-uns de ces mots haineux n'est pas leur donner une vitrine, mais témoigner de l'incompréhension des critiques prompts à juger sans modération. « Jean-Jacques Goldman est vraiment nul ! L'art de faire le plein avec du vide : merveilleuse alchimie que Jean-Jacques Goldman pratique béatement, comme un essayeur de guitares qui aurait des heures de loisir. […] Rien ne disposait ce gentil dadais, longueurs et pointes, convenable, ancien diplômé d'HEC et animateur de chorale, à devenir la mascotte des ados et pré-ados de douze à seize ans. Rien, sinon une

1. *Top 50 Magazine*, 16 juin 1986.
2. *L'Événement du jeudi*, 5 au 11 décembre 1985, Patrice Delbourg.

affabilité tout terrain, en lisière avec l'image bêtasse et godiche d'un Duteil, qui aurait dû le mettre au-dessus de toute critique acrimonieuse. [...] Il est de salubrité publique de crier haut et fort qu'avec Jean-Jacques Goldman on s'approche au plus près du degré zéro de la chanson française. Une sorte de panacée de la grande vacuité musicale de ce milieu de décennie vagissante. [...] Pourquoi ne fait-il pas de la peinture ? se demande-t-on tout de suite. La voix s'étrangle dans les aigus, semblable aux piailleries d'une orfraie tétanisée. Les premiers rangs craignent une otite. Les balcons demandent des Cotons-Tiges. » Les attaques sont basses : « Refrains boiteux, inspiration indigente, ces bredouillis énamourés semblent hâtivement traduits du moldo-valaque. Avec Goldman, le face-à-face avec l'écriture relève de la brève escarmouche. » Le journaleux n'en a pas fini avec les humiliations : « Goldman est un magnifique exemple de chantre mou, systématisant le couac et réinventant le néant des décibels avec la fausse modestie du doux troubadour qui fleurit chaque soir sur l'estrade pour donner ses toutes petites graines de somnifère. D'une rare opiniâtreté dans le médiocre, d'une haute fidélité dans le lieu commun, il est plus juste de parler de décomposition que de composition. Certains de ses refrains sont tellement désolants que dans certaines préfectures ils pourraient servir de peine capitale. [...] » Il le traîne sur la claie d'infamie : « Dire que Jean-Jacques Goldman est un produit pharmaceutique au goût saumâtre et aux effets secondaires fâcheux n'est pas un outrage, c'est un diagnostic. Mais les gens aiment bien les purges. Comme les gousses d'ail, elles éloignent les mauvais génies[1]. »

Marie Muller[2] n'est pas en reste avec son plaidoyer pour Goldman. Pas du tout franche du collier, d'un cynisme à peine dissimulé, elle joue sur les interprétations possibles de sa prose : « Look : nul. Message : zéro. Alors comment se fait-il que ce jeune homme qui "marche seul" soit devenu le chanteur français le plus populaire ? [...] C'est lui le débiteur de tubes

1. *L'Événement du jeudi*, 5 au 11 décembre 1985, Patrice Delbourg.
2. *Le Nouvel Observateur*, 20/26 décembre 1985.

à la tronçonneuse, le violeur de tympans, le couineur de la bande FM. Oui, lui ! le braillard. [...] Il n'arrête pas de s'excuser. Il se dit "conformiste par nature", à regret. Il dévoile si honnêtement sa stratégie qu'on le prend pour un roublard. [...] Produit parfaitement ciblé. Parfaitement neutre. Parfaitement seul. » Des critiques, Jean-Jacques en a affronté d'autres. Il en a toujours triomphé.

Lucide, parfois une éclipse ternit sa bienveillance, mais il est plus subtil. Il répond à ses détracteurs en publiant, à ses frais, en page 41 du journal *Libération* du 20 décembre 1985, les critiques acerbes, accompagnées d'un commentaire manuscrit : « Merci d'avoir jugé par vous-même : Jean-Jacques Goldman. » Même publication dans *France-Soir*, avec les extraits suivants :

« Il faut gratter. Et c'est là qu'on découvre qu'il n'y a "rien grand-chose" sous la couche superficielle du sourire... Goldman est un produit manufacturé... Sorti du moule infaillible de la variété prospection. Un superbe paquet de lessive qui doit sans doute laver plus blanc que les enzymes ou l'antiredéposition mais un paquet de lessive quand même... [...] On aurait parfois envie que sa musique prenne quelques vitamines hier ou demain, histoire d'échapper à cette redondance rythmique qui l'emprisonne de bout en bout du spectacle. Mais, après tout, pourquoi se casser la tête à créer de la musique personnelle lorsque la soupe instantanée des supermarchés de la variété crève tous les records de vente... [...] Belle façade, ce Jean-Jacques Goldman, mais ne vous avisez pas de franchir la porte, il n'y a derrière que des travaux d'aménagement[1]. » Les journalistes rivalisent de méchancetés : « Une voix de "castrat endimanché" et des textes souvent mièvres pour être vraiment honnêtes[2]. » « Le rocker mou... lui pour qui l'essentiel du jeu de scène consiste à conserver les

1. A Th. *La nouvelle Gazette*, 23 novembre 1983.
2. *24 Heures*, Jean Ellgas, 4 mars 1984.

manches de sa veste au-dessus des coudes[1]. » Les pamphlets incendiaires sont légion : « Question musique, c'est déjà plus dur. Il a une voix difficilement supportable, en ce qui me concerne plus de trois chansons ; il rappelle tantôt Balavoine (sans le *feeling*), tantôt Berger (sans la classe). Ses chansons, quant à elles, sont banales et ses mélodies guère variées. Vous y trouvez des violons pour émouvoir et des guitares pour son image de marque… *Positif*, un titre mal choisi[2]. » Il reviendra sur ce déchaînement de haine dans les colonnes de *L'Est Républicain*[3] : « Certains articles étaient écrits pour me tuer. Si je n'avais pas été en position de force, je serais mort. La haine et le mépris. Je ne comprends pas très bien. Un journaliste de *L'Événement* a employé à mon sujet des mots que je n'ai jamais vus même pour évoquer un assassin. »

Il fait imprimer ces brûlots dans le programme de la tournée. Les spectateurs peuvent prendre connaissance des articles assassins s'étalant sur deux pages. « Merci d'être venus quand même… » a-t-il signé. L'humour sauve de tout. Il explique sa démarche dans *Swing*[4] : « J'ai voulu montrer au public à quel genre de juges on se heurtait. Quel genre de bâtons (plus ou moins justifiés) on nous collait dans les roues. » En effet, s'il n'a pas cité *in extenso* les mots qui blessent, il a tenu à faire figurer les noms des signataires : « Ce que je voulais, c'était que leurs noms restent, quoi. C'est-à-dire, nous, quand on est assassinés, on sait qui on est. Et je voulais juste que leurs noms restent, qu'ils le signent. […] Qu'ils l'assument ce truc-là. Et pas qu'ils disparaissent avec deux-trois initiales et un quotidien qui sera jeté le lendemain[5]. » Tout en finesse, il chantera dans *Minoritaire* : « Je n'ai pas mérité de jouer du rock'n'roll/Mes ghettos, mes idées ne sont pas homologués/J'ai pas le bon blouson, j'ai pas les bonnes bottes/Et en haut de mon bras, je n'ai rien fait tatouer. »

1. *Les Nouvelles d'Orléans*, 21 avril 1984.
2. *Affiches*, M. R., 7 février 1984.
3. *L'Est Républicain*, 23 mars 1996.
4. Swing, février 1986.
5. Nostalgie, 26 et 27 septembre 1997.

Qu'ils écoutent donc ces pisse-copie, à la mine satisfaite, drapés dans leur superbe, sûrs de leur bon droit, *Compte pas sur moi* !

Oublier d'où je viens, ma mémoire et les miens
Non, non, non, non, non
Endosser pour faire bien les nouveaux lieux communs
Non, non, non, non, non [...]
Oh t'en trouveras des tas pour chanter ces choses-là
Alors compte pas sur moi. [...]
Me baisser pour quelques caresses autorisées
Non, non, non, non, non...
Compte pas sur moi...

Faut-il une explication de texte ? Ses détracteurs seront marris. « C'est pas tellement une explication de ce que je suis ou de ce que je veux être. Parce que ça, je ne le sais pas trop moi-même. Cette chanson, c'est plutôt très précisément ce que je ne serai pas ! [...] Tous ces gens qui veulent sauver le monde à coups de réflexions fondamentales et qui finissent dans la *jet society* en se mariant à un mannequin et en allant vivre dans une villa des îles... Ça me fait beaucoup rire. Je crois que la finalité du rock'n'roll, c'est ça. C'est d'être rebelle et puis de terminer décoré par la reine d'Angleterre ou à Las Vegas. Moi, je ne le sens pas comme ça. Il faut choisir ses insolences. Il y a des gens bardés de cuir avec des épingles dans les oreilles qui reçoivent les journalistes, qui font des réceptions, des semaines de promotion dans les pays ensoleillés et qui sont finalement extrêmement conformistes. Ils tournent avec les gros organisateurs, etc. Moi, je ne suis pas le type à faire pipi à côté des cabinets pour faire des flaques. J'ai jamais frappé une petite fille ni fait un croche-pied à un aveugle. Mais j'emmerde la grande presse, je ne leur envoie pas systématiquement des places pour mes concerts. Je travaille avec un tourneur de vingt-cinq ans qui a commencé avec moi. J'ai trouvé un type pour faire mes clips que tout le monde se dispute aujourd'hui, mais qui a aussi fait ses débuts avec moi. La maison de disques ne fout pas les pieds dans mon studio. J'ai pas de gourou pour me dire ce qu'il faut que je fasse. C'est ma façon à moi d'être insolent. Chacun son truc[1] ! » Invincible ! Il a un don pour survivre qui va de pair avec son détachement pour l'opinion d'autrui.

Les vrais, les purs ne s'y trompent pas. Il est soutenu par Michel Berger, qui, avec sa douceur et sa bienveillance naturelles témoigne de son admiration : « J'ai vu son spectacle et on ressent qu'il a un véritable plaisir à faire de la scène, il y est épanoui. Ses rapports avec le public sont formidables, il y a une certaine complicité. Ses textes me touchent, sa musique est tonique. Je pense que Jean-Jacques est vraiment le chanteur de l'année, il remplit les salles, il vend beaucoup de disques, c'est bien ! Ce succès me fait plaisir et il fait du bien à tout le monde, moi-même j'ai une bonne réaction devant le succès de Jean-Jacques[2]. » Daniel Balavoine lui emboîte le pas : « Jean-Jacques fait de la bonne musique, il chante bien, il pense bien, c'est déjà beaucoup pour un seul mec. Et en plus, il mange proprement[3] ! » Étienne Daho n'est pas en reste : « Ce qui me plaît le plus chez Jean-Jacques, c'est son exceptionnelle gentillesse. Je ne le connais que par de brèves rencontres sur les plateaux de télévision et ce qui m'a le plus frappé chez cette star (car il a vraiment aujourd'hui gagné le statut de star), c'est son naturel et sa simplicité, et la sympathie qu'il dégage, chose très rare dans le métier où beaucoup de chanteurs, sitôt qu'ils ont du succès, oublient ou ne voient plus les gens. J'aimerais que tout le monde prenne exemple sur lui[4]. » L'avis de Marc Lavoine est tout en délicatesse : « J'aime avant tout le personnage, c'est lui qui m'intéresse. Bien sûr, sa musique, ses textes sont très forts, mais le personnage est très intéressant, son côté héros n'est pas frime, surfait, Jean-Jacques installe des rapports différents. Sa musique américanisée est très bien faite, ses textes sont à mon avis de mieux en mieux, il aborde des problèmes graves avec

1. *Swing*, 1986.
2. *Salut !*, 2-14 janvier 1986.
3. *Salut !*, 2-14 janvier 1986.
4. *Salut !*, 2-14 janvier 1986.

poésie, il ne montre pas du doigt les choses et je pense que le public aime ça. Son timbre de voix est très actuel, le personnage est un tout[1]. » Qu'en termes jolis tout cela est dit.

L'authenticité n'a pas de prix pour lui. Sa modestie n'est pas négociable. C'est pourquoi, invité à interpréter *Je te donne*, avec Michael Jones, dans l'émission *Champs-Élysées*[2], Jean-Jacques est arrivé seul. Il a choisi de chanter *Confidentiel* qu'il trouve plus appropriée en raison de la tragique disparition de Daniel Balavoine quelques jours plus tôt. « Ni Michael ni moi n'avions l'intention de chanter une chanson qui est gaie, donc on a décidé de s'abstenir et chanter une chanson sur laquelle on pourrait vraiment penser à Daniel, parce qu'on pense vraiment à Daniel », annonce-t-il au public avant d'entonner : « On voulait simplement te dire que ton visage et ton sourire resteront près de nous sur nos chemins… » Il faut savoir qu'après les funérailles de Daniel Balavoine, lors d'une discussion, Jean-Jacques apprend que Daniel avait écrit une chanson pour Frida du groupe Abba. Il n'était pas satisfait de la version anglaise et avait décidé de la reprendre en français avec Catherine Ferry. Or, son décès a mis un terme au projet. Jean-Jacques se propose alors d'écrire un texte. Catherine lui envoie la cassette de la maquette enregistrée à Londres. Jean-Jacques met au point *Quelqu'un quelque part.* Catherine Ferry l'enregistre en mars 1986. Le 45 tours, pressé à vingt mille exemplaires, sort quelques mois plus tard.

Les Enfants du rock[3] lui consacrent une émission spéciale. Plus que tout autre, il sait que la route est longue jusqu'au succès. « C'est ce que je réponds souvent aux jeunes garçons ou filles qui m'écrivent en me disant : "Je veux devenir chanteur, écris-moi des chansons." Je leur dis que ce type de questions adressées à un plombier paraîtrait complètement idiot. Tout le monde sait que la plomberie ne s'apprend pas du jour au lende-

1. *Salut !*, 2-14 janvier 1986.
2. 18 janvier 1986.
3. *Les Enfants du rock*, Antenne 2, 24 avril 1986.

main et que des études d'au moins trois ans sont nécessaires. On ne devient pas non plus chanteur du jour au lendemain. Il faut gratouiller la guitare tout seul pendant un temps fou en se demandant si on progressera jamais un jour, il faut passer par des galères, les petits groupes. C'est par là que je suis passé. Avec des copains, on achetait des instruments d'occasion et on jouait gratuitement dans les boums, les soirées, les lycées[1]. » Il fait la couverture du magazine musical *Paroles et Musique*. Il est lucide : « C'est une certitude. Je sais qu'un jour je ne serai plus à la mode, et il n'y a aucun malaise… Tout le monde a ses éclipses. Pour le moment, je fais partie d'un inconscient collectif qui a voulu qu'on m'aime. Demain, je serai usé comme d'autres chanteurs sont usés actuellement, alors qu'ils étaient au firmament il y a quelques années… On n'y peut rien. Ça va m'arriver, mais ça ne m'angoisse pas parce que je sais que je suis un faiseur de chansons, et que grâce à l'expérience que j'ai vécue, je pourrai toujours décrocher mon téléphone en disant "Bonjour, c'est Jean-Jacques Goldman ; j'ai une chanson à vous proposer", et je sais qu'on me recevra. Donc, je ne suis pas du tout inquiet[2]. »

Claude Sérillon a la lourde tâche d'annoncer le décès de Coluche lors du journal de 20 heures d'Antenne 2, le 19 juin 1986 : « C'est vrai, Coluche est mort. Il s'est tué dans un accident de moto. […] Un camion lui aurait coupé la route. Coluche est mort sur le coup. Cette mort-là frappe tous les esprits comme celui de cet enfant qui a appelé il y a quelques minutes pour dire "C'est pas juste". » L'humoriste qui avait pour projet de remonter sur scène s'était installé, en mai, dans le sud de la France pour écrire de nouveaux sketches et répéter. D'abord logé à Cannes, à l'hôtel Martinez, il avait opté pour une propriété à Châteauneuf-de-Grasse. C'est ainsi que le 19 juin, en début d'après-midi, sur sa moto rouge Honda 1100, il quitta la plage cannoise La Sportive pour rejoindre sa location.

1. *Les Enfants du rock*, Antenne 2, 24 avril 1986.
2. *Numéros 1*, juillet 1983.

À l'approche du village d'Opio, il heurta un semi-remorque de plein fouet. Pour ses obsèques, le 24 juin, la mère de Coluche demande à l'abbé Pierre de célébrer la messe. Il rend hommage à son ami : « Ah ! Mes amis, si vous entendez des gens dire qu'il ne respectait rien, dites que ce n'est pas vrai. Je suis témoin. Quand il y avait des sujets véritablement qui méritent le respect, il était grave. » Jean-Jacques accompagne le cortège funèbre de l'église au cimetière de Montrouge, avec l'abbé Pierre, Hugues Aufray, Yves Montand, Eddy Mitchell, Michel Denisot, Michel Berger, Roman Polanski, Emmanuelle Béart, Daniel Auteuil, Richard Berry, Johnny Hallyday… Ils sont tous là, représentants des mondes politiques, culturels, musicaux, cinématographiques, mêlés à des milliers d'anonymes, des *bikers*. « Pour mon enterrement, moi, de toute façon, je suis peinard, avait-il plaisanté au micro d'Europe 1. J'ai demandé à Lederman de s'occuper des invitations. Je sais qu'il y aura du monde ! » Lorsque Jean Théfaine[1] demandera à Jean-Jacques si « Coluche, c'était de l'humour ? », il pointera la profondeur de l'amuseur qui n'était pas seulement un clown : « Pas seulement, Coluche, c'était un César d'acteur, du music-hall, une révolution dans la radio, des choses très intéressantes à la télévision, des revues de presse, Les Restaurants du Cœur. C'est incroyable ce qu'il a fait. On ne se rend pas compte encore de la largeur du personnage. »

Le groupe de pop-rock Cock Robin, fondé par Peter Kingsbery, à San Francisco, assure la première partie de la tournée d'été qui prend le nom de *Veiller tard*. Elle le mène à Québec, où le 13 juillet, il chante avec Robert Charlebois, en clôture du 19e Festival d'été dans un concert-événement. « Les deux chanteurs se sont pointés au Pigeonnier fort bien entourés, chacun ayant amené son groupe de musiciens. Malgré la pluie qui n'a jamais cessé, une foule estimée par les organisateurs à quinze mille personnes a assisté au spectacle. […] Jamais

1. *Ouest-France*, 12 juillet 1986.

autant de mains mouillées n'avaient applaudi en même temps à Québec », relate *Le Soleil*[1]. « Il pleuvait des trente sous, se rappelle Robert. Ça tombait comme des cordes, ça n'avait pas arrêté une minute. C'était télévisé et les images étaient très, très belles. Mais les gens n'aiment pas ça quand il pleut. Ils se tiennent après leur parapluie et ils n'applaudissent pas. Et comme les applaudissements sont le pain de l'artiste, nous, on n'est pas nourris[2] ! »

Le public québécois est sous le charme de notre « *frenchy* » national. Le magazine *Québec Rock*[3] lui a consacré un formidable paragraphe lors de son précédent séjour sur les terres de la Belle Province : « Jean-Jacques Goldman, un mec gentil.

Trente-cinq ans, marié, trois enfants, popote et vie tranquille à Paris, Jean-Jacques Goldman se défend bien d'être une star même s'il vend des millions de disques en Europe. "Il n'y a plus de stars en France, rien que des chanteurs." Né d'un père juif polonais et d'une mère allemande, Jean-Jacques ne voulait rien faire quand il était jeune. "J'ai étudié le violon sans enthousiasme, puis un type m'a fait découvrir le blues." Ce fut la piqûre. Goldman commence à composer des chansons en 1975, et enregistre trois microsillons avec le groupe Taï Phong. Sa carrière solo débute en 1981. "Je ne chante pas pour l'impact social, mais pour divertir. En France, on me déteste ou on m'aime beaucoup. Je ne suis pas inspiré par la chanson française traditionnelle, ce sont plutôt Otis Redding, Aretha Franklin et Johnny Winter qui m'ont appris la musique."

Le nouveau microsillon de Jean-Jacques Goldman s'intitule *Non homologué*. Pourquoi ce titre ?

"En France, répond Goldman, on réagit en catégorisant tout ce qui sort. Il y a la presse rock, la presse jeune, la presse variétés, la presse engagée, etc. Mon disque est très varié, demeure inclassable, donc, il est non homologué…"

---

1. *Le Soleil*, Louis Tanguay et Geneviève Bouchard, juillet 1986.
2. *Le Soleil*, Louis Tanguay et Geneviève Bouchard, juillet 1986.
3. *Québec Rock* n° 103, mars 1986.

Ce nouveau microsillon est excellent sous tout rapport. On en connaît déjà le succès de *Je marche seul*, le prochain devrait s'intituler *Compte pas sur moi*. Avec ce vinyle, Goldman s'impose comme le plus international, voire le plus américanisé des chanteurs français. Mais la critique française est sévère pour ses compatriotes. Goldman n'y a pas échappé. Il est beau mec, il est gentil, il est timide, les femmes se pâment pour ses grands yeux bruns humides de tendre toutou. Cet hiver, il a rempli le Zénith dix-sept soirs d'affilée à Paris, mais la critique a descendu son *show*. Impassible, Goldman a acheté une demi-page de pub dans un quotidien à la fin des représentations pour annoncer : "Cent trente-cinq mille spectateurs… Merci d'être venus juger par vous-mêmes."

Chanter en français, c'est une priorité ?

"Mettre les mots de ma langue sur mes musiques, ce n'est pas un défi, mais une nécessité. Il y en a toujours qui réussissent à percer en français. Il faut simplement que la musique plaise au public, ils achètent des disques pour avoir du plaisir."

Et les radios FM qui diffusent 90 % de musique américaine ?

"Il y a un problème actuellement, c'est certain. Mais je pense qu'il s'agit simplement d'une crise de création."

Jean-Jacques Goldman, la mine réservée, le sourire nerveux, finit par manifester des opinions bien arrêtées lorsque s'abaisse de temps à autre le bouclier de sa circonspection. Il s'efforce de ne pas paraître parfait. Je me demande même si le trou qu'il a dans la manche de son pull de laine n'est pas volontaire, tellement il est réel.

Viendra-t-il chanter au Québec, Jean-Jacques Goldman ?

"J'ai présentement un bon groupe de musiciens, je suis en tournée de promotion, on dit que le public québécois est très bien… c'est cette année ou jamais !"

L'accueil est tel qu'il reviendra en octobre pour dix dates au Canada, dont deux au Québec et deux à Montréal. L'organisateur de spectacles Thierry Suc aime à rappeler le professionnalisme de la vedette : "C'est quelqu'un de très, très professionnel, qui aime s'occuper de tout, de voir un peu tous les détails de l'affaire. Il s'occupe aussi bien du réglage des lumières, que le son soit bon, que les musiciens soient bien. C'est quelqu'un de fantastique. Il est très, très professionnel, et il va au bout de ce qu'il a envie de faire. C'est quelqu'un de profondément généreux avec les autres ; il sait ce qu'il veut, il ne supporte pas – je crois que son principal défaut, qui est en fait une qualité, c'est de ne pas supporter la médiocrité. Il veut que tout le monde soit à sa place, et fasse ce qu'il a à faire. C'est comme cela que l'on essaie de faire qu'un spectacle soit de la meilleure qualité possible. Il se détend très peu[1]." » Il avait fait la connaissance de Jean-Jacques, au MIDEM 82, à Cannes, à La Nouvelle Affiche. Le feeling était tout de suite passé entre eux. Thierry Suc est resté marqué par cette rencontre : « J'avais vingt ans à l'époque et je faisais des concerts à Lyon. Et mon grand rêve était de faire un concert avec Jean-Jacques à Lyon. J'aurais jamais imaginé qu'on ferait quatre cents et quelques spectacles en dix ans à travers la France et à travers le monde. [...] J'étais très jeune. Et Jean-Jacques a eu la folie de partir avec moi dans cette aventure. Sans cette rencontre et sans ce jour-là, je ne serais pas ici, et je n'aurais pas fait ce métier[2]. »

En travaillant sur ses morceaux, il a croisé Carole Fredericks[3], appelée pour faire les chœurs de la chanson *Long is the road*. Pour le Zénith de Paris, il avait sollicité en *guest star* un groupe de gospel américain. « Ils faisaient une tournée en Europe et sont passés par Paris, se souvient Jean-Jacques. Nous sommes allés les voir : le choc ! Par la suite, nous avons traversé l'Atlantique pour les rejoindre à New York et leur proposer de participer au spectacle du Zénith. [...] Ce ne sont pas des professionnels mais des amateurs qui chantent dans les églises. [...] Ce sont des gens très simples, très discrets, très attachants. Les chanteuses sont de vraies bêtes de chant. Elles sont possédées ! Habitées[4] ! »

1. *Grand Format* RTL, 29 juillet 1991.
2. Semaine spéciale intégrale, RTL, 18 novembre 1991.
3. Carole Fredericks née le 5 juin 1952 à Springfield (Massachusetts), décédée le 7 juin 2001 à Dakar (Sénégal).
4. *Salut !*, 2 janvier 1986.

Au sein de ce groupe, Carole se distingue. Elle est née le 5 juin 1952, à Springfield (Massachusetts, États-Unis) dans une famille d'artistes. Trois ans avant sa venue au monde, Rosa Parks[1], couturière noire, militante du Mouvement des droits civiques, a refusé de céder sa place à un passager blanc dans un bus. Elle a été arrêtée pour cette raison. Ce qui a déclenché une série de protestations de la part de la population noire, qui a décidé de boycotter les bus. Mildred, la mère de Carole, était chanteuse dans un « big band ». Son père, Harry, pianiste et parolier, dut renoncer à sa carrière pour occuper un emploi en usine plus rémunérateur afin de nourrir sa famille. Reconvertie, elle aussi, Mildred devint la première maîtresse d'école noire de West Springfield. Par malheur, le père de famille trouva la mort alors que Carole n'avait que deux ans. Pour sa veuve et sa nombreuse famille, la vie fut assez difficile. Carole connut et subit la ségrégation raciale : « Nous, on était la première famille noire dans notre quartier, et ça a chauffé un peu au début… et après on s'est compris », reconnaît-elle[2]. Grâce à Dieu, un homme s'est levé, une voix s'est élevée. Le pasteur Martin Luther King[3], militant non violent pour les droits civiques des Noirs aux États-Unis, pour la paix et contre la pauvreté, a lutté pour mettre fin à la ségrégation raciale dans le pays. Martin Luther King a fondé, en 1957, la Southern Christian Leadership Conference[4], une association de pasteurs militant pour les droits civiques qui organisait des occupations pacifiques de lieux publics, restaurants, piscines, interdits aux personnes noires puis des marches de protestation contre le racisme. Prix Nobel de la paix en 1964, il fut assassiné le 4 avril 1968. Mildred se remaria avec Hughan William, père de trois enfants. Osbourne naîtra de leur union. La famille comptera alors neuf enfants. Carole rejoignit une chorale et se mit à chanter du gospel dans les églises. Le 9 janvier 1979, elle débarqua à Orly. Par chance, elle tomba sur Gregory Lyons,

1. Rosa Parks (1913-2005).
2. Interview BMG, Album Springfield, 1997.
3. Martin Luther King (1929-1968).
4. Southern Christian Leadership Conference = SCLC, Conférence des leaders chrétiens du Sud.

le patron du restaurant français dans lequel elle travaillait en Californie. Il lui permit de rencontrer des professionnels de la musique. Bientôt, elle enregistra son premier disque, *Black Orchid*, et intégra un groupe de choristes accompagnant les tournées de nombreux artistes comme Laurent Voulzy, Alain Souchon, France Gall, Eddy Mitchell, Mireille Mathieu. Sa voix, sa présence vont la distinguer…

Jean-Jacques retrouve Johnny Hallyday au Studio Gang, dans le 5e arrondissement de Paris, pour des enregistrements. Ils vont s'échelonner de septembre à décembre. Au début de leur collaboration, Jean-Jacques ne devait écrire que quatre ou cinq titres. « Et puis, sur la lancée, j'ai fait tout l'album », explique-t-il. À la suite de leur prestation commune sur la scène du Zénith en décembre 1985, les deux hommes sont convenus de travailler ensemble afin que Jean-Jacques compose une face du prochain album de Johnny. La seconde devait être confiée à Elton John. « Quand on a la chance d'être demandé par un interprète comme Hallyday, il ne faut pas passer à côté de ça. C'est vraiment un privilège. C'est un très bon chanteur, techniquement, et plus qu'une voix, c'est aussi un personnage, sa voix est chargée d'expérience, de vérité, de choses vécues. S'il avait été juste un personnage, et pas un tel chanteur, ça ne m'aurait pas intéressé », confesse-t-il au magazine *Cool*[1].

Une des qualités de Jean-Jacques est qu'il écoute intensément l'autre. Très minutieux, il privilégie l'émotion. Il s'attache à donner une âme à ses textes. Il propose sept morceaux à l'équipe de Johnny. Ils sont non seulement tous retenus d'office, mais il est encouragé à boucler la boucle en ajoutant quelques titres pour concevoir un album complet. « Johnny Hallyday est un personnage très différent de moi et qui possède une voix très puissante et grave. J'ai pu ainsi composer des chansons différentes de ce que je fais d'habitude. Ça m'a stimulé[2]. » Ô combien ! *Je te promets, Laura,*

1. *Cool*, octobre 1986.
2. *Ciné Télé Revue*, 28 mai 1987.

L'Envie, J'oublierai ton nom, Je t'attends... vont occuper les plus hautes marches des palmarès. *L'Envie* cumule la puissance du texte et celle de l'orchestration associées à l'interprétation magistrale du Taulier. Elle ouvre l'album qui sortira en décembre[1]. Johnny l'interprète pour la première fois sur la scène de Bercy en 1987, à la fin de la première partie de son spectacle *Johnny se donne à Bercy*, dans une mise en scène de Michel Berger. Le titre *Laura*, aux paroles très intimes, évoque l'enfant née des amours du chanteur avec l'actrice Nathalie Baye. L'album *Gang* sera vendu à six cent mille exemplaires ! L'expérience captive Jean-Jacques : « Les rapports avec Johnny sont vraiment particuliers. [...] C'est un type qui m'émeut beaucoup, pour lequel je souhaite vraiment beaucoup de bien, pour lequel j'éprouve une grande estime. Je pense qu'il éprouve la même chose pour moi. C'est pas suffisant pour avoir des contacts et c'est un très mauvais type pour avoir des contacts. Et moi, je suis encore pire que lui. On n'a donc jamais pu vraiment communiquer. On ne communique pas bien ni l'un ni l'autre, mais je pense qu'au fond, effectivement, il y a un vrai amour des deux côtés. Le mot amour n'est pas bien choisi ! Mais on se veut du bien, je crois[2]. »

Le bonheur de créer, le plaisir de chanter sont leurs modes de communication privilégiés : « J'ai eu surtout le plaisir et le privilège d'avoir une Ferrari dans mes mains ! C'est comme quand tu pilotes une automobile et que l'on te donne un superbe moteur. Lui, c'est une voix prodigieuse, et c'est aussi un personnage. Quand il chante, il y met non seulement ses capacités vocales, dont on ne parle pas assez, parce que c'est vraiment un grand chanteur, mais il y met aussi trente ans de vérité, de personnage, d'authenticité et de vécu[3]. » Bien plus tard, il évoquera le plaisir que cela engendre chez lui : « Quand j'entends Johnny commencer par *L'Envie* au Stade de France, devant quatre-vingt mille personnes, je sais que je ne peux

1. Album *Gang*, sorti le 6 décembre 1986.
2. *Génération Laser*, RTL, novembre 1991.
3. *Génération Laser*, RTL, novembre 1991.

pas être à cette place-là ni la chanter avec cette puissance-là comme ce personnage-là, et il se passe alors quelque chose de super jouissif[1]. »

En septembre, sort la version *live* de *La Vie par procuration.* Nouvelle audace avec ce titre, sans aucun doute un hommage aux invisibles de nos sociétés. Là, encore, Jean-Jacques remporte l'adhésion du public. Cela le touche particulièrement car ce texte a une histoire. « Un jour, je me promène dans l'avenue Verdier [à Montrouge] et, un moment, je croise la rue Guillot et je lève les yeux et je vois – c'était un dimanche après-midi, y'a personne dans les rues –, j'entends du bruit d'abord : ce sont les ailes de pigeon et je vois un balcon où des pigeons sont là. Donc, je me dis qu'il y a quelqu'un derrière qui leur lance quelque chose, voilà. Et je passe et je continue à déambuler vers je ne sais où... vers la mairie ou vers la piscine, je ne sais pas, et là je me dis qu'il y a une personne derrière, on est dimanche après-midi et c'est peut-être les seuls êtres vivants qu'elle va voir de la journée, parce qu'on est dimanche après-midi, tout le monde est sorti, et, elle, elle appelle des pigeons[2]. » Il se souvient que cette chanson « assez ancienne... une de celles que je n'ai pas utilisées parce que je sentais qu'elle n'était pas mûre, et là je l'ai beaucoup changée. Elle sort bien maintenant[3] ». Il est surtout satisfait de son pied de nez à ses détracteurs : « J'étais content de sortir une chanson qui, tout à coup, paraissait futile, ne serait-ce que pour emmerder ces gens-là[4]. »

Dans la foulée, un double album immortalise la tournée triomphale achevée en octobre au Canada. Il s'agit de son premier album *live* : *Jean-Jacques Goldman en public.* Il est content du résultat : « Dans un concert, il se passe des choses que le disque ou la caméra ne peuvent jamais reproduire... Je crois que le but principal d'un album live, c'est

1. *La Libre Belgique*, 10 décembre 2001.
2. Master-Class Sacem, 11 mars 2014.
3. *Cool*, juin 1987.
4. *Paroles et Musique*, mai 1988.

de garder une trace… Là, nous avons fait un an de tournée, nous avons réarrangé presque tous les morceaux. Ça m'aurait ennuyé qu'il ne reste aucune trace de tout ça… C'est donc un peu dans cet esprit souvenir, carte postale, de cette année et de ces arrangements-là que cet album a été réalisé[1]. » Il a ressenti une sorte de sérénité durant cette tournée : « C'était fou ce qui se passait. C'était un genre d'état de grâce qui arrive très peu[2]. » Pourra-t-il jamais se reproduire ? Il en doute : « J'ai trente-cinq ans aujourd'hui, j'en aurai trente-six quand sortira le prochain album, je partirai alors dans une longue tournée que j'achèverai à trente-sept ou trente-huit ans… La chanson est un art pour jeunes, du moins il me semble, c'est comme si je tirais mes dernières cartouches[3]. » Ce cinquième disque, conçu à partir du concert des Sables-d'Olonne, restera un an dans le top album de l'époque avec plus de quatre cent mille exemplaires vendus. Un fait rarissime pour un disque enregistré en public et qui intéresse habituellement le noyau dur des fans.

Qui sont-ils ces nouveaux venus qui pourraient le pousser vers les coulisses ?

L'adorable Vanessa Paradis a conquis l'Hexagone. Son tube *Joe le taxi* est, à n'en pas douter, le premier d'une carrière prometteuse. Jeanne Mas se maintient au top avec *Sauvez-moi.* Les groupes Gold et Niagara enchaînent les morceaux de choix. Mylène Farmer tutoie les étoiles. Les Rita Mitsouko sont d'une créativité euphorisante. Cela ne l'effraye pas : « Je sens déjà les autres qui arrivent derrière et c'est bien. Je suis content d'avoir vécu ça parce que c'était rare et marrant à faire, mais je serais ravi que le public se réduise un peu afin de me retrouver avec des gens plus attentifs, ceux du début. J'ai hâte que ça redevienne plus ciblé, d'attirer des gens qui n'aiment pas le succès pour le succès, amis qui aiment d'abord mes chansons[4]. »

1. *Cool* n° 25, janvier 1987.
2. *Génération Laser*, RTL, novembre 1991.
3. *Paroles et Musique* n° 70, mai 1987.
4. *Graffiti*, mai 1987.

À Vitry-sur-Seine (Val-de-Marne), en octobre[1], maillot blanc, short bleu, il s'élance sur le terrain. Un match de football est organisé au profit de la Fondation Daniel-Balavoine. L'équipe composée de plusieurs artistes et de joueurs de foot professionnels est opposée à celle des sapeurs-pompiers de Vitry. Il a chaussé les crampons comme Francis Cabrel, Patrick Bruel, les membres du groupe Gold, Dominique Rocheteau, Joël Bats, William Ayache. L'argent récolté lors de cette manifestation permettra l'achat de pompes à eau qui seront installées en Mauritanie, au Mali et au Sénégal. Le mois suivant, Jean-Jacques est élu « artiste interprète masculin de l'année » aux Victoires de la Musique[2]. Quelques jours plus tard, avec son épouse Catherine, il accompagne France Gall et Michel Berger en Chine, pour l'émission de Michel Denisot, *Zénith*, sur Canal+. La veille, Johnny Hallyday a sorti son nouvel album *Gang*. Grâce à lui, il recevra la Victoire de la Musique du meilleur interprète masculin en 1987 ! Durant les vingt heures de vol, Jean-Jacques en profite pour faire écouter la cassette de Johnny à Michel et France. Puis c'est au tour de France de partager ses nouveaux titres à sortir en mars suivant. Débarqué à Shanghai, le 7 décembre, Jean-Jacques fait les boutiques avec Catherine. Il s'achète une casquette « Mao » qu'il veut porter pour l'émission. « Lorsque la journée s'achève, Jean-Jacques a trouvé sa casquette ! relate Max Dumas[3]. Il ne la quittera plus, ni pour les émissions ni dans la rue. Les Chinois se retournent et le montrent du doigt avec amusement. Un "Blanc", c'est déjà rare, mais avec une casquette Mao, imaginez donc ! » Nous pouvons suivre l'artiste au jour le jour. Le mardi 9 : « Jean-Jacques doit enregistrer *Je marche seul*. L'idée est de le filmer sur l'avenue principale de Shanghai, Nanjin Road, l'avenue de Nankin. Ils sont des milliers, à pied, à vélo, en autobus ou en trolley pleins jusqu'à ras bord, à envahir la rue. Jean-Jacques marche effectivement seul, au beau milieu de cette foule qui

1. Dimanche 5 octobre 1986.
2. 22 novembre 1986.
3. *Podium*, février 1987, Max Dumas.

l'ignore superbement. Évidemment, ils sont tous agglutinés autour du cameraman installé en haut d'un escalier circulaire [...] L'après-midi, nous allons sur le port, le "Bound", où arrivent des bateaux des quatre coins de la Chine et du monde entier. Là, Jean-Jacques doit chanter *Au bout de mes rêves*. Là encore, même foule, même admiration pour la caméra. » Mercredi 10 : « Journée importante. Jean-Jacques doit enregistrer avec Michel Denisot l'émission du 31 décembre. Il doit interpréter *La Vie par procuration* dans le temple. C'est un endroit magnifique au cœur de la ville, les Chinois l'appellent "Lon-Hua". L'après-midi, après un déjeuner mémorable dans un des meilleurs restaurants de la ville, Jean-Jacques chante *Parler d'ma vie* dans la vieille cité. Michel Denisot l'interviewe, lui parle de son année 1986, de l'album qu'il a fait avec Johnny. Et là... surprise... Yao, notre interprète, qui ne manque pas d'humour, vient lui remettre une récompense aussi importante que Les Victoires de la Musique, il s'agit du "Bouddha d'Or de l'année 1986". Jean-Jacques n'en revient pas, il est pris d'un fou rire que seul Michel Denisot arrivera à lui faire passer par le côté imperturbable de son attitude. » Pour les témoins privilégiés des enregistrements, c'est l'ébahissement. De la musique occidentale, ils ne savent rien, ou pas grand-chose. Ils n'ont été autorisés, jusqu'à ce jour, qu'à entendre Jean-Michel Jarre... Le lendemain, le couple Goldman quitte l'équipe de tournage, prend l'avion. Prochaine étape : Papeete où Jean-Jacques doit terminer l'année et donner des concerts à Nouméa[1].

Michel Denisot livre ses impressions sur l'artiste : « [...] Pour la première fois, Jean-Jacques Goldman allait en Chine. Et la découverte de ce pays ouvert, en éveil, nous l'avons vécue ensemble. Mais chacun à notre façon. En dehors des heures consacrées au tournage de *Zénith*, Jean-Jacques disparaissait la plupart du temps. Il partait au hasard. Sans interprète. Il pouvait réaliser l'impossible : se déplacer incognito sans être sollicité par ses fans. Marcher seul. Dans les ruelles du vieux

1. Vélodrome de Magenta, 19 et 20 décembre 1986.

Shanghai ou le long des échoppes typiques, Goldman a laissé sa tenue d'artiste au vestiaire. Il a joué les promeneurs solitaires et parcouru des dizaines de kilomètres à pied, noyé dans une foule inconnue. Mais à quoi a-t-il rêvé ? Je ne sais pas. Je suis certain qu'il est revenu avec plein d'images neuves et fortes gravées dans son esprit. Peut-être Jean-Jacques a-t-il pris des notes mystérieuses sur son petit calepin ? Quelques mots, quelques émotions, l'expression d'un regard, un sourire ou un visage d'enfant qui inspireront des chansons que le souvenir de Chine aura éveillées en lui[1]. »

Le sondage *IPSOS-Télé Poche*[2] est édifiant : « On savait bien qu'il plaisait. Mais à ce point ! En somme, ses seuls ennemis sont les critiques qui le disent mièvre, sans voix. Et pourquoi pas débile ? À ces jugements qui se voudraient définitifs, des millions de Français ripostent en allumant leurs briquets. Petites flammes qui vacillent dans les salles de concert archipleines. Image d'une jeunesse réfléchie, inquiète et amicale, J.-J.G. ne marche plus seul. Il entraîne les foules. Mais, pas fier, il ne joue pas les stars. Avare de confidences et de déclarations, il se dit et se veut "normal". Une bonne façon d'emporter tous les suffrages. [...] Mieux qu'un triomphe, c'est un plébiscite. Les hommes, les femmes, les jeunes, les plus âgés, tous déclarent préférer J.-J.G. à n'importe quel autre chanteur. [...] Ses vieux jeans, ses parkas sans style, ses cheveux mal coupés. Vous ne le trouvez pas très élégant. Mais cela ne l'empêche pas de vous séduire. [...] De plus, vous feriez d'autant plus volontiers copain-copain avec lui que c'est un modeste. » Un autre sondage, dans *Paris-Match*, affirme que Jean-Jacques est le meilleur défenseur de la chanson française, après Michel Sardou. Tout cela est très flatteur, mais il ne s'y attarde guère, il n'a pas le temps de se reposer sur ses lauriers, car dès le mois de janvier 1987

1. *Télé Poche*, 29 décembre 1986, Michel Denisot.
2. Sondage : 900 personnes constituant un échantillon national représentatif de la population âgée de 15 ans et plus, ont été interrogées du 1er au 8 décembre 1986 – méthode des quotas.

il commence à plancher sur son nouvel opus. Les vacances comme M. Tout-le-Monde, peu lui chaut. « En général, quand je pars une semaine, c'est pour préparer les séances d'enregistrement de façon à bien mettre tout au clair en étant très tranquille. Donc, quand je pars en vacances, c'est là où je travaille le plus », nuance-t-il[1]. Il compose et prépare un double album électrique et acoustique. L'épidémie de Sida, les catastrophes écologiques, le chômage grandissant, la flambée des divorces, la contraception, la monoparentalité grandissante sont au cœur de notre société. Autant de bouleversements et de sujets qui l'interrogent. Il vit au plus près de la réalité et ne s'arrange pas une existence de rêve comme certains artistes.

— Le mal de vivre, l'angoisse, la déprime sont des choses qui t'arrivent ? Ou tu vis plutôt dans l'optimisme ? l'interroge un journaliste pour le magazine *Cool*[2].

— Moi, c'est plutôt l'inverse, c'est-à-dire que je suis en permanence dans la déprime et dans cette espèce de mal de vivre… avoue-t-il. C'est une situation qui me paraît très normale quoi. Je ne vois pas comment on peut être heureux naturellement. Moi, je vis de façon gaiement désespérée. Donc, ça se gère très bien. Je suis vraiment un mec relativement triste dans l'existence. […]

— On fait plus ou moins de rencontres quand on est un chanteur à ton niveau ?

— Moins de vraies rencontres, mais plus de superficielles. Ça m'ennuie beaucoup…

— Es-tu ouvert, as-tu besoin de rencontres ?

— Oui. Je te l'ai dit, je vis les deux tiers ou les trois quarts de mon temps tout seul. Mais avant, j'aimais bien si j'étais dans un café pouvoir engager une conversation, dans un train, n'importe où. C'est sûr que c'est une chose que je ne peux plus faire. […]

— La musique, qu'a-t-elle vraiment changé dans ta vie ? Tout ?

1. *Cool*, juin 1987.
2. *Cool*, juin 1987.

— Non. La musique me permet simplement de m'exprimer, d'être heureux. Je pense que c'est comme si un aveugle retrouve la vue. On peut vivre très bien en étant aveugle, mais quand on retrouve la vue, j'ai l'impression qu'on découvre d'autres choses sur soi-même et sur les autres. Moi, si je n'avais pas la musique, ce serait comme si j'étais handicapé.

Il propose à Michael Jones la chanson *Viens*, écrite spécialement pour lui. « J'étais super content, narre l'intéressé. Mais en même temps, j'étais inquiet car ce n'était pas naturel pour moi de chanter en français. [...] D'ailleurs, la première fois que j'ai chanté la chanson [...] Jean-Jacques me dit : "C'était vachement bien. Mais tu peux la faire en français maintenant." » Pas évident pour le Gallois d'adopter le phrasé adéquat. « Le problème, c'est qu'on entendait trop mon accent britannique et que je ne savais pas appuyer sur les bonnes syllabes. Rectifier tout ça fut un boulot d'assez longue haleine. En plus, Jean-Jacques est très exigeant au niveau du chant quand on enregistre avec lui. Bref, ce fut un véritable calvaire. L'enregistrement a duré au moins deux ou trois jours. [...] J'ai appris à chanter en français grâce à Jean-Jacques. » Le 45 tours connaîtra un succès d'estime. Cela convient très bien à Michael : « En fait, j'en avais rien à cirer. Moi, à partir du moment où je pouvais monter sur scène, j'étais heureux. Je ne pensais qu'à ça : m'éclater sur scène[1]. »

Les Enfants du rock, sur Antenne 2, l'accueillent lors d'une émission spéciale le 10 janvier 1987 basée pour l'essentiel sur des scènes saisies sur le vif durant la dernière tournée. Jean-Jacques y raconte la vie de tournée, le quotidien. Ils sont près de cinquante personnes « sur la route » ensemble et il veille à tout afin que l'harmonie règne. « Il y a deux heures et demie où il faut que ça se passe bien. Pour que ces deux heures et demie se passent bien, il faut que les vingt-deux heures autres se passent bien aussi. C'est impossible de jouer la comédie juste pendant

1. Propos recueillis par Alexandre Fievée, *Fredericks Goldman Jones*, Gründ.

le moment où l'on est sur scène. [...] L'intérêt fondamental d'un groupe, c'est que chacun apporte ce qu'il a à apporter. [...] Sur scène, c'est vraiment une équipe. [...] Chaque jour, on se dit c'est vraiment exceptionnel de jouer ce soir devant cinq mille ou sept mille personnes, ici, ou à Limoges, à Montpellier... » Au cours de cette émission, il rappelle combien il est mal à l'aise pour parler de lui et se mettre en avant : « J'essaie d'être chanteur et de composer des chansons mais a priori je ne suis pas parleur. Et puis la presse, c'est essayer d'expliquer ce que tu fais, quoi. C'est toujours mettre une distance par rapport à l'acte qui est soit de composer, soit d'enregistrer, tout ça. Et moi, ça me passionne tellement plus de faire les choses que d'en parler. Il y a tellement de gens qui parlent de choses qu'ils ne font pas. Moi, je préfère, vraiment, cent fois faire des choses et puis que les autres en parlent parce que c'est fait pour eux. Simplement, j'ai l'impression que ce n'est pas mon job, quoi, et puis, vraiment, c'est ennuyeux. » C'est très touchant, car il n'est pas dans l'étalage des ambitions. Il manifeste toujours ce détachement vis-à-vis de sa personne, ce sentiment de ne pas être légitime dans l'aréopage des célébrités.

Porté à la fonction suprême, François Mitterrand a pris habitude d'inviter à déjeuner à l'Élysée, avec son conseiller Jacques Attali, les représentants de la chanson française et les artistes « qui aiment bien le rock » comme Yves Simon, Renaud, Jane Birkin, Linda Newton, Coluche[1] (eh oui !) Michel Berger et France Gall. En 1985, Jack Lang, alors ministre de la Culture, à la demande du chef de l'État, a créé une chaîne de télévision musicale, TV6. Elle doit, entre autres, produire chaque année des clips vidéo et promouvoir les artistes français. Les élections législatives, en mars 1986, élisent une majorité de droite à l'Assemblée nationale et provoquent la première cohabitation entre le chef de l'État et Jacques Chirac qui forme son gouvernement. Celui-ci modifie les statuts et transforme TV6 en une

1. Déjeuner privé réunissant autour de François Mitterrand, Jacques Attali, Michel Berger, France Gall, Coluche et Linda Newton, le 28 septembre 1984.

chaîne généraliste. Les jeunes, à Paris, descendent dans la rue pour protester le 23 février 1987. Yves Simon, Francis Cabrel, Bernard Lavilliers se mêlent à la manifestation. Une délégation de chanteurs militant pour les droits des artistes demande à rencontrer Jacques Chirac à Matignon, le 2 mars. Ils sont reçus par ses conseillers à la culture, mais cela tourne vite au dialogue de sourds. Lors d'une réunion de presse du Printemps de Bourges, au Balajo, pour annoncer sa prochaine édition, Jean-Jacques se joint à France Gall, Michel Berger, Alain Souchon, Jane Birkin, Yves Simon et d'autres pour exprimer leurs souhaits, défendre la chanson française, justifier de l'existence d'une chaîne musicale thématique. Les jours suivants, à l'antenne d'Europe 1, dans l'émission de Jean-Pierre Elkabbach, Jean-Jacques et Yves Simon parlent du projet et tentent de mobiliser les gens. Nouvelle tentative de prise de rendez-vous à Matignon avec Bernard Lavilliers le 3 août, mais en vain. Jean-Jacques sortira de sa réserve habituelle pour soutenir, le 17 février 1987, avec d'autres artistes tels que Renaud et France Gall, la création d'une chaîne musicale sur le sixième canal.

Véronique, la veuve de Coluche, a repris le flambeau des Restos du Cœur. L'œuvre caritative est un puits sans fond qui nécessite des dons conséquents. Avec son amie Muriel, la femme d'Eddy Mitchell, elle lance l'idée d'un concert : « À l'époque, je lui donne un coup de main pour les relations avec les artistes et les médias, raconte Muriel. Véronique cherche une idée pour impliquer les artistes et imagine d'abord un concert à Paris pour récolter des dons. Seule obligation : que tout le monde travaille gratuitement[1]. » Bien sûr, Jean-Jacques participe à *La Boum du Cœur*, une émission télévisée organisée au profit des Restos du Cœur, le 31 janvier 1987, depuis la Grande Halle de la Villette.

Il offre un avant-goût de son futur album en juin, en lançant *Elle a fait un bébé toute seule*. Il est quasiment convaincu de

1. *Le Parisien*, 8 mars 2019.

l'échec de cette chanson au titre anachronique, totalement différente des précédentes. Il faut dire qu'avec le succès des radios libres, et suivant le modèle américain, les Français sont devenus accros du *walkman*, du Top 50 et de la musique pop. Vanessa Paradis, Mylène Farmer, Gold, Images réjouissent leurs jours. La bande originale de *Dirty Dancing* fait rêver les jeunes filles, Madonna les invite à grignoter encore plus de liberté… À son grand étonnement, *Elle a fait un bébé toute seule* caracole en tête des ventes. C'est un tube. Philippe Lavil, à qui Jean-Jacques avait proposé le titre quelques mois plus tôt, et qui l'avait refusé, doit se poser des questions… Jean-Jacques signe un texte tendre, plein d'affection pour ces femmes décidant d'être des « mères célibataires volontaires ». Il incarne la voix de l'émancipation pour les jeunes femmes. L'auteur explique : « Je ne dis pas qu'elles l'ont voulu toutes seules, je parle uniquement du fait d'assumer des bébés sans père ou avec des pères absents, ce n'est pas la même chose. » Lorsque, sur un plateau de télévision, on lui demande sa réaction si sa propre fille voulait faire un bébé toute seule, il répond, amusé : « Je lui dirais que ça ne marche pas, que c'est juste une chanson et pas un mode d'emploi. Et je lui préciserais que ça vaut mieux que ça ne marche pas comme ça. »

Pour la musique country-western choisie, il est accompagné par Claude Samard au banjo et Jean-Jacques Milteau à l'harmonica. Ce titre vraiment décalé prend le public à contre-pied : « Ce qui m'a surtout plu, dit-il, c'est le côté démodé du son ! Cet été, j'avais quatre titres de prêts, mais si j'ai choisi de sortir celui-ci, c'était pour le plaisir d'énerver tout le monde […]. Il y a eu un vrai débat. J'ai récolté tous les avis, et j'ai quand même agi selon mon propre sentiment. […] C'était une chanson différente. Et donc je me disais peut-être qu'ils vont me suivre, mais *a priori*, c'est pas du tout ce que j'avais l'habitude de faire. » Le titre atteint la quatrième place du Top 50 en octobre 1987. Le clip est filmé porte des Lilas, dans la zone secrète du métro parisien uniquement réservée aux tournages. On y suit le quotidien d'une jeune femme, agent à la RATP. « Je ne signerais pas avec certitude pour dire que les chansons restent à la postérité, explique-t-il. Par contre, je signe tout de suite pour dire qu'elles sont des polaroïds assez exacts et assez pointus des époques qu'on traverse[1]. »

Entre-temps, depuis l'Amérique, l'*International Herald Tribune*[2] pose le regard sur lui et le gratifie d'un article au titre révélateur : « *The Normal Pop Idol* » (L'idole pop normale). « Lorsqu'on demanda récemment aux adolescents français qui ils admiraient le plus, c'est un chanteur de rock, Jean-Jacques Goldman, qui remporta la palme, avec trente-cinq points d'écart sur le pape Jean-Paul II. Les sondeurs leur avaient proposé une liste de personnalités du monde du sport, de la politique, des affaires et du spectacle. Parmi elles, Yannick Noah, la star du tennis, et Bernard Tapie, un entrepreneur symbolisant la réussite. [...] Certains observateurs de la jeunesse française voient dans l'adulation de Goldman un motif d'optimisme. Après ces années où la jeunesse et sa musique furent synonymes de protestation et de cynisme, désormais, Goldman, trente-cinq ans, représente la tolérance et des valeurs familiales traditionnelles, transmises par ses chansons enlevées et son image plus calme et bien élevée. Pour Laurent Joffrin [de *Libération*], la popularité de Goldman est symptomatique d'une "manie de la gentillesse" en vogue parmi les jeunes Français. Dans un livre récemment publié, Joffrin conclut que de nombreux jeunes Français étaient obsédés par la moralité et les valeurs démocratiques. Ces valeurs, selon lui, se retrouvent dans les paroles des chansons de Goldman. La réputation de Goldman repose sur l'amour de sa famille – il prend trois mois de vacances chaque été pour s'occuper de ses trois enfants – et sur son aversion pour la drogue et l'alcool. "Ma vie, dit-il, est normale. Mon enfance a été normale. Je suis normal." Cette "normalité" est l'objectif de nombreux jeunes Français qui, selon le sondage du *Nouvel Observateur*, craignent avant tout le chômage, se préoccupent

1. *Paroles et Musique*, mai 1988.
2. *International Herald Tribune*, 19 mars 1987.

de l'environnement et ne recherchent pas de changements radicaux dans la société. [...] Aujourd'hui, il refuse les interviews dans toutes les publications, sauf celles destinées à la jeunesse, et ne fait jamais de publicité pour ses concerts. Mais il attire toujours des foules allant jusqu'à vingt mille personnes, toutes alertées par le bouche-à-oreille. Dans ses chansons, Goldman ne se contente pas de plaider pour la tolérance, il rappelle aussi à la jeunesse française les horreurs du passé. L'une d'entre elles, *Comme toi* (*Just like you*), parle à ses fans de l'holocauste nazi. [...] D'autres chansons s'attaquent à la médiocrité – "Devant sa télévision, elle vit sa vie par procuration" et à l'ambition "Je plains les intelligents et les ambitieux". Fidèle à son image discrète, Goldman estime que son succès doit peu à l'ambition et beaucoup à la chance. "Le vedettariat, a-t-il déclaré un jour, est une question de circonstances, de mode et de chance. Cela ne prouve rien." [...] Si Goldman est arrivé en tête du sondage du *Nouvel Observateur*, il n'est pas le seul chanteur français à prôner la tolérance. Renaud, également [...] fait partie du même phénomène. [...] Les deux chanteurs ont joué un rôle important dans les actions caritatives du *show-business* en faveur de la famine en Éthiopie, sur le modèle du Band Aid de Bob Geldof, et dans la collecte de fonds pour Les Restaurants du Cœur, cantines populaires de France, créées par l'humoriste français Coluche, aujourd'hui décédé[1]. »

Alors qu'il ne devait confectionner qu'un seul album, un second, beaucoup plus acoustique, a vu le jour en studio. C'est ainsi que le 5 novembre 1987 sort le double album studio, *Entre gris clair et gris foncé*, coréalisé avec Marc Lumbroso. Il contient, pour la deuxième partie, de nombreuses chansons qu'il avait écrites dans le milieu des années 1970. « ... en cours d'enregistrement, explique-t-il, j'ai très vite mesuré le fossé existant entre le travail en studio, très perfectionné, qui fait songer à un laboratoire, et puis mon envie de jouer la musique

1. *International Herald Tribune*, traduction Laurence Catinot Crost.

plus simplement, avec une guitare, de manière beaucoup plus spontanée et qui est un peu comparable au plaisir immédiat éprouvé sur scène. Je n'ai pas voulu sacrifier l'un pour l'autre et j'ai décidé de faire les deux. Car je pense que je suis à un moment de ma carrière où le public pouvait accepter les deux couleurs. J'avais toute une série de chansons qui traînaient dans mes tiroirs depuis pas mal de temps que j'ai ressorties, puis adaptées[1]. » Il avouera par la suite que son frère Robert, complice de tous les instants, n'est pas étranger à cette décision : « … C'est mon frère Robert qui m'a suggéré l'idée d'un double : "Tu as des chansons qui sont très bien en acoustique, tu pourrais faire moitié électrique et moitié acoustique." Sur le coup, j'ai dit non, parce que j'aime bien me concentrer sur dix chansons, pas plus. » Et puis, en y réfléchissant, je me suis dit que cela pourrait permettre par exemple de reprendre une chanson du premier album que l'on n'avait pas gardée, *Il me restera*, mais que, finalement, je trouvais pas mal[2]. » Avec son équipe, enrichie de Joe Hammer et Andy Scott, ex-acolytes de Daniel Balavoine, ils ont utilisé ce que la technique offre de mieux. « Plus j'avançais dans ce travail entre les "séquences" et les "boîtes programmées", entre les ordinateurs "Flairlight" et autres consoles "automatisées", "digitalisées", "informatisées"… et plus j'éprouvais le besoin de prendre de temps en temps un "vrai" instrument et de jouer en direct, avec quelques musiciens, de la sueur, et des mix à la main, comme avant… Ainsi est né le deuxième album, enregistré dans un petit studio pour mon plaisir à moi, égoïstement, fait de chansons allergiques à l'habillage moderne des machines. » Ce n'est pas tout. À l'intérieur de la pochette, il a tenu à préciser ceci : « Pour l'album I, les bases ont été enregistrées au Studio Gang. […] L'album 2 a été enregistré et mixé au Studio Gang sans programmation ni boîte à rythmes, joué par des êtres humains sur des instruments "naturels" […] dans des conditions de quasi-direct. »

1. *Le Soir Illustré*, 4 février 1988.
2. *Chorus* n° 54, hiver 2005-2006.

L'album se vend à deux cent cinquante mille exemplaires en un mois, six cent mille en un an, plus d'un million en dix ans. Surprise pour Jean-Jacques. Il l'avoue : « J'ai moins d'affection pour cet album-là. [...] Parce qu'il est fait de raccrocs, de reprises [...] et puis il y a trop de titres. [...] Si je me montre critique à son sujet, c'est aussi parce que moi qui suis très attaché aux chansons rapides, je ne suis pas du tout satisfait de celles de cet album [...]. Mais les chansons lentes, elles, sont pas mal[1]. » D'une humilité déconcertante, il s'excuse presque de ce nouveau succès : « On bénéficie d'une base de fans, de fidèles, suffisamment solide pour que les ventes s'en ressentent le premier mois. On peut dire qu'il y a vingt mille à quarante mille personnes, selon les cas, qui se procurent nos albums sur la confiance[2]. »

Pascal Obispo fera cette remarque à propos de la créance dont bénéficie Jean-Jacques : « Les gens l'ont adopté tout de suite parce qu'il était de leur famille. Ils ont dû y voir un frère, quelquefois, un père, un meilleur ami. » Jean-Jacques s'excuse presque d'une telle marque de confiance : « Le public sait ce qu'il va trouver chez moi et il n'y cherche pas des réponses, il n'y cherche pas de la réflexion. » Au journaliste de Cool qui lui demande s'il a « des détracteurs, des ennemis notoires », il réserve cette réponse : « Je sais qu'il y a beaucoup de gens qui ne m'aiment pas. Je reçois de temps en temps des lettres d'injures. Ça me paraît normal et même souhaitable. J'aurais horreur que tout le monde m'aime... Et puis je n'ai pas besoin qu'on m'aime vraiment. Je suis capable de vivre avec la haine des gens et je ne cherche pas du tout à convaincre. Je suis aussi capable de haïr bien, donc il n'y a pas de problèmes. Je ne fais que de la chanson, alors on ne passe pas son temps à parler de moi. Que j'ai eu de mauvais articles ou des gens qui disent des bruits sur moi, qui m'aiment pas, je le sais, mais je pense que ça ne leur prend pas l'essentiel de leur temps. Moi, de mon côté, je

1. *Cool*, juin 1987.
2. *Paroles et Musique*, mai 1988.

n'ai pas beaucoup d'écho[1]. » Il l'a toujours affirmé haut et fort, il a vécu trente ans dans l'anonymat. Il était très heureux d'y être, fréquentait des gens qui lui plaisaient. Ce qui l'a perturbé ce sont « les histoires de hit-parades, d'autographes, d'interviews, [...] toute cette espèce de foire ». Oui, il s'est posé la question s'il ne fallait pas arrêter, si ça valait le coup de continuer. « Ensuite, je me suis dit, mais de quel droit moi je me pose des questions sur une situation à laquelle tout le monde rêve ? Pour laquelle tout le monde considère que c'est une grande chance ? Alors, j'ai foncé. »

— Le plus négatif, c'est toujours la perte de l'anonymat ? demande *Cool.*

— Oui. Franchement, il n'y a pas d'autre négatif. Le plus pesant, c'est quand les gens investissent sur la personnalité d'un chanteur alors que ce n'est vraiment pas justifié.

— Toi, tu as l'impression de les tromper d'une certaine manière ?

— Oui, vraiment. Quand je vois des adolescentes qui sont proches du suicide et qu'on m'écrit pour les sauver. Quand je vois des malades qui veulent me rencontrer avant de mourir, ou des choses comme ça, j'avoue que je me dis qu'il y a quelque chose de pas normal là. Je crois que je ne suis pas digne de ça… Pas moi spécialement, je veux dire qu'un chanteur est quelqu'un qui fait des chansonnettes, point. Je ne le crois pas digne de ce qu'on lui demande[2].

Il en est souvent ainsi parmi les hommes. Pour quantité d'individus, Jean-Jacques est un modèle de droiture.

La première vidéo retraçant sa carrière solo : *Carnet de route 1981 à 1986* est proposée au public[3]. Le single *Là-bas*, un duo avec Sirima, est extrait de l'album entré dans le Top 50 en novembre 1987. Le choix de sa partenaire n'a pas été des plus faciles. « La chanson était faite, prête à être enregistrée,

1. *Cool*, juin 1987.
2. *Cool*, juin 1987.
3. 1987.

et j'avais dans l'idée de l'interpréter en duo avec une voix féminine. Mais je ne parvenais pas à trouver la chanteuse qui conviendrait, explique-t-il. [...] L'un de mes amis musiciens m'a parlé de Sirima, une jeune Sri-Lankaise qu'il avait rencontrée quelque temps plus tôt alors qu'elle chantait dans le métro. Il avait été complètement ébloui par sa voix, au point d'aller lui proposer de monter un groupe ensemble. » Sirima, « douce maman » en cinghalais, a reçu ce beau prénom à sa naissance en 1964. Rien d'étonnant à cela, sa mère, une Française d'origine bretonne, est tombée en amour avec un Sri-Lankais. Lorsque Sirima a été âgée d'un an, ses parents l'ont emmenée à Ceylan puis ils sont revenus vivre en Angleterre trois ans plus tard. Sirima s'installe en région parisienne en 1982. Pour gagner quatre sous, elle pose son ampli guitare station Châtelet-les-Halles où elle chante les titres de Barbra Streisand et Joan Baez à la kyrielle de voyageurs happés par les rames crasseuses du métro. « Elle chantait ce qu'elle voulait, note Jean-Jacques, admiratif. Au milieu de quelques standards, elle aurait pu chanter quelques-unes de ses chansons, mais, en tout cas, d'une part elle vivait très bien, elle n'avait pas de problème de loyer, et d'autre part elle a été très vite contactée par des gens qui ont été intéressés par ce qu'elle faisait[1]. » « Pinpin », alias Philippe Delacroix-Herpin, le copain saxophoniste, donne une cassette audio d'enregistrements de Sirima à Jean-Jacques. « J'ai écouté cette cassette et, moi aussi, j'ai été séduit. Elle possédait exactement ce que je recherchais : beaucoup de *feeling* et la même facilité de chanter doucement, à susurrer qu'à exploser avec une vraie puissance vocale. C'est rare. [...] J'étais pourtant encore inquiet car elle chantait en anglais et j'avais peur qu'elle ait un accent trop prononcé. Mais lorsque nous nous sommes rencontrés et qu'elle s'est mise devant le micro, j'ai su immédiatement qu'elle était la personne que je cherchais. J'étais emballé et prêt à entrer en studio. » La jeune femme, quant à elle, s'accorde un temps de réflexion : « Elle, en revanche, a demandé à écouter

1. Alain Etchegoyen, *Les pères ont des enfants. Dialogue entre deux pères sur l'éducation*, Le Seuil, 1999.

la chanson d'abord. Elle a réfléchi avant de donner son accord. Et j'ai beaucoup aimé ça. Sirima est quelqu'un d'entier qui sait ce qu'elle veut. Aujourd'hui, je sais qu'elle a été contactée par plusieurs maisons de disques qui veulent lui faire faire un disque, et par conséquent, lui ouvrir les portes de la célébrité. Maintenant, c'est à elle de jouer, mais je ne suis pas certain qu'elle ait envie de sortir de l'anonymat à tout prix[1]. »

Là-bas, tout un symbole. Le choix de l'exil, la quête d'un monde meilleur. Des thèmes récurrents chers à Jean-Jacques. Un prolongement de l'histoire de Moïshé… Pas seulement. Qui n'a pas rêvé d'Amérique ? Jean-Jacques, à propos de sa fascination pour le rêve américain, expliquait déjà quelques années plus tôt : « Je n'en suis pas un inconditionnel, je te le dis. C'est un pays dur où l'on perd vite ses illusions, mais le rêve américain de liberté demeure. Ça m'a toujours fasciné de voir les migrations des pays pauvres vers les USA, où l'on sait bien qu'il y a du racisme, du chômage. On n'a jamais vu des migrations en masse vers l'URSS, par exemple, où pourtant il y a du travail et pas de criminalité. Ce que les émigrants cherchent donc à trouver, plus que la sécurité, c'est la liberté[2]. » Le clip de Bernard Schmitt, tout en pudeur et délicatesse, tourné dans la région d'Almeria, en Espagne, coûte cinq cent mille francs. Jean-Jacques y tient le rôle d'un Mexicain marié à une jeune femme qui a décidé de partir pour trouver du travail et gagner de l'argent pour nourrir sa famille. Malgré les supplications de son épouse – jouée par Sirima –, il monte avec d'autres clandestins dans le camion qui les conduira de l'autre côté de la frontière.

C'est dans un tout autre registre que Bernard Schmitt oriente la conception du clip qui doit illustrer *C'est ta chance*. Il demande au dessinateur de bande dessinée Philips de plancher sur la question. Naît un délicieux dessin animé inspiré de la vie romancée de Sirima où, comme le conte la chanson, les obstacles se transforment en victoires. L'auteur précise sa

1. *OK ! Magazine* n° 620, novembre 1987.
2. *Chanson*, juin-juillet 1984.

pensée : « Les handicaps, ce sont aussi des chances [...] c'est plutôt bien de devoir se battre tôt [...]. Personnellement, je crois que c'est une chance, mais ça n'engage que moi[1]. » Ce clip, à n'en pas douter, est une dédicace sensible et émouvante à la jeune femme disparue. Jean-Jacques conserve la lumière qui émanait d'elle, la chaleur de sa voix, et veille à préserver la version chantée par son amie. Sur scène le couplet normalement chanté par Sirima est joué par un piano électrique et dure une minute. Une minute de silence... Lors de la tournée *En passant*, les paroles chantées par Sirima sont transformées en un karaoké géant pour le plus grand bonheur du public.

Les crises humanitaires diverses, entre conflits armés et catastrophes naturelles, ainsi que les actions menées par les associations pour soutenir les éprouvés, bousculent sa sensibilité. Il participe au disque caritatif, *Sampan : Dernier matin d'Asie*. Les bénéfices de ce 45 tours sont destinés aux *boat-people*. L'Affaire Louis Trio, Marisa Berenson, Jane Birkin, Gérard Blanc, Desireless, Elli Medeiros, Julie Pietri, etc. y donnent de la voix. Jean-Jacques, habité par la pudeur, interprète le solo de guitare final. Enfin, un journaliste évoque ses créations avec objectivité : « Mélodies indélébiles, textes sensés, arrangements travaillés, le style Goldman est né. Jean-Jacques Goldman réalise une variété intelligente et commerciale (où transpire fortement son goût pour la musique anglo-saxonne des années 1960/1970). Dans l'esprit du public averti, il rejoint ainsi des gens tels que Daniel Balavoine ou France Gall[2]. » Cela suffira-t-il à faire pencher la balance ?

Un beau portrait de lui, guitare à la main, illustre la couverture du *Nouvel Observateur*[3]. Le titre a de quoi surprendre : « Les jeunes et la politique. La Génération Goldman. Le débat entre le chanteur et Michel Rocard ». Deux pleines pages y sont consacrées : « École, fac, tiers-monde, Restos du Cœur.

1. *Graffiti*, mai 1987.
2. *Rock Music Magazine*, 1988.
3. *Le Nouvel Observateur* n° 1213, 5-11 février 1988.

Goldman-Rocard : le débat. Quand le chanteur préféré des jeunes s'entretient avec la star des sondages. »

Cela commence fort :

— Jean-Jacques Goldman : Mitterrand est au pouvoir ; Barre, on l'a eu comme Premier ministre, Chirac aussi. Il n'y a qu'un homme politique majeur qu'on n'a pas encore vu à l'œuvre. Et donc la « surprise » ne peut venir que de lui. Voilà pourquoi il me paraît intéressant de vous interviewer vous, Michel Rocard, et pas un autre.

— Michel Rocard : Eh bien, d'accord, on y va !

— Jean-Jacques Goldman : Commençons par la formation. Vous dites que c'est la clé de l'avenir. Or quand un PDG n'a pas de résultats, le conseil d'administration le fout dehors, quand un chanteur fait un bide, il change de métier. Mais quand un professeur n'enseigne pas, est incapable d'enseigner, dégoûte ses élèves, là, ça peut durer des années, des générations, une carrière. Pourquoi les gens les plus importants pour l'avenir sont-ils les plus protégés ? C'est un privilège hallucinant ! […] »

L'entretien se poursuit sur le même ton. Jean-Jacques est sans détour : « […] toujours à propos des privilèges de la fonction publique : il y a un quasi-monopole des fonctionnaires, en particulier des professeurs, dans la classe politique, et dans l'ensemble, c'est pas dans la classe politique que j'ai rencontré les gens les plus brillants ni les plus proches des problèmes concrets. En revanche, j'en ai rencontré dans le privé, à la tête d'entreprises, et je me suis dit que ces types-là seraient très utiles dans la gestion de la société France. Or quelqu'un qui est dans la fonction publique peut s'en aller pendant deux ou trois ans puis réintégrer son poste, ce que les gens du privé ne peuvent pas faire. Qu'est-ce qu'on peut faire pour changer cet état de choses ? » Il n'hésite pas à river des clous : « […] depuis la cohabitation, on a assisté à un changement du rôle du président de la République. Il est devenu plus un représentant, quelque chose d'un peu inutile comme la reine d'Angleterre, ou un acteur américain aux dents bien alignées. Vous pensez que c'est irréversible ou que c'est dû seulement aux circonstances ? » Il ne s'interdit aucun sujet : « On vous entend beaucoup parler de l'IGF, qui ne rapporte pas grand-chose. Pourquoi les socialistes sont-ils discrets sur cet incroyable privilège de naissance qu'est l'héritage ? […] Mitterrand a dit un jour – je cite de mémoire – que pour un gouvernement de gauche, l'échec est réactionnaire. Est-ce que vous avez eu le sentiment de participer à un gouvernement réactionnaire ? […] Une question personnelle : est-ce que vous croyez qu'être intègre, avoir des idées et de l'enthousiasme, ce soit suffisant pour devenir président en 1988 ? » Un petit encadré polissé évoque le chanteur : « Il marche seul. […] Au début, on pensait que ce gentil ménestrel du rock n'était qu'un babacool égaré, un Léonard Cohen de banlieue. Et puis, tout doucement, Jean-Jacques Goldman est entré dans les mœurs. Avec *Comme toi* ou *Je marche seul*, il a pris le pouls de toute une génération, celle de l'après-68, de dix à vingt-cinq ans. Il est même devenu un symbole. Il n'avait pourtant rien demandé et faisait simplement ce qu'il aimait : de bonnes chansons, quelques photos pour magazines de midinettes, un disque pour Les Restos du Cœur, un autre pour les *boat-people*. Sans en faire un fromage. Goldman ou l'anti-démagogie. Quand il quitte une scène, il n'a qu'une idée : se faire oublier. "Je doute que mes chansons passent à la postérité", dit-il. Et s'il se trompait ? »

Lorsque le journal sort dans les kiosques, Jean-Jacques est atterré : « Je ne m'étais pas assez méfié. Rocard dans un journal de gauche ? Je pensais que la décence était effectivement de le mettre en couverture. On aboutit à une situation tout à fait surréaliste. *Le Nouvel Obs* a choisi en couverture l'intervieweur et non l'interviewé. Ce cynisme a grugé tout le monde, y compris Michel Rocard. Mon respect vis-à-vis de cette presse recule un peu plus chaque jour. […] On échafaude une politique rédactionnelle sur la confusion, et on berne le lecteur en lui faisant croire que tout cela est bien sérieux[1]. » De plus, laisser accroire qu'il a engendré « une génération Goldman »

1. *Paroles et Musique*, mai 1988.

le met très mal à l'aise : « Autant j'étais super bien dans ma peau lorsqu'on me considérait comme un chanteur à minettes, autant les tentatives de respectabilité me terrifient[1]. » Dans *L'Est Républicain*[2], il affirme : « Titrer “Génération Goldman” est aussi insignifiant que crier partout “Goldman est nul”. Je ne sais plus qui disait “Tout ce qui est excessif est insignifiant”. Je fais de la chanson, on se calme. » Le pseudo-phénomène identifié par les journalistes fait florès. La formule est reprise à l'envi. Bientôt, on ne parlera plus que de cela. Jean-Jacques ne s'y habituera pas : « … au départ, c'est le succès des chansons rapides et le fait que les chansons aient touché, effectivement, une partie de la jeunesse à ce moment-là. Ensuite, ce qu'en font les journalistes, c'est évidemment d'une banalité et d'une vacuité à leur image. Parler de “Génération X ou Y” alors qu'il s'agit juste de gens qui se reconnaissent dans un moment de plaisir, dans un moment peut-être de connivence. Mais bon. Si les journalistes étaient cohérents, ça se saurait[3] ! »

L'identification « Génération Goldman » sera sortie des placards à quelques décennies de là pour commercialiser un album soi-disant hommage au chanteur… Jean-Jacques a-t-il depuis révisé son appréciation ?

Pour rappeler la Déclaration des droits de l'homme adoptée par l'Organisation des Nations unies le 10 décembre 1948, sensibiliser aux droits de l'homme des populations qui en ignorent l'existence et des gouvernements qui les bafouent, Peter Gabriel est l'instigateur de la tournée Human Rights Now! d'Amnesty International. Durant six semaines, les super stars Bruce Springsteen, Sting, Tracy Chapman, Youssou N'Dour et Peter Gabriel parcourent la planète sans percevoir aucun cachet. Près de soixante-cinq mille personnes assistent au concert de lancement, dans le stade de Wembley. Époustouflant ! Quant au final, il demeure un morceau d'anthologie. Tous les artistes

1. *Paroles et Musique*, mai 1988.
2. *L'Est Républicain*, 2 octobre 1988.
3. Radio Kol Hachalom, avril 1998.

réunis sur scène interprètent *Chimes of Freedom* de Bob Dylan, avant de clôturer cette journée par un hommage à Bob Marley en reprenant le slogan, « Get Up, Stand Up ». La foule se masse à Budapest, Turin, Barcelone, Los Angeles, Montréal, Toronto, Philadelphie, Abidjan, Buenos Aires, San José au Costa Rica, Tokyo, New Delhi, Mendoza... et Paris où, le 4 septembre 1988, Michel Jonasz, artiste invité, les rejoint pour un concert de huit heures ! Jean-Jacques l'apprécie : « Jonasz est un type que je considère comme important, ses chansons me font vibrer », assure-t-il à Fred Hidalgo pour *Chorus*. Il est impressionné par l'ampleur de l'événement. Comme le dit Bruce Springsteen : « Ce n'est pas tant que les gens ne comprennent pas pourquoi ils sont là ni pourquoi ils dansent. Le message sera reçu quoi qu'il arrive, et la musique pourra encore changer des vies. » Et même s'ils « ne peuvent pas sauver le monde, sauver une seule personne est largement suffisant ».

« *Skyscrapers bloom in America/Cadillacs zoom in America/ Industry boom in America* [...] *Okay by me in America/ Everything free in America...* » chantent les interprètes de *West Side Story* de Leonard Bernstein. Ce que ne tarde pas de constater Jean-Jacques. Car si le coup d'envoi de sa Tournée 88 avait eu lieu le 23 janvier 1988 à Clermont-Ferrand, en mars, il est en Amérique. En effet, Dick Allen, partenaire du célèbre organisateur de tournées américain, William Morris, qui l'a vu en concert, bluffé, lui a offert de traverser l'Atlantique. Jean-Jacques se produit au Palladium de New York le 3 mars. Le journaliste du *Herald Tribune* a fait le déplacement. Il lui consacre un long article, intitulé « The Normal Pop Idol » dans lequel il remarque : « La popularité de Jean-Jacques Goldman, une rock star qui aime sa famille et déteste la drogue, a donné aux observateurs qui se penchent sur la jeunesse française les raisons d'un nouvel optimisme. »

Autre continent, marqué par sa diversité, l'Afrique, aux énormes potentialités, aux ambitions démesurées, lui réserve le meilleur des accueils. Il chante au centre culturel français de Dakar le 16 mars puis enchaîne avec des spectacles en Côte d'Ivoire, au Togo, au Gabon, au Congo et au Zaïre, sous l'égide de l'Alliance Française qui voit là une joyeuse occasion de représenter et défendre la francophonie. Jean-Jacques minimise son rôle : « Ce n'est pas parce qu'on a devant nous cinq mille ou dix mille personnes qu'on peut changer le monde. Je ne crois pas à ça... Il n'y a pas dans l'histoire du monde un chanteur qui ait changé la vie. Ce qu'on peut éventuellement avoir comme ambition, c'est de changer la vie pendant 3 min 45 s. [...] Il faut remettre notre pouvoir à notre place. C'est un pouvoir de distraction[1]. »

Michael Jones n'est pas à la fête en début de séjour : « J'ai attrapé la dengue dès qu'on est arrivés en Afrique. Tout le temps où l'on est au Togo, je suis malade. J'ai donc passé une grande partie de mes journées enfermé dans ma chambre[2]. » Les petits tracas s'accumulent : « Au Congo, il fallait faire attention à tout, on était extrêmement surveillés. Un jour, on a pris un bac pour traverser le fleuve et aller à Kinshasa. Et là, on a vu des horreurs. On faisait la traversée le jour des handicapés [...] mais en fait les militaires profitaient de la situation pour les dépouiller en les braquant avec leurs armes. [...] Quand on est arrivés de l'autre côté du fleuve, on a été accueillis par la police zaïroise. On nous a mis dans un bus sans climatisation, sans rien à boire ni à manger. On nous a fouillés et confisqué toutes nos cassettes de musique. Ils disaient que notre musique était de la propagande. Ils ont même essayé de nous piquer nos pellicules. » Un safari au Kenya leur fait oublier ces désagréables impressions. « Ce fut mon meilleur souvenir de la tournée, souligne le Gallois. On a voyagé dans un avion de la Seconde Guerre mondiale : un DC-3. Un grand moment[3]. »

Un autre vol les transporte à l'île Maurice, puis à La Réunion et à Madagascar en avril où la salle de trois mille places est prise d'assaut par près de trente mille personnes. Le chaos !

---

1. *Cool* n° 25, janvier 1987.
2. Propos recueillis par Alexandre Fievée, *Fredericks Goldman Jones*, Gründ.
3. Propos recueillis par Alexandre Fievée, *Fredericks Goldman Jones*, Gründ.

Les organisateurs ont sous-estimé l'engouement des fans : « Le problème, narre Jean-Jacques, c'est qu'ils ont paniqué, et ils ont appelé la police, et comme la police est corrompue là-bas, les policiers ont laissé passer des gens contre des billets de banque, donc on s'est retrouvés à un moment avec trois mille personnes dedans et vingt mille personnes dehors dont certaines qui avaient le billet, donc on a attendu une demi-heure, et puis à un moment, on a commencé à jouer et là les gens qui étaient dehors avec les billets – bon, ils n'étaient pas chers, je crois que c'était dix ou vingt francs, mais c'était beaucoup pour eux – sont devenus fous parce qu'il y avait des gens qui avaient économisé et qui ne pouvaient pas rentrer dans le concert. Donc ça a été une émeute, ils ont commencé à balancer des pierres, à casser des carreaux[1]. » À contrecœur, Jean-Jacques et ses musiciens doivent quitter la scène. Ils sont exfiltrés dans une ambulance de l'armée. Mortifié par cet état de fait, Jean-Jacques se promet de mettre tout en œuvre pour revenir et offrir aux autochtones le meilleur de lui-même sur scène.

Il retrouve son public français, beaucoup plus calme, à Saint-Étienne, le 27 avril, avant d'occuper quatre salles différentes à Paris. Il joue successivement au Bataclan : trois jours en mai[2], à L'Olympia (deux jours), au Palais des Sports[3] (douze jours) et au Zénith[4] (onze jours) plus une prolongation. « Si tu restes un mois dans une même salle, tu deviens fonctionnaire, alors qu'en tournée, on a toujours la motivation d'un public différent et d'un endroit différent, je crois profondément que les lieux, l'environnement t'influencent, j'en suis persuadé », déclare-t-il à *Graffiti*[5].

Les mots justes de Claude Fléouter dans *Le Monde*[6] méritent d'être cités : « Jean-Jacques Goldman en concert : Tournée à Paris. L'idole des ados propose son dernier spectacle dans une série de salles de la capitale, du petit lieu au grand chapiteau.

1. O'FM, décembre 1993.
2. Bataclan du 5 au 7 mai 1988.
3. Palais des Sports du 16 au 28 mai 1988.
4. Zénith du 31 mai au 11 juin 1988 plus prolongation du 14 au 18 juin.
5. *Graffiti*, mai 1987.
6. *Le Monde*, 25 mai 1988.

Cent cinquante mille billets ont déjà été vendus. Jean-Jacques Goldman a adopté la chanson comme mode de vie plutôt que comme un métier. Et, avec une sorte de gourmandise, d'émerveillement enfantin, il savoure le plaisir de jouer avec les mots et les musiques, compose, avec une écriture précise, des mélodies populaires au rythme progressif et faciles à retenir, des chansons à la première personne qui ont l'apparence de la spontanéité. [...] Jean-Jacques Goldman roule en solitaire sur la planète chansons. Imprégné de pudeur. Étonnamment vulnérable, presque fragile. [...] Les chansons de Jean-Jacques Goldman lui ressemblent. Elles racontent, sans affectation, des choses simples, des sentiments, des émotions, des "bouts de soi" laissés au creux de tel ou tel endroit. [...] Après s'être produit trois jours au Bataclan et deux autres jours à L'Olympia, le voici au Palais des Sports pour deux semaines avant d'aller au Zénith pour les dix-huit premiers jours de juin. Chaque concert est chaleureux, se déroule sur une dynamique irrésistible, en symbiose avec un public heureux d'un partage des émotions spontanément offert par un chanteur dépourvu de toute démagogie. »

Il part sur les routes de province, en Belgique et en Suisse pour de longs mois, après les Francofolies à La Rochelle[1] où il se produit le 8 juillet. Le gala terminé, il s'échappe en évitant la sortie des artistes où ses fans l'attendent. Signer des autographes en fin de concert, ce n'est vraiment pas son truc. Il n'a plus d'énergie. Il a laissé toutes ses forces sur scène. Il doit récupérer, se reposer. Thierry Suc, producteur de ses spectacles, connaît bien ce phénomène. « Jean-Jacques est quelqu'un qui a besoin de se reposer, comme toute personne qui a fourni un effort, et la principale chose après un concert, c'est d'aller dîner, et aller dormir, de manière à pouvoir assurer les quatre cents kilomètres qu'il y a en général entre chaque ville pour pouvoir, toujours, présenter un spectacle de qualité identique. Si on passe toutes ses soirées en discothèques et en

1. Francofolies, La Rochelle, le 8 juillet 1988.

boîte de nuit, il est quand même très difficile de pouvoir être en pleine forme le lendemain soir à vingt heures trente, dans une salle ou sous un chapiteau[1]. »

En matière de mets, il n'est pas difficile à contenter. Il s'adapte assez facilement.

« Tu es plutôt nouvelle cuisine, cuisine traditionnelle ou McDonald's ? lui demande Jean Théfaine[2].

Jean-Jacques : Plutôt cuisine traditionnelle. Je suis souvent sorti de très grands restaurants parisiens de nouvelle cuisine en ayant faim et en me faisant une platée de nouilles chez moi en rentrant.

Jean Théfaine : Le vin ?

Jean-Jacques : Je suis inculte dans ce domaine. Je n'aime pas le goût du vin : c'est une infirmité. J'essaie de m'habituer, mais j'ai du mal.

Jean Théfaine : Quand tu fêtes un événement, tu l'arroses avec quoi ?

Jean-Jacques : Au jus de pomme et au sirop de cassis.

Jean Théfaine : Le caviar ?

Jean-Jacques : Mon médecin m'interdit les œufs ! »

Naturel, authentique, il demeure, refusant de céder aux diktats de la mode. Travailler son image comme on le lui suggéra au début de sa carrière ? Non. Il est qui il est et il entend bien le rester. Il n'a pas besoin d'un look ni de vêtements « à la mode » pour s'affirmer. Ses goûts sont simples, un bon poulet rôti, des pâtes constituent pour lui un festin de roi. Pas d'alcool, pas de tabac. Une vie saine.

En cet été 1988, la chanson de Jean-Jacques *Puisque tu pars* et son magnifique clip en noir et blanc peinent à s'imposer. Le groupe *Début de Soirée* avec le titre *Nuit de folie* occupe la première place du Top 50. Sur Europe 2, Jean-Jacques est amené à s'expliquer à propos de ce texte pouvant induire

1. Grand Format RTL, 29 juillet 1991.
2. *Ouest-France*, 12 juillet 1986.

plusieurs lectures. Quel départ évoque-t-il ? Une séparation ? Un trépas ? Pourquoi pas. « C'est une chanson qui s'adresse peut-être à la mort comme un des aspects du départ, mais pas forcément, ça peut être aussi un enfant qui te quitte parce qu'il est adulte, et tout ça. Même la mort, éventuellement, c'est aussi le départ vers… au moins un mystère, ou quelque chose d'autre. Donc, c'était simplement une chanson qui traite de ce phénomène du départ, de façon positive donc pas forcément triste, pas forcément comme un échec, quelle que soit cette séparation[1]. »

N'est-ce pas plutôt un message pour son public ? « Je l'ai écrite pour eux, pour les gens, confie-t-il. C'est-à-dire qu'à la fin de mes concerts, les gens chantaient "Ce n'est qu'un au revoir" – une fois que c'était rallumé – et je trouvais cette chanson moche et donc je me suis dit : "J'aimerais bien faire une chanson qu'on puisse chanter sur le départ, sur le fait de partir, non seulement que je trouve plus jolie, mais en plus qui dise que c'est pas forcément triste le fait de se séparer, c'est aussi d'aller rencontrer d'autres choses, et puis c'est surtout la sanction du fait qu'on s'est vus. Donc ça doit être assez joyeux de se dire au revoir parce que ça veut dire qu'on était ensemble. Les gens qui ne se sont jamais rencontrés ne se disent pas au revoir." Donc cette idée-là, je l'ai faite en lisant des textes de gens qui avaient écrit sur le départ et en réfléchissant à cette idée du départ : ça allait du Prophète jusqu'à Musset ou tout ça. Comment les gens ont vécu cette chose-là et comment la vivre de façon positive. Donc, pour moi, elle n'est pas liée à une disparition personnelle. Mais ensuite chacun y a mis – du fait que c'était ouvert comme ça – son histoire de départ, d'arrachement et de manque personnel. J'imagine que c'est de là que vient l'attachement des gens à cette chanson[2]. » Pour parer à d'éventuelles critiques, il a depuis longtemps précisé : « Il suffit de réécouter *Ta chance* ou *Puisque tu pars* pour se rendre compte qu'il existe des analogies avec d'anciens titres. Je crois que tout le monde est logé

1. Europe 2, 28 février 1998.
2. Radio RCF Maguelone, 26 avril 1998.

à la même enseigne à partir du quatrième album. Il est facile d'identifier les premières mesures de Ferré ou d'Elton John. On peut changer la forme, mettre des arrangements africains sur *L'Auvergnat*, les suites harmoniques, le capital d'accords, de mélodies instinctif ne change pas[1]. »

L'obligeant article que lui consacre *Le Progrès de Lyon*[2] lui fait goûter à plus d'un titre son séjour : « Dix mille spectateurs pour le premier concert d'une trilogie lyonnaise. D'abord, il a rodé à Saint-Étienne. Discrètement, en mars dernier, quatre soirs durant. Puis, il s'est donné à Vienne, une des premières nuits d'août, dans le cadre majestueux du Théâtre antique. Ensuite, on a eu des nouvelles de ses succès à la rentrée, à Valence (une centaine d'évanouissements selon certains statisticiens du *show-biz*), Grenoble et Bourg-en-Bresse… Avant de s'éclipser, pour cause de "vacances scolaires" de la Toussaint ! Fin stratège, il a ainsi conquis les principaux bastions de la région Rhône-Alpes avant de se présenter en sa capitale. Et Lyon, de devenir caisse de résonance des échos de ses succès. […] … le timide Jean-Jacques, que l'on taxerait volontiers de rousseauiste, se métamorphose en *showman*. Feux d'artifice, riffs de guitare filetés, saxo inspiré, basse rugissante et percussions endiablées : son rock intelligemment populaire, prend la scène. La mise en scène de Bernard Schmitt est savamment orchestrée. […] … hier soir, là-bas, Jean-Jacques Goldman s'est donné en vrai professionnel de la chanson, désormais aguerri à toutes les ficelles de son postulat de vedette. » Discret, comme à son habitude, le clan Goldman s'est assis parmi le public du Palais des Sports. La famille au grand complet. Du plus jeune au plus âgé, Ruth, Moïshé, Robert et les siens, Évelyne et sa progéniture, les enfants de Catherine et Jean-Jacques…

Deux jours plus tard, c'est à son père Moïshé d'être à l'honneur dans la capitale des Gaules. Ce 19 novembre, les siens se sont réunis à Vénissieux à l'occasion de la remise de la Légion

1. *L'Est Républicain*, 2 octobre 1988.
2. *Le Progrès de Lyon*, 17 novembre 1988.

d'honneur à l'ancien résistant de la Seconde Guerre mondiale. Pour le fils chanteur, c'est tout un pan de la vie de son père qui lui revient en pleine face. Il décrypte alors ses alarmes, ses terreurs, ses pudeurs de déraciné. « Mes parents sont arrivés en France sans racines, porteurs de cette inquiétude d'une race aux aguets, dira-t-il à Philippe Labro[1]. Des gens attentifs, comme entraînés à sentir, et ressentir les autres. C'était cela, avec mon père : Est-ce qu'on m'aime ou pas ? Est-ce qu'il va falloir encore se battre ? »

Lyon Matin[2] titre : « Albert Goldman fait chevalier.

Légion d'honneur : Sous l'œil attentif de son fils Jean-Jacques, ALBERT GOLDMAN FAIT CHEVALIER.

Pour une remise de Légion d'honneur à d'anciens résistants, il y avait hier après-midi à Vénissieux beaucoup trop de minettes dans le public. C'était évidemment suspect. Et pour cause : parmi les médaillés, un certain Albert Goldman. Oui, oui, le père de l'idole des jeunes en personne, Jean-Jacques Goldman, arrivé aussi *incognito* que possible, au milieu de sa famille, le blouson bleu marine et le teint un peu jaune, bref, l'air de rien. De quoi relancer, juste une heure ou deux, l'intérêt patriotique de ses groupies.

Dans la famille Goldman, je voudrais le père. Et puis même la mère. Et le frère et la sœur. Et les sept petits-enfants. Car ils étaient tous là, venus en train de Paris assister d'une part au dernier concert de Jean-Jacques, la veille au Palais des Sports, d'autre part à la remise de la Légion d'honneur à Albert, hier après-midi à Vénissieux. Albert Goldman, en effet, a fait de la Résistance à Lyon pendant quatre ans et c'est à ce titre qu'il a accédé au grade de chevalier de la Légion d'honneur et a été décoré hier avec quatre de ses camarades par le colonel Schoepfer.

Ruth Goldman, quant à elle, a élevé le petit Jean-Jacques, son frère et sa sœur. Les deux fils Goldman ont travaillé d'ailleurs aux côtés de leur père, dans le prêt-à-porter, avant de se lancer

1. *Le Point* n° 975, 27 mai 1991.
2. *Lyon Matin*, 20 novembre 1988.

le premier dans la variété, et le deuxième dans l'administration et la gestion des intérêts du premier. "Nous sommes surtout contents pour nos enfants", expriment, très simplement, les parents Goldman. Toute la famille s'autoprotège jalousement, les uns les autres. Anonymes avec acharnement, ils entourent l'idole comme une louve ses petits. Hier, le patriarche bénéficiait lui aussi de cette protection rapprochée. Au loin, derrière les grilles, indifférentes aux discours et à la sonnerie aux morts, les minettes épuisent leur Instamatic à mitrailler leur chanteur.

Un vieux résistant évoque au micro quelques souvenirs de lutte et fait allusion à son camarade Goldman. Il reconnaît que ce n'est plus de son âge, mais ne peut s'empêcher de dire que là, dans le public, il y a Jean-Paul Goldman. S'excusant pour son lapsus, il reprend pour citer Jean-Claude Goldman. Fou rire général. Effectivement, ce n'est plus de son âge, tout ça. »

Léon Landini est là aussi. C'est lui qui raconte à Jean-Jacques les actes de bravoure de son père, son copain-combattant, dont il est resté très proche. Il relate leur drôle de rencontre, le 16 juin 1944, dans de critiques circonstances. Ce jour-là, Léon est chargé de la destruction de trente camions allemands entreposés dans le garage *Éclair*. Il ignore si des Allemands s'y cachent. C'est fort probable. Les services de renseignement n'ont pas été en mesure de lui donner d'informations. Il faut y aller au toupet. « Deux résistants faisant partie d'un groupe de combat juif sont alors venus me prêter main-forte. Parmi eux, il y avait un homme, un peu plus âgé. Il m'a dit : "Moi, je viens avec toi." Voilà comment tout a commencé entre moi et Albert, comme tout le monde l'appelait. » D'autres témoignages viennent corroborer les dires de Léon Landini, étoffer les récits des nombreux combats qu'ils ont menés. Jean-Jacques prend la mesure du rôle de son père dans la Résistance à Lyon.

L'expression « passer du rire aux larmes » trouve sa juste signification à quelque temps de là. En effet, Moïshé passe de vie à trépas le 1er décembre à Vénissieux. Jean-Jacques en est informé alors qu'il doit chanter à Bruxelles ce soir-là. Étrange clin d'œil du destin. La banlieue lyonnaise aura été pour Alter Moïshé Goldman la plaque tournante de son destin et pour son fils un symbole. D'ailleurs, n'a-t-il pas inconsciemment marché dans les traces de son père et ses compagnons de lutte lorsqu'il est venu tourner aux Minguettes le clip d'*Envole-moi* ? Tout un symbole ce quartier. On s'en souvient, en juillet 1981 de violentes émeutes avaient éclaté dans le Rhône, aux Minguettes (Vénissieux) puis à Villeurbanne…

Il écrira, deux ans plus tard, en une nuit, *Tu manques*, un texte très intime en souvenir de son père, qui figure dans l'album *Fredericks-Goldman-Jones*.

Y'a des qualités de silence
Comme les étoffes ou le bois
Des profonds, des courts, des immenses
Des que l'on n'entend presque pas

Coule la pluie, cheveux et veste
Mouille ce qui ne pleure pas
Marcher le long de rues désertes
Où tu me manques pas à pas
Tu manques, si tu savais
Tu manques tant
Plus que je ne l'aurais supposé
Moi qui ne tiens pas même au vent […]
On apprend tout de ses souffrances
Moi j'ai su deux choses, après toi
Le pire est au bout de l'absence…

En interview, il se confiera à Philippe Robin[1] :

« Philippe Robin : … une chanson particulière qui dure un peu plus de huit minutes, que vous chantez seul et c'est la seule de l'album. […] Elle fait partie de cette famille de chansons comme *Confidentiel*, comme *Veiller tard* qui sont des chansons

1. Interview de Philippe Robin pour Sony Music, novembre 1990.

que l'on écoute au casque, si possible dans un endroit sombre, qui sont vraiment très intimes.

— Oui, c'est une chanson très intime. C'est des chansons qui viennent une nuit généralement. Pour moi, c'est le souvenir que j'ai de ça, d'une nuit passée sur ce titre : il y a trois accords, ça dure dix minutes. Le texte est venu assez rapidement. Et puis ensuite, on a enregistré cette chanson complètement *live* c'est-à-dire d'un côté bassiste Pino Palladino, un immense bassiste, Claude Salmiéri à la batterie et deux guitaristes que j'adore qui sont Basile Leroux et Patrice Tison, Erick [Benzi] aux claviers, moi au piano et à la voix, les lumières qui se baissent et on a enregistré ce titre-là, *live* comme ça, dix minutes de musique. C'est vraiment un vrai souvenir.

— Les paroles sont assez difficiles. C'est pour tout le monde une histoire vécue cette chanson-là. Est-ce qu'il faut avoir souffert ou souffrir pour faire de belles chansons comme ça ?

— Ce n'est pas exceptionnel de souffrir de l'absence, que ce soit une absence momentanée ou définitive, de quelqu'un. Je crois que riche ou pauvre, blanc ou noir, femme ou homme, probablement martien ou vénusien, tout le monde à un moment souffre de l'absence de quelqu'un. »

5

Si vous voulez connaître la valeur d'un individu, ne regardez pas tout ce qu'il possède, mais tout ce qu'il a donné.

DOUGLAS K. FREEMAN

Après cent quarante-sept dates à travers le monde, dont Los Angeles, Londres… la *Tournée 88* prend fin en janvier 1989. Un gala unique au Palace de Los Angeles, le 5 août 1989, pour un millier de privilégiés, et « faire plaisir aux musiciens qui rêvaient de jouer aux USA » clôt ce cycle. Ils ne pouvaient pas rêver d'un lieu plus emblématique. Le Palace est l'une des plus anciennes salles de Los Angeles. Il a ouvert ses portes en 1911 et accueilli quantité de stars, notamment Harry Houdini, Sarah Bernhardt, Will Rogers, Fred Astaire, Rita Hayworth, les Marx Brothers. Le *Los Angeles Times*[1] consacre un article à Jean-Jacques : « Un Goldman énergique samedi au Palace.

Les deux batteries et la double rangée de synthétiseurs qui flanquaient la scène du Palace samedi dernier indiquaient clairement que Jean-Jacques Goldman n'était pas sur le point de se lancer dans un set de chansons de cabaret français.

Loin de là. Le chanteur/guitariste gaulois, que l'on décrit comme le Bruce Springsteen français, s'est montré à la hauteur de la comparaison avec une collection de chansons très éner-

1. *Los Angeles Times*, 7 août 1989.

giques. Le programme de deux heures, sans interruption, comprenait tout, de son premier succès *Je te donne* aux plus récents *Là-bas* et *Entre gris clair et gris foncé*. Il y a eu une chanson gospel *a cappella* interprétée par Goldman et ses sept musiciens alignés de façon spectaculaire sur la scène ; il y a eu des solos de guitare puissants – en particulier sur *Puisque tu pars* – et une mise en scène dramatique.

Par-dessus tout, il y avait la présence charismatique de Goldman et sa pure musicalité. On a parfois eu l'impression que son cœur était du côté de Charles Aznavour et Yves Montand, mais il n'y a jamais eu de doute que son esprit et son énergie étaient rock'n'roll. S'il y en a d'autres comme Goldman à Paris, et s'ils chantent quelques chansons en anglais, la *French Wave* pourrait bien être l'un des nouveaux sons les plus fascinants des années 1990. »

Le plaisir de jouer ensemble, la joie du partage a incontestablement présidé tout au long de leur périple. « Il est clair que si, avec mes musiciens, on ne s'était pas entendus, sûr qu'on n'aurait pas fait cette tournée. Cette série de concerts est amicale et elle n'a pas d'autre justification que celle-là. L'intérêt n'est ni financier ni carriériste », s'en défend Jean-Jacques. « Je n'ai rien à prouver et je le fais juste par plaisir. Que cette tournée ait un peu de succès ou pas, je m'en fous un peu. C'est à mes yeux une façon originale de voyager, de pouvoir voir d'autres choses et de rencontrer d'autres peuples[1]. » Question dépaysement, ils ont été servis. Ils ont essuyé un cyclone à Tahiti. Ils ont dû repousser le concert de plusieurs jours. En Nouvelle-Calédonie, de nouveau un cyclone ! Dix centimètres d'eau dans leurs chambres et un bateau échoué dans celle de Philippe Grandvoinet ! C'est plus paisible à Bangkok. Jean-Jacques savoure : « Je me balade avec mon appareil photo, je fais du bateau, de l'hélico. Je visite les plans touristiques, [...] notamment, le marché sur l'eau, les temples bouddhistes[2]. » L'aventure est immortalisée à travers un album *live*, *Traces*,

1. *Graffiti*, septembre 1989.
2. *Graffiti*, septembre 1989.

concocté avec Bernard Schmitt, qui sort le 13 mars 1989. Il est accompagné d'une cassette vidéo qui, sous le prétexte d'une enquête loufoque sur les traces de l'artiste, permet d'avoir un aperçu des meilleurs moments de la tournée. Jean-Jacques tient le rôle de son propre fils à la recherche de son père, disparu après une tournée triomphale. Bernard Schmitt a été récompensé en tant que réalisateur par une Victoire du vidéoclip de l'année pour *Là-bas*[1].

Champion incontesté des ventes de disques, Jean-Jacques choisit de vivre simplement, comme tout le monde, sans excès, sans effet d'annonce, sans look tapageur. Pourquoi changer d'ailleurs ? « La première fois que j'ai fait de la télé, c'était suffisamment impressionnant pour moi pour que je n'arrive pas débraillé. C'est aussi bête que cela. J'ai mis une cravate comme lorsque je passais des examens. Pour ne pas sombrer dans le ridicule, j'ai gardé un jean. Comme les gens de vingt-trente ans quand ils sortent. C'était vraiment dans cet esprit-là. Sans intention délibérée. » On s'interroge sur son look. « Tant mieux, sourit-il. J'aime brouiller les cartes, et je crois qu'en arrivant avec cette cravate, ce jean et ces cheveux longs, ça les a pas mal brouillées. Les gens ne comprenaient pas très bien s'ils avaient affaire à un nouveau minet à la mode ou à un nouveau rocker. J'aime assez. […] Autant j'étais bien dans ma peau lorsqu'on me considérait comme un chanteur à minettes, autant les tentatives de respectabilité me terrifient. » Avant tout, il veille à se protéger du milieu : « D'abord c'est un milieu assez jeune et ensuite culturellement pauvre ; éthiquement aussi. Et psychologiquement assez faible. On y résiste souvent très mal à la notoriété et aux abus de pouvoir qui peuvent en découler[2]. » Bien qu'il ait parfois un trait d'amertume, il goûte néanmoins d'aller concevoir et préparer ses nouveaux spectacles à l'île de La Réunion, dans le théâtre de plein air de Saint-Gilles,

1. Victoires de la musique, 19 novembre 1988.
2. Alain Etchegoyen, *Les pères ont des enfants. Dialogue entre deux pères sur l'éducation*, Le Seuil, 1999.

surplombant l'océan Indien. Ce lieu idéal, à l'abri des vents, conjugue tous les atouts. Il accueille une structure à l'image de celle imaginée par Polyclète à Épidaure. D'architecture hellénique, en forme d'amphithéâtre, disposé en hémicycle, ses marches d'escalier d'accès aux gradins sont réalisées à partir du sable et coraux empruntés au lagon. En lieu et place du traditionnel mur de scène, un portique constitué de voiles de béton s'ouvre sur le paysage.

Jean-Jacques sait varier les plaisirs et entraîne aussi son équipe dans les Seychelles, en Polynésie, aux Antilles. Point de grigri, d'amulette, de talisman pour présider à la création. L'atmosphère de lieux magiques suffit à les protéger. « Pas de superstition. Pas de guitare fétiche, de slip d'origine ou de gestes rituels, assure-t-il. Mais Michael, Michael absolument. Obligatoirement. Et il ne peut rien m'arriver. » Il aime déplacer les gens hors de leur environnement, les faire vivre dans un microcosme quelque temps, les détacher de leurs obligations, leurs habitudes, leurs rituels, leurs téléphones. Cela permet de retrouver l'essence de ce pour quoi ils font de la musique, composent, chantent. Là, une intimité imprévisible se noue. Les visages répondent aux visages. Les âmes communient. Le cœur des hommes bat au même rythme.

Star Club sort un magazine hors-série « Spécial Jean-Jacques Goldman » sous le numéro 4[1]. Pour dix-neuf francs cinquante, le lecteur trouve à l'intérieur deux posters géants, « les paroles de ses plus belles chansons… ses plus belles photos » et une mine de renseignements sur le chanteur le plus secret du *show-biz*. Ainsi y apprend-on que : « Pour Jean-Jacques, le fait d'être chanteur et d'avoir du succès n'implique pas nécessairement l'obligation de devoir tout révéler de son intimité au public. Il respecte profondément ce dernier, mais ne considère en aucun cas qu'il ait des droits sur lui. Alors ne comptez pas sur lui pour répondre aux questions indiscrètes des journalistes. Jean-

1. *Star Club* Hors-Série n° 4, mai-juin 1989.

Jacques est persuadé que d'ici quelques années, il sera démodé et qu'il est en train de vivre, depuis quelques années, la période la plus glorieuse de toute son existence. Selon lui, il ne conserverait qu'une partie de son public actuel, à savoir les gens qui l'aiment pour ses chansons et non pour le succès qu'il connaît. [...] Jean-Jacques ne veut pas créer de fan-club car cela impliquerait pour lui un autre travail qu'il n'a ni spécialement envie ni le temps de faire. [...] Jean-Jacques a reçu des dizaines de scénarios de metteurs en scène célèbres. Parmi ceux-ci, la plupart sont d'ailleurs sortis sur les écrans. Mais il n'a même pas pris la peine de lire une seule de ces propositions car il n'a ni le temps ni l'envie – pour l'instant tout au moins – de faire un autre métier que celui de la chanson. »

La rubrique « Jean-Jacques Goldman par lui-même »[1] est riche d'enseignements. « Peu enclin à parler de lui-même, il a pourtant, de temps à autre, accepté de jouer le jeu des "questions-réponses". Nous avons sélectionné ici pour vous quelques-unes de ses (trop rares) déclarations aux journalistes de différents magazines :

— Poids et taille de Jean-Jacques Goldman ?

Le poids, c'est très fluctuant... Il oscille entre 62 kilos à la fin des vacances et 56 kilos au terme de l'enregistrement d'un disque en studio. La taille, elle, reste la même : 1,75 m. (*Graffiti*)

— Longueur des cheveux ?

Ça varie en fonction des saisons. J'ai une fille qui s'en occupe pour moi et qui dispose de ma tête comme elle l'entend. (*Graffiti*)

— Maintenant, si demain ça s'arrête, tu n'auras plus de problèmes de fin de mois ?

Oui, c'est vrai. Je n'ai jamais rêvé de ça, mais j'ai conscience d'avoir fait quelque chose d'inespéré, de bien, et du mieux que je pouvais le faire. C'est déjà pas mal de pouvoir se dire ça, non ? (*Cool*)

1. *Star Club* Hors-Série n° 4, mai-juin 1989.

— Est-ce que tu as le sentiment aujourd'hui d'avoir réussi ta vie ?

Je ne me suis jamais posé cette question… J'avoue ne pas savoir… Je pense que quelqu'un réussit sa vie quand il a un but au départ et qu'il atteint ce but. Moi, je n'ai jamais eu de but. (*Cool*)

— Qu'est-ce que le bonheur pour toi ?

Le bonheur est synonyme de liberté. Liberté à tous les niveaux. Le bonheur, c'est de pouvoir vivre avec qui on veut, sans avoir de barrières sentimentales, pécuniaires ou morales. (*Girls*)

— Les copains ?

C'est la véritable famille. Certaines personnes de ma famille sont aussi mes copains. J'ai envie de les voir, non pas parce qu'ils font partie de ma famille, mais parce qu'ils sont mes copains avant tout. (*Girls*)

— Est-ce que tu aimes lire ?

J'ai été un lecteur assidu pendant ma scolarité. C'est très important de lire, cela stimule l'imagination. Les images qui viennent de l'intérieur sont encore plus belles que tout ce que l'on peut réaliser à l'aide du cinéma, de la photo ou du dessin. (*Girls*)

— Ton caractère ?

Quand j'avais treize-quatorze ans, j'étais plus ou moins timide, comme tous les garçons de cet âge-là. Je n'étais pas spécialement ouvert, pas vraiment renfermé non plus, et je changeais d'amis, de copains comme de classe. De cette époque-là du collège de Montrouge, je n'ai gardé aucun contact. Les amis que je revois toujours, je les ai connus bien plus tard, quand j'étais étudiant. En fait, adolescent, je n'ai jamais eu d'ami fidèle, d'ami proche… (*OK ! Magazine*) […]

— Après tout, vous êtes aussi un personnage public. Vous appartenez aussi à ce public…

Mais on se livre à travers nos disques, nos concerts et, aujourd'hui, par le biais de cassettes vidéo. Le public peut nous rencontrer assez simplement, tant que cela reste sur le plan artistique. Pour le reste… Je lis plutôt des interviews en trop. Je considère que je peux avoir une interview intéressante à accorder au moment de la sortie de mon disque : une fois que j'ai parlé de l'album et de la manière dont je conçois ma prochaine tournée, il me semble que j'ai vidé mon sac. (*Paroles et Musique*)

— Lorsque vous passez à la télévision, c'est pour chanter, pas pour parler ?

Je n'aime pas la télé. J'y suis vraiment mal à l'aise. Pour chanter, ça va, parce que je sais le faire, mais pour parler, c'est terrible. Je m'y ennuie beaucoup, donc, plutôt que d'y être en y faisant la gueule, autant y aller juste pour chanter et laisser parler ceux qui en ont envie. (*Paroles et Musique*)

— Comment aimerais-tu mourir ?

Serein, en ayant l'impression que c'est bouclé, un peu comme Romain Gary, par exemple. Lui a choisi de mourir. Il a dit : "Merci, je me suis bien amusé. Au-delà de cette limite, votre ticket n'est plus valable." C'est ce qu'il avait déclaré, je crois… (*Graffiti*) […]

— B comme Beauté :

Ça me paraît être très important dans la vie. Beaucoup plus qu'on ne le croit. Il y a une grande injustice à ce niveau, mais je suis persuadé que cela sert ceux qui la possèdent. Une femme laide n'aura pas la même vie qu'une femme belle. Tout comme un homme laid, quels que soient ses talents, n'aura pas la même vie que quelqu'un de séduisant. C'est extrêmement injuste, mais c'est comme ça. (*OK ! Magazine*)

— D comme Diplôme :

J'ai mon certificat d'études, mon BEPC, mon bac D, mon diplôme de grandes études commerciales, un DUEL de sociologie et le vingt-cinq mètres nage libre, ce qui n'est pas négligeable (*OK ! Magazine*)

— L comme Loisirs :

Il y a quelque temps, je me suis retrouvé chez moi avec mon petit déjeuner et un journal, et pour une fois, j'avais trois heures libres devant moi. Trois heures sans penser à rien d'autre qu'à mes tartines et mon canard. Et là, je me suis dit “C’est formidable !”. Voilà le genre de loisirs qui font du bien de temps en temps. (*OK ! Magazine*)

— Z comme Zodiaque :

Je suis Balance ; mais je ne crois pas trop à l’astrologie, surtout quand on sait qu’on peut provoquer un accouchement “à la demande”. Il me semble difficile de croire à l’influence des astres dans ces cas-là. Je n’y crois donc pas ; mais je ne suis pas non plus persuadé que ça n’existe pas. (*OK ! Magazine*)

— N’éprouvez-vous pas le besoin d’avoir autre chose que des réactions positives ? Ne ressentez-vous pas la nécessité d’un débat contradictoire ?

Si, si, je suis très friand de cela, d’autant plus que les flatteurs se ramassent à la pelle. À un moment, j’avais donné une consigne à ma maison de disques : ne me faire parvenir que les mauvaises nouvelles. Je ne voulais surtout pas qu’on me cache telle ou telle mauvaise réaction d’un programmateur, telle critique de X ou Y. (*Paroles et Musique*)

— Et dans ce cas précis, provoquez-vous la discussion, le débat ?

Oui, j’écoute toujours tous les avis qui me sont formulés. Je ne vais pas dire que, par pur masochisme, j’adhère systématiquement aux avis contraires, mais d’une façon générale, cela m’intéresse. Au moment de sortir *Elle a fait un bébé toute seule*, il y a eu un vrai débat. J’ai récolté tous les avis, puis j’ai quand même agi selon mon propre sentiment. (*Paroles et Musique*)

— Que t’inspire le mot “Vérité” ?

Elle est souvent difficile, mais comme le mensonge est à mes yeux plus redoutable, j’ai choisi de dire la vérité. Dans mes rapports avec les autres, j’essaie de simplifier le plus possible les choses, donc je m’explique. Ce n’est pas toujours facile, mais bon, quelque part, ça purifie la relation avec autrui.[1](*Graffiti*) »

1. *Star Club* Hors-Série n° 4, mai-juin 1989.

Fidèle au souvenir de Coluche, alors que l'association des Restos du Cœur périclite, et à la demande de Véronique Colucci[1], Jean-Jacques organise la première Tournée des Enfoirés[2] consacrée à cette cause. En effet, Véronique, Muriel et Eddy Mitchell ont appelé à la rescousse « les plus gros de la chanson française », indique *Le Parisien.* « Goldman, Hallyday, Sardou, Sanson acceptent. Claude Wild, le producteur de la chanteuse et de Mitchell, se dit alors : "Avec un tel plateau d'artistes, c'est dommage de ne pas envisager une tournée." L'idée est retenue. "Claude Wild contacte ses amis en province pour qu'ils louent leurs salles gratuitement, se souvient Muriel. Le chef Guy Savoy sollicite ses copains cuistots pour faire à manger à l'équipe lors des concerts. La compagnie TAT met un avion à disposition des artistes et leur entourage. Et c'est lancé[3] !" »

Véronique Sanson est des plus enthousiastes : « Cette tournée, c'est un souvenir exceptionnel. On prend notre rôle très au sérieux, mais on rit aussi beaucoup[4]. » Johnny, Eddy, Véronique et Michel sont de fort agréables compagnons de voyage. « Ce sont vraiment des gens pour qui j'ai beaucoup d'estime, ce sont des gens bien », remarque Jean-Jacques[5]. Pourtant, l'idée était un peu folle au départ. Ils ne se connaissaient pas vraiment. « Quand j'y repense, dira-t-il, cette idée me semble complètement impossible. Moi, j'ai donné mon accord, Sardou a donné son accord, Hallyday a donné son accord, Véronique a dit "D'accord". Tout semblait très simple et, en fait, tout a été très simple[6]. » Lyon, Vitrolles, Montpellier, Bordeaux, Toulouse, Paris et Lille les accueillent à bras ouverts. « On se connaît tellement bien qu'on n'a besoin de répéter que quatre jours », raconte Michel Sardou[7]. La joyeuse bande ne boude pas son plaisir. « C'est si simple et magique, cinq copains sur la route,

1. Véronique Colucci, née Véronique Kantor (1948-2018).
2. Du 6 au 14 novembre 1989.
3. *Le Parisien,* 8 mars 2019.
4. *Le Parisien,* 8 mars 2019.
5. *Génération Laser*, RTL, novembre 1991.
6. *Fréquenstar*, M6, 5 décembre 1993.
7. *Le Parisien,* 8 mars 2019.

qui jouent leurs morceaux sans décors pharaoniques, sans déguisements, explique Eddy Mitchell. C'est aussi pour nous un hommage que l'on rendait à Coluche, dont le portrait était tout le temps derrière nous sur scène[1]. » Les anecdotes fourmillent : « Dans l'hôtel à Toulouse, Véro se retrouve bloquée dans l'ascenseur, raconte Mitchell. Elle est claustro. Alors on l'alimente en coupe de champagne pour qu'elle tienne le coup[2]. » Les joyeux lurons s'en donnent à cœur joie : « Dans un autre hôtel, avec Johnny, on est tellement fatigués après un tour de moto, raconte Michel Sardou, que dès qu'on nous montre notre chambre, on enlève nos bottes, on se couche côte à côte et on s'endort aussitôt. La tête de l'hôtelier[3] ! » Sur scène aussi les fous rires sont de mise : « Qu'est-ce qu'on se marre, ajoute Mitchell. Johnny, pourtant si consciencieux sur les textes, ne réussit jamais à dire les bonnes paroles de la *Chanson des Restos*. » [...] « Entre potes, on peut faire les imbéciles, ajoute Michel Sardou. On finit avec *Je t'attends* et, un soir, Véro part légèrement en décalé, du coup Eddy se plante, et avec Johnny, on part dans un fou rire de malade[4]. »

Le Monde[5] distille quelques informations « techniques » : « [...] Ouverte au Palais des Sports de Lyon, lundi 6 novembre, la "tournée d'enfoirés" entreprise à l'occasion du cinquième anniversaire des Restaurants du Cœur s'arrête ensuite à Vitrolles, Montpellier, Bordeaux, Toulouse, Paris et Lille. À l'affiche : Jean-Jacques Goldman, Johnny Hallyday, Eddy Mitchell, Véronique Sanson, Michel Sardou.

Les cinq chanteurs présentent un spectacle spécialement conçu pour la circonstance : accompagné par un orchestre commun, chacun reprend trois chansons de son répertoire, puis chante en duo (Sardou-Mitchell, Mitchell-Hallyday, Sanson-Goldman, Goldman-Hallyday, Sanson-Mitchell) avant de terminer ensemble par la chanson des Restaurants du Cœur.

1. *Le Parisien*, 8 mars 2019.
2. *Le Parisien*, mars 2019.
3. *Le Parisien*, 8 mars 2019.
4. *Le Parisien, 8 mars 2019.*
5. *Le Monde*, 7 novembre 1989.

Les cinq chanteurs offrent gratuitement leurs prestations et abandonnent leurs droits d'auteurs à l'œuvre créée par Coluche. Un album contenant les duos et la chanson finale sera publié par Polygram, fin novembre.

Rarement une opération de solidarité suscitée par le *show-biz* français a rencontré autant de collaboration. Les deux meilleurs éclairagistes (Jacques Rouveyrollis et Alain Lonchampt), le gratin des sonorisateurs et des musiciens de variétés participent à cette tournée.

La Direction de l'Aménagement du Territoire met un avion et son équipage à la disposition des artistes pendant une semaine. Les municipalités offrent leurs salles gratuitement, ou, si elles sont gérées par une société d'économie mixte, font un don à l'association des Restaurants du Cœur d'un montant correspondant au coût de la location. Canal+ se comporte en mécène et achète le spectacle filmé pour près de deux millions de francs. Seule la radio, en l'occurrence Europe 1, semble avoir mollement réagi et, selon le promoteur de la tournée, "n'a pas tenu les promesses auxquelles la station s'était engagée quand elle a voulu récupérer à son profit l'événement". »

L'événement a un grand retentissement, génère de très belles recettes pour les Restos et surtout donne la pêche à tous les bénévoles qui se dévouent sans compter. « On pense à ce moment-là que cette tournée est ponctuelle, que les politiques s'empareront de l'affaire, mais malheureusement, on se trompait », constate Michael Jones[1]. Ému par la participation du public, Jean-Jacques se dit frustré par le manque de temps pour échanger avec ceux qui se sont déplacés et les acclament au pied de la scène : « Je suis sûr que dans la salle il y a des tas de gens vraiment avec lesquels j'adorerais passer une heure ou deux, avec lesquels j'adorerais discuter ou rire. Il n'y a pas tellement de temps pour ce type de rapport. Ça, c'est probablement une des choses que je regrette vraiment le plus », confesse-t-il. Le public reprend en chœur *Le Bon Temps du rock'n'roll, La musique que j'aime, Je t'attends,*

1. *Le Parisien, 8 mars 2019.*

et bien d'autres titres réunis sur l'album *Tournée des Enfoirés*[1]. Il réalise que l'impact médiatique peut rapporter beaucoup à l'association des Restos, mais il n'a pas l'optimisme de Michael. Il n'a pas oublié ce que disait son père : « Ne compte pas sur les autres. » Il cogite déjà à la suite. Avec quelques acolytes, pourquoi ne pas réaliser une émission télévisée chaque année ?

D'autres projets requièrent ses compétences. Il se lance dans sa première collaboration avec le 7e Art en composant, avec l'accordéoniste Roland Romanelli, la musique du film *L'Union sacrée*[2] d'Alexandre Arcady. Il joue le *Thème de Lisa,* chante la sublime ballade *Lisa* : « Verts et bruns à la fois, verts ou bruns quand elle aime ou n'aime pas/Dans les yeux de Lisa, moi, je lisais ma vie, autrefois/Moi, semaine après mois, loin du reflet de ses yeux verts et bruns/moi j'existe un peu moins… » La chanson *Brothers*, écrite par Michael Jones, est interprétée par Carole Fredericks. Il faut se souvenir de la genèse de leur amitié avec cette chanteuse d'exception. « Cela remonte à la tournée qui suivait l'album *Entre gris clair et gris foncé*, dit Michael Jones[3]. Pour les représentations parisiennes, nous avions un chœur gospel new-yorkais qui nous rejoignait sur scène. Mais, pour la tournée, il était évidemment impossible de déplacer cinquante personnes. On a donc demandé aux musiciens laquelle de ces choristes ils nous conseillaient pour nous accompagner sur les routes. Et la réponse unanime a fusé : Carole ! »

Le cinéaste a réuni à l'affiche les deux beaux gosses du moment, Patrick Bruel et Richard Berry. Le synopsis est le suivant : Simon Atlan, de confession juive, policier de la brigade des stupéfiants, est associé à Karim Amida, de confession musulmane, appartenant à la DGSE[4], en mission d'infiltration auprès de trafiquants d'armes et de drogue, afin de démanteler un réseau de cocaïne. Obligés de travailler ensemble, les deux

1. Album *Tournée des Enfoirés*, sorti en 1989. Certifié album double or en 1990.
2. *L'Union sacrée* d'Alexandre Arcady, avec Patrick Bruel, Richard Berry, Corinne Dacla, Marthe Villalonga, Saïd Amadis, Bruno Cremer, Claude Brasseur, Thierry Beccaro, Jean-Claude de Goros, Alexandre Jouan (Aja), 1989.
3. Entretien avec François Colinet, 24 février 2015.
4. DGSE = Direction générale de la sécurité extérieure française.

hommes, que tout oppose, sont chargés en fait de combattre des réseaux radicalisés de terroristes. Rythmé, efficace, le film se taille un beau succès alors qu'un projet de trio germe dans la tête de Jean-Jacques. Il écrit de nouvelles chansons pour un futur album. Entre-temps, il compose la bande originale de *Pacific Palisades*[1], le premier long-métrage de son ami Bernard Schmitt. Une comédie romantique dans laquelle Sophie Marceau figure une jeune Française en quête de son « rêve américain » à Los Angeles. Cette bande originale ne sera jamais commercialisée et nous prive de titres comme *Pas envie*, interprété par Sabrina Lory. Mais surtout, de la chanson éponyme, composée par Jean-Jacques et Michael Jones, chantée par « *The Genius* », l'icône, la légende vivante : Ray Charles[2] à la voix reconnaissable entre toutes.

Young and tender, still ignore.
(Tu es jeune et tendre, tu ignores encore.)
All that the future has in store
(Tout ce que le futur a en réserve.) [...]
Just pick yourself up! (Relève-toi simplement !)
Never give up! (Ne laisse jamais tomber !) [...]
What you want most is behind that palisade.
(Ce que tu veux le plus est derrière cette palissade.)
And when you get over the top,
(Et quand tu seras passée par-dessus,)
That's where you'll stay. (C'est là que tu resteras.)

De son côté, Sirima Wiratunga sort son premier album en anglais, *A part of me*, le 17 novembre 1989, au sein duquel on trouve un duo avec Jean-Jacques : *I need to know.* La jeune femme n'a pas le temps de connaître l'appréciation du public… Le 7 décembre, dans son appartement, sis quai de Valmy, à Paris, elle est assassinée à coups de couteau par Kahatra Sasorith, le père de Kym, leur fils. L'interprète de *Là-bas,* peu

1. *Pacific Palisades*, sorti le 28 mars 1990.
2. Ray Charles (1930-2004).

à l'aise avec les projecteurs de la renommée, s'affirmait déjà comme une personne discrète mais déterminée : « Je tiens à ce que le public me connaisse et m'aime uniquement pour ma musique. Je ne veux surtout pas que l'on me mette sur un piédestal ni que l'on fasse de moi une idole. » Son amitié avec Jean-Jacques était rien moins que naturelle : « Chanter avec quelqu'un de connu ne me donne absolument pas le trac, avouait-elle, pas plus que lorsque je chantais avec mes copains dans le métro. » Ils se ressemblaient à bien des égards et se comprenaient à demi-mot : « Comme lui, je parle peu, je ne me lie pas facilement et sors rarement, expliquait-elle. Et si nous nous sommes si vite compris, c'est parce que nous avons la même perception de l'existence et de notre métier. » Kym, son enfant, est pris en charge par sa grand-mère maternelle Édith Navaratne qui le ramène en Angleterre. Le coupable, jugé, sera condamné à neuf ans de prison par la justice française en 1992.

On ne peut, sans frissonner, écouter les paroles de la chanson de Sirima, *His way of loving me* :

He hits when he can't find the words
(Il frappe quand il ne trouve pas les mots) [...]
Says his hurting a lot more than me (Il dit que cela lui fait plus de mal à lui qu'à moi)
When the storm has blown over
(Quand la tempête est passée)
The bruising's begun (Que les bleus apparaissent) [...]
My bones are aching, the tears still flow,
(Mes os me font mal, les larmes continuent à couler [...]
At the end of a lifetime you've made your mistake (À la fin de ta vie, tu réalises que tu t'es trompée)
You've taken even more than you were able to take (Tu en as supporté plus que ce que tu étais capable de supporter) [...]
And you realise, « too late to change » (Et tu réalises, « trop tard pour qu'il change »)
Your bones are aching again and again
(Tes os souffrent encore et encore)

Cette mort horrible foudroie Jean-Jacques alors en période d'écriture. Très affecté, il n'en continue pas moins de puiser dans sa musique une consolation et une espérance salvatrices. Il constate que la plupart de ses textes sont prévus pour deux ou trois voix. « J'ai commencé à écrire des chansons et arrivé à huit chansons, je me suis aperçu que les huit étaient des duos ou des trios. Je me suis dit, qu'est-ce que je fais ? Je jette tout pour écrire un album solo pour des raisons de carrière, ce qui pour moi était impossible[1]. » Il ne s'imagine pas un instant refaire un énième album dans la même veine. « On ne peut pas résumer une carrière en une seule chose et faire tout le temps la même chose. Donc, si tu veux garder un peu d'envie et du plaisir, il faut suivre là où l'envie et le plaisir te guident. Et moi, l'envie et le plaisir allaient dans cette direction-là et avec ces personnages-là[2]. » Il se régale, se délecte : « C'est une chose qui m'a redonné envie. J'ai eu l'impression de faire quelque chose de nouveau[3]. »

Il fait part à Michael Jones d'une idée qui trotte dans son esprit. Il lui demande de chanter avec lui. À son sujet, Jean-Jacques est élogieux : « C'est un grand guitariste et une grande voix », affirme-t-il[4]. « J'aime bien ma voix, mais je préférerais avoir une voix un peu rauque, un peu blues, comme Rod Stewart, comme Joe Cocker. Des gens qui m'émeuvent beaucoup. [...] Pour moi, un chanteur, au départ, c'est un chanteur de rock, de hard rock, avec des grosses voix. J'ai pas cette voix-là, lui, il l'a, ou il peut l'avoir. C'est un plaisir de chanter avec lui[5]. » Michael n'a pas oublié le contexte de cette flatteuse proposition. La scène se passe dans une voiture. Les deux amis tracent la route entre deux galas. Jean-Jacques lui balance : « J'ai un problème sur le prochain album, les chansons, je peux pas les chanter tout seul. Donc, je voudrais que tu les fasses avec moi, mais il nous faut une troisième personne[6]. » Pour être

1. *Génération Laser*, RTL, novembre 1991.
2. M40, janvier 1992.
3. *Salut !* 8 décembre 1990.
4. *Salut !* 8 décembre 1990.
5. *Génération Laser*, RTL, novembre 1991.
6. *Fréquenstar*, M6, 5 décembre 1993.

plus précis : « On était en voiture tous les deux, narre Michael. Je devais conduire. C'était pendant la tournée. On travaillait en parallèle sur la bande originale du film *L'Union sacrée*. Et il me dit : "Le prochain album, je voudrais le faire en groupe. Y aura toi. Et il faudrait une fille." Chose qui pourrait paraître étonnante, je ne me souviens pas d'avoir été plus surpris que ça par cette annonce. Mais il faut me comprendre : Jean-Jacques m'a toujours donné une grande place dans ses spectacles ou dans ses disques. Et puis la deuxième information occupait totalement mes esprits. Il voulait nous associer une fille. Pour moi et après une courte réflexion, il était évident que ça ne pouvait être que Carole. La raison est simple, elle avait une telle présence sur scène. Tout le monde parlait de sa voix, mais ce n'était pas que ça. Elle chantait bien, elle chantait super bien même, mais pas plus que Jean-Jacques ou moi, ou les autres filles. Ce qui la distinguait surtout des autres, c'était sa présence. Car Carole quand elle était là, elle était là[1]. »

Jean-Jacques n'a pas encore arrêté son choix pour la troisième voix… mais dans son oreille, il garde le souvenir de l'accord vocal entre la choriste Carole Fredericks et eux deux. Il s'est produit naturellement. Le mélange des trois voix correspond à ce qu'il cherche. Pourquoi pas un album à eux trois ? Son état d'esprit, sa culture musicale, sa façon de voir la musique est en groupe. Reste à convaincre Sony Music France, la maison de disques. Avec sa franchise habituelle, il n'y va pas par quatre chemins : « Je l'ai beaucoup habituée à cela… La première fois que je leur ai dit "Je vais faire un duo avec un dénommé Michael Jones pour *Je te donne*, moi je chante en français, lui en anglais", ils ont trouvé ça bizarre. Quand j'ai trouvé une jeune fille dans le métro, j'ai dit "Je vais faire un duo avec elle". Ils ont trouvé ça bizarre. Lorsque j'ai dit "L'album suivant sera un album double et ce sera des chaises sur la pochette et il n'y aura pas mon visage", ils ont

1. Propos recueillis par Alexandre Fievée, *Fredericks Goldman Jones*, Gründ.

trouvé ça bizarre. En définitive, je ne leur impose rien, on en discute, et comme ce sont des interlocuteurs plutôt intelligents, ils arrivent à comprendre mes choix[1]. » Il a conscience qu'il prend un risque mais reste déterminé.

Les maquettes prêtes, Carole et Michael rejoignent Jean-Jacques dans son *home studio*, dans le 14e arrondissement de Paris. Carole est aux anges. Elle n'a pas hésité une seconde pour accepter la proposition de Jean-Jacques : « J'ai dit "oui" ! parce que ça me faisait énormément plaisir de chanter avec Jean-Jacques et Michael. J'adore ces deux mecs. Ce sont mes amis, chanteurs et guitaristes préférés. Ça a été vraiment un événement dans ma vie[2]. » Michael narre : « Jean-Jacques voulait, avant qu'on entre en studio, qu'on commence à travailler tous les trois sur les chansons. Car il n'était pas sûr du résultat sur le plan vocal et de l'importance du travail qui serait nécessaire pour que ça tourne. On a donc passé pas mal de temps chez lui. Environ quinze jours. La première bonne surprise, c'est que Carole, en dehors de la prononciation, était tout de suite dedans. La seconde, c'est que nos trois voix se mélangeaient très bien et les chansons sonnaient parfaitement[3]. » C'est une évidence. Jean-Jacques en convient : « Quand je me suis retrouvé devant mon piano, je me suis rendu compte que tout ce que je composais était avec Michael et Carole. Il y avait toujours un moment où ce sont eux qui intervenaient. [...] Une fois que j'ai eu mes dix ou mes douze chansons de base, je me suis rendu compte qu'elles seraient mieux quasiment toutes avec nous trois. J'ai dit : "Bon, faisons cet album ensemble[4]." »

L'artiste Rose Laurens[5], quant à elle, traverse des mois d'angoisse avec son mari Jean-Pierre Goussaud atteint d'une grave maladie. Première interprète de Fantine, en 1980, dans la comédie musicale *Les Misérables*, d'après l'œuvre de Victor Hugo,

1. *Star Music*, décembre 1990.
2. *Ouvert le dimanche*, M6, 1991.
3. Propos recueillis par Alexandre Fievée, *Fredericks Goldman Jones*, Gründ.
4. *Ouvert le dimanche*, M6, 1991.
5. Rose Laurens, née Podwojny (1951-2018).

sa chanson *Africa* lui apporta le succès en 1982. Associée à de grands noms de la chanson, elle a signé ses premiers albums. Or, se sachant condamné, Jean-Pierre Goussaud insiste pour lui composer un quatrième album, *J'te prêterai jamais*, car il ne veut pas que Rose arrête sa carrière et c'est une façon de la propulser vers l'avenir, sans lui. Il a composé une dizaine de musiques, mais l'une d'elles n'a pas de texte. Rose se décide à appeler Jean-Jacques. Il passe une partie de l'année entre Paris, dans les studios d'enregistrement de Suresnes, et Bruxelles où il s'est installé de mai à octobre aux studios ICP avec ses musiciens, Michael Jones et Carole Fredericks. Rose se souvient[1] : « J'ai pris ma respiration, en me disant que j'allais peut-être me faire jeter, et je l'ai appelé. Je suis tombée sur son répondeur téléphonique. C'était ses enfants, d'ailleurs, qui parlaient. J'ai hésité à laisser un message et finalement, je me suis lancée, je n'avais rien à perdre : "Bonjour, Jean-Jacques, on ne se connaît pas. Je suis Rose Laurens. Est-ce que vous voudriez bien avoir la gentillesse de me rappeler ? J'ai quelque chose de très important à vous demander. Merci beaucoup." Un, puis deux jours, se passent, sans nouvelles. J'en parle à mon frère qui, bien que fou de Goldman, n'était pas très optimiste : "S'il est aussi extraordinaire que les textes qu'il écrit, il va me rappeler. S'il l'est moins, il ne me rappellera jamais." Plus les jours passaient, plus je me sentais vexée. Et puis ça m'est sorti de la tête. Jusqu'à un après-midi où ma mère m'appelle et me dit : "Devine qui je viens d'avoir au téléphone ?" Vraiment, je ne voyais pas. Quand elle m'a dit que c'était Goldman, j'étais énervée de ne pas l'avoir eu. Heureusement, maman m'a dit qu'il rappellerait le soir même à six heures [...]. Le soir, effectivement, j'étais chez moi deux heures avant pour ne pas le rater. À dix-huit heures très, très précises, le téléphone a sonné : "Allô, Rose, c'est Jean-Jacques. Excuse-moi de ne pas t'avoir appelée avant, j'étais à l'étranger." D'un seul coup, j'ai respiré, puis j'ai commencé à bafouiller comme une fan, complètement nulle. [...] Finalement, je me

1. *Platine* n° 90, avril 2002.

suis reprise : “On ne se connaît pas. Je ne vais pas te dire que je t’adore, ce serait nul. Je voudrais juste te demander quelque chose. Est-ce que je peux te faire écouter des musiques que l’on est en train de faire pour mon nouvel album, je voudrais avoir ton avis ?” Il me répond : “Mon avis, tu sais, je ne suis jamais qu’un musicien. Mon avis n’est pas d’une grande importance.” Comme j’ai insisté, il a accepté et m’a proposé un rendez-vous chez moi le lendemain, mais sans horaire précis. Le lendemain, dans la matinée, il était prévu qu’un coursier de ma maison de disques vienne me porter un paquet. Alors que j’étais en train de me mettre du mascara sur un œil, on a sonné à la porte. J’ai regardé par le judas et j’ai vu quelqu’un avec un casque de moto sur la tête. Pensant que c’était le coursier, j’ai ouvert la porte franco, avec le pinceau du mascara dans la main et seulement un œil de fait. Je le fais rentrer, il enlève son casque et je m’aperçois qu’en fait c’est Jean-Jacques Goldman. Très gênée, je lui explique la méprise et nous partons dans un fou rire de deux minutes au moins. […] Puis je lui ai fait écouter plusieurs musiques, en précisant que c’était Jean-Pierre qui venait de les composer. À la fin de l’écoute, il me dit : “C’est extrêmement beau.” Là, j’en profite pour lui lancer : “Est-ce que tu écrirais des textes sur ces musiques ?” Il me regarde droit dans les yeux : “Oui, parce qu’elles sont vraiment très belles.” Je lui ai alors proposé de partir avec des musiques. Il en a pris trois, en me prévenant qu’il n’était pas certain d’avoir le temps pour écrire les trois, car il préparait son album avec Carole et Michael. Il m’a cependant garanti qu’il en ferait une. »

Quelques semaines plus tard, Rose et son mari ont le bonheur de recevoir par courrier le texte intitulé *L’Absence*. L’histoire aurait pu s’arrêter là, mais lorsque Rose téléphone à Jean-Jacques pour le remercier, il se propose de venir faire les guitares et les chœurs lors des sessions d’enregistrement. « Il est venu un après-midi, pendant le mixage de la chanson *J’te prêterai jamais*, raconte Rose[1]. Il est arrivé avec un petit

1. *Platine* n° 90, avril 2002.

béret sur la tête et deux guitares, s'excusant d'être toujours en avance, se souvenant du gag du coursier. Puis il s'est mis dans un coin et a attendu. Après avoir entendu plusieurs fois *J'te prêterai jamais*, il s'est levé et il est venu vers nous : "Que c'est beau ça, qui a écrit le texte ?" J'ai alors répondu que c'était moi, mais que je trouvais ça maladroit, même si j'avais eu envie d'écrire ces mots-là pour Jean-Pierre. Ensuite, il a accordé ses guitares et les a enregistrées. En plus, il m'a proposé de faire les chœurs. Je n'en revenais pas et j'étais même un peu gênée. Il a alors lancé : "Tiens, j'ai une idée" et il s'est mis devant le micro pour nous faire les chœurs, comme ça, d'un trait. C'est vraiment un être exceptionnel, d'une gentillesse vraie, c'est très rare dans ce métier. »

L'album de Rose *J'te prêterai jamais* sort le 13 septembre 1990 quelques semaines après la disparition de Jean-Pierre Goussaud, emporté la nuit suivant la fin du mixage, le 25 juillet 1990.

Jean-Jacques a opté pour le studio ICP, à Bruxelles, afin de réaliser l'album du trio. « L'idée, c'était d'être en vase clos le temps de l'enregistrement. C'est pour cette raison qu'on a choisi ce studio car on pouvait dormir et manger sur place. Alors qu'à Paris, par exemple, on aurait été obligés d'aller à l'extérieur pour déjeuner, et de rentrer chez nous le soir, puis de revenir le lendemain », se remémore Michael[1]. En novembre sort le premier titre, *Nuit*, sous le nom de *Fredericks Goldman Jones*. La chanson se classe sixième au Top 50, en février 1991. Au risque de perdre une partie de son public, l'album, qui contient dix titres, suit le 4 décembre 1990. Son titre : *Fredericks-Goldman-Jones*, par ordre alphabétique. Toujours cette élégance à la Goldman. Jean-Jacques crée l'événement en partageant la vedette de son nouvel album avec son ami Michael Jones et Carole Fredericks. C'est une surprise ! Amitié et complicité artistiques font très bon ménage. « Jean-Jacques nous a toujours mis en avant, raconte Michael Jones. Il n'a jamais été le mec devant avec les autres

1. Propos recueillis par Alexandre Fievée, *Fredericks Goldman Jones*, Gründ.

derrière. Mais quand il m'a parlé de faire cet album à trois, je suis tombé des nues. Carole aussi d'ailleurs ! La naissance du groupe est venue par la nécessité imposée par les chansons, car ces nouvelles chansons, il ne pouvait pas les chanter seul. L'association de nos trois voix était évidente pour lui[1]. » Ses deux amis, aux univers si différents, apportent une autre dimension vocale à ses créations et c'est bien. La chanteuse aux « *dreadlocks* », bercée par les idoles de sa génération, Wilson Pickett, Otis Redding, Aretha Franklin, Sam And Dave, insuffle toute sa générosité à l'entreprise.

Comment ose-t-il ? Pourquoi ? s'insurgent les critiques. Ça s'agite beaucoup dans la presse. Tout le monde veut son scoop, son analyse approfondie de cette audace… Carole Fredericks lèvera un coin du voile, en 1997, lors d'une interview à *Platine Magazine*[2].

« Platine : Comment expliquez-vous que Goldman ait monté le trio Fredericks-Goldman-Jones alors qu'il était en solo ?

Carole : C'est un musicien généreux qui n'a pas peur de partager. Avec Michael, on était toujours sur le devant de la scène. Jean-Jacques a simplement voulu régulariser la situation. C'était logique pour lui de former ce trio. Et ça ne lui a rien enlevé. Je ne connais pas beaucoup d'artistes français qui auraient eu cette attitude, pourtant, ça se fait dans tous les autres pays. […]

Platine : Comment vous répartissez-vous le travail ?

Carole : Jean-Jacques apporte les chansons, paroles et musique. Michael vient avec sa guitare et on amène chacun ses idées sur les voix, les arrangements musicaux, etc. […]

Platine : Avez-vous craint de chanter en français ?

Carole : Dans la chanson française, les textes sont importants. Soudainement, avec le trio, j'ai eu peur de mettre ma voix en avant. Jusqu'alors, je n'avais chanté qu'en tant que choriste. J'ai travaillé l'articulation pour que l'on comprenne bien mes textes sans pour autant essayer de trop perdre mon accent qui a apporté une couleur aux chansons. »

---

1. Entretien avec François Colinet, 24 février 2015.
2. *Platine Magazine*, décembre 1997.

Les textes interrogent. Jean-Jacques est clair : « C'est un album qui est vraiment basé sur les voix et les guitares[1]. » Les thèmes sont plutôt sombres selon les spécialistes, les actes manqués, l'absence, un certain mal de vivre, le bilan d'une vie, etc. « Je pense que dans mes actes manqués, et dans ce que j'ai manqué, il y a des choses positives, confie-t-il à l'antenne de RTL. J'aime les échecs, d'une certaine manière. J'aime bien mes succès aussi, mais il y a beaucoup d'échecs pour lesquels j'ai une petite tendresse. » N'est-ce pas un peu simpliste ? « En arrivant à quarante ans, je n'ai pas les mêmes préoccupations ni les mêmes réflexions qu'à vingt ans. À l'époque, c'était "Je vais changer le monde", maintenant je fais plutôt le constat de tout ce que je ne serai pas, tout ce que j'ai plus ou moins loupé. La façon de penser n'est pas la même[2]. » Chaque âge a ses vertus.

Ne craint-il pas d'être lâché par son public ? « Pour moi, arrivé à la sortie du disque, c'est fini. Tout ce que j'avais à vivre sur cet album est passé. Donc, là, il sort, c'est bien, mais à la limite, je ne me sens plus tellement concerné. Je l'ai été terriblement ces douze derniers mois. J'ai été inquiet, enthousiaste, déprimé. J'ai vécu toutes les phases, toutes les émotions, mais maintenant, je sais que j'ai fait du mieux que je pouvais, donc, pour moi, c'est fini. Je vais reprendre du poids[3] ! » Eh oui, l'auteur qui ne s'est point épargné, comme à chaque fois, a beaucoup maigri. Il doit se refaire une santé. Rien d'inquiétant à cela, il est coutumier du fait lorsqu'il compose.

Et si le succès n'était pas au rendez-vous ? « Je le vivrais de la même façon que j'ai vécu le succès, c'est-à-dire avec détachement. Je crois d'ailleurs que je suis mieux armé pour l'insuccès que pour le succès », assure-t-il[4]. Il n'est pas tendre avec lui-même : « Je suis un *loser* qui a réussi. J'étais vraiment programmé pour être un *loser* au départ. Mais je suis

1. *OK ! Magazine*, décembre 1990.
2. *Star Club*, janvier 1991.
3. *Salut !* 8 décembre 1990.
4. *Salut !* 8 décembre 1990.

très content d'avoir une vie contre nature. Ma nature n'était pas d'être sur la scène, elle était d'être dans la salle[1]. »

Les journalistes l'assaillent de questions. « J'ai toujours pris du plaisir à chanter avec d'autres et je connais Michael Jones depuis treize ans, Carole depuis six ans. En fait, il ne s'agit pas de quelque chose de très neuf chez moi, mais plutôt de l'aboutissement plus formel et visible d'une longue histoire[2]. » On lui demande de se justifier : « C'est un album de moi dans le sens où j'ai écrit toutes les chansons, mais ça peut s'apparenter à ce qui se passe dans certains groupes où il y a plusieurs interprètes et une personne qui écrit les chansons[3]. »

Jean-Jacques accepte de répondre par écrit au contenu d'un papier de *Libération*[4] au ton vindicatif, qui souligne son refus de « toute confrontation directe » et met l'accent sur cette intervention « longuement négociée » avec le chanteur. Ce à quoi Jean-Jacques répond : « Pas négociée. J'ai juste accepté de répondre à d'éventuelles questions techniques. Vous m'avez proposé de réagir ici, je n'ai souhaité que votre silence. Attitude justifiée par cet article, une fois de plus pauvre en infos musiciens, arrangements, son, studios, temps passé, style, thèmes, etc., mais riche en ragots, étiquetages et références péremptoires. Glose tordue, suffisance ordinaire, prétention et inutilité. Habituel… » Il commente ce pendable article au vitriol intitulé « Goldman : trois pour un » avec beaucoup de finesse. La volonté de nuire du journaliste est manifeste : « … comment croire à la réalité de Fredericks, Goldman, Jones, au-delà du caprice collectiviste ou du fantasme communautaire d'un *leader* en mal de camaraderie ? Comment gober l'idée selon laquelle un des plus gros contrats du pays partagerait en trois les royalties d'un album qui ne se vendra que sur le nom du milieu ? » interroge *Libération.*

Réponse de Jean-Jacques : « Personne n'est forcé d'y croire. Et comment intituler un disque où je ne chante pas seul neuf chansons sur dix ? »

1. *Ouvert le dimanche matin*, M6, 1991.
2. *Télé Loisirs*, mai 1991.
3. *OK ! Magazine*, décembre 1990.
4. *Libération*, 26 février 1991.

Libération : « On pourrait s'extasier sur le savoir-faire, l'adéquation avec son temps, l'analyse des besoins du public, si, d'une part, l'intéressé n'aspirait pas à nos yeux à plus [...] et de l'autre, cette disposition à l'universalité instantanée ne se payait pas ensuite si cher en termes de postérité : sans en exagérer la portée, le classement du hors-série du *Nouvel Observateur* : "40 ans de 45 tours de France" est cuisant, ne retenant *Quand la musique est bonne* qu'en soixantième position... »

Jean-Jacques riposte : « Postérité, classement, *Nouvel Observateur* : c'est une blague ? Passons à ce qui me fascine vraiment, ces chansons qu'on n'ose même pas disséquer tant elles sont implacables, ces miracles inexplicables, radioactifs de plaisir immédiat, bande-son d'un lieu, d'une époque, voire d'un été. Ces chansons autonomes, indépendantes de leurs auteurs, assez fortes pour exister encore à travers la voix d'un chanteur de bal, et instinctivement reconnues par l'ultime public, intégriste et visionnaire, les 13-14 ans : *The Letter, Bette Davis Eyes, I Get Around, Gimme Some Lovin, Baker Street, Friday on My Mind*, mais aussi le *Coup de folie, Cinq heures du mat', Joue pas*... Voilà ce qui m'épate, me fait baver, me glace, m'explose, m'excite. » [...]

Libération : « À l'approche de la quarantaine, fièrement portée dans le clip *Nuit* (début de calvitie non dissimulée), transparaît pour la première fois, sans qu'il l'assume encore publiquement, le double appel de l'ambition (exister, au-delà de *Salut !, OK !*, des télémagazines et du Crédit Agricole) et du renoncement (s'assumer, cynique, lubrique et indifférent). La résolution de cette contradiction interne digne d'un parfait Gémeaux qu'il n'est pas solitude contre gargarisme semble seule capable de réconcilier l'animal discret (à la vie personnelle vraiment privée et respectée : on ne révélera pas ici, par exemple, où et comment sa femme Catherine continue de travailler sous un autre nom et le porte-parole milliardaire d'une population lycéenne, étudiante, privée par ailleurs de projet, d'idéologie et d'identité. »

Jean-Jacques pointe et tire : « Vous savez tout de ma femme, mon fric, ma libido. *Libé* lave plus glauque. Je ne suis pas plus le porte-parole des étudiants et des lycéens que le rédacteur multimillionnaire mensuel [sic, NDLR] ne l'est du rock et du bon goût. Plus globalement, si l'on considère la dyslexie quasi parfaite entre les choix de *Libé* et ceux du public depuis toujours, l'un des deux doit se tromper… »

Le Monde[1], drapé dans sa ridicule posture, salit l'initiative : « Malgré les prétentions démocratiques du titre et de la pochette, Michael Jones et Carole Fredericks ne sont que des paravents. » Carole voit rouge : « Je n'ai pas du tout l'impression d'être un "paravent". Je ne veux pas être méchante, mais ces journalistes ne comprennent pas grand-chose. Il s'agit de personnes qui prennent trop de plaisir à dire des choses méchantes ou stupides. […] On n'est surtout pas des marionnettes. Il a écrit des chansons pour nous. C'est la musique et des textes qui nous touchent. À la base, il y a de l'amitié entre nous. On est des amis avant tout, des gens qui s'éclatent ensemble dans la musique. Comme il a dit : "On était en concubinage, on a juste régularisé la situation[2]." »

La rencontre avec Philippe Labro, alors directeur des Programmes de RTL, est d'un tout autre niveau. Depuis bon nombre d'années, Philippe Labro souhaitait s'entretenir avec l'artiste. « La première fois que j'ai croisé Jean-Jacques Goldman, au début des années 1980, à l'amorce d'un succès qui devait faire de lui le chanteur ? auteur-compositeur dont chaque parent français a entendu au moins une fois au moins l'une de ses chansons fredonnée par au moins l'un des enfants de la famille, il n'avait pas encore entièrement franchi la distance qui mène de l'obscurité des années d'apprentissage à la lumière des moments de réussite. Il était néanmoins évident qu'il possédait un magnétisme, qui ne s'arrête pas à la découpe du masque et à l'éclat dans les yeux, mais qui est dû à cet autre facteur indéfinissable et qui sépare les caractères. Il avait l'air peu loquace, réfléchi, sensible, pudique, animé d'une volonté

1. *Le Monde*, 10 janvier 1991.
2. *Rythmes en stock*, 1er avril 1993.

et d'une lucidité peu communes. » Son vœu exaucé, un lien de confiance s'établit entre les deux hommes. Il permet une approche plus intime, plus tangible aussi. L'artiste accueille le journaliste dans son *home studio.* « Jean-Jacques Goldman, "l'anonyme de luxe", comme il aime à s'identifier, me donna rendez-vous à une adresse qui m'intrigua, au douzième étage d'un immeuble, du côté du parc Montsouris, narre Philippe Labro[1]. Le jeune homme aura quarante ans en octobre, mais si je persiste à l'appeler "jeune homme", c'est qu'il en paraîtrait quinze de moins, n'eût-ce été une raréfaction naissante de ses cheveux noirs sur un beau front large et lisse. Tout, dans son allure, reflète jeunesse, souplesse et agilité : vêtu des mêmes couleurs, entre gris clair et gris foncé, il marche dans la rue pour monter sur sa Honda Transalp trial et se coiffer d'un casque intégral à visière fumée qui le met encore plus à l'abri des chasseurs de stars – seul, comme dans sa chanson, sans chauffeur ni garde du corps, sans autres lois que celles qu'il s'est, au fil des ans, dictées. Il a des yeux vifs et sombres en amande, un teint inhabituellement mat, dû à un séjour "travail-vacances" à l'île Maurice. Vacances : pour sa femme et ses enfants. Travail : un principe, mis au point depuis plusieurs tournées, selon lequel le meilleur moyen de souder une équipe – choristes, musiciens, techniciens, et, en l'occurrence, deux autres solistes, Fredericks et Jones, à qui il offre, en toute fraternité, le même espace et le même rôle qu'à lui, sur la scène comme à l'affiche. » À son habitude, Jean-Jacques est d'une simplicité désarmante. Point de forfanterie, un homme « ordinaire » dans un cadre « ordinaire » selon ses choix.

« Nous parlons, assis sur des chaises de métal, dans la cuisine étroite d'un très banal appartement, composé de trois pièces, qui fait l'angle de cet immeuble récent, au douzième étage, sans voisins, sans vis-à-vis. "Ici, c'est chez moi. C'est là que je compose et écris. À la maison, c'est l'univers de ma femme et de mes enfants, le mien aussi, certes, mais je passe ici tout

1. *Le Point* n° 975, 27 mai 1991.

le temps de mon élaboration. Il m'est nécessaire d'être seul, de pouvoir faire le bruit que je veux, m'endormir ou me réveiller à n'importe quelle heure. C'est mon atelier, en somme. On appelle ça un *home studio* dans le jargon des musiciens de rock, et si vous ne voyez rien à côté de mes outils de travail, c'est parce que je suis aveugle à ces choses-là : décor, couleurs, moquette ou pas, etc." »

Les "outils" sont répartis dans la pièce d'angle, dont les fenêtres donnent sur un paysage urbain, des tours, de la pierre, du gris, du blanc. Il s'agit d'un ordinateur Atari dont la programmation autorise à concocter des arrangements couvrant plus de vingt instruments de musique. Il est relié à un Digital Piano, un Roland, appareil synthétique, dit "synthé". Un magnétophone Akai à 12 pistes et un petit mixer Boss BX 16, qui permet de mélanger les sons, complètent, avec des baffles et plusieurs boîtes à rythmes, ce dispositif grâce auquel Jean-Jacques Goldman peut préparer ce qui, dans un studio professionnel, deviendra un album. »

Saurait-il s'expliquer au sujet de sa faculté de trouver, en paroles comme en musique, la symbiose qui fait mouche ? « Ce qui fait qu'à peine entendue, une chanson de vous se retient, envahit l'inconscient collectif. C'est quoi, ce don ? » demande Philippe Labro. « Vous mettez un musicien sans talent dans une pièce, et vous le laissez jouer toute la journée, répond le créateur. À un moment, il va faire deux choses de qualité dans le tas, mais il ne saura pas les reconnaître. En ce qui me concerne, je ne sais pas d'où cela me vient, mais je peux reconnaître la qualité. Un son, un changement d'accord, un petit rien vont me plaire, et si ça me plaît, ça va plaire aussi aux autres. Il y a une étincelle et je la décèle. C'est là où je suis plus balèze que l'autre musicien. Avec le texte, c'est pareil : trois mots, détachés du fatras des autres mots, vont concrétiser un moment d'émotion musicale. *Quand la musique est bonne*, quoi de plus simple ? Et pourtant, cela a fait une chanson à succès, et pour les jeunes qui l'ont chantée, l'idée que je voulais transmettre passait par ces petits mots.

— Vous avez donc tamisé toute la journée, toute la nuit, et découvert une ou deux pépites au milieu des cailloux.

— Non, “pépite” est trop prétentieux, disons un ou deux cailloux blancs au milieu de milliers de cailloux gris. Il a suffi que j'entende une fois, à treize ans, *Hey Joe*, de Jimi Hendrix, pour savoir que c'était une sensation, avant même que cela le devienne. Mais chez nous, chez les Goldman, même si je sentais que j'étais musicien, il était inconcevable qu'on puisse vivre de la musique ! Et il aura fallu que je vende un million de disques en 1981 pour laisser tomber le magasin de sport que j'avais repris à mon père, avec mon frère. C'est dire dans quelle sous-estimation je tenais le métier de la musique !

— Et vous-même ? Vous vous sous-estimiez ?

— J'étais, en 1981, quand tout a explosé pour moi en une seule chanson, dans la situation du type qui joue vaguement au tennis le dimanche, s'inscrit à Roland-Garros et se met à gagner. Il est étonné de passer tous les tours : il a battu Edberg, Lendl, il a battu Becker, c'est pas normal ! »

Jean-Jacques aime à évoquer son père et rappeler les valeurs qu'il lui a transmises : « Il ne supportait pas les situations acquises. » « Et vous, aujourd'hui ? Quand vous écrivez : “Si j'étais né en 17, et allemand, aurais-je été meilleur ou pire que ces gens ?” » interroge Labro. « Je n'ai pas de doutes sur mes choix, même si je m'attends au tournant, affirme-t-il posément. Mais je suis souvent énervé par la morgue vertueuse des gens qui défilent, quand je sais qu'il existe des fascistes potentiels au sein des troupes de la vertu. C'est facile, ça se voit dès la première crise, dès qu'un manque apparaît. Il suffit d'un manque d'essence. Il y a une façon, dans notre pays, d'accuser les petits Blancs, les soldats irakiens, les autres, ces “improbables consciences, larmes au milieu d'un torrent”. Je crois qu'il est commode d'être vertueux, en France, et qu'il faut tenter de juger en se débarrassant de cette prétention. » Labro poursuit : « Le ton du jeune homme est posé, comme attaché à ne pas blesser inutilement, convaincu que ce qu'il dit ne présente pas plus d'intérêt sous prétexte qu'il vend des millions de disques, car les "attributs de la star" l'indiffèrent. » « Cela ne veut pas dire que je crache sur l'argent. Je profite de ma situation sur le plan matériel. J'ai des voitures, quelque part dans des garages à Paris, et je peux, en effet, affréter un avion pour aller voir tel ou tel spectacle. Je suis maître de mon temps libre. Mais il faut savoir détecter son luxe à soi. Et ce luxe-là est à la portée de tout le monde : l'odeur du café le matin ; un film de Woody Allen ; la douche après le tennis ; regarder les gens, au bord de la mer ; un poulet-patates chez mes copains du Sud-Ouest ; aller au concert en spectateur *incognito*, assis parmi la foule ; déceler l'étincelle. »

Puis, Jean-Jacques a ouvert sa maison, sa « vraie » maison au journaliste qui n'a pu qu'être touché par cette délicatesse : « Dans ce pavillon confortable, dépourvu d'extravagance, aux couleurs gaies et vives choisies par sa femme, doté d'un jardin (simple pelouse, quelques arbres, avec, dans le fond, la cabane construite pour les enfants), il était facile d'imaginer avec quelle délectation Jean-Jacques Goldman avait un jour rédigé sa propre fiche biographique : "Sujet difficile à saisir. Banalité préoccupante." Je soupçonnais ce cérébral d'avoir choisi de demeurer au centre de ce décor, au cœur de la banlieue sud, de l'autre côté du périph', non seulement parce que cela faisait partie de ses "racines" (il y trouvait sans doute, sans l'analyser, quelque réassurance), mais surtout parce que cette atmosphère, ce rythme de vie lui conserveraient sa clarté de jugement, le garderaient de toute illusion. Ne jamais être dupe – phrase clé du comportement de Jean-Jacques Goldman face à sa popularité. » « Avec Catherine, on le vit avec distance. On a le même regard sur le phénomène : étonnement, intérêt, mais détachement et amusement, en sachant que, fondamentalement, ce n'est pas important.

— Qu'est-ce qui est important, pour vous deux, alors ?

— Ce qui arrive à tout le monde. Les vrais problèmes. Les relations avec autrui. Comment nous allons vieillir ensemble. »

En mars[1] sort le second *single*, extrait de l'album, *À nos actes manqués.* Ce bilan très joyeux des petits loupés de la vie réjouit les fans. À l'intérieur, les trois complices ont recensé tous leurs actes manqués qui n'étaient pas évoqués dans la chanson. C'est jubilatoire. « Aux démentis, publications légales, indice CAC 40, cessez-le-feu, chargeurs vides, repas de famille, néons de salle de bains, ascenseurs en panne, Dim-up, poil(s) sur savon(s), cafés froids, bouteilles vides, dimanches-à-15-heures-qui-sont-déjà-des-lundis, droits de visite, dérapages non contrôlés, toilettes à la turque, toilettes sans papier, chauffe-eau en panne, loto, lacets qui cassent, batteries déchargées (en hiver), tu m'aimes ? Qu'est-ce qu'on fait dimanche ? Migraines (féminines), penalty sur la transversale, sexualité, mire des fins de programmes, fautes de frappe, manque de courage, manque de lâcheté, moitiés d'orange quelque part, ce qu'"ils" croient savoir, ce qu'"ils" ne sauront jamais, mots, idées, musiques qui nous dépriment, ceux qu'on ne veut pas connaître, prochain verre… » Jean-Jacques évoque la genèse de ce titre : « Un soir, j'ai dîné avec des amis et on a lancé la discussion sur tout ce qu'on avait manqué dans nos vies, tout ce qu'on trouvait manqué. On a fait une liste de tout ça. Évidemment, ça a commencé sérieusement, puis à la fin, c'était le délire… J'en ai fait une chanson[2]. »

Carole, Jean-Jacques et Michael lancent la tournée en avril[3]. Elle débute avec les concerts en outre-mer. « … maintenant la scène et en particulier cette fois-ci, parce que j'y serai pas tout seul […] c'est un truc que j'ai envie de faire parce qu'on va beaucoup s'amuser[4] », s'enthousiasme Jean-Jacques. Il se plaît à évoquer ces contrées chères à son cœur avec *Salut !*[5]

« Une fois encore, tu as choisi l'île Maurice et La Réunion pour donner le coup d'envoi de la scène. Connaissais-tu ces

1. Mars 1991.
2. *Salut !*, 13 mars 1991.
3. Avril 1991.
4. *Pour un clip avec toi*, M6, 1991.
5. *Salut !*, avril 1991.

endroits avant d'y débuter ces concerts ? lui demande Nicole Korchia.

Jean-Jacques : Oui, c'est la troisième fois que nous allons y jouer. […]

Salut ! : Jouer tes premiers concerts sous le soleil est presque devenu une habitude…

Jean-Jacques : Oui, cela date déjà des deux dernières tournées. Je me suis rendu compte que c'était très stimulant de commencer ici. Ça nous permet de partager d'autres choses que des répétitions et des concerts. Ne serait-ce que des repas, des journées, des activités, des sorties, des bouts de vie en commun. Et quand on revient, on est une espèce de "gang", de commando musical… Il s'est passé autre chose entre nous tous et ça se sent sur scène.

Salut ! : Quelles sont tes impressions sur ces îles ?

Jean-Jacques : On ne peut pas les comparer. La Réunion est un département français et c'est l'endroit que je préfère des deux. C'est un paysage très intéressant, à l'intérieur des terres surtout, avec peu de plages, très beau, très sauvage. Et puis je n'ai jamais vu un tel brassage de races. C'est hallucinant… On voit des filles d'origine africaine avec des yeux verts, des métisses incroyables. Il y a un vrai mélange. L'île Maurice, c'est autre chose. C'est une île de plage avec un million d'habitants à dominante hindoue (85 %). Les races ne se mélangent quasiment pas ou très peu. Ce n'est pas la même culture… […]

Salut ! : Vacances obligent, on vient de te découvrir, sous le soleil, un côté sportif. Parle-moi de ton expérience de surfeur…

Jean-Jacques : Un type m'a proposé d'essayer, c'était l'occasion… Je suis resté sur le surf à peu près un quart de seconde chaque fois et il me fallait à peu près dix minutes pour remonter et aller rencontrer la vague. C'est un sport terriblement dur mais fascinant.

Salut ! : Joues-tu les touristes également ?

Jean-Jacques : Un peu, j'aime bien découvrir les endroits par rapport aux gens que je rencontre. Certains ont fait le tour de l'île en hélico, d'autres de la pêche. Moi, j'ai loué une moto et j'ai rencontré des motards. C'est un peu comme pour les surfeurs, j'en ai rencontré alors j'ai essayé. La secte des surfeurs m'a particulièrement impressionné. C'est étonnant. Certains sont là tous les matins à quatre heures trente pour attendre la vague. Ils se lèvent, vont voir la vague... C'est la première chose qu'ils font, puis ils vont se recoucher après. C'est une passion quoi ! Leurs gestes, leur langage, leur amour... Impressionnant.

Salut ! : Comment est l'accueil ici ? Le brassage de race augmente-t-il la réceptivité musicale ?

Jean-Jacques : J'ai l'impression qu'au-dessous de la Méditerranée, partout la musique est vraiment reine. Dans toute l'Afrique... Ici la musique fait partie de la vie et tous les genres sont acceptés : antillais, rock, variétés... »

Aux pointilleux, aux spécialistes, Jean-Jacques doit expliquer ses choix musicaux. Pourquoi a-t-il embarqué Erick Benzi, ancien membre du groupe Canada, dans cette aventure ? « Vers *Entre gris clair et gris foncé*, je me suis rendu compte que je commençais à être dépassé, en particulier sur les rythmiques – mes morceaux rapides commençaient à dater, à sonner un peu vieux. Des amis m'ont aussi fait remarquer que j'avais beaucoup de progrès à faire sur le plan de l'arrangement[1]. » Il en est bien conscient, il a besoin du professionnalisme d'un expert. « Il fallait quelqu'un qui m'apporte beaucoup sur le plan des rythmiques, des programmations, sur le plan des sons de claviers, quelqu'un qui joue des claviers. Et j'ai écouté quelques cassettes, par hasard, du travail personnel qu'il [Erick Benzi] faisait et c'était exactement ce que je recherchais[2]. » Les critiques ? Il s'y attend. « Il n'y a aucune raison pour que cet album soit mieux ressenti par la critique. Je ne vois pas comment pourraient l'aimer ceux qui ont détesté *Il suffira d'un signe* et toutes les chansons de mon premier album. Si changement de leur avis il y

1. *Le Figaro*, 29 septembre 1997.
2. Nostalgie, 26 et 27 septembre 1997.

avait, ça viendrait d'eux, parce que mes chansons ne sont ni plus ni moins fréquentables que celles d'avant[1]. »

Tout cela n'a guère d'importance au regard de ce qui se joue pour des millions d'êtres humains à l'autre bout du monde. En Afrique du Sud, l'apartheid est aboli le 30 juin 1991. Apartheid : ce mot signifie « séparément » en afrikaans, la langue des colons d'origine hollandaise arrivés au pouvoir en Afrique du Sud en 1948. À travers le monde, l'emblématique figure de Nelson Mandela est aussitôt associée à cette victoire. Organisateur de la lutte armée, opposé au régime raciste de l'apartheid, il fut emprisonné à vie en 1962 pour sabotage et conspiration. Le 11 février 1990, le futur premier président noir de l'Afrique du Sud démocratique était libéré après vingt-sept ans de prison. « Être libre, ce n'est pas seulement se débarrasser de ses chaînes… dira-t-il. C'est vivre de manière à respecter et renforcer la liberté des autres. »

Or, en juillet, sort *Né en 17 à Leidenstadt*, le troisième *single* extrait de l'album des trois complices. Comment ne pas y voir un clin d'œil du destin ? De quoi est-il question dans cette chanson ? De la jeunesse allemande marquée par l'humiliation de la défaite lors de la Première Guerre mondiale, de la lutte armée entre catholiques et protestants en Irlande du Nord, de l'apartheid… Carole Fredericks ne peut qu'y être sensible car elle a vécu dans un contexte similaire. Ne chante-t-elle pas « Si j'étais née blanche et riche à Johannesburg/ Entre le pouvoir et la peur/Aurais-je entendu ces cris portés par le vent ?/Rien ne sera comme avant » ? Carole confie : « J'ai beaucoup apprécié les paroles de Jean-Jacques pour cet album, parce qu'il a touché plein de choses qui me touchaient et qui, je crois, touchaient Michael aussi. Je me suis dit : "Il a pensé à nous ! Il a pensé à des choses dont on a parlé quand on était entre nous[2]." » Cette chanson qui les réunit les inonde et les submerge d'émotion.

1. *Podium*, mai 1991.
2. *Giga*, Antenne 2, 19 février 1991.

Quid du futur pour Jean-Jacques ? C'est prématuré de l'évoquer. « L'avenir ? Je ne sais pas. Tout est envisageable : continuer à trois, retourner à un travail plus solitaire… ou bien écrire pour une chorale tibétaine ou pour une comédie musicale[1]. » De multiples influences l'inspirent et il en fait son miel : « Je suis surtout content de voir qu'il y en a d'autres qui vont prendre la relève. J'ai l'impression d'être un peu mieux à ma place à côté des gens de mon âge qui font leur métier sérieusement, tranquillement, avec envie, plutôt qu'être un phénomène de "génération Goldman" un peu ridicule. Ces clichés m'ont gêné, alors je suis plutôt soulagé que ça se termine[2]. » Il n'espère qu'une chose, que ses chansons plaisent à son fidèle public : « On fait de la musique pour séduire au départ, pour plaire ne serait-ce que par le temps qu'on y met. C'est vrai que tout ce qui est promotion, c'est ce que les gens voient en apparence, mais quand même, l'essentiel du travail de séduction qu'on fait, c'est en écrivant les chansons et en les interprétant. Et ça, on y a passé un an ou deux[3]. »

Pour son *Grand Format*, Évelyne Pagès[4] est parvenue à convaincre Jean-Jacques de participer. Le principe de l'émission est clair, accumuler des témoignages, former un puzzle afin de reconstituer l'image de l'invité qui commente à sa guise. Elle nous offre des pépites. Qui a dit que l'auteur-compositeur-interprète était muet comme une tombe ? Nous découvrons l'essentiel de cet homme pudique, farouche, à l'humour affiné.

« Évelyne Pagès : À ceux qui nous écoutent aujourd'hui – qui vont nous dire "Ah, c'est bien, Jean-Jacques Goldman, il a fait des études poussées", aux parents qui vont dire à leurs enfants, "Tu vois, Jean-Jacques Goldman, que tu admires tant, mon petit chéri, il a fait des études poussées", qu'est-ce que vous diriez, vous ?

Jean-Jacques : Je dirais qu'un garçon n'a pas besoin d'études, contrairement à ce que disent les gens, que les filles n'en ont

1. *Télé Loisirs*, mai 1991.
2. *Salut !* 8 décembre 1990.
3. *Salut !*, 5 juin 1991.
4. *Grand Format*, RTL, 29 juillet 1991.

pas besoin et qu'il faut pousser les garçons. Je crois que c'est tout à fait le contraire. Un garçon, s'il veut s'en sortir, il peut toujours s'en sortir, et par contre, il faut absolument pousser les filles dans leurs études, parce qu'elles ont besoin d'un métier. Il y aura un moment, entre vingt-cinq et trente ans, ou trente-cinq ans, où elles seront bloquées, par leur famille, par leurs enfants, et donc elles auront besoin, à ce moment-là, de s'appuyer sur un bagage. C'est mieux, quand même, d'être médecin pour travailler à mi-temps, d'être psychologue, ou d'être prof… Le diplôme, c'est quand même la porte pour l'aménagement du temps, pour une femme. Moi, je pousserai beaucoup mes filles à faire des études ; par contre, un garçon, non. Il peut s'en sortir en vendant des jeans sur un marché, il y a des tas de métiers où il est plutôt mal vu de faire des études. Pour devenir directeur d'une maison de disques ou preneur de son, ou musicien, ce sont des choses qui s'apprennent à côté. À la limite, un diplôme, ça peut plutôt les perturber. Quand on a un diplôme de vétérinaire, en général, on devient vétérinaire. Peut-être que ce n'est pas ce que l'on avait envie de faire… C'est peut-être plutôt une contrainte que l'on s'est tracée qu'une liberté que l'on s'est ouverte. […]

Évelyne Pagès : … Vous avez combien d'enfants ?

Jean-Jacques : J'en ai trois.

Évelyne Pagès : Que des filles ?

Jean-Jacques : Non, j'ai deux filles et un garçon.

Évelyne Pagès : Bon, alors les filles…

Jean-Jacques : Les filles, je les emm… je les embêterai au niveau des études.

Évelyne Pagès : Oh les pauvres ! Alors, le garçon, il peut vendre des jeans sur un marché…

Jean-Jacques : Oui, parce qu'il aura du temps, ils peuvent s'investir à 100 %. Il y a une grande inégalité physiologique. Il n'y a pas les choix fondamentaux que doit faire une femme à trente ans. […] »

Évelyne Pagès recueille le témoignage d'amis de Jean-Jacques : Thierry Suc, Bernard Schmitt, Marc Lumbroso.

« Évelyne Pagès : Thierry Suc, c'est le tourneur, l'homme qui organise les représentations, les galas, qui partage donc pratiquement 365 jours de votre vie.

Thierry Suc : Jean-Jacques, c'est quelqu'un de très, très professionnel, qui aime s'occuper de tout, de voir un peu tous les détails de l'affaire. Il s'occupe aussi bien du réglage des lumières, que le son soit bon, que les musiciens soient bien. C'est quelqu'un de fantastique. Il est très, très professionnel, et il va au bout de ce qu'il a envie de faire. C'est quelqu'un de profondément généreux avec les autres ; il sait ce qu'il veut, il ne supporte pas – je crois que c'est son principal défaut qui est en fait une qualité – la médiocrité. Il veut que tout le monde soit à sa place, et fasse ce qu'il a à faire. C'est comme cela que l'on essaie de faire qu'un spectacle soit de la meilleure qualité possible. Il se détend très peu. Jean-Jacques est quelqu'un qui a besoin de se reposer, comme toute personne qui a fourni un effort, et la principale chose après un concert, c'est d'aller dîner, et aller dormir. [...]

Jean-Jacques : Pour chanter, il faut beaucoup de sommeil. Ce n'est pas systématique. La vie de tournée est passionnante, et vite usante aussi. Il faut sortir avec les musiciens de temps en temps, et il m'arrive de visiter ces lieux de nuit, ne serait-ce que pour voir autre chose que des kilomètres, des hôtels et des salons tchèques. Je n'ai tourné qu'avec lui, pour l'instant.

Évelyne Pagès : Il vous reproche d'être un peu perfectionniste, mais on reproche ça à beaucoup de professionnels.

Jean-Jacques : Je ne suis pas très perfectionniste, mais je ne fais pas beaucoup confiance. Je mets mon nez un peu partout. Je délègue, mais je suis sûr que, par exemple, ce que je demande à Thierry, il y a beaucoup de tourneurs qui n'accepteraient pas ça. Que je mette mon nez un peu partout, que je vérifie comment ça marche, que je lui fasse des reproches quand ça n'a pas bien marché, et que je le félicite quand ça marche bien aussi. Et c'est aussi la raison pour laquelle je l'ai choisi : parce que c'est quelqu'un d'ouvert, qui peut, sans problèmes d'ego – parce que je n'en ai pas moi non plus – on peut travailler ensemble, sans qu'il dise, toi, tu vas sur la scène, tu chantes, et puis après, tu vas à ton hôtel ou danser en discothèque et je m'occupe du reste. Ce n'est pas le genre d'attitude qui m'intéresse, et lui, il est assez intelligent et assez ouvert pour accepter cette attitude. [...]

Évelyne Pagès : [...] Nous écoutons Bernard Schmitt. Il a des tas de questions à vous poser sur vos rapports professionnels.

Bernard Schmitt : C'est très facile de travailler avec lui, parce qu'il est très intelligent. Il sait exactement ce qu'il veut, il a des idées sur ce qu'il veut, et c'est toujours agréable. Il est très créatif, c'est-à-dire qu'il a souvent des idées plus originales que ce que l'on pourrait penser quand on n'a vu que le personnage public. Il est prêt à prendre plus de risques que ce que l'on pourrait penser. Il ne demande qu'à aller un peu trop loin, souvent. Son principe, c'est qu'il faut toujours trouver la solution. Il n'est absolument pas capricieux. Sur le tournage d'un clip, on peut l'avoir de huit heures le matin à quatre heures du matin ; il attendra dans un coin, que l'on ait besoin de lui, sans dire qu'il veut deux loges à lui, et qu'on s'occupe de lui. C'est quelqu'un de très agréable. Il a une manière, parfois, de se fermer complètement, quand il a un problème. Il peut tout à coup s'enfermer dans un grand silence qui peut durer pas mal de temps et on ne sait pas pourquoi. On se met à culpabiliser autour, sans que cela soit forcément une raison de culpabiliser.

Évelyne Pagès : Je vous ai vu pour la première fois réagir comme si Bernard Schmitt vous apprenait quelque chose ?

Jean-Jacques : Il analyse bien les choses. C'est vrai, c'est ma façon de fonctionner. [...] C'est ma façon à moi de m'exprimer, de fuir, d'éclater. C'est peut-être le seul besoin fondamental que j'ai, d'être tout seul de temps en temps. Je n'ai pas besoin de gens autour de moi, je n'ai pas besoin de gens qui m'accompagnent, qui me parlent, une tribu, une espèce de cour autour de moi. Je ne supporte pas ça. J'ai besoin, très souvent, d'être tout seul. Ce n'est pas par mépris pour les autres. C'est vraiment un besoin physique. Et lui, il l'a très bien ressenti. Dans ma famille, c'est pareil. De temps en temps, je me ferme, et il y a des semaines où je ne parle pas, où je ne suis pas accessible, où je ne suis pas attentif. [...]

Évelyne Pagès : Encore un témoignage sur Jean-Jacques Goldman professionnel, homme public et homme privé. Les deux se rejoignent grâce à votre éditeur, Marc Lumbroso, un ami d'enfance également.

Marc Lumbroso : C'est assez habituel de dire des gens qu'ils n'ont pas changé lorsque l'on veut tracer un portrait flatteur d'eux. Dans le cas de Jean-Jacques, c'est exactement la vérité. Il est resté totalement lui-même. Aujourd'hui, il est le même personnage que celui que j'ai connu en 79. Ce qui le caractérise, c'est sa volonté, sa lucidité, et le fait que ce soit un travailleur acharné. C'est aussi quelqu'un qui a des idéaux très précis, qui a l'intelligence de mettre son réalisme au service de son idéal. Je ne crois pas que ce soit quelqu'un qui ait des passions dans la vie en dehors de la musique. C'est peut-être quelqu'un qui aurait tendance à sacrifier une partie de son côté rêveur pour arriver à son but. C'est quelqu'un qui, par nature, a besoin de rationaliser un peu tout, et qui s'efforce de le faire. Cela peut avoir un côté un peu négatif parfois.

Jean-Jacques : C'est vrai que je pourrais éventuellement regarder les étoiles dans les Cévennes, et je suis dans ce studio en train de faire une interview ! Je crois qu'il tient les deux côtés. D'un côté, c'est vrai que j'aime bien flâner, passer du temps. Je m'habitue très bien aux vacances, à l'oisiveté totale, mais d'un autre côté, il y a aussi l'envie de faire des choses, de réaliser des choses. Ce sont deux choses qui s'opposent, mais il faut vivre avec cela. Je crois que c'est le cas de tout le monde. On a tous envie de temps en temps de partir sur une plage avec des cocotiers, de l'eau bleue, et de ne penser qu'à la couleur de notre bronzage, et au bout d'un mois, on en a marre. On a envie de retrouver Paris, son oxyde de carbone, son agressivité et son activité. »

Certes, avec courtoisie et un rien de désinvolture, Jean-Jacques a conservé la maîtrise de l'interview. Il tient à garder le contrôle, préserver sa vie privée. Il refuse de faire partie du « star system ». Comme nous le comprenons… D'ailleurs, il y a quantité de traces de lui déjà recensées par la presse. Certains se risquent même au portrait chinois ! Il faut tout de même oser. Que ne ferait-on pas pour vendre du papier encore et encore sur le dos des artistes ?

« […] Si c'était une qualité : Ce serait la sincérité, le fait d'essayer d'être "net" dans la vie. Jean-Jacques est également quelqu'un de très simple et de lucide.

Si c'était un défaut : Jean-Jacques s'en reconnaît au moins deux : le manque d'ambition et la rancune. Il se dit être "pathologiquement rancunier !" […]

Si c'était un livre : Jean-Jacques a toujours beaucoup lu. Son dernier coup de cœur a été pour *Mémoires d'Hadrien*, de Marguerite Yourcenar. […]

Si c'était un objet fétiche : Jean-Jacques tient beaucoup à une guitare que lui avait offerte Coluche.

Si c'était une devise : "Bénir chaque jour que l'on vit", c'est cette devise que Jean-Jacques s'efforce d'appliquer, même si ce n'est pas toujours facile.

Si c'était un héros : Jean-Jacques a eu surtout des "guitare héros", comme Jimi Hendrix, Johnny Winter ou le guitariste du groupe Toto. Il y a beaucoup de gens qu'il admire, mais il n'a jamais rêvé de leur ressembler.

Si c'était une saison : La saison que Jean-Jacques préfère est l'automne.

Si c'était un complexe : Aussi loin qu'il s'en souvienne, Jean-Jacques s'est toujours accepté comme il est. Il n'a pas de complexe d'infériorité mais encore moins de complexe de supériorité.

Si c'était un jeu : Le seul jeu auquel il joue est le Scrabble. […]

Si c'était un excès : Le seul excès que Jean-Jacques s'autorise concerne le travail. Il ne supporte pas l'alcool et traîner dans les boîtes de nuit n'a jamais été son truc.

Si c'était une phobie : Jean-Jacques a horreur de la mer. Il n'a pas le pied marin et préfère de loin la montagne.

Si c'était un parti politique : Issu d'une famille militante, Jean-Jacques s'est toujours beaucoup intéressé à la politique. Il se définit comme étant "modéré". [...]

Si c'était une religion : "Mon rapport au judaïsme, déclare Jean-Jacques, est plus intellectuel que pratique. Mes parents n'étaient pas pratiquants et je n'ai pas été élevé dans la religion. Je suis un ignare en matière de dogmes et de fêtes religieuses, mais il est hors de question que je ne revendique pas ma judaïté quand on me pose la question."

Si c'était un rêve pour l'avenir : "Quoi qu'il arrive, je continuerai à faire des disques, ou au moins de la musique, déclare Jean-Jacques qui aura quarante ans en octobre prochain. Je n'ai jamais rien fait contraint et forcé, sauf peut-être la promotion. Demain, je choisirai ce qui me fait le plus plaisir, et pour le reste, je mettrai des coups de couteau dans tout ce qui me gonfle[1]." »

Tout ceci lui semble un brin frivole au regard de l'émotion qui l'étreint au Vietnam. Il faut se souvenir que l'Accord de paix de Paris reconnaissant la souveraineté, l'unité et l'intégrité territoriale du Vietnam, a été signé le 27 janvier 1973. Après une période de guerre de trente-cinq ans, qui s'est achevée par la réunification du Vietnam, et des années mouvementées, le pays a gagné sa pleine indépendance et son unité. Les années 1990 amorcent enfin un réveil économique spectaculaire et salutaire. La tournée conduit Carole, Michael et Jean-Jacques en Asie, non pour faire une carrière internationale, mais par pur plaisir de donner de la joie : « Ce qui ne dépend pas du tout de ces tournées mais de beaucoup d'autres choses qu'on ne contrôle pas, donc c'est juste par plaisir si on part en Thaïlande, en Afrique, ou si on part dans les Caraïbes ou à Bali », assure Jean-Jacques[2]. Pour leur premier concert organisé à Hanoï[3], les trois protagonistes sont médusés : « Au Vietnam, narre Jean-

1. *Star Club* n° 44, juillet 1991.
2. Coffret Fredericks Goldman Jones, novembre 1990.
3. Hanoï, 26 juin 1992, Centre d'exposition Hanoï.

Jacques, on a fait le premier concert depuis la fin de la guerre à Hanoï et donc c'était beaucoup plus qu'une rencontre avec nous, c'était une rencontre avec la musique, avec les lumières, avec une envie de ressembler au reste du monde. Sans faire de fausse modestie, notre musique était un prétexte. Alors, il y a eu un grand boulot qui a été fait par l'Alliance Française sur place d'abord, il y avait beaucoup d'étudiants, il y a un passé francophone évidemment, mais il y avait beaucoup d'étudiants qui avaient étudié les textes et qui connaissaient les chansons déjà. Mais, très vite, le concert a pris une autre ampleur, je crois qu'il y avait plus de dix mille personnes. Pour ces gens-là, ce qui était très touchant, c'est qu'ils ont commencé à se mettre torse nu, un peu comme dans les concerts de rock. Ils n'écoutaient même pas la musique, ils avaient une envie de ressembler aux autres, c'est-à-dire de sortir de ces années de guerre et enfin de devenir simplement des gens comme tout le monde qui n'étaient plus des combattants forcément, mais des gens en paix, pouvant danser, et ça, c'était assez touchant. Le concert à Phnom Penh [Cambodge] aussi était assez touchant aussi parce que c'était aussi le premier concert[1]. » Michael Jones se souvient : « Le premier concert au Vietnam, c'est la stupéfaction. Les gens dans le public nous lançaient des canettes vides. Nous, on pensait qu'ils n'aimaient pas le spectacle. En fait, pas du tout. On a appris, par la suite, que là-bas ils fabriquaient tout avec des canettes. Pour eux, ça avait une vraie valeur. Quand ils lançaient des canettes sur scène, dans leur esprit, c'est comme s'ils lançaient de l'argent[2]. »

1. O'FM, 29 décembre 1993.
2. Propos recueillis par Alexandre Fievée, *Fredericks Goldman Jones*, Gründ.

6

La simplicité est
la sophistication suprême.

LÉONARD DE VINCI

Obligé de dire « non » à nombre de causes humanitaires, Jean-Jacques s'en explique : « On ne peut pas résoudre tous les problèmes. Il y a beaucoup de problèmes qui doivent être résolus par le pouvoir et les collectivités et pas par les gens qui passent à la télé[1]. » S'il a chanté pour SOS Racisme, « sans hésitation, puis il s'en détachera, fermement, sans tapage », nous dit Philippe Labro[2], il a souhaité réaffirmer ses convictions : « J'ai toujours pensé que c'était une belle et grande idée, mais j'ai aussi dit qu'à l'instant où un homme de droite ne pouvait pas se reconnaître dans ce mouvement, c'était la fin de cette idée. Et je l'ai dit à Harlem Désir. » Attristé que la tournée 89 des Enfoirés n'ait pas donné naissance à de nouveaux spectacles pour les Restos du Cœur, après deux années de pause, il propose à Véronique Colucci de relancer Les Enfoirés. La démarche de Jean-Jacques vers Véronique Colucci est motivée : « Faisons quelque chose, lui a-t-il dit. C'est pas possible de laisser ce qui a été fait comme ça. » Le but n'est pas de privilégier le côté artistique et de se faire plaisir entre artistes, mais bien de faire un maximum d'audience. Pour cela, des choix s'imposent. « C'est un peu horrible de dire ça, mais on essaie

1. *Génération Laser*, RTL, novembre 1991.
2. *Le Point* n° 975, 27 mai 1991.

surtout qu'il y ait une cohérence dans l'affiche de façon à ce que ça puisse intéresser les télés par exemple et les spectateurs, tout simplement dans un souci d'efficacité pour les Restos du Cœur[1]. » Il souhaite que l'œuvre de Coluche perdure. Il s'en ouvre à Véronique Colucci : « Essayons de prendre un rythme, que, tous les ans, il y ait un rendez-vous médiatique, donc financier pour les Restos. » Il espère susciter des vocations afin que d'autres artistes prennent le relais et soutiennent la cause.

Il organise un concert à l'opéra Garnier (Paris)[2], le premier filmé, diffusé à la télévision et vendu aussi en DVD. *La Soirée des Enfoirés*[3] réunit Carole Fredericks, Michael Jones, Francis Cabrel, Patricia Kaas, Smaïn, Muriel Robin, Patrick Sébastien et Renaud. Elle est présentée par Maryse Gildas. Pari gagné : 8 051 400 téléspectateurs, 38,7 % de parts d'audience ! Patricia Kaas a répondu présente à l'invitation. Ce soir-là, ils chantent en duo avec Jean-Jacques *Regarde les riches* et *Je te promets*. Il est touché par sa personnalité, très en retrait, timide, et séduit par son timbre de voix très *bluesy*. Songe-t-il déjà à offrir des mots à sa mesure à cette tessiture qui l'émeut ? En faire le héraut de ces femmes oubliées dans des « *vies qui ne sont plus qu'ombres... des vies d'uniformité* »[4] ?

Force est de constater la quantité de dispositifs musicaux humanitaires produits dans des contextes extrêmement divers à travers le monde. La musique, les chansons et les clips vidéo sont mobilisés au cœur des dispositifs de légitimation de l'action humanitaire grâce à l'appui des médias. Des musiciens, des personnalités issues de la télévision et du cinéma lancent des initiatives médiatisées par les grandes chaînes de télévision nationales. *Urgence : 27 artistes pour la recherche contre le sida* sort en mai 1992. Pour ce disque, Étienne Daho a convaincu les artistes francophones les plus en vogue du moment : Johnny Hallyday, Patricia Kaas, Mylène Farmer, Francis Cabrel, Alain

1. M40, janvier 1992.
2. 9 janvier 1992.
3. *La Soirée des Enfoirés*, 20 janvier 1992.
4. Paroles *Il me dit que je suis belle*.

Souchon, Renaud, Patrick Bruel, etc. Chaque artiste offre une chanson inédite ou rare. Jean-Jacques contacte Rose Laurens pour lui demander l'autorisation de céder les droits de la chanson *L'Absence* qu'il avait écrite pour elle deux ans plus tôt. Il la reprend seul, en acoustique, uniquement accompagné d'un piano et d'une guitare. Cette version personnelle et intime est la plus connue du public de Jean-Jacques. Elle est, par la suite, adoptée par Rose Laurens lors de ses concerts.

Le tango lent de ton sang dans mes veines
J'entends battre ta vie plus que la mienne
Quand la nuit rapproche ceux qui sont loin
Un matin prend ma place et je m'éteins
Nulle envie nulle pensée pour personne
L'absence a tout pris que l'on me pardonne
Quand on n'est même plus la moitié là
Comme un billet déchiré ne vaut rien
Les saisons ne sont plus que de passage
Les couleurs ont déserté mes images
Je reverrai tout quand tu seras là
Je repeindrai tout quand tu reviendras.

En cet été 1992, une nouvelle est diffusée sur les ondes. Dans sa propriété du Capon, à Ramatuelle, Michel Berger a succombé à une crise cardiaque[1]. Il avait quarante-quatre ans. Le chanteur était surmené. Il venait de terminer un enregistrement épuisant et travaillait sur un projet de film qui lui tenait à cœur, *Totem*. Il multipliait depuis un an les allers-retours entre la France, Londres, New York et Los Angeles pour lancer *Tycoon*, la version anglaise de *Starmania*. Ce jour-là, plutôt que de répéter au piano la future tournée programmée avec France Gall, il choisit de faire un tennis avec l'épouse de Gérard Holtz. Durant la partie, pris d'un malaise, il s'effondra sur le cours. Une seconde attaque survint, la troisième lui fut fatale.

1. Décès de Michel Berger le 2 août 1992.

Sa disparition est un choc pour ses amis et admirateurs. Jean-Jacques conserve le souvenir de leur duo lors de l'émission *Le Grand Échiquier*, en 1985, où ils interprétèrent *Seras-tu là*, écrit et composé par Michel. Aussi discret que Jean-Jacques, ce compositeur des plus doués avait imprimé sa marque à toute une génération de la chanson française, imposé son style. Une disparition prématurée qui trouble l'ensemble de la profession mais « *business is business* »... Sur scène, l'album *live* de la tournée Goldman, enregistré entre août et novembre 1991, à Vienne (Théâtre antique), Aix-les-Bains (esplanade du Lac) et Lyon (halle Tony-Garnier) se trouve dans les bacs des disquaires[1]. Méga surprise pour les fans, le boîtier est en acier inoxydable ! Un choix esthétique des plus originaux. L'album est tout naturellement certifié album de diamant.

1993 : année d'écriture pour Jean-Jacques et changement de cap. Indéniablement, sa carrière amorce un tournant.

Les Enfoirés réunissent plus d'artistes le 26 février 1993, Grande Halle de la Villette, pour l'enregistrement des *Enfoirés chantent Starmania,* qui est diffusé le 6 mars 1993 sur TF1. Le spectacle se veut un hommage à Michel Berger décédé l'année précédente. L'émulation est à son comble grâce à Josiane Balasko, Michel Blanc, Patrick Bruel, Tonton David, Diane Dufresne, Jacques Dutronc, Liane Foly, France Gall, Renaud Hantson, Michael Jones, Patricia Kaas, Élie Kakou, Peter Kingsbery, Martin Lamotte, Alain Lanty, Valérie Lemercier, Claire Nadeau, Yannick Noah, Les Nuls, Florent Pagny, Pierre Palmade, Vanessa Paradis, Muriel Robin et Smaïn. Jean-Jacques prend conscience que l'organisation des futurs rendez-vous annuels sera de plus en plus complexe. Ils nécessitent une préparation aiguisée. Il faut trouver un thème, créer une ambiance qui liera les artistes les uns aux autres au travers de chansons et de sketches sans mettre en avant l'un plus que l'autre. Pas question pour lui de se mettre en avant. S'il est

1. Album *Sur scène*, sorti le 4 décembre 1992.

bien l'homme-orchestre par la force des choses, il ne brigue nullement le statut de *leader.* « Lorsque j'arrive dans une salle, je n'aime pas que l'on me regarde. Je n'aime pas le regard des autres sur moi. Je ne peux pas dire que j'en souffre, mais je déteste être la vedette d'un endroit. Cela a toujours été comme ça, même à l'école[1] », aime-t-il à rappeler. Le cocon protecteur de son studio privé lui agrée davantage. Il y met en musique trois textes de Marc Lavoine : *Ici bas, L'Aventure humaine, Tu me suffiras.* Il est curieux de « travailler avec d'autres réalisateurs, d'autres studios, d'autres ingénieurs du son et prendre de la distance afin d'explorer d'autres opportunités ». Il a insisté pour que ces titres soient signés de pseudonymes : M. Oats[2] pour Marc Lavoine et O. Menor (à prononcer « homme en or ») pour lui. Sous le pseudonyme de Sam Brewski, il signe *Tu t'en iras*, écrit pour Christopher Thompson.

Patricia Kaas, dont il a apprécié les qualités lors des répétitions pour les Restos du Cœur, travaille sur son troisième album. À l'occasion de leurs échanges lors de la préparation du spectacle des Enfoirés l'année précédente, elle a demandé à Jean-Jacques s'il voudrait bien lui signer une chanson. Bien sûr. « La reconnaissance d'être venue aux Restos du Cœur à l'opéra, le personnage, sa demande qui correspondait à un désir d'évolution intéressant, et bien entendu, sa voix, m'ont inspiré pour écrire pour Patricia », dit-il. L'album baptisé *Je te dis vous*[3] est enregistré à Londres avec le titre *Il me dit que je suis belle* signé sous le pseudonyme Sam Brewski. Une énième délicatesse de Jean-Jacques. « Je savais que les médias étaient paresseux, confie-t-il à Laurent Boyer ; j'avais une seule chanson dans l'album et je savais que si je mettais mon nom, les médias n'allaient parler que de ça parce que c'était plus facile de parler de ça que du contenu de cet album… Donc ce pseudonyme m'a permis de gagner les six premiers mois où ils ont parlé de Patricia Kaas, du travail qu'elle avait fait, des

1. *14, Le Journal*, mars 1993.
2. Oats signifie « avoine » en anglais.
3. Album *Je te dis vous*, sorti le 6 avril 1993.

autres chansons, du fond de l'album et pas uniquement du côté anecdotique, c'est-à-dire qu'un chanteur à succès lui avait fait une chanson. » Écrire pour une femme lui procure toujours autant de plaisir : « La chanson pour Patricia, c'est un aspect des femmes qui m'émeut beaucoup, la non-importance du vécu et du réel. Je suis beaucoup touché par ces femmes qui rêvent. Je ne dis pas qu'elles me plaisent forcément, mais ce sont des personnages qui me touchent, surtout le côté "je vivrai plus tard". [...] Si j'ai fait *Il me dit que je suis belle* pour Patricia, c'est parce que c'était elle, parce qu'elle est crédible dans ce qu'elle dit. C'est important aussi que l'autre soit crédible dans ce qu'il raconte. Je ne vais pas faire à Patricia Kaas une chanson qui parle de la politique au Sénégal. » Il a un souci d'horloger pour les détails, c'est pourquoi, insatisfait de l'enregistrement et des arrangements du titre sur l'album, il demandera à ce que la chanson soit refaite pour la sortie en *single* et pour le clip. « Je tenais à être là pour enregistrer la voix de Patricia, car je savais lesquelles de ses intonations me plaisaient ou non et ce que je voulais. Lorsque j'ai entendu leur *play-back* à Londres, ça ne m'a pas plu du tout, alors ils l'ont refait sans toutefois me satisfaire complètement... J'ai accepté cette version parce qu'elle s'inscrivait dans l'ambiance générale de l'album. Or, lorsqu'ils m'ont téléphoné pour sortir *Il me dit que je suis belle* en simple, j'ai refusé et demandé à le refaire complètement en studio à Paris, avec l'arrangement que j'avais en tête. » Une belle amitié se noue. La demoiselle de Forbach, petite dernière d'une fratrie de sept enfants, dont le papa était mineur de fond, aime à dire : « Il me connaît par cœur. Dans ce métier, il est certainement mon unique ami, le seul que j'appelle pour déjeuner, sans raison. Je me confie beaucoup à lui, je lui demande conseil sur le plan professionnel, même s'il n'est pas impliqué. »

Poète d'instinct, authentique, à la vive sensibilité esthétique, doté d'une efficacité redoutable, Jean-Jacques saura de nouveau combler ses attentes en lui écrivant les titres : *Je voudrais la connaître*, *Les chansons commencent* et *Une fille de l'Est*. À l'occasion d'une interview, il explique à celui qui s'interroge de savoir comment il fait pour se mettre aussi bien dans la peau d'une femme : « Il faut beaucoup, beaucoup étudier le sujet… […] J'y ai passé beaucoup, beaucoup de temps. […] Depuis cette chanson pour Patricia Kaas, je peux dire que mon intérêt pour les femmes est professionnel, c'est super… J'ai toujours beaucoup fréquenté les femmes, et je les ai toujours étudiées avec passion, sans lassitude ; c'est une très bonne idée, les femmes. Pour en revenir à cette époque terrible que nous évoquions au début, l'histoire nous montre le sens de l'histoire, c'est-à-dire celui de la libération de la femme. Parce que, partout dans le monde, il y a un rapport historique et géographique entre le statut de la femme et la paix. Cette histoire de femme résout notre problème de révolution. C'est extrêmement simple : partout où la femme a du pouvoir, où l'homme peut le partager et en abandonner, on fait le monde dont on rêve, un monde plus paisible, plus juste, plus tendre[1]. » Il aime à expliquer son point de vue : « On dit généralement que ce qui marche dans une chanson, c'est l'ensemble texte et musique. Moi, je crois que c'est plus complexe, plus fragile et plus profond que cela. C'est un moment qui crée l'émotion. Un accord, une montée de violon, une entrée de guitare, un instant de voix. Une étincelle. Enfouie, dissimulée dans des kilomètres de musique. C'est autour de ce millimètre-là qu'il faut travailler. En sculptant l'écrin où repose l'étincelle. Mais en la respectant telle qu'elle était à l'origine, en préservant cette source de plaisir pur. Cette spontanéité. Un arrangement trop dur et elle disparaît. Un arrangement trop sophistiqué et tu la perds[2]. »

L'événement de cette fin d'année, c'est la sortie en décembre de *Rouge*, l'album concept de *Fredericks Goldman Jones.* Nouvel album, nouvelle énigme avec le titre. Il pose question à nombre de personnes. « Cette fois, l'album a un titre. Dans les autres, il s'agissait plutôt de chansons mises bout à bout.

---

1. *La Libre Belgique*, 10 décembre 2001.
2. *Rouge*, Sorj Chalandon, Jean-Jacques Goldman, Lorenzo Mattotti, Columbia, Éditions P.A.U., 1993.

Mais cette relative cohérence n'a pas été décidée. Elle s'est imposée lentement », lance Jean-Jacques. Surprise également pour Michael. « Moi, j'étais persuadé que FGJ était un *one shot*. On n'avait jamais parlé d'une suite avec Jean-Jacques. Je pensais vraiment que chacun allait recouvrer sa liberté », confesse-t-il[1]. Carole, sans être dans l'attente, est prête à renouveler le contrat : « On s'est toujours dit, même si on ne reste pas dans cette formule-là, qu'on continuera toujours à travailler ensemble. Et si Jean-Jacques me demandait de continuer FGJ, je lui dirais "oui". Car c'est super. C'est rare de pouvoir travailler dans une équipe comme celle-là[2]. » L'opus est enregistré de février à octobre 1993 à Paris, Bruxelles et Aix-en-Provence. Il est vrai qu'il avait envisagé d'écrire une comédie musicale abordant le rapport entre le passé et le présent de l'idéologie communiste…

Rouge ce n'est pas seulement une couleur politique. Jean-Jacques ne veut pas de malentendu sur ce point : « En fait, je trouve que le rouge est la vraie couleur de l'espoir. C'est le sang qui coule dans nos veines, la vie qui va, le feu et la colère ; l'adolescence est rouge. On rougit lorsque l'on ressent quelque chose de fort ! Les non-dits entre deux êtres sont rouges aussi[3]. » Oui, il a été élevé dans une famille militante et cela n'est pas anodin. « Avec *Rouge* qui accomplissait un fantasme d'enfance, et même, en effet, quelque chose de "génétique", presque, je me suis dit de façon tout à fait immodeste que les gens allaient me suivre aussi, confesse-t-il. Et je les ai emmenés un peu n'importe où, avec des chansons plutôt étranges : *Rouge*, *On n'a pas changé*, *Des vôtres*, *Frères*[4]. » Il est vrai que les thèmes traités sont assez violents, mais ils sont là aussi pour rappeler l'engagement de personnes qu'il juge « d'une sincérité totale […] les plus propres, les plus idéalistes et altruistes[5] ». Il ne se voile pas la face et constate l'échec du communiste en

1. Propos recueillis par Alexandre Fievée, *Fredericks Goldman Jones*, Gründ.
2. *Rythmes en stock*, 1er avril 1993.
3. *Salut !*, 1993.
4. *Chorus* n° 54, hiver 2005-2006.
5. *Chorus* n° 54, hiver 2005-2006.

URSS : « Tu sais, un album, ça prend ses racines dans les trois années précédentes. Là, je crois que pour quiconque, qu'il soit peintre, cinéaste ou musicien, il est impossible de rester indifférent devant cette fin d'expérience que fut le communisme. Quand elle se déroulait, il y avait pas grand-chose à en dire. Cette tragédie qu'est cet échec, c'était impossible de n'en rien dire. C'est comme de tomber amoureux et de ne pas en parler. À la limite, ce n'est pas de ma faute[1]… » Il précise bien sa pensée afin qu'il n'y ait pas de mauvaise interprétation : « Le communisme a été l'horreur absolue. La sauvagerie la plus totale. Il fallait que ça meure, il n'y a aucun doute là-dessus. Mais c'est toujours comme on dit : il ne faut pas jeter le bébé avec l'eau du bain. Ce n'est pas parce que ces gens-là ont trahi que l'idée de faire que chacun ait ses chances, que l'éducation soit obligatoire et gratuite, soit mauvaise[2]. » Il fait le distinguo entre la politique et les dirigeants : « Des hommes trahissent des idéaux, les principes pour lesquels ils ont été élus, ce n'est pas nouveau. Ça fait juste mal quand on sait les espoirs que 1981 avaient suscités. Jetons les hommes et gardons les idées[3]. » Il réitère ses propos à diverses occasions : « Il ne faut pas mélanger la politique, les hommes et les idées qui sont belles et les gens qui restent beaux […] Des gens bien, on en rencontre tout le temps et les bons gagnent toujours à la fin. […] Les solutions sont collectives[4]. » Lorsqu'il est sollicité par le Parti communiste français, il assure demeurer fidèle à ses principes : « À chaque fois, je leur explique que pour moi, ils sont les fossoyeurs de ces idées-là et qu'ils n'ont pas dû bien comprendre Rouge[5].

À l'occasion d'un entretien, Thierry Coljon[6] lui demande :

— Dans le clip de Rouge, ce vieux monsieur qui feuillette avec nostalgie son album de photos de jeunesse, ça pourrait être ton père…

1. *Le Soir illustré*, 16 février 1994.
2. *Le Soir illustré*, 16 février 1994.
3. *Le Soir illustré*, 16 février 1994.
4. *Fréquenstar*, M6, 5 décembre 1993.
5. *Le Soir illustré*, 16 février 1994.
6. *Le Soir illustré*, 16 février 1994.

— Ça pourrait, oui, répond-il. C'est un homme qui a toujours dit, chaque fois que je me moquais de lui, ne fût-ce que quand les chars russes entraient à Prague, ce ne sont pas les idées qui sont mauvaises, ce sont les hommes. Il avait raison, les idées restent magnifiques. Pas spécialement les idées communistes mais même chrétiennes, ces idées altruistes quoi. Le fait qu'il faut bien vivre ensemble… […]

— Mais en allant chercher pour ce disque les Chœurs de l'armée Rouge, l'image officielle par excellence d'un communisme stalinien et « brejnévien » pur et dur, ça passe un peu pour de la provocation, non ?

— Pour moi, cet orchestre était aussi le symbole de ce qu'il y a de beau là-dedans. Quand moi j'allais voir les Chœurs de l'armée Rouge au Palais des Sports, porte de Versailles à Paris, je peux dire que les quatre mille personnes qui étaient là étaient de belles personnes. Des gens qui cotisaient, qui se battaient, qui étaient d'une honnêteté scrupuleuse, qui croyaient, qui allaient coller des affiches le soir. Toute cette population militante était admirable. En plus, les voix des Chœurs étaient magnifiques, c'était aussi un symbole de cette pureté-là. Tu as beau penser à l'armée Rouge, à l'Afghanistan, tout ce que tu veux… les voix restent très belles, les chants restent beaux. Pour moi, ça évoque plus Potemkine que les bombes tuant les enfants en Afghanistan. Cette chanson, *Rouge*, est une comédie musicale en fait. C'est 1936.

Après un concert, il se confiera de nouveau au *Soir illustré*. Car, quoi qu'on en dise, sa signature est bien là sur ce disque particulier :

— On peut changer dans la forme, c'est-à-dire que je peux faire un disque avec les Chœurs de l'armée Rouge […] mais on ne change pas beaucoup dans le fond, malheureusement. Sur le fond, ce sont des harmonies, un style et un passé qui sont les nôtres et dont on sort peu. Je crois que c'est valable pour tous[1].

1. *Le Soir illustré*, 18 mai 1994.

— Apparemment, le fait d'avoir intitulé votre nouvel album *Rouge*, ça vous attire des sympathies socialistes. Et les communistes ? questionne le journaliste.

— Oui, aussi. Depuis la sortie du disque, je reçois, toutes les semaines, une lettre du Parti communiste français qui me demande de participer à l'une ou l'autre chose. [...]

— Ce qui plaît dans vos chansons et pas uniquement les dernières, c'est qu'elles rappellent qu'il existe un lien entre les humains, tous les humains.

— Oui, mais pas forcément. J'ai l'impression que le vrai débat, il est là, maintenant. S'il y a un débat politique, c'est celui-là. C'est-à-dire, est-ce la solution, c'est le système des gagnants et des perdants ? Les gagnants ayant les moyens de construire des murs autour d'eux de façon à se protéger des perdants et de posséder des voitures blindées de façon à ne se voir qu'entre gagnants. Ou est-ce que c'est de vivre avec une société qui soit cohérente ? Avec des gens qui bougent. Aux États-Unis, ils ne sont pas au courant qu'il y a un lien entre tous les humains. Ce n'est pas leur système de vie. Je me dis qu'ils passent à côté de quelque chose. Ce n'est pas intéressant de vivre avec des murs autour de soi et de ne rencontrer que des gens qui nous ressemblent. C'est intéressant de se promener dans une ville et de ne pas avoir peur des gens que l'on rencontre.

— Ce sont les politiques qui ont construit les murs ?

— On parle de pays démocratiques. Il ne faut pas attribuer aux politiques la puissance qu'ils n'ont pas. On a les représentants que l'on mérite. Si à Marseille, ils votent pour Tapie, c'est eux qui l'ont amené, ce n'est pas Big Brother. Je pense que les politiciens, si on les laisse être corrompus, ils le seront, et si non, ils ne le seront pas. C'est vraiment une question de pression populaire.

— Vous évoluez vers plus de visuel dans le spectacle, mais surtout avec ce livre superbement illustré par Lorenzo Mattotti, livre qui accompagne l'album. Vous n'allez pas en rester là ?

— Je crois que oui, dans le sens où j'ai deux certitudes. La première, c'est celle de la prééminence de l'image dans toutes les formes d'art. Même en littérature, si le gars présente bien, il va vendre plus de livres que s'il s'exprime mal. La deuxième certitude que j'ai, c'est que je suis incompétent pour ça. Je ne suis pas un type d'images. Je ne vais pas dans les musées, je ne suis pas ému par un tableau quel qu'il soit, je ne vais pas au cinéma ou très peu, je ne regarde pas la télé, je n'aimais pas la BD quand j'étais petit… Alors, c'est un problème, mais c'est pour cela que j'essaie de m'entourer de gens compétents puisque je suis persuadé que c'est très important, ne serait-ce que pour faire passer une autre musique[1].

Le premier extrait, *Rouge*, sort en novembre. Ce n'est pourtant pas « une chanson faite pour la radio », confie-t-il à *Chorus*[2]. Mais enfin, tout de même, elle a été enregistrée à Moscou avec les Chœurs de l'ex-armée Rouge. L'Ensemble académique Alexandrov a participé à ce disque. L'histoire de ce chœur est édifiante. Alexandre Vassilievitch Alexandrov[3], professeur du conservatoire de Moscou, est nommé chef de la troupe de l'armée Rouge en 1928. Il compose la partition de *La Guerre sacrée*, l'un des chants les plus importants de la Seconde Guerre mondiale qui devient le premier titre symbole des Chœurs de l'armée Rouge. Boris Alexandrovitch Alexandrov[4], colonel soviétique, prend la succession de son père et développe l'ensemble, lui imposant une rigueur et une qualité jamais atteintes. Il popularise la musique et la culture russes avec plus de trois mille titres à son répertoire qu'il adapte en fonction des pays visités. Peu à peu, la troupe devient un ensemble de danse et de variétés universel sous la houlette du chef d'orchestre Victor Fiodorov dès 1978. Elle accompagne souvent les grands artistes des pays traversés – Mireille Mathieu, Nana Mouskouri – et participe à des enregistrements.

1. *Le Soir illustré*, 18 mai 1994.
2. *Chorus* n° 54, hiver 2005-2006.
3. Alexandre Vassilievitch Alexandrov (1883-1946).
4. Boris Alexandrovitch Alexandrov (1905-1994).

La plupart des membres de l'ensemble, ainsi que son directeur artistique Valery Khalilov, sont décédés le 25 décembre 2016 lors du crash de l'avion militaire les transportant.

Interrogé par Thierry Baumann[1], le trio lui fait part de cette expérience improbable.

« Thierry Baumann : Moscou, les Chœurs de l'armée Rouge, ça, c'était un rêve pour vous, c'était une idée comme ça, vous vous êtes concertés, c'était une idée des trois ou c'était votre idée, Jean-Jacques ?

Jean-Jacques : Ça, c'était un fantasme à moi.

Thierry Baumann : Un fantasme pour vous, qui s'est concrétisé. J'ai vu simplement la petite photo qui est sur l'album et on voit derrière, ça a l'air très académique, ça fait une drôle d'impression, on vous voit tous les trois donc, au premier plan, et derrière les Chœurs de l'armée Rouge tirés à quatre épingles. Quelle était la sensation au moment où vous avez enregistré ?

Jean-Jacques : La sensation, d'abord, quand on a répété, était très académique, c'est-à-dire qu'on avait des gens qui étaient des professionnels, qui avaient des partitions, qui travaillaient, qui étaient les Chœurs de l'armée Rouge et chacun avec des voix, puisqu'il y a une grande sélection qui est faite et ce sont les meilleurs qui sont à ce moment-là, donc chacun était vraiment un grand professionnel. Je ne me rappelle plus combien ils étaient, quarante ou cinquante, mais chacun étant quelqu'un de lui-même impressionnant, puis, le lendemain, après les répétitions, on a commencé à se connaître un peu et là, il y a eu beaucoup de chaleur, beaucoup de détente.

Thierry Baumann : Oui, c'est vrai qu'apparemment la photo est plutôt trompeuse. Michael, Carole, c'est pareil, vous avez ressenti le frisson, là ?

Michael Jones : Moi, c'est quand on est rentrés dans la salle où ils répétaient, là, j'ai eu le frisson, car on les entendait chanter la chanson *a capella*.

Jean-Jacques : *A capellaski*, on dit là-bas. [Rires]

1. O'FM, 29 décembre 1993.

Michael : Il y a un autre truc qui m'a marqué. Des chorales, j'en ai fait beaucoup quand j'étais petit au Pays de Galles, et c'était le chef d'orchestre, ça m'avait frappé, parce que partout dans le monde entier, ils sont pareils, ce sont des gens très énergétiques qui essaient de tenir, parce qu'il faut tenir une certaine discipline quand il y a cinquante personnes. Même les Russes, malgré tout ce qu'on dit, quand il y en avait un qui pouvait déconner dans un coin ou raconter une blague.

Thierry Baumann : Oui.

Michael : Bien sûr, et je me rends compte que tous les chefs d'orchestre de chorale, c'est tous les mêmes.

Thierry Baumann : Et Carole, ça a été le frisson aussi ? Qu'est-ce que vous avez retenu de cette image ?

Carole Fredericks : C'était très émouvant. D'abord, je ne savais pas ce que je devais voir quand j'ai vu les Chœurs de l'armée Rouge, quand j'étais en France ou aux États-Unis, j'ai pas vraiment prêté attention, mais quand vous êtes devant ces voix-là qui chantent, c'est…

Thierry Baumann : On reste sans voix !

Carole : Ah oui !

Michael : J'ai une anecdote là-dessus par contre, parce que nous, on habite en France et c'est un truc qui pour nous est tout à fait normal : on s'était rendu compte qu'on n'aurait peut-être pas assez de temps en studio et on a dit, tiens, on va changer l'horaire, et on va essayer d'avancer. Alors le gars qui organisait tout a avancé. Le seul problème, c'est qu'on est arrivés une heure plus tôt, mais il n'y avait pas de Chœur de l'armée Rouge parce que tout le monde n'a pas le téléphone là-bas et ils n'ont pas pu les prévenir.

Thierry Baumann : D'ailleurs, du côté de l'est, quelquefois le même numéro de téléphone correspond à dix abonnés. C'est un petit peu le cas dans les pays de l'Est. Est-ce que vous avez eu un peu le temps de vous balader, bien sûr à Moscou ?

Michael : Ah oui !

Thierry Baumann : Quand même ! Jean-Jacques, est-ce que vous avez retenu quelque chose, quelque chose vous a frappé pendant cette petite visite ?

Jean-Jacques : Bien sûr, on est arrivés là-bas avec des idées préconçues et qui étaient exactes – on lit tout ça dans les magazines –, c'est-à-dire la pauvreté, c'est-à-dire beaucoup plus grave que ça maintenant, l'insécurité, la ville aux mains de la mafia, plus de présence de police, d'ordre public donc des lois de la jungle, c'est vraiment ça, on le savait, on a lu tout ça. Ce qui nous a frappés, ce n'est pas ça, je sais que c'est le plus frappant, mais c'est tous les petits accès, tous les petits signes de dignité, des petits signes de chaleur, de fierté.

Thierry Baumann : Un mélange de tout ça ?

Jean-Jacques : Voilà, qu'on n'a pas trouvé dans tous les autres pays où l'on est allés et qui sont des pays qui ont vraiment été laminés par le communisme. Là, on a trouvé, en particulier chez ces gens de l'armée Rouge, chez des guides dans certains musées, des petits signes que je trouve très encourageants, de reste de dignité, de fierté, enfin, bon, ça, je l'ai dit. »

Il va sans dire que le groupe a su apprécier les déambulations dans Moscou, « La troisième Rome », ville d'art, de culture et d'histoire mentionnée dans les *Chroniques* en 1147. Fascinante et inattendue, elle s'est transformée au cours des siècles pour devenir une mégapole de deux mille cinq cents kilomètres carrés. Son Kremlin, sorti de terre en 1585, est l'objet de bien des mystères. Il protège en son sein le palais à Facettes, le Logis de la tsarine, le palais du Patriarche, l'église des Douze Apôtres, les « *Prikazes* » (ministères), le Sénat, les églises, la cathédrale de l'Assomption, la cathédrale de l'Archange-Saint-Michel, la cathédrale de l'Annonciation, l'église de la Déposition-de-la-Robe. Hors les murs, la place Rouge (ou Belle Place), lieu de rassemblement populaire, fait la part belle à la cathédrale de Basile-le-Bienheureux, construite en 1554 sur l'emplacement d'un cimetière où fut enterré le saint vénéré par le tsar Ivan le Redoutable. Les rues de Moscou regorgent de monuments, de musées, offrent des surprises architecturales, débouchent sur des parcs, des curiosités insoupçonnées.

Thierry Baumann[1] s'enquiert de leur ressenti :

« Mais est-ce que vous avez senti une tension ? Apparemment, c'est ce qui pourrait se traduire ?

Jean-Jacques : On est allés là-bas pendant les événements de la Maison Blanche, et ce qui était dramatique, c'était de ne pas sentir de tension, c'est-à-dire qu'on est allés autour de la Maison Blanche, où là, la tension était, où il y avait des gens.

Thierry Baumann : Juste dans le périmètre en fait.

Jean-Jacques : Voilà, mais tout autour, on sent que c'est une population qui est laminée, une population qui n'a plus de ressort et qui est cassée. »

Il faut se souvenir que Boris Eltsine, premier président de la nouvelle Fédération de Russie, avait décidé au printemps 1993 de liquider le Congrès des députés du peuple et le Soviet suprême. Le Parlement, contrôlé par les forces réactionnaires, est dissous le 21 septembre. Les députés, barricadés à l'intérieur, déclarent le président illégitime. Sur ordre d'Eltsine, la « Maison Blanche », le bâtiment qui l'abrite, est cernée par des chars de combat. Jean-Jacques et ses amis sont sur place. L'état d'urgence est décrété alors que le 3 octobre des milliers de personnes se dirigent vers le bâtiment et franchissent les cordons de police. Quelques centaines d'individus armés rejoignent les députés. Le lendemain, les badauds observent les chars et blindés de l'armée régulière pilonnant la Maison Blanche partiellement incendiée. Les affrontements meurtriers font de nombreuses victimes. Les premiers députés commencent à se rendre. Le « président intérimaire » de la Fédération, le colonel Alexandre Routskoï, et celui du Soviet suprême, l'économiste tchétchène Rouslan Khasboulatov, abandonnent la

1. O'FM, 29 décembre 1993.

lutte. Le Parlement est en partie détruit. Une épaisse fumée s'échappe de la mairie de Moscou, reprise aux insurgés.

Thierry Baumann veut en savoir plus :

« Il y a un contraste avec la Bulgarie puisque là, vous avez enregistré avec les voix bulgares, vous êtes allés à Sofia ?

Jean-Jacques : Non, moi, je ne suis pas allé à Sofia. [...] C'est Erick et Andy Scott qui sont allés là-bas. Ils sont restés moins longtemps que nous à Moscou et ils l'ont ressenti de façon beaucoup plus positive et beaucoup moins négative que nous, du moins sur le plan de l'organisation des choses de base, la sécurité, la pénurie, etc.[1] »

Erick Benzi se souvient : « C'était un énorme studio soviétique, très carré, froid. C'était vieux mais très compétent. En revanche, il n'y avait pas assez de casques pour tout le monde. Puisque les Chœurs avaient l'habitude de chanter comme ça, on a enregistré sans casque avec des problèmes de détonation. L'enregistrement était super touchant[2]. »

Erick Benzi, qui réalisera le mixage au studio La Blaque, à Aix-en-Provence, demeure marqué par un coup du destin : « C'est l'époque où la Maison Blanche, siège du Parlement russe, était occupée par des rebelles. Un soir, le 2 octobre 1993, avec Jean-Jacques, on a souhaité aller discuter avec eux par le biais des journalistes français. On n'a pas réussi à entrer. Le lendemain, tout le monde a été tué [187 morts et 437 blessés]. À un jour près, on était dedans, vous vous rendez compte ?[3] » Le travail terminé, il part avec Jean-Jacques, son frère Robert et Michael Jones pour un raid à moto au Maroc : « On s'est régalés, raconte-t-il. Bon, Jean-Jacques et Robert étaient souvent par terre. Hors des sentiers, il faut la tenir, la moto, ce n'est pas toujours facile. Michael était très à l'aise. Carole ne nous a rejoints que pour l'enregistrement de l'émission *Fréquenstar*, présentée par Laurent Boyer[4]. »

1. O'FM, 29 décembre 1993.
2. *L'Héritage Goldman*, février 2022.
3. Propos recueillis par Alexandre Fievée, *Fredericks Goldman Jones*, Gründ.
4. Propos recueillis par Alexandre Fievée, *Fredericks Goldman Jones*, Gründ.

Le même jour paraît le livre-coffret *Rouge*, comprenant un livret, de format carré, illustré par Lorenzo Mattotti et des nouvelles de Sorj Chalandon. Jean-Jacques a commenté toutes les chansons.

L'une d'elles, selon moi, se distingue : *Fermer les yeux*.

Et puis cette ombre au fond de l'ombre
Et puis ces deux mains qui se nouent
Ces gestes faits et refaits sans en voir le bout
Et puis cette ombre encore debout [...]

Déjà loin de ses haines
Aussi loin qu'il le peut
Où ses rêves l'entraînent
Quand il ferme les yeux [...]

Quand la peine est trop lourde
Quand le monde est trop laid
Quand la chance est trop sourde
La vérité trop vraie

Comme au dernier voyage
Pour y voir enfin mieux
Enfin d'autres images
Quand on ferme nos yeux.

La pochette en métal gravé suscite ce commentaire de sa part : « … je trouve que c'était le dessin qui s'adaptait le mieux au procédé qui est une espèce de procédé de bas-relief, un peu avec ce rouge dessus, donc on a travaillé sur dessins. Voilà, c'est les deux gamins qui ont fait la pochette précédente et qui font les décors sur scène et qui s'appellent Jean-Michel et Xavier et qui sont des fous professionnels[1]. » L'album *Rouge* se classe numéro un, reçoit un disque d'or et un disque de

1. *Studio 22*, RTL, 14 décembre 1993.

diamant. À sa sortie, le double album *live Du New Morning au Zénith*, en juin 1995, régnera en maître sur le classement du Top Albums et deviendra disque de platine avec plus de six cent mille exemplaires vendus. Cet album regroupe un concert au New Morning, club de jazz de la capitale, dont les bénéfices des trois dates ont été reversés à Amnesty International, ainsi qu'un souvenir de la tournée écoulée, enregistré à Grenoble et à Lausanne.

Où se situe-t-il dans la hiérarchie des faiseurs de tubes ? Une question qu'il ne se pose pas, mais sa réponse, imaginent certains, devrait passionner le public. « J'ai certainement tenu un petit rôle. J'ai été de ceux qui ont fait passer la musique rock dans la chanson française et l'ont popularisée. Je n'ai pas été inutile, mais avoir fait des choses nouvelles, sûrement pas. Au départ, mon ambition "démesurée" était d'écrire des chansons et d'en vivre, même pas de les chanter[1]. »

Le quatrième spectacle des Enfoirés est donné au Grand Rex. Le CD *Les Enfoirés au grand Rex* immortalise ce beau moment de fraternité enregistré le 27 janvier 1994, diffusé sur TF1 le 5 février. L'éventail d'invités est impressionnant : Charles Aznavour côtoie Catherine Lara, France Gall, le timide Alain Souchon, la délicieuse Vanessa Paradis. Jean-Jacques chante *Là-bas* en duo avec une autre artiste pour la première fois depuis la mort de Sirima. Il s'agit de Céline Dion, venue du Québec. Les voix québécoises l'intéressent, d'autant plus qu'en 1993, Les Enfoirés avaient axé leur show sur la comédie musicale Starmania. Céline et son manager, René Angélil, saisissent l'occasion. Une place parmi les grands noms de la variété française pour ce concert ne se refuse pas. Vêtue d'un smoking noir orné de dentelle blanche, la jeune Québécoise fascine le public par sa richesse harmonique. C'est l'un des temps forts de la soirée. Toutes les personnes présentes l'ignorent, mais il marque la naissance d'une colla-

1. Télé Moustique, 21 avril 1994.

boration des plus fructueuses entre les deux artistes. Céline Dion, d'une spontanéité déconcertante, est tout à fait à l'aise avec la troupe. Elle déjeune à la cantine durant les répétitions, sympathise avec les autres artistes.

Jean-Jacques a aussi convié Florent Pagny. Celui-ci s'imagine interpréter un titre de U2. « Je voulais faire un U2 et il me dit : "Écoute, moi je te proposerais plutôt de faire *Oh Happy Day* avec Carole Fredericks et une chorale gospel", raconte Florent au micro de Sud Radio[1]. Et puis je dis : "Bah oui, t'as raison, je vais essayer. C'est de l'anglais, mais je dois pouvoir trouver le moyen de l'interpréter." Et ça cartonne. » Le morceau mémorable fait un tabac, si bien que tout le monde lui parle de sa prestation durant les mois suivants : « Ça fait du bien quand t'es dans le creux de la vague, d'un seul coup, de te sentir un peu apprécié sur une performance et puis d'avoir des retours comme ça. » Ragaillardi, Florent Pagny demande de l'aide à Jean-Jacques pour son prochain album. « Je l'avais sollicité une première fois, il m'avait refusé. Et puis j'ai insisté, et puis il me voyait aussi dans un moment un peu difficile. Il a voulu me filer un coup de main et il a réussi ! » Il est vrai qu'à l'occasion du spectacle *Les Enfoirés chantent Starmania*, Florent Pagny et Jean-Jacques s'étaient rapprochés. « Il y a eu d'abord un respect mutuel, sans se connaître, et après il y a eu plein de petits échanges avant que j'ose lui demander d'écrire pour moi : il a dit oui, d'abord pour juste un titre. Par la suite, je crois qu'on s'est plu. Alors on a été plus loin. On a cosigné une chanson et il m'a prêté ses amis pour d'autres titres. Aujourd'hui, je pense qu'on s'aime pour longtemps[2]. »

Jean-Jacques écrit trois titres pour Florent, dont deux succès, *Est-ce que tu me suis* et *Si tu veux m'essayer* signés bien sûr sous le pseudonyme Sam Brewski. *Est-ce que tu me suis*, selon Florent, « a été réellement écrite sur mesure, comme pour sceller une rencontre[3] ». Florent l'avoue, il n'a pas fait d'études, il

1. Sud Radio 2021.
2. Florent Pagny, Rester vrai, Florent Berriot, Éditions l'Étoile du Sud, 1998.
3. Florent Pagny, Rester vrai, Florent Berriot, Éditions l'Étoile du Sud, 1998.

n'a pas de culture poétique et pas vraiment de goût pour cela. Jean-Jacques l'enrichit : « Il m'a beaucoup appris sur l'écriture des chansons et ce n'est pas fini. Il m'a montré des détails auxquels je n'avais pas songé, par exemple comment ne plus paraître donneur de leçons dans mes textes. Il ne cesse de me surprendre. Quand il aborde un thème, il le transpose encore plus loin que ce que le laissait imaginer la première écoute[1]. » Leur collaboration est riche d'enseignement : « Je n'ai pas les mêmes mécanismes que lui, son savant dosage d'omniprésence artistique et de quasi-absence médiatique. Mais il y a, dans son fonctionnement, un côté mystique qui me plaît ; la manière dont il envisage la réalité, la vie et l'avenir me fascine. [...] Notre rencontre a marqué ma vie. Je l'ai croisé quand j'étais en pleine remise en question. Sans jouer le prof, il m'a donné les clés pour m'en sortir. Il m'a appris à passer du simple à l'essentiel, à travailler par l'intérieur, à ne pas me laisser manger par le show-biz... Il m'a aidé à mûrir[2]. » Les deux créations de Jean-Jacques seront proposées en singles de l'album *Rester vrai*, sorti en 1994, vendu à plus de cent mille exemplaires. L'une d'elles, *Si tu veux m'essayer*, formidable tube, s'installera à la septième place du Top 50.

Le disque *Rouge* est prétexte à une grande tournée : soixante-seize concerts dans quarante-sept villes. Fin avril 1994, Carole Fredericks, Michael Jones et Jean-Jacques se lancent sur les routes. Mais auparavant, ils jouent à Paris. C'est au New Morning que le trio offre un spectacle acoustique, quatre soirs de suite, au profit d'Amnesty International[3]. Le « Niou », comme l'appellent les habitués, a été créé en avril 1981, par Eglal Farhi, dans l'ancienne imprimerie du journal *Le Parisien*. Journaliste d'origine égyptienne, la patronne de cette salle posée dans la rue des Petites-Écuries, à quelques encablures des Folies Bergère, de la porte Saint-Denis et des Grands Boulevards, en a fait l'un

1. Florent Pagny, Rester vrai, Florent Berriot, Éditions l'Étoile du Sud, 1998.
2. Florent Pagny, Rester vrai, Florent Berriot, Éditions l'Étoile du Sud, 1998.
3. Avril 1994.

des lieux les plus courus par les gens du métier. Mi-salle de concert, mi-club, ce loft n'offre que cinq cents places afin de favoriser les échanges des musiciens et du public autour de la scène. Ce qui n'est pas pour déplaire à Jean-Jacques.

Pour une fois, *Le Monde*[1] n'est pas trop critique : « Depuis que Jean-Jacques Goldman l'a créée avec l'Ensemble académique de chant et de danse de l'armée russe, fin 1993, la chanson *Rouge* est devenue une sorte d'hymne nostalgico-révolutionnaire, que les manifestants pour l'école publique, les jeunes déçus du socialisme et les contestataires de tout poil ont pris l'habitude de chanter ensemble. Quand Amnesty International a demandé à l'auteur de *Rouge* de participer à *Musiques contre l'oubli*, soirée prévue à la mi-juin au Zénith à Paris, Goldman n'a pas dit non. Mais il a proposé une formule plus inhabituelle : quatre concerts, du 26 au 29 avril, toujours avec la chanteuse Carole Fredericks et le guitariste Michael Jones, au New Morning – quatre cent cinquante places, une ventilation approximative, et le charme d'un club de jazz. Les candidats-spectateurs furent nombreux, et rares les élus. Ce « Goldman chante pour Amnesty » fut donc une curiosité. Le New Morning, pour peu qu'on s'en donne la peine, peut offrir une acoustique impeccable : c'est une révélation pour les usagers de ce lieu, habitués à des aventures autrement hasardeuses. Mais Andy Scott, l'ingénieur du son qui travaille avec Goldman, a fait des miracles, passant de la guitare branchée (sur l'électricité) à la guitare débranchée, de l'échantillonneur dernier cri aux voix noires de pure tradition sans que l'oreille s'en lasse. En finesse, le fait est rare, l'exercice demande une haute technicité. Devant un public si restreint, Goldman aurait pu se contenter de concerts au rabais. Pourtant, il ne ménagea ni son temps ni sa peine. Le trio Fredericks-Goldman-Jones, accompagné de six musiciens, auxquels venaient s'ajouter deux chanteuses de rhythm'n'blues afro-américain, ont offert deux heures trente de chansons sans entracte ni temps morts. Libérés des contraintes des pelouses,

1. *Le Monde*, 3 mai 1994.

hippodromes, vélodromes, palais omnisports auxquels leur succès les condamne, ils ont choisi de creuser le filon acoustique. À eux trois, ils excellent à créer des ambiances de blues à base de tubes éprouvés (*Emmène-moi*, *C'est pas d'l'amour*). La voix, fort belle au demeurant, du chanteur en chef y gagne en clarté. Puis vint la rupture. Quid des nouvelles chansons de *Rouge*, l'album ? "Il était délicat de les chanter en acoustique", dit Jean-Jacques Goldman. Pour passer en revue l'état présent de la lutte des classes, Goldman et ses musiciens branchent donc les guitares électriques. L'ambiance du club débarrasse soudain *Rouge* de sa grandiloquence. L'exercice fut d'autant plus réjouissant que le suspense est une denrée habituellement rare chez les Fredericks-Goldman-Jones. »

Chaque salle est particulière, Lille, Bruxelles… Avant le spectacle, il faut que les musiciens et les interprètes retrouvent leurs marques, les sons, et apprivoisent le lieu grâce aux répétitions. Lors de la promotion de *L'Héritage Goldman*[1], Erick Benzi et Michael Jones échangent leurs souvenirs :

Erick Benzi : « On s'est retrouvés en tournée avec les Chœurs. Un jour, on était au restaurant avec eux et, après trois ou quatre litres de vodka, ils attaquaient les chants de la Sibérie ! »

Michael Jones : « La première fois, ça s'est passé en Belgique ! On avait l'habitude de faire la fête ensemble et, la veille d'un jour *off*, Robert Goldman, le frère de Jean-Jacques, appelle un restaurant demandant s'ils ont de la vodka. Le restaurant répond qu'ils ont douze bouteilles. Robert demande si c'est embêtant que la troupe en apporte aussi… "Mais on a douze bouteilles !" répète le restaurateur. Il a envoyé le *runner* faire tous les supermarchés de Bruxelles et on a réussi à avoir six bouteilles par table. Nous, on n'en a pas bu ! Au bout d'un moment, ils sont partis, sans qu'on sache pourquoi. Et ils sont revenus avec leurs instruments pour faire la fête ! Plus tard, à Vienne, Youri, un des chefs de Chœur, vient me voir et me demande : "Michael,

1. *L'Héritage Goldman*, février 2022.

on peut essayer vos instruments ?" En fait, jusque-là, ils nous avaient toujours joué de la musique traditionnelle. Ce jour-là, l'un s'est mis à la basse, Youri a pris ma guitare et ils ont joué du Hendrix, du Deep Purple ! »

Billet en forme d'étoile et de couleur rouge pour assister au spectacle ! Tout a été pensé dans les moindres détails. Une gigantesque palissade occupe toute la scène. Elle bascule en avant lors de l'arrivée des trois artistes. Il y a des écrans géants sur lesquels est projeté un film montrant une sage-femme mettant tout en œuvre pour ramener un nouveau-né à la vie qui a inspiré la chanson *Juste après*. Intense émotion. Comment une telle idée est-elle venue au compositeur ? En regardant un documentaire sur le Zaïre, précise-t-il : « Je suis tombé sur cette émission de télévision par hasard, en pleine nuit. […] À un moment, on voyait une femme blanche dans un dispensaire de brousse, une sœur ou une infirmière plus âgée. Elle venait d'accoucher une femme. L'enfant ne respirait pas. Je regardais ça en zappant, entre deux clips. C'était incroyable, presque insupportable. Cela a duré quelques minutes, deux ou dix, je ne sais pas. Cette femme silencieuse, en train d'essayer de le ranimer. Pas un commentaire, rien, l'image brute. Elle qui le frappait, le secouait, le pendait par les pieds, le baignait d'eau froide, le giflait. C'était très violent. Et puis l'enfant a cligné des yeux. Revenu à lui, vivant, ignorant la chance inouïe qu'il a eue de croiser le chemin de cette femme. J'étais très ému. Presque essoufflé. Je me suis demandé ce qu'on pouvait bien faire après ça. Même si c'est son quotidien, son boulot, comment peut-on redescendre sur terre après avoir redonné une vie qui n'existait plus[1] ? »

Autre moment fort alors que résonnent dans le noir total les premières notes d'*Il suffira d'un signe*… les projecteurs s'allument subitement pour inonder de lumière les chanteurs de l'Ensemble académique de l'armée Rouge alignés dans

1. *Rouge*, Sorj Chalendon, Jean-Jacques Goldman, Lorenzo Mattotti, Columbia, Éditions P.A.U., 1993.

un ordre parfait, revêtus de leurs uniformes tirés à quatre épingles, parés de médailles. Le final est à l'avenant. Une grande étoile en tissu rouge, tendue sur la scène, figure une porte de sortie au centre de laquelle les artistes s'insinuent après avoir salué le public. « Ça a été une belle tournée, assure Erick Benzi. Le fait d'avoir les Chœurs de l'ex-armée Rouge avec nous, c'était incroyable. [...] Quand on faisait une partie de foot avec eux, on se faisait battre car, évidemment, il y en avait un dans leur équipe qui jouait au Dynamo de Kiev ; au ping-pong, on se faisait massacrer car, dans leur équipe, il y en avait un qui était champion de ping-pong. On n'a pas osé jouer aux échecs avec eux, car on se serait fait tuer. Bref, ce n'étaient pas que des chanteurs buveurs de vodka. C'étaient des gens qui avaient un vrai métier et qui étaient aussi de très bons musiciens. Avec eux, on a fait des soirées mémorables ! Quand ils se mettaient à chanter leur répertoire, on se retrouvait généralement en larmes[1]. »

Sans jeu de mots facile, des journalistes tirent sur Jean-Jacques à boulets rouges. Thierry Séchan[2] prend un malin plaisir à l'étriper dans *Nos amis les chanteurs 2 : le retour.* Ces quelques extraits sont édifiants : « Jean-Jacques Goldman n'aime pas qu'on le critique. C'est son droit le plus strict. À tout hasard, je lui signalerai que la meilleure façon de ne pas être critiqué, c'est encore de ne pas s'exposer à la critique. [...] Jean-Jacques veut bien qu'on l'applaudisse, qu'on le congratule, mais il ne veut point qu'on émette la moindre réserve sur son œuvre, plutôt sympathique au demeurant, même si ce n'est qu'une œuvrette. Allons, un peu de modestie, Gigi ! Ainsi, il y a un peu plus d'un an, à l'occasion d'un palpitant séminaire sur la chanson (« La chanson dans tous ses états ») organisé par le journal *Chorus*, indigeste pavé trimestriel financé par Charles Pasqua, Goldman exposa sa conception hystériquement narcissique de la critique. Ce fut si bête que cela méri-

1. Propos recueillis par Alexandre Fievée, *Fredericks Goldman Jones*, Gründ.
2. *Nos amis les chanteurs 2 :* le retour, Thierry Séchan, 1994.

tait que je m'y attardasse. Jean-Jacques n'est pas poli. […] La scène se passe à la campagne. […] Autour de la table en caoutchouc mousse, assis par ordre de calvitie : Jean-Jacques Goldman, Yves Simon, Alain Souchon, Francis Cabrel, Fred et Mauricette Hidalgo. On échange des bons mots, on sourit pour la photo. […] Jean-Jacques Goldman : "Moi, la seule chose que j'attends d'un article sur la musique, comme d'un article sur la Bosnie-Herzégovine ou sur la coupe du monde de foot, ce sont des in-for-ma-tions, rien d'autre. Le prochain album d'Alain Souchon va sortir ; bon, ce que j'attends d'un article qui lui sera consacré, ce sont essentiellement des informations, c'est-à-dire de savoir ce qu'il y a dans ce disque, s'il y a des chansons lentes, des rapides, comment est l'orchestration, de quoi parlent les textes, qui a fait quoi, etc., même sans aller trop dans le technique, mais des informations ! Ensuite, si le critique veut ajouter quelques lignes de son propre goût – dont je n'ai absolument rien à foutre –, bon, libre à lui si ça le défoule, il peut dire qu'il aime, qu'il aime pas, qu'il adore ou qu'il exècre, mais ça n'est pas très important ce que pense X ou Y ou Z ; ce dont on a besoin, nous, c'est d'informations, ensuite on achètera le disque et on est assez grands pour avoir notre propre opinion sans chercher à l'imposer aux autres…" Voilà donc la position de Jean-Jacques Goldman, pourtant grand donneur de leçons devant l'Éternel : on ne cri-ti-que pas, en tout cas pas lui ! […] Jean-Jacques n'en démord pas : les critiques sont des nuls, surtout celui qui a écrit "Jean-Jacques Goldman est vraiment nul", mais c'est pas moi, pour une fois, c'est un ami. […] Et maintenant, Jean-Jacques Goldman va prouver qu'un bon chanteur, gentil, honnête et généreux, peut énoncer gravement d'énormes bêtises : "S'il n'y avait rien au niveau des médias, ce serait mieux pour nous, voilà, ça, c'est une chose à dire. S'il n'y avait pas de télé, pas de radio, pas de presse, pour personne, rien que le public, ce serait mieux pour nous. Quand on sort du tamis des médias, on est défavorisés, et dévalorisés ; la conclusion, c'est qu'il y a eu un boulot négatif qui a été fait contre la chanson française…" […] Maintenant, puisque l'artiste autorise le critique que je suis à dire “de quoi parlent les textes”, c’est gentil, je vais le faire. Je vais parler de son dernier album, *Rouge*, et je vais le faire avec une mauvaise foi qui en laissera plus d’un pantois. Pour commencer, je donnerai des in-for-ma-tions à mes lecteurs, puisque le chanteur y tient, et je ne vois pas pourquoi je le contrarierais. [...] C’est bon ? Je peux analyser, maintenant ? Dire de quoi il s’agit, dire ce qui s’agite derrière les mots vagues de Jean-Jacques Goldman ? [...] Eh bien, ne boudons pas notre plaisir, et lisons-les, ces textes. [...] Le cinquième texte a pour titre *Juste après*. J’ai rien compris, mais je crois que c’était triste. Plus tard, j’ai lu le commentaire de Jean-Jacques, et ma lanterne a été éclairée. Les chansons de Goldman, c’est comme les médicaments : avant de consommer, il faut lire attentivement le mode d’emploi. Et voici *Rouge*, chanson révolutionnaire. Avant, Jean-Jacques était “entre gris clair et gris foncé”. Quand il passait devant un mur, il fallait un radar pour le détecter. Aujourd’hui, il est “rouge”. Quand il nage dans la mer de la même couleur, il faut donc un sonar pour le repérer. “Rouge”, donc. La chanson nous annonce l’éden à venir. [...] Je résume : quand on veut écrire un chant d’espoir, il vaut mieux avoir le talent d’Étienne Roda-Gil. La différence entre l’écriture d’un potache et les mots d’un poète, c’est la totalité des mots, c’est la totalité du monde. [...] La neuvième chanson s’intitule *Des vies*. En gros, nous dit Goldo, ta vie, tu la choisis pas. C’est la vie qui choisit pour toi. À quelle heure on se pend, Jean-Jacques ? [...] »

Après avoir investi les plus grandes villes de l’Hexagone, les trois acolytes décident d’entreprendre un tour de France des villages qui n’ont jamais eu l’occasion d’accueillir un tel déploiement de matériel et de mise en place. *La tournée des campagnes* débute en Normandie, en mai 1995, en la salle polyvalente de Turretot (Seine-Maritime). À Bessenay, dans le Rhône, commune de mille huit cents habitants, mille deux cents places sont proposées. Un reportage diffusé lors du journal télévisé, présenté par Daniel Bilalian, rend compte de cet événement local[1]. Jean-Jacques s'y livre sur la genèse de ce partage musical avec les Français dits de province : « Ça a été dit comme ça, un peu sur le ton de la plaisanterie, qu'une fois que la tournée conventionnelle, obligatoire, des grandes villes, serait terminée, on s'offrirait une petite tournée comme ça juste pour le pied quoi. Et puis après, on s'est dit tant qu'à faire des toutes petites salles, autant le faire dans des endroits où l'on n'a jamais été et où personne ne va jamais. » L'artiste détendu, visiblement ravi de ces rencontres à la bonne franquette avec les gens du cru, s'en réjouit : « C'est très chaleureux, très convivial… » Quid de l'accueil des municipalités ? « Les loges… C'est les associations, très souvent, qui s'occupent de ça. Je me suis retrouvé un jour dans un atelier de poterie. Bon. Puis on a toujours la visite du maire qui vient nous donner une petite médaille… trois bouteilles de pinard, des trucs comme ça… c'est des pots-de-vin ! » sourit-il[2].

Mais, oui, les chanteurs de l'armée Rouge sont là aussi ! Pourquoi pas ? Il peut bien l'avouer, cette tournée : « C'est un caprice, c'est vraiment pour le plaisir, confirme-t-il à la radio Suisse Romande. Il n'y a aucune envie de faire plaisir aux gens, d'une certaine manière – si ça fait plaisir aux gens c'est très bien –, mais au départ, c'est franchement pour nous faire plaisir à nous, voilà[3]. » Comme d'habitude, le choix des chansons est déterminant : « D'abord le plaisir, précise Jean-Jacques. […] Il y a certaines chansons qu'on n'a jamais jouées et qu'on a envie de jouer. […] Si on a la moindre sincérité, au moins le désir de sincérité, on ne peut pas chanter une chanson quand on se dit : "Encore celle-là !", et qu'elle nous gonfle[4]. » Le respect du public et des fans est primordial : « Les gens ne vont à un concert qu'une fois tous les trois ou quatre ans, ils ne l'ont donc entendue qu'une fois. Nous on l'a entendue quatre cents fois et on l'a jouée quatre cents fois ! » Cependant, il en convient : « Il y a des chansons qui sont

1. Journal télévisé de Daniel Bilalian, France 2, 1995.
2. Journal télévisé de Daniel Bilalian, France 2, 1995.
3. Radio Suisse Romande, mai 1995.
4. *Paroles et Publics*, 9 décembre 1994.

chères aux gens et pour lesquelles on peut se faire violence[1]. » Le spectacle propose une première partie acoustique puis ensuite « une espèce de résumé de la “grosse tournée”. Simplifiée évidemment [...] on a gardé quelques clins d'œil, comme le visage, un peu de cinéma, quelques choses comme ça. [...] On perd en puissance, mais on gagne en proximité et ça, c'est sûr[2] ». Ils en sont satisfaits : « Un concert, dans une grande salle, on est à dix mètres, il y a des barrières, on a une sono tellement puissante qu'on n'entend même pas ce que les gens entendent... on ne les voit presque pas. Là, on les voit. Il y a un type qui tousse, on l'entend. On fait une fausse note, tout le monde l'entend aussi[3]. » C'est bien noté, le plaisir prime : « Que ce soit dans mon attitude, dans mes disques, la scène, je n'ai jamais cherché “la majorité”, mais mon plaisir d'abord. Je pense que ça a été compris. Cette minorité-là me comble[4]. » Peu importe le nombre de personnes pour lequel il joue, peu importe l'âge des « vedettes ». Il sera là tant que le plaisir de jouer sera là : « Moi, je trouve ça très, très, très nul de dire “Moi, je veux partir en pleine gloire, je ne veux pas être un vieux chanteur”. Je trouve ça prétentieux quoi, parce que je ne vois pas ce qu'il y a de mieux dans l'existence que d'être devant même cent ou deux cents personnes ou trois cents personnes et de leur procurer du plaisir à vous entendre. Je ne vois pas ce que eux doivent avoir de plus intéressant à faire dans leur existence que ça. On peut se débrouiller pour que ce ne soit pas pitoyable. Là, on a joué dans une toute, toute petite ville qui s'appelle Mauron et il y avait une salle des fêtes, et j'ai vu une photo de Léo Ferré au mur, je ne me compare pas, mais ça veut dire que Léo Ferré, quelques mois avant sa mort, je crois que c'était dans l'année précédente, est venu chanter à Mauron sur bande d'orchestre. Je suis sûr que ce n'était pas pitoyable[5]. » Une pointe d'appréhension sourd :

1. *Paroles et Publics*, 9 décembre 1994.
2. Radio Suisse Romande, mai 1995.
3. Radio Suisse Romande, mai 1995.
4. *CBS Magazine*, mars 1994.
5. Radio Suisse Romande, mai 1995.

« La seule chose qui m'angoisserait, c'est de le perdre [le plaisir]. Parce que je ne sais pas par quoi je remplacerais quelque chose qui prend autant de place dans ma vie[1]. »

René Angélil, le manager de Céline Dion, connaît vaguement Jean-Jacques Goldman de réputation, mais sans plus, lorsqu'il accepte ce dîner à trois, au restaurant *Chez Pauline*, à deux pas du Palais Royal, où le Français a ses habitudes, au cœur du 1er arrondissement[2]. Il n'a aucun souvenir de l'avoir croisé, bien des années plus tôt, dans le sud de la France, lorsqu'il chaperonnait Céline au MIDEM car toute son attention se portait sur sa chanteuse. À l'inverse, Monique Le Marcis, alors directrice de la programmation musicale de la radio RTL, a bonne mémoire. Elle évoque ce moment : « Au MIDEM 83, j'avais choisi une petite qui démarrait tout juste [Céline Dion], qui avait quatorze ans. On avait écouté le titre qui était déjà très marquant, c'était *D'amour ou d'amitié*. Et dans la même émission, il y avait Jean-Jacques. Mais ils n'ont aucun souvenir de cette rencontre. Ils ont dû rester tous les deux de leur côté dans les coulisses pendant l'émission[3]. »

René Angélil n'est pas vraiment surpris par la démarche de Goldman. Il est évident que la voix de Céline l'a touché au cœur… c'était gagné d'avance. L'auteur-compositeur se souvient : « L'ambiance était détendue, eux ne savaient pratiquement pas ce que je faisais, et personne n'était impressionné. » Pour la première fois de sa vie, lui, si réservé, propose à l'artiste québécoise d'écrire pour elle. « C'est une idée que j'avais depuis longtemps, je savais que c'était LA chanteuse francophone, que c'était LA plus grande chanteuse francophone. Je la trouvais mal employée, je pensais savoir ce qu'il lui fallait, je pensais pouvoir l'aider, et au moment où j'ai eu le temps et où j'ai eu la notoriété suffisante pour pouvoir lui proposer ça, j'ai demandé un rendez-vous[4]. » Avant de la rencontrer, il a

1. *Fréquenstar*, M6, 5 décembre 1993.
2. 27 janvier 1994, Paris.
3. *Confidentiel*, RTL, 21 avril 2018.
4. RFM, 28 septembre 1997.

tout lu sur elle, sur René, sur eux, leurs projets artistiques, leur histoire. Il a visionné des kilomètres d'archives télé et vidéo : « Je voulais que mes chansons collent parfaitement à sa personnalité et qu'à travers elles, on la connaisse mieux », explique-t-il. Sa démarche touche le couple qui accède avec enthousiasme à ce projet. Le *feeling* entre eux passe très bien. Céline et René sont loin d'imaginer que cet échange transformera l'orientation musicale de la « petite fille de Charlemagne ». René Angélil envisage d'associer Luc Plamondon à la composition, mais Jean-Jacques s'impose. Il travaille sur l'album complet sinon rien. Sa créativité doit jouir d'une totale liberté. Angélil souhaite d'abord entendre ses propositions. Jean-Jacques se lance dans la création : « Ça a évolué au fur et à mesure que je rentrais en contact avec elle par documents interposés. En travaillant, je me suis rendu compte qu'elle était une chanteuse de blues francophone, ce qui est assez rare, et même une chanteuse de rhythm and blues[1]. » Quelques semaines plus tard, en octobre 1994, il leur fait écouter *Je sais pas*, *J'attendais* et *Pour que tu m'aimes encore*. Selon lui, pas la meilleure des trois chansons… Pourtant, René et Céline ne peuvent contenir leur émotion, ils pleurent comme des enfants. « Je n'oublierai jamais, jamais, ce moment-là », souligne Céline. « Quand on a lu les textes, dit René, on en pleurait tellement, c'était comme si c'était Céline qui parlait. Ça m'a fait penser au temps où elle était toute petite, à treize-quatorze ans, et qu'Eddy Marnay lui écrivait des chansons sur mesure. » Banco, dit René. Il confie la totalité de la création à Jean-Jacques. Il se met au piano, entame *Pour que tu m'aimes encore*. Céline et René, enlacés, mêlent leurs larmes. « Je n'ai pas bien compris pourquoi », s'excuse le musicien. Céline s'explique : « C'est tellement une grande chanson ! C'est mon hymne à moi. » Pudique, Goldman ajoute : « La voix de Céline m'a toujours touché. Elle a cette faculté de vous rentrer cette voix dans le cœur et d'y faire jaillir de la lumière. » Durant des semaines, il prépare les orchestra-

1. *InfoMatin*, 3 avril 1995.

tions et enregistre les parties instrumentales avant que Céline ne vienne poser sa voix dessus au Studio Méga, à Suresnes, en région parisienne, en dix jours, du 3 au 19 novembre 1994, à raison de deux chansons par jour avec pas plus de deux prises de voix. C'est exceptionnel ! Ils travaillent en fin d'après-midi, car sa voix lui obéit mieux ; elle est plus ample, plus souple. Jean-Jacques lui fait adopter une façon plus sobre de chanter, avec moins de mélismes et de fioritures. Sans se formaliser, elle écoute très attentivement ses conseils. Il est impressionné par l'artiste et la discipline à laquelle elle s'astreint : « Elle peut chanter n'importe quoi. Ce qui lui paraît très simple est impossible à d'autres. Elle a une technique impressionnante et un énorme *feeling.* Céline, c'est deux concerts et un jour *off,* jamais quatre ou cinq concerts de suite. Avant d'entrer en studio, trois jours de mutisme total. Total ! Elle ne demande même pas son petit déjeuner. Elle ne communique que par écrit ! Sans oublier les exercices avant. Alors quand elle dit : "Je suis prête", elle est prête. Pas besoin de chauffer sa voix. Ça ne rigole pas[1] ! »

Il la fait évoluer dans un tout autre registre. « C'est devenu ensuite une évidence pour tout le monde. Mais je n'ai jamais eu le moindre doute », assure-t-il[2]. Le titre *Vole* est enregistré au studio Haut de Gamme à Boulogne. « Au début, j'ai voulu moderniser la voix de Céline, raconte Jean-Jacques. Elle interprétait comme les chanteuses traditionnelles de la francophonie. Comme Mireille Mathieu ou Ginette Reno. Il fallait contrôler sa puissance vocale, lui donner des nuances, et puis être à l'écoute. La laisser s'exprimer par elle-même. Et c'était encore mieux que ce que j'avais imaginé. » Céline s'est révélée sous un jour nouveau, comme le souligne Jean-Jacques : « Je pense qu'avec l'album *D'eux*, Céline Dion s'est réalisée comme interprète comme jamais elle ne l'avait fait auparavant. Il n'y avait pas cette facette de sa voix, ce côté swinguant sur ses albums précédents[3]. »

1. *StarMag*, 1995.
2. *L'Union de Reims*, 17 mai 1998.
3. *Infomatin*, 3 avril 1995.

Le lancement de l'album *D'eux* au Studio de Radio-Canada avec le titre *Pour que tu m'aimes encore*, et sa sortie en France[1] laissent les auditeurs pantois. Le premier extrait, *Pour que tu m'aimes encore*, entré dans le Top 50 en mars, reste classé à la première place durant quarante-deux semaines. Le disque occupe la première place de tous les classements durant dix mois ! En tête des ventes pendant quarante-quatre semaines, il est sacré album francophone de l'année aux Victoires de la Musique. Aux États-Unis, le CD sort sous le titre *The French Album*. L'album *D'eux* est certifié disque de diamant en cinq mois, en France, avec plus d'un million d'exemplaires vendus. Il se vend à dix millions d'exemplaires dans le sillage du *single Pour que tu m'aimes encore*.

Jean-Jacques s'envole vers le Québec. C'est un plaisir pour lui de retrouver cette région qu'il a peu eu l'occasion de visiter lors de ses précédents séjours. Là sont les racines de son interprète, cette terre qui l'a vue naître et la nourrit de sa culture et ses valeurs. Il hume l'air, se noie dans les paysages, y touche du doigt ce qu'il en a perçu et glissé dans ses textes : « [...] l'été qui commence trop tard et qui finit trop tôt, l'hiver qui mange sept mois de l'année sans profit, la sécheresse et la pluie qui viennent toujours mal à point », comme l'évoque Louis Hémon, l'auteur de *Maria Chapdelaine*. Cet attachement irraisonné, indéfectible : « [...] au pays de Québec, rien n'a changé. Rien ne changera, parce que nous sommes un témoignage. De nous-mêmes et de nos destinées, nous n'avons compris clairement que ce devoir-là ; persister... nous maintenir... Et nous nous sommes maintenus, peut-être afin que dans plusieurs siècles, encore le monde se tourne et dise : ces gens sont d'une race qui ne sait pas mourir... Nous sommes un témoignage[2]. » Le jour de son anniversaire, le 30 mars 1995, Céline, accompagnée de Jean-Jacques, présente *D'eux* dans une émission spéciale, animée par Véronique Cloutier et diffusée à vingt heures sur la chaîne québécoise *Musique Plus* et le lendemain sur *Radio*

1. Album *D'eux*, sorti en France le 3 avril 1995.
2. Louis Hémon, *Maria Chapdelaine*.

Canada. Elle chante *Je sais pas*, *J'attendais*, *Regarde-moi*, *J'irai où tu iras* avec Jean-Jacques Goldman, *Les derniers seront les premiers* et *Vole*.

Il est nécessaire de rendre à César ce qui est à César. Jean-Jacques conte lui-même la naissance du titre *Je sais pas*, signé d'un certain J. Kapler[1]. Il souhaitait intégrer un slow à trois temps dans l'album afin de l'équilibrer. Or, son frère Robert lui glissait régulièrement des cassettes sur lesquelles il avait enregistré ses musiques. « Je me suis dit, tiens, il me faudrait une chanson comme celle de Robert, mais plutôt que de la faire, pourquoi je ne la prendrais pas, puis je fais un texte dessus, raconte-t-il. Donc, je lui ai demandé. Il a été d'accord, donc, on l'a arrangée, on a fait tout ça, et ça a été *Je sais pas*[2]. »

Jean-Jacques a amené Céline à ne pas trop pousser sa puissante voix, à épurer son chant, à gommer les fioritures à l'américaine. « J'avais un rêve et finalement la réalité a été aussi jolie et aussi intéressante », reconnaît-il[3]. « Elle fait partie des cinq grandes. Je mets dedans Aretha Franklin, Barbra Streisand. Elle, elle est dans le lot. » Il évoque leur façon d'aborder une chanson : « Je n'ai jamais travaillé avec des gens d'un tel niveau technique. Pas de problème de justesse, de tempo, elle se chauffe toute seule, quand on lui donne une ligne mélodique, elle en improvise deux, quatre, toutes crédibles[4]. »

Il est indéniable qu'il l'a merveilleusement habillée de mots et de notes de musique. Il a apprécié, ressenti, sa nature instinctive, spontanée, naturelle, sa réelle bienveillance. Il a approché le cœur et l'âme de cette petite fille originaire de Charlemagne devenue femme. Il a ce don pour faire chanter le verbe, exister les émotions, vibrer les sentiments. Il connaît d'instinct les mots de l'ami, celui qui devine avant que l'autre ne parle, celui qui comprend les silences…

Francis Cabrel, orfèvre en la matière, sait de quoi il retourne. Interrogé par *Chorus*, il est catégorique.

---

1. J. Kapler = pseudonyme de Robert Goldman.
2. *Studio 22*, RTL, 8 décembre 2001.
3. *Envoyé spécial*, Antenne 2, 19 octobre 1995.
4. Interview par Hélène Hazera pour *Libération*, mars 1995.

« *Chorus* : Parmi les chanteurs d'aujourd'hui, s'il ne devait en rester qu'un seul, pour toi lequel serait-ce ?

Francis Cabrel : [...] je dirais Goldman.

Chorus : Pourquoi ?

Francis Cabrel : Parce qu'en plus d'avoir la qualité de tous les autres, des plus grands, c'est-à-dire d'être un auteur de chansons remarquables, un auteur-compositeur-interprète remarquable, c'est aussi un musicien exceptionnel, et ça c'est extrêmement rare[1]. »

Lors d'une émission de télé française, Céline Dion confie à propos de la chanson *Vole* : « Jean-Jacques a été fabuleux en trouvant les mots pour exprimer ce que je ressentais. On a fait une prise, puis deux et trois. Je ne pouvais pas chanter. Il y avait trop d'émotion et je voulais l'interpréter avec une émotion contrôlée. Nous sommes allés déjeuner. Puis, lors de notre retour, je lui ai dit : "Je suis prête." La première prise a été la bonne[2]. » En conférence de presse, elle donne des détails concernant l'album *D'eux* : « Au départ, l'album devait s'appeler *Pour que tu m'aimes encore*. C'était correct... mais c'était pas ça. Quelqu'un, je ne sais pas qui, a eu l'idée de *D'eux*. Moi, je trouvais cela rafraîchissant, avoir un titre qui n'a pas de rapport direct avec les *tounes*[3] de l'album, mais qui le représente bien : c'est le talent de Jean-Jacques avec, sans prétention, ce que je peux, moi, donner. Ça vient *D'eux*, de nous deux, ces deux *twits*-là[4]. » Tout est ajusté au millimètre près. Ainsi le clip de la chanson *Pour que tu m'aimes encore*, réalisé par Michel Meyer, mêle les séquences filmées en studio et en extérieur. C'est assez surprenant de voir Céline Dion marcher sur les trottoirs de Pigalle, pieds nus, en nuisette, observée par les passants surpris de sa tenue. À propos de ce titre, Jean-Jacques est stupéfait par son impact : « S'il fallait retenir une seule chanson de l'album, ce serait

1. *Chorus* n° 9, automne 1994.
2. *Envoyé spécial*, Antenne 2, 19 octobre 1995.
3. *Tounes* = chansons.
4. *La Presse*, 1er avril 1995.

celle-ci. [...] Ce qui me motive à écrire ce titre, c'est l'intensité de leur relation amoureuse, à quel point elle est d'une pièce. Quand je les ai rencontrés, j'avais trouvé ça vraiment fort : on sentait que, pour lui, c'était elle, et que, pour elle, c'était lui. Il n'y avait pas de doute. » Véronique Mortaigne livre sa critique dans *Le Monde*[1] : « Il se dit épaté. Elle trouve cela normal. Il a eu envie de travailler avec elle, de lui offrir un bouquet de chansons en hommage à sa voix "exceptionnelle". Elle a fini par accepter. [...] Pour elle, il aura tout fait (paroles, musique, arrangements, supervision, etc.) [...] Ils sont restés cabochards tous les deux, se protégeant des assauts conjugués des directeurs de produits des maisons de disques et des avis dissociateurs. [...] dans un équilibre sans bavure, *D'eux* est devenu un produit artistiquement correct. » Céline enregistre l'émission française *Taratata*, présentée par Nagui. Entourée de toute l'équipe de musiciens et choristes ayant travaillé sur l'album, elle interprète : *Pour que tu m'aimes encore*, *Le monde est stone* (*a cappella*), *Le Ballet*, *J'irais où tu iras* avec Jean-Jacques, Michael Jones et Carole Fredericks, *Knock on wood* avec Carole Fredericks, et le magistral *Calling you* du film *Bagdad Café*. À l'occasion de sa tournée européenne de septembre 1995 à février 1996, lors de ses représentations parisiennes, Jean-Jacques la rejoint sur scène au deuxième refrain du titre *Les derniers seront les premiers* puis ils enchaînent avec leur duo *J'irai où tu iras*. Céline Dion chante cette chanson avec son bassiste lorsque Jean-Jacques ne peut la retrouver sur scène.

« L'artistique ne peut pas tout expliquer, estime Jean-Jacques. Étant donné l'importance de la voix dans la carrière de cette fille-là – car c'est une vraie chanteuse, pas une diseuse de textes –, je pense que la qualité de cet album – même si on juge ses chansons excellentes – n'explique pas ce passage brutal du rien au tout. Elle chantait déjà aussi bien[2]. »

1. *Le Monde*, 29 avril 1995.
2. *Envoyé spécial*, France 2, 21 décembre 1995.

Cette année-ci est aussi celle d'une nouvelle collaboration avec Johnny Hallyday. Jean-Jacques aime écrire et composer pour d'autres artistes. C'est selon lui une façon d'éviter les redites et, cerise sur le gâteau, il se fait plaisir. Il produit et réalise l'album *Lorada* pour lequel il concocte trois titres. Il chante aussi dans les chœurs. Il livre quelques confidences concernant leur méthode de travail au micro d'une émission télé : « Comme c'étaient trois amis qui ont composé les autres chansons, on en a fait chacun deux, trois, quatre, moi, je les ai regroupées d'abord, je les ai choisies avec eux et puis on a travaillé les arrangements… On a travaillé sur chaque chanson que ça soit au niveau des textes, des tonalités, au niveau même de la structure, même de certains accords. » À propos de Johnny, il a ces mots charmants : « Il a un des plus beaux sourires que je connaisse, mais qui est rare. C'est-à-dire, de temps en temps, quand il sourit vraiment naturellement, il a un sourire d'enfant. Son visage s'éclaire. Mais c'est rare de le voir, ce n'est pas quelqu'un d'extrêmement gai. » Jean-Jacques s'est entouré des meilleurs bien sûr : Erick Benzi, aux claviers, et Gildas Arzel. *J'la croise tous les matins* se classe directement au Top 50 dès sa sortie en juin 1995. « Quand Johnny me demande des chansons, je lui fais *J'la croise tous les matins* en pensant absolument Johnny, sur le plan musical et les paroles. Ce n'est donc pas une chanson pour quelqu'un d'autre, que ce soit Florent Pagny, Patricia Kaas, Céline Dion ou Khaled. À aucun moment, le titre ne pourrait être pour moi[1]. »

Pour le dixième anniversaire des Restos et son concert *La Soirée des Enfoirés*, Jean-Jacques fait de nouveau appel à Céline Dion[2]. Elle est fidèle au rendez-vous, aux Studios télévisés d'Arpajon, où elle chante dans le medley sur les Chansons d'amour (*Pour que tu m'aimes encore, L'amour existe encore*) puis en duo avec Maurane, *Quand on a que l'amour* de Jacques Brel. À l'occasion de ce dixième anniversaire sort la

1. *24 heures*, 20 septembre 1997.
2. *La Soirée des Enfoirés*, 28 janvier 1996.

Compil des Enfoirés. Quinze titres ont été retenus pour ce CD à partir des quelque cinquante enregistrés par différents artistes entre 1986 et 1996.

Des critiques encore des critiques fondent sur le maître d'œuvre… Ses détracteurs sont légion. Il s'en balance : « J'en prends plein la gueule depuis dix ans. À leurs yeux, je suis Satan, l'antiréférence. Je ne les lis même plus[1]. »

1. *L'Est Républicain*, 23 mars 1996.

7

Le beau et le vrai, c'est la mélodie réunie à l'harmonie en toute chose.

ALEXANDRE WEILL

Malgré quelques réticences, il finit par accepter que Sony Music publie un *best of*, intitulé *Singulier*[1]. Ce double CD contient tous ses tubes, ses chansons les plus intimes, celles qui lui tiennent à cœur. Certaines sont en version inédite. Ainsi pour *Elle attend*, il existe six versions différentes : la version de la maquette, la version de *Non homologué*, la version d'*En Public*, la version de *Singulier*, la version radio pour promouvoir *Singulier* et la version acoustique du clip vidéo. Un groupe de jeunes, les Worlds Apart, en 1996, reprend *Je te donne* en version *dance*, et lance le premier *boys band* en France. Interrogé par Christophe Nicolas pour Nostalgie à propos de cette reprise, il est très cool :

« Est-ce que vous avez eu l'occasion d'entendre la version, puisqu'on en parle de cette chanson, de *Je te donne* par le groupe anglais Worlds Apart ?

Jean-Jacques : Ouais. Ouais, ouais.

Christophe Nicolas : Ça vous plaît bien ce *remix dance* ?

Jean-Jacques : Mais, sans juger ce style qui me dépasse un peu, mais… sur le principe, moi je suis très, très fier et très content qu'on reprenne mes chansons. Parce que, entre l'âge

1. Sortie le 23 août 1996.

de quinze ans et vingt-cinq ans, j'ai fait que ça. Je jouais les Stones, Deep Purple, tout ça. Et je suppose que mes versions leur auraient pas plu. Mais je le faisais avec un tel enthousiasme, que je suis très touché, maintenant, quand des gamins reprennent mes chansons.

Christophe Nicolas : Et est-ce que vous avez le sentiment que, vous qui écrivez quand même pas mal, [...] au bout d'un moment, les chansons ne vous appartiennent plus ?

Jean-Jacques : Ah, mais à partir du moment où la chanson est sur un disque, elle ne m'appartient plus. Elle appartient à ceux qui l'écoutent[1]. »

Il confirme ses dires à Laurent Boyer : « Pour moi, c'est une consécration. À partir du moment où ta chanson existe sans toi, pour moi c'est gagné. Tu as fait quelque chose... C'est comme un enfant qui s'éloigne de toi. Tu as réussi ça[2]. »

Il apprécie le savoir-vivre et la politesse et ne manque pas de saluer ceux des Worlds Apart : « Sur le plan légal, on n'est pas obligé de demander l'autorisation à l'artiste. C'est-à-dire que vous, demain, si vous voulez chanter une chanson des Beatles, vous pouvez le faire. [...] Il se trouve que ces gens-là, par correction, m'ont demandé l'autorisation, et avant d'écouter les versions, j'avais donné mon accord. Je trouve qu'il est très gratifiant et touchant pour un auteur-compositeur d'entendre ses chansons chantées par d'autres[3]. »

Lors de la mise sur le marché, en janvier 2022, du volume 1 de *L'Héritage Goldman*, compilation revisitant les chansons de Jean-Jacques Goldman, Michael Jones s'exprimera sans ambages : « La reprise des Worlds Apart, c'était très mauvais. Je ne comprenais pas ce qu'ils chantaient en français. Et eux non plus. Ça me faisait le même effet que les groupes français qui essaient de chanter en anglais. Et ça me gênait terriblement, parce qu'on sentait bien qu'ils ne comprenaient pas ce

1. Week-end Jean-Jacques Goldman, Nostalgie, 26-27 septembre 1997.
2. *Fréquenstar*, M6, 1998.
3. *Solo* n° 2, novembre-décembre 1997.

qu'ils chantaient. » De plus : « Ils avaient ajouté une instru [instrumentation] disco, c'était affreux. »

À l'occasion de l'enregistrement sur la chaîne Antenne 2, en décembre 1993, de l'émission *Envoyé spécial* consacrée aux accords de paix, à laquelle il participe, Jean-Jacques avait chanté *Imagine* en trio avec la chanteuse israélienne Noa et Khaled l'Algérien. Les deux hommes avaient sympathisé et s'étaient attablés au *Pied de chameau*, le restaurant oriental de Pierre Richard, sis rue Quincampoix. Ils parlent musique, chanson bien sûr, mais aussi actualité. L'espoir renaît. Les accords d'Oslo, signés en septembre entre Yasser Arafat et Yitzhak Rabin, ont mis fin à quarante-cinq ans de conflits entre Israéliens et Palestiniens.

Khaled le sollicite pour l'écriture d'une chanson d'amour. Il lui promet d'y penser. « Je réfléchis ! Khaled me demande une chanson, qu'est-ce que je peux lui faire ? Je pense à son style, en quoi il peut être conciliable avec ce que j'écris[1]. » Khaled l'invite à déjeuner chez lui, à Chelles, en banlieue de Paris. Un spectaculaire couscous maison leur est servi. L'ambiance est à l'avenant. Khaled assure plus tard qu'il est certain que ce plat généreux a fini de convaincre Jean-Jacques d'écrire pour lui. Il ignore que celui-ci, parti en quête des petits détails concernant sa vie et ses origines, s'imprègne déjà de son histoire, de ses ressentis, de ses convictions. Tant et si bien qu'il se met à la place du chanteur pour écrire cette chanson d'amour, avec les mots de Khaled faisant écho à son existence.

Affinités humaines, entente artistique président à leur collaboration. « Chez Khaled, il y avait quelque chose qui m'intéressait. Le fait qu'il soit arabe ne m'a pas dérangé, mais n'a pas été déterminant. Mais j'ai été séduit par son courage. Pour ce qu'il représente, pour sa position sur l'islam et ses rapports avec la musique. Ce n'est pas évident actuellement pour un Algérien de faire du raï. Certains meurent à cause de

1. *L'Est Républicain*, 28 septembre 1997.

ça. Je l'ai trouvé courageux, mais je ne l'aurais pas fait sans ses capacités musicales. C'est un très bon chanteur et un vrai musicien, encore plus que je ne le croyais. » Il y a aussi une autre raison : « En plus, le fait d'écrire ce texte et que Khaled le chante pour les beurettes françaises, je trouvais cela très attirant[1]. » Le voici donc lancé dans la composition avec enthousiasme : « J'essaie de faire une espèce de soul pour *Aïcha*, un peu plus disco sur *Le jour viendra*, avec des textes qui me semblent être dans ses préoccupations. J'hésitais à lui faire un reggae et, finalement, il est allé enregistrer certaines choses en Jamaïque. Ce n'est pas étonnant, il y a des rapports entre les musiques[2]. » *Aïcha*, un prénom qui claque comme un étendard. Des plus populaires au Maghreb, il est celui porté par la troisième femme du prophète Mahomet et se traduit par « vivante ». Pour évoquer le droit des femmes dans l'islam, Khaled et sa chanson forment une combinaison parfaite. Le morceau sort en CD en août 1996.

Khaled s'attendait-il à ce que ce titre le propulse en tête des hit-parades ? *Aïcha* marque le monde de la variété. Les premières notes suffisent à nous emporter dans l'univers de Khaled. Ce titre lui permet de tutoyer les sommets et de toucher son public. Une nouvelle fois, Jean-Jacques est là où l'on ne l'attendait pas. « Je trouve cela assez normal, s'étonne-t-il. Comprenez-moi bien : s'il y a une chose que je pense savoir faire, ce sont des chansons. Je ne trouve donc pas extraordinaire que le public apprécie un titre qui, objectivement, tient bien la route[3]. » Les gens de la profession ne peuvent qu'applaudir : « Jean-Jacques fait du Goldman, et la recette est tellement populaire que la mayo monte aussi vite pour lui que pour les autres. En réalité, il existe un second secret : il ne travaille que pour des voix, des vraies. Avant Céline Dion, il n'offrait déjà ses chansons qu'à de très grands interprètes[4]. » Il a aussi signé *Le jour viendra*. Titre porteur d'espoir pour l'Algérie. Son auteur s'en explique :

1. *Télé Moustique*, 24 septembre 1997.
2. *L'Est Républicain*, 28 septembre 1997.
3. *Nice Matin*, 4 mai 1998.
4. *Infomatin*, 3 avril 1995.

« Elle dit qu'il y a toujours un moment où la nuit et le jour se rencontrent. Tous les animaux vont boire à la même eau. Peut-être un jour viendra où le peuple algérien lui-même sera apaisé[1]. »

Aïcha est sacrée « chanson de l'année » aux Victoires de la Musique 1997. Durant la cérémonie le 10 février 1997, alors qu'il est sur scène, Khaled est rejoint par Jean-Jacques, micro en main, qui lui donne la réplique. Le public, aussi effaré que l'interprète d'*Aïcha*, goûte cette surprise tout en symboles. Deux hommes d'univers différents, l'un juif, l'autre arabe, unis dans la joie et la musique pour la célébration de l'amour avec un grand A. Khaled s'en émerveille à chaque occasion : « Un juif et un Arabe premiers, ensemble, au Top 50 en France, c'est beau. Mon but était de faire profiter plus de monde des textes. Le seul bonhomme qui pouvait me comprendre et me donner aussi une écriture compréhensible, c'était Goldman. Je lui ai dit que je chantais l'amour et la vie de tous les jours sur musique de fête. Je lui tire mon chapeau au mec. On dirait qu'il a vécu avec moi tellement *Aïcha* raconte les mêmes choses que mes chansons arabes[2]. »

Pour Jean-Jacques, *Aïcha* a la saveur d'un bonbon au miel, et cinq ans plus tard, son immense succès le conforte dans la certitude qu'il a de nouveau engendré un tube. « Je trouve que je n'ai pas fait de tube depuis longtemps, des gros tubes, des tubes comme *Aïcha*, *Je te donne*, *Pour que tu m'aimes encore* [...] Des trucs qui tout à coup prennent leur envol et on ne sait pas où ça va. J'ai fait des succès récemment, mais pas de tube[3]. » Il s'étonne d'être parvenu à peaufiner un style à l'opposé du sien « C'est une adéquation, assez rare, entre la chanson, son thème et son interprète[4]. » Il se réjouit lors de ses pérégrinations d'entendre le refrain repris par l'ensemble de la jeunesse : « Aujourd'hui, quand je voyage au Maghreb ou

1. *Télé Moustique*, 24 septembre 1997.
2. *Télé Moustique* n° 3807, 16-22 janvier 1999.
3. RTL, 20 novembre 2001.
4. *Chorus* n° 53, automne 2005.

en Afrique et que je vois des enfants qui dansent en écoutant ou en chantant *Aïcha*, lorsque j'entends cette chanson dans la rue qui s'échappe d'une maison, c'est quelque chose qui me rend spécialement heureux[1]. » Lui aussi chante ce succès : « Il m'arrive de chanter *Aïcha* dans ma salle de bains, mais quand j'entends Khaled la chanter à L'Olympia, devant son public qui danse, je ressens quelque chose de plus fort que si je l'interprétais moi-même[2]. »

La sortie du nouvel album de Patricia Kaas, en mars 1997, nous permet de constater que Jean-Jacques a signé deux adaptations en français de chansons que l'on retrouvera sur le futur album américain de la chanteuse. Il a également composé pour elle un troisième titre, paroles et musique, *Je voudrais la connaître*. Son amour des mots se révèle de nouveau. Il s'agit de l'histoire d'une femme trompée qui veut tout savoir de sa rivale. « C'est la femme délaissée qui voudrait connaître la nouvelle », explique-t-il[3]. Il est plus précis au micro de France Bleu :

« Valérie Alamo : Dans les chansons que vous donnez aux interprètes féminines, on a l'impression que vous dressez souvent un portrait pas très reluisant de l'homme. Les femmes sont toujours très clairvoyantes. Que ce soit pour Céline Dion, ou dans la chanson *Il part* pour Carole Fredericks, ou dans la dernière de Patricia Kaas, la femme est lucide, elle voit tous les travers de l'homme. Comme c'est un homme qui écrit, c'est assez perturbant. Est-ce que c'est une façon de remettre les pendules à l'heure ?

Jean-Jacques : C'est une façon de mettre les pendules à mon heure. Je vois tout ça. Je crois que les femmes sont beaucoup plus cohérentes, beaucoup plus sûres, beaucoup plus fiables, beaucoup plus raisonnables, beaucoup plus courageuses, incontestablement. Même sur le plan social, moins les femmes ont de pouvoirs dans des sociétés et plus ces sociétés sont

1. *Chorus* n° 53, automne 2005.
2. *La Libre Belgique*, 10 décembre 2001.
3. *Paroles et Musiques*, RTL, 15 décembre 2001.

violentes, injustes. C'est extrêmement clair dans l'Histoire. Plus les femmes ont du pouvoir et plus ces sociétés sont tendres, évoluées. Clemenceau disait que la guerre était quelque chose de beaucoup trop sérieux pour la laisser à des militaires, moi je trouve que la vie est quelque chose de beaucoup trop sérieux pour la laisser à des hommes[1]. »

Sa façon de travailler est inchangée : « Quoi que je fasse dans la journée, quelles que soient les personnes rencontrées dans la journée, les heures de vingt-trois heures à trois heures m'appartiennent. Presque systématiquement. C'est le moment de tranquillité absolue. Il y a la nuit qui déclenche des thèmes musicaux. C'est d'ailleurs souvent à ce moment-là que je fais des maquettes et que les ambiances viennent doucement[2]. » Il offre un titre à Robert Charlebois, *Le plus tard possible*, pour son album *Le Chanteur masqué*. Il en sourit : « Je lui ai proposé un texte, qu'il a un peu modifié, sur un type qui se pose la question "Comment faire pour se suicider ?" Il hésite entre diverses possibilités : la noyade, etc. Ça lui va assez bien, d'ailleurs[3]. »

Je suis né tout petit sans qu'on d'mande mon avis
Raison de plus pour organiser ma sortie
Si on finit toujours six pieds sous terre
Y'a moyen au moins de choisir la manière

Éliminons les naufrages, la noyade
Boire autant d'eau ça m'rend déjà malade
Dieu qu'on épargne les flammes à mes péchés
Même dans l'Arctique j'ai trop chaud en été […]
Le poison, le gaz, c'est pour les grand-mères […]
À moins que j'me résigne avec tendresse
À mourir dans tes bras, simplement de vieillesse
J'sais trop bien vivre
J'sais pas mourir...

1. France Bleu, octobre 1998, « l'histoire de *Pour que tu m'aimes encore* ».
2. *Télé Câbles Satellite Hebdo*, 3 novembre 1997.
3. *Solo* n° 2, novembre-décembre 1997.

En mai, c'est au tour de Michael Jones de présenter son album, *À consommer sans modération*, tandis que début juillet commence à être diffusée sur les ondes *Sache que je*, la toute nouvelle chanson de Jean-Jacques marquant son retour en solo sur le devant de la scène musicale. Et, bien sûr, elle fait un tabac. Elle annonce l'arrivée de son nouvel album *En passant*[1] enregistré et mixé à Suresnes et à Yerres entre les mois d'avril et août. « C'est une année d'indépendance ! », précise le compositeur[2].

On ne respecte toujours pas son travail. On l'oblige toujours à s'expliquer, à décrypter ses textes, il s'y résout pour l'énigmatique *Sache que je*. Certes, on ne l'entend jamais dire « Je t'aime » dans ses chansons. Est-ce pour cela qu'il ne ressent point ce sentiment, qu'il lui est étranger, qu'il le nie ? Non. Soyez rassurés, braves gens. Pudeur extrême, il ne se dévoile pas. « Pas par manque d'amour, non. Parce qu'il y a du contrat dans ces trois mots-là[3]. » La beauté du morceau est à elle seule une réponse : « Le refrain est une déclaration d'amour. Simplement, il explique pourquoi il ne va pas dire "Je t'aime". C'est une chanson sur la forme et pas sur le fond. Il ne dit pas qu'il y a "mourir" dans le fait d'aimer, mais qu'il y a "mourir" dans "Je t'aime", qu'il y a du temps qui traîne dans "Je t'aime". Ce n'est pas douter de l'amour[4]. »

Arrangés par Erick Benzi, les onze titres d'*En passant* ne laissent pas de surprendre. Pourquoi la profession s'en étonnerait-elle ? Ces chansons-là, très personnelles, sont incontestablement faites pour lui et lui seul. « Disons qu'il y avait dix ou onze chansons qui n'appartenaient à personne, qui ne s'adressaient qu'à moi[5] », affirme-t-il. Pas tout à fait malgré tout car, s'il a pris de l'âge, évolué, ses fans aussi… quadra et quinquagénaires le suivent et se retrouvent dans ses textes comme aux premiers jours. C'est cela aussi la fidélité, sentir le vent tourner

1. SAlbum *En passant*, sorti le 26 août 1997.
2. *Télé Poche*, 8 novembre 1997.
3. *L'Express*, 25 septembre 1997.
4. *Le Figaro*, 29 septembre 1997.
5. *Télé Câbles Satellite Hebdo*, 3 novembre 1997.

et s'adapter. « Je me suis dit, voilà, c'est l'heure maintenant, explique-t-il dans les colonnes du *Figaro*[1]. Je savais que ça allait venir. Mais cela n'a pas été très douloureux, finalement. La tournée qui a eu le plus de succès, c'était après l'album *Entre gris clair et gris foncé*, en 1986-1987, et c'était déjà fini. Cette affection-là avait été remplacée par une autre attention, avec un public plus âgé et plus masculin. Je n'ai pas été une idole des jeunes qui tout à coup se retrouve nue, une fois qu'une génération d'adolescentes a grandi – puisque les jeunes filles ne mettent pas le même poster au mur que leur grande sœur. C'est un statut forcément éphémère, que vous vous appeliez 2 Be 3 ou Elvis Presley. Il se trouve qu'en faisant mon métier j'ai eu d'autres satisfactions, alors que ce rapport – qu'on pourrait dire amoureux – s'était naturellement terminé. »

Erick Benzi revient sur cette gestation : « Jean-Jacques ne me dit pas au départ qu'il veut une ambiance intimiste. Mais à l'écoute des maquettes, on comprend très vite que ce sera l'ambiance générale de l'album. C'est une histoire de *mood*. Il venait de se séparer et moi-même je traversais une période difficile. On s'est un peu retrouvés là-dedans. C'était une époque un peu compliquée pour tous les deux[2]. » Une portion de vie mise à profit pour davantage encore considérer l'espace dans lequel il se meut, contempler la création, distinguer ce qui doit l'être : « J'aime observer, je me nourris des autres, affirme-t-il. En flânant, je savoure le spectacle du monde, le spectacle des gens, qui m'amène aux chansons. » Bien sûr, un jour ou l'autre, il va raccrocher, c'est inéluctable. Tout passe… Dans un entretien au *Figaro*[3], il n'a point tergiversé.

« *Le Figaro* : Il y a une douzaine d'années, vous aviez déclaré dans une interview que vous saviez que vous seriez un jour sur le déclin.

Jean-Jacques : Il n'y a aucun doute là-dessus. La seule incertitude, c'est la date. Je ne vois pas pourquoi ce qui arrive à

1. *Le Figaro*, 29 septembre 1997.
2. Propos recueillis par Alexandre Fievée, *Fredericks Goldman Jones*, Gründ.
3. *Le Figaro*, 29 septembre 1997.

Barbara, Charles Trenet, Gilbert Bécaud, Bob Dylan ou Paul McCartney ne pourrait pas m'arriver.

Le Figaro : Quand vous écrivez, n'y a-t-il pas des moments où vous ressentez l'angoisse du déclin de votre créativité ?

Jean-Jacques : C'est un problème que l'on peut avoir si on a des échéances impératives. Quand mon contrat avec ma maison de disques m'imposait de sortir des disques à intervalle régulier, j'avais beaucoup de choses à dire, beaucoup de chansons d'avance. Et ensuite, quand ce problème aurait pu se poser, je n'ai plus eu ces échéances contractuelles. Maintenant, je sors un album quand j'ai dix chansons de prêtes. [...] Plus globalement, je me rends compte que mes idées viennent de moins en moins facilement sur le plan de la musique – c'est naturel, comme les rhumatismes. Je ne pense pas commencer à faire du rap ou de la techno maintenant, et je tourne forcément en rond, comme tout le monde. Par contre, je prends de plus en plus goût aux textes des chansons, et je me rends compte qu'il y a des terrains à explorer, auxquels je n'aurais pas forcément pensé au début. »

Il le confesse, seuls comptent à présent « les moments les plus intenses, ceux où une idée me vient, où je compose une chanson, où je la construis, où je suis en studio. [...] Mon problème, c'est que le plaisir dure, que j'ai encore envie. Alors ma question est de savoir par quoi je pourrais remplacer toutes ces heures passées avec un piano, une guitare, des musiciens, sur scène[1]... ».

Son titre *En passant*... C'est tout bête : « Une fois l'album terminé, il m'a semblé qu'il reflétait bien l'esprit un peu flâneur des thèmes abordés. [...] ... parce que c'est vrai, j'ai fait beaucoup de choses et ce disque je l'ai réalisé entre autres[2]. »

Le disque à peine placé dans les bacs, *Le Soir*[3] réagit : « Le nouvel album de Jean-Jacques Goldman (et non plus Fredericks-Goldman-Jones) est sorti mardi dans une rela-

1. *Le Figaro*, 29 septembre 1997.
2. *Télé Câbles Satellite Hebdo*, 3 novembre 1997.
3. *Le Soir*, 27 août 1997.

tive discrétion. À l'image de l'homme qui, depuis quatre ans et son dernier *Rouge*, n'a cessé de faire parler de lui via ses compositions pour Johnny Hallyday, Céline Dion, Khaled et Patricia Kaas. Autant de succès de "l'homme en or" devenu le plus rentable des auteurs-compositeurs francophones. Pour son retour à l'interprétation, avec l'album *En passant*, JJG a opté, entre gris clair et gris foncé, pour un disque plus intimiste, foncièrement blues, forcément Goldman, très acoustique, très "guitares". Un disque qui n'exclut pas des moments d'emphase, mais insiste davantage sur le travail d'un homme qui a retrouvé sa solitude de chanteur de fond. Un disque, "en passant", d'un homme qui aime se fondre dans la foule dont il se veut témoin. Un disque très épuré, sobre, sans tube calibré (ce qu'il réussit si bien pour d'autres) mais bourré de bons sentiments, d'amour et de doutes. Un Goldman serein, "cabrelisé" en force tranquille de la chanson française dont il est l'éternel héraut. »

Le Midi Libre[1] propose une jolie lecture de l'album : « *En passant*, le titre de la chanson qui clôt le nouvel album de Jean-Jacques Goldman, suggère d'emblée plusieurs interprétations. La légèreté du dilettante qui fait son truc, comme ça, sans trop se fouler, parce que le talent est là qui pourrait se suffire. Le mouvement bien sûr, avec un regard noir fixé sur une hypothétique ligne bleue des Vosges qui serait dans notre nuque, c'est celui de l'homme de la rue qui marche qu'a choisi le chanteur pour sa nouvelle pochette, réalisée avec soin par le photographe Claude Gassian. La vie comme "passage" aussi, auquel il faut bien, vaille que vaille, essayer de donner un sens. Et de la vie à la mort, si, vu de loin, il n'y a qu'un pas, on trouvera bien encore quelques étapes en musique.

Jean-Jacques Goldman d'une certaine façon, fait un retour, se recentre un peu sur lui-même [...]. Les fidèles du singulier habitant de Montrouge se retrouveront en terrain connu. Artiste secret et sensible, il gagne encore ce pari de mêler plans

1. *Le Midi Libre*, 4 septembre 1997.

serrés sur l'intime et plans larges sur le monde, de composer une vision de notre époque sur le mode du salé-sucré. [...] Éternel blessé des amours mortes (*Quand tu danses*) éventuellement mises en parallèle avec le gâchis social (*Les Murailles*), Goldman offre aussi dans ce disque [...] une "muette étrangère, silencieuse bavarde" mangée des yeux au fond d'un bistrot. Au diapason de ces humeurs qui semblent résulter d'une patiente flânerie à l'affût des fêlures du monde, les musiques sont toutes bonnes à entendre, avec des mélodies plus ou moins inspirées mais des orchestrations qui vont toujours au plus juste, entre guitare sèche et grandes pompes façon Phil Collins. Onze belles cartes postales à conserver. »

Dans *La Dernière Heure*[1], il dialogue avec Luc Lorfèvre :

« Luc Lorfèvre : Autant ce CD était attendu, autant sa sortie, fin août, fut discrète. Pour quelle raison ?

Jean-Jacques : J'ai toujours été mal à l'aise pour les autres artistes lorsqu'il y avait une attente officielle d'un album, comme s'il s'agissait de la chose la plus importante du monde, alors qu'il ne s'agit que d'une dizaine de chansons sur un petit bout de plastique. Dans mon cas, c'était plus confortable de le sortir de cette manière. Sans grand bruit.

L.L. : Après la couleur rouge qui irradiait votre album précédent, on a l'impression que vous revenez vers des tons plus sombres...

Jean-Jacques : Oui, quelque part entre gris clair et gris foncé. Il s'agit tout simplement de préoccupations de quelqu'un qui a quarante-cinq ans. Avec tout ce que cela peut représenter comme mélancolie. Je ne suis pas comme ces groupes de rock qui revendiquent cette éternelle jeunesse. J'écris ce que je pense et ce que je vis. Je ne me vois pas composer une chanson sur ma dernière surprise-partie, car cela fait trop longtemps que je n'y suis plus allé. [...]

1. *La Dernière Heure*, 16 septembre 1997.

L.L. : Comment un artiste de quarante-cinq ans ressent-il ce temps qui passe ?

Jean-Jacques : C'est le cap des trente ans qui m'a le plus marqué. C'était la fin de l'adolescence. Ce fut une étape vraiment difficile à accepter. L'autre frontière, c'est à soixante ans, où l'on rentre dans le dernier acte. [...]

L.L. : Dans les articles qui vous sont consacrés, on vous décrit comme quelqu'un d'honnête, de simple et de sincère. N'avez-vous aucun défaut ?

Jean-Jacques : Oh que si ! Je manque d'ambition. On me reproche aussi de ne pas avoir d'enthousiasme dans ce que je fais. Et c'est sans doute vrai. Je n'ai pas non plus envie d'évoluer. Depuis mes débuts, la forme a changé mais jamais le fond. Je ne me suis jamais senti l'âme d'un défricheur. Quand j'enregistre un album, j'ai d'ailleurs souvent l'impression de me répéter. Mais cela doit être pareil pour tout le monde.

L.L. : Un sondage paru dans la presse française ce week-end vous classe derrière l'abbé Pierre et Jean-Paul Belmondo comme Français que l'on aime le mieux. Qu'en pensez-vous ?

Jean-Jacques : Peut-être parce que, tous trois, nous touchons une actualité qui séduit les gens. L'abbé Pierre par ses actions, Belmondo et moi par les divertissements que nous apportons. Mais je crois sincèrement qu'il y a d'autres personnages bien plus importants.

L.L. : Quelles sont les flèches qui vous touchent le plus ?

Jean-Jacques : Je suis assez bien bâti contre les actes de haine à mon égard. Par contre, je me sens plus désarmé face à des manifestations d'amour. »

Il en profite pour annoncer une prochaine tournée : « Je lancerai cette nouvelle tournée en France entre mars et juin. Fin juin, je fais un break car je ne veux pas rater un seul match de la coupe du monde de foot. Des idées ? Il y en a déjà, mais je dois encore travailler sur le concept de cette tournée. Le nouvel album constituera l'essentiel du répertoire. Je souhaite donc opter pour quelque chose d'assez intimiste, à l'image de l'atmosphère qui règne sur *En Passant*. Mais je jouerai avec un groupe. J'ai assisté à trois dates de la tournée solo de Bruce Springsteen en France, où il jouait accompagné seulement de sa guitare acoustique. Au rappel, j'avais envie que le E-Street Band remonte sur scène avec le Boss. Ce qu'il a fait est très difficile. Audacieux même, et réussi. Mais je ne pense pas que cette formule soit souhaitable pour moi[1]. »

Qu'en est-il de ses projets ? « Mon prochain objectif est ma rentrée sur scène. Pour le reste, on verra après. J'avance au coup par coup. Quant à mon projet de comédie musicale, j'ai bossé dessus pendant presque un an avant d'abandonner. Je ne suis pas compétent pour faire une vraie comédie musicale. À moins d'être aidé. Par contre, j'ai compris pourquoi il y avait quinze comédies musicales affichant complet à Londres, alors qu'en France, ce genre n'existe pratiquement pas. La raison est simple. Le rapport avec le mot n'est pas le même en français et en anglais. En France, nous avons de bons parleurs, que ce soit au théâtre ou dans les cabarets avec nos artistes comiques. Mais dès qu'il s'agit de mettre des notes de musique derrière un mot, c'est la catastrophe. On décrédibilise le texte. Il faut donc être capable de pondre une histoire très forte. J'ai compris que je n'y arriverai pas. Mais au moins, j'ai essayé[2]. »

L'aspect intime, feutré, plaît à la majorité : « *En passant*, son premier album solo depuis dix ans, est l'album de la maturité, un album grave et nostalgique où la mélancolie de la jeunesse perdue transpire sous la plupart des thèmes abordés. Une page est définitivement tournée : Jean-Jacques évoque sans ambiguïté sa séparation avec sa femme (*Quand tu danses*, mais surtout *Les Murailles*). Seules deux chansons ont une connotation nettement plus positive : *Bonne idée* et *On ira*[3]. » Foin de l'appréciation et des analyses psychologiques des chroniqueurs, il indique : « J'entends dire que c'est un album assez triste et intimiste. Moi, je dis que c'est l'album que je devais faire. Je

1. *La Dernière Heure*, 16 septembre 1997.
2. *La Dernière Heure*, 16 septembre 1997.
3. *Skyblog J-J-Goldman*, Skyrock.

n'ai pas le choix. Entre chaque album, il se passe deux ou trois ans pendant lesquels je vis, je rencontre des gens. Et lorsque j'écris mes chansons, tout naturellement, celles-ci reprennent les thèmes qui m'ont le plus touché. Avec un peu de recul, je me dis que c'est un album que je n'aurais pas pu faire avant aujourd'hui, dans le sens où beaucoup de textes portent l'empreinte de l'âge, sujet qui m'intéresse actuellement… comme tous les hommes mettant le cap sur la cinquantaine ! »

En effet, nous avons l'impression qu'il se révèle un brin dans ses chansons, particulièrement avec *Quand tu danses* qui conte l'histoire d'une séparation. Il est peu disert mais livre quelques pistes à Christophe Nicolas pour Nostalgie[1] qui lui consacre une fin de semaine. Merveilleuse occasion d'en apprendre davantage sur l'homme à la discrétion légendaire… Quoique ?

« Parmi les thèmes chantés, la séparation, la fin de l'amour et, dans une chanson, qu'on va écouter, qui s'appelle *Quand tu danses*, vous dites qu'on ne peut pas rester amis : “Amants non, amis non plus”, enfin, quelque chose comme ça, vous le faites très bien, on va l'entendre. Vous êtes sûr qu'on ne peut pas rester amis après une séparation ?

Jean-Jacques : Mais la chanson… elle dit pas ça.

Christophe Nicolas : Elle dit “amis non”.

Jean-Jacques : Ah oui, “amis non, ni amants”. […] Non, je pense pas qu'on puisse être vraiment amis avec quelqu'un dont on a touché la peau pendant des années, avec qui on a vécu des choses tellement intimes. Ça ne veut pas dire qu'on devient ennemis non plus. Mais il y a certainement un statut à chercher et, je pense, c'est une question pour tout le monde.

Christophe Nicolas : Ouais. Mais on le trouve pas. Et Dieu sait s'il y a beaucoup de monde dans cette situation-là. Quel est-il, à votre avis ? Il y a pas de solution, on ne sait pas ?

Jean-Jacques : Bah, j'en sais rien. C'est une chanson où il y a à peu près vingt points d'interrogation.

1. Week-end Jean-Jacques Goldman, Nostalgie, 26-27 septembre 1997.

Christophe Nicolas : Voilà. C'est pour ça que… on laisse l'auditeur libre de trouver quelque chose.

Jean-Jacques : On essaie tous, dans nos problèmes, de trouver. En général, cette relation, elle s'équilibre, comme ça, peu à peu, avec le temps, même parfois avec un reste de séduction, un reste de…

Christophe Nicolas : De jalousie aussi ?

Jean-Jacques : D'amertume, ouais. Ou parfois, une tendresse infinie. Tout dépend aussi du destin de chacun. Mais c'est, effectivement, un problème que beaucoup de personnes partagent[1]. »

De là à faire le parallèle avec son récent divorce, il n'y a qu'un pas.

Il ne se précipite pas pour faire la promotion car, affirme-t-il : « Il y a un côté VRP quand un album sort qui ne me va pas, que je n'aime pas. » Comme nous le comprenons, surtout lorsque se dressent les aboyeurs érigés en parangon du journalisme en quête de sensationnel et de scandale. Il est sans concession à leurs propos : « Je trouve qu'ils sont irresponsables. Je veux dire qu'ils ne sont ni méchants ni gentils. Juste rien ! Ils ont un truc à faire pour le lendemain et il n'y a pas de réflexion globale. Ils suivent juste le courant. Il n'y a pas de recul du tout. Juste l'impression de gens qui sont aux abois, en danger de mort. Ce qui est vrai : la presse écrite, la radio et la télé sont très difficiles. On leur pardonne, mais qu'elles ne donnent pas de leçons[2]. »

Numéro un dès sa sortie, l'album se vend à quatre cent mille exemplaires en une semaine. Il restera en tête des ventes durant sept semaines et sera certifié album de diamant cinq mois plus tard. Tout ce battage le laisse froid. Les excès engendrés par la course aux autographes, aux photos volées, sont des épreuves. Il offre le meilleur et l'essentiel de lui-même dans ses créations. N'est-ce pas suffisant ? Voler son image, la collecter, la

1. Week-end Jean-Jacques Goldman, Nostalgie, 26-27 septembre 1997.
2. *L'Est Républicain*, septembre 1997.

collectionner, lui occasionne tant de gêne. Trop c'est trop. Dans la jungle médiatique, sans doute songe-t-il à la sidération des peuplades africaines et des Indiens d'Amérique fuyant devant les explorateurs munis de leurs appareils photo, considérés comme des « voleurs d'âmes ». Il se confie à Jean-Luc Cambier de *Télé Moustique*[1] :

« Gassian a suivi plusieurs de vos tournées et en a tiré des livres. Aimez-vous être photographié ?

Jean-Jacques : Non, et il s'en plaint beaucoup. La plupart du temps, ce sont des photos volées. On a fait une séance posée la semaine passée, la première depuis quatre ans ! Si j'aime travailler avec Claude, c'est qu'il est parmi mes amis, parmi l'équipe, et puis il prend des photos au restaurant ou pendant la balance, sans se faire remarquer.

Jean-Luc Cambier : Mais la photographie, c'est la possibilité de fixer l'instant qui vous intéresse ?

Jean-Jacques : Autant je suis absolument hermétique à la peinture, autant les photos me touchent. J'aime les regarder. Je fais moi-même beaucoup de photos et, comme tout le monde, surtout de mes enfants. Il y a tant de choses qui disparaissent. »

Pour l'heure, il est plus préoccupé par la nouvelle campagne des Restos du Cœur. Au micro de Nostalgie[2], il répond à Christophe Nicolas :

« Les Restos du Cœur vont rouvrir. On pourrait dire "malheureusement, cette année encore". Je sais que vous vous y investissez tout autant que d'autres artistes depuis 1985. Est-ce que vous trouvez ça normal que ce soient les artistes, dans un pays comme le nôtre, qui aident à nourrir une population d'un pays riche ?

Jean-Jacques : Non, mais ça, c'est la vision médiatique des choses. Moi, je trouve que c'est normal que nous fassions le travail médiatique des Restos du Cœur parce qu'on est des professionnels de ça. Mais ce n'est pas nous qui aidons. Ceux qui aident, ce sont les permanents qui font ça quotidienne-

1. *Télé Moustique*, 24 septembre 1997.
2. Week-end Jean-Jacques Goldman, Nostalgie, 26-27 septembre 1997.

ment et tous les donateurs. Voilà. Il se trouve que nous, on fait notre boulot qu'on voit, très voyant et qui n'a pas plus de valeur que les autres[1]. »

La publication du livre *L'Insoumis. Vies et légendes de Pierre Goldman*[2], consacré à Pierre, écrit par son ami Jean-Paul Dollé, place le clan Goldman sous le feu des médias. Pour Jean-Paul Dollé : « Goldman est resté un insoumis. En 1976, quand il sort de prison, c'est une disposition d'esprit de plus en plus mal vue. Depuis la désagrégation de la mouvance gauchiste, l'irrégulier est passé de mode. » *Libération*[3] fait une piqûre de rappel : « Mon Pierre, ce héros… […] Assassiné à trente-cinq ans en pleine rue à Paris en septembre 1979, Pierre Goldman a longtemps incarné un certain gauchisme des années 1960 : idéaliste, irréductible, désespéré. […] … tous les ingrédients du mythe sont là, et il n'est pas étonnant que l'essayiste Jean-Paul Dollé, ancien compagnon de Goldman et auteur entre autres du *Désir de révolution*, ait été tenté de lire, à travers le "cas" Goldman, le destin d'une génération. Conçu comme un traité à l'usage des jeunes générations, *L'Insoumis* est construit en deux parties. Dans la première, Jean-Paul Dollé fait revivre le Paris étudiant des années 1960, la guerre d'Algérie, la Sorbonne, l'École normale supérieure de la rue d'Ulm, les étudiants communistes avant la scission gauchiste, la guerre du Vietnam, les manifestations contre l'extrême droite, la fièvre politique, les principales figures du mouvement, connues ou retournées à l'anonymat : dans ce forum agité et permanent, Pierre Goldman est comme un homme qui passe, présent et absent, révolutionnaire mais pas militant, radical et sans illusion, philosophe mais refusant la "comédie intellectuelle", solidaire et solitaire, éthiquement rebelle mais tenté par la vie facile, charismatique mais fuyant toute forme de pouvoir. Ce Goldman-là, Jean-Paul Dollé en

1. Week-end Jean-Jacques Goldman, Nostalgie, 26-27 septembre 1997.
2. *L'Insoumis. Vies et légendes de Pierre Goldman,* Jean-Paul Dollé, Grasset, 1997.
3. *Libération*, 20 novembre 1997.

fait un portrait sensible et retenu, justement parce qu'à ce moment-là il n'est, malgré tout, qu'un parmi d'autres, aussi singulier et secret soit-il.

D'où vient alors que cette justesse de ton disparaît dans la deuxième partie, beaucoup plus délicate il est vrai, puisqu'elle est tout entière consacrée à "l'affaire Goldman", les braquages, l'accusation de meurtre, la prison, les procès, la mort ? L'auteur y abandonne le portrait d'une époque pour une tentative biographique malaisée, allusive (parfois même inexacte, selon Christiane Goldman, la veuve de Pierre), surinterprétative. Là où il aurait dû être d'une grande rigueur, ne serait-ce qu'en raison de la gravité même des événements, l'auteur a du mal : en ce sens, la biographie de Pierre Goldman reste à écrire. »

Aucun commentaire de Jean-Jacques.

C'est à Méribel où il se ressource entre le 13 et le 17 février 1998 qu'il accueille Laurent Boyer pour l'enregistrement de son émission *Fréquenstar*. La montagne, il aime ça. C'est un endroit où il se sent très apaisé. Il y trouve calme et inspiration. Il entretient avec les habitants de la station des relations simples et amicales. Il prend sa guitare, ou emprunte celle d'un serveur ou du cuisinier de l'établissement où il a ses habitudes, et joue pour le plaisir, tape le bœuf. Il s'est mis à pratiquer le surf des neiges. Le dialogue avec Laurent Boyer est détendu. On sent Jean-Jacques en confiance. Ce qui, de toute évidence, n'est plus le cas depuis longtemps avec la majorité de ses confrères. Il faut dire qu'il vient de demander un droit de réponse au *Monde* pour mettre les choses au point : « À la suite de notre article intitulé "*Jean-Jacques Goldman et Pascal Obispo, les pompiers du succès*" (nos éditions du 7 février 1998), nous avons reçu de Jean-Jacques Goldman une mise au point ainsi rédigée :

« "*L'album* Gang *connaît une réussite mitigée*" est inexact (c'est l'un des albums de Johnny Hallyday qui a le mieux marché : deux cent cinquante mille exemplaires dès le troisième mois, plus d'un million à ce jour). "Aïcha, *dont la mélo-*

die est identique à celle d'une chanson composée pour Céline Dion, Les derniers seront les premiers" est inexacte (et, à mon avis, diffamatoire, passons). "*Le chef-d'œuvre du genre demeure* D'eux, *album écrit par Jean-Jacques Goldman, alors champion des ventes françaises avec Francis Cabrel, pour Céline Dion, star mondiale ayant écoulé dix-huit millions d'exemplaires de* Falling into you" est inexact (*Falling into you* a été écoulé à vingt-cinq millions d'exemplaires et est sorti en février 1996, soit dix mois après la sortie *D'eux*). "*En 1990, Olivier Montfort, le très dynamique patron de Columbia France, label de Sony...*" est inexact (Olivier Montfort est arrivé chez Sony Music en mars 1993). L'initiative de travailler avec Céline Dion ne vient pas de la "*multinationale Sony*", mais de moi. "*Goldman vient de vendre plus d'un million d'exemplaires de* Rouge, *son double CD en public* Du New Morning au Zénith *suit la même courbe*" est inexact (ventes de *Rouge* : un million cent quinze mille, *Du New Morning au Zénith* : cinq cent dix mille). L'album *Du New Morning au Zénith* est sorti après l'album *D'eux*. "*Les douze chansons de Goldman...*" est inexact (une chanson est signée Erick Benzi, une autre Kapler).

Il est inexact de dire que "*Céline Dion était absolument inconnue lorsque je lui ai demandé de composer pour elle*", comme je l'ai déclaré au cours d'une interview télévisée. Mais vous écrivez vous-même qu'à cette époque "*sa carrière stagne en France, le public a boudé ses chansons en anglais*". C'est ce que je voulais dire : que le fond de votre article "unir le riche avec le riche" par "stratégie commerciale" est inexact.

Bien entendu, vous ne citez pas les gens moins connus pour lesquels nous travaillons. C'est votre droit de supposer le monde si cupide, si laid. Je sais chaque jour que c'est heureusement inexact[1]. »

Laurent Boyer et Jean-Jacques évoquent ses rapports difficiles avec la presse. « Je ne modifie jamais ce que je dis, mais je refuse qu'ils modifient eux, confirme-t-il. [...] On ne fait

1. *Le Monde*, 5 février 1998.

pas des chansons pour les médias, on fait des chansons pour les gens. [...] Il y a des gens, moi je suis assez fier de ne pas leur plaire. Je serais très perturbé si je plaisais à certaines personnes, à certaines visions de la chanson qui sont fondamentalement différentes de la mienne. [...] Il y a maintenant un politiquement correct et une institution de la chanson réactionnaires. C'est tout. Mais, au moins qu'ils sachent que moi je les considère comme des institutionnels réactionnaires, fondamentalement[1]. » Il saisit l'occasion de faire une mise au point, démonter les carabistouilles : « Il y a eu quelques articles dans *Le Monde*, de je ne sais qui, et je suis désolé que dans un journal sérieux comme ça il y ait aussi peu de contrôle sur la page de chant. Donc, si quelqu'un connaît monsieur Colombani et écoute cette émission, qu'il lui dise qu'il y a des gens qui officient dans sa page Spectacles et qui disent – alors qu'ils soient contre ou qu'ils soient pour, ils ont tout à fait le droit –, mais ils disent des choses fausses ! [...] Je trouve ça injuste de ne citer que les choses que je fais qui marchent. J'avais écrit une chanson pour Philippe Lavil, Charlebois, plusieurs pour Carole Fredericks... Il faut pouvoir admettre éventuellement qu'on fait de la musique par plaisir[2]. »

Son divorce prononcé, il fréquente un temps Carla Bruni. Un photographe capture un cliché d'eux se promenant sur une plage de la Côte d'Azur. Mannequin superstar des années 1990, elle a défilé pour les plus grandes maisons de couture – Chanel, Dior, Givenchy, Christian Lacroix, Yves Saint-Laurent –, posé pour les magazines de mode, les campagnes des bijoutiers de luxe. Elle vient de quitter le mannequinat pour se consacrer à sa passion : la musique. Sa carrière lui a permis d'approcher Mick Jagger, Eric Clapton, Louis Bertignac. Cet univers ne lui est pas inconnu, bien au contraire, explique-t-elle : « Lorsque j'ai arrêté d'être mannequin, j'ai rempli le vide de mon existence par la psychanalyse

1. Fréquenstar, M6, 1998.
2. Fréquenstar, M6, 1998.

et la musique, mais je sentais le sol se dérober sous mes pieds. Lui seul [Louis Bertignac] m'a tendu la main et m'a sortie de ma déprime en me poussant à écrire. » Parenthèse enchanteresse sans nul doute… Puis, Jean-Jacques reprend une vie de tournée. Le complice de toujours a répondu présent : « Jean-Jacques m'a demandé si je voulais venir en tournée avec lui. […] "parce que si ça sourit pour toi, tu ne voudras peut-être pas venir", me dit-il. Et je me souviens lui avoir répondu : "Que ça me sourie ou pas, je viens." J'ai passé tellement de bons moments sur scène avec lui qu'il était hors de question de faire l'impasse sur cette tournée. »

Direction l'île de La Réunion où il atterrit avec son équipe le 16 mars 1998. Il est très attendu. Goldman, à La Réunion, on l'aime, on le respecte, on va l'accueillir à sa descente d'avion. « Jean-Jacques Goldman, égal à lui-même. Non, il n'a pas changé ! » titre *Le Journal de l'île de La Réunion*[1]. Les gens sont compréhensifs, attentionnés, les propos bienveillants. Cela change de la métropole… « C'est l'histoire d'un maître chanteur qui partage son butin avec ses copains pour des publics qui ne sont pas forcément les siens. Un type riche et célèbre qui garde les pieds sur terre et la tête dans les étoiles. Un faiseur d'harmonie qui aime bien venir ici pour nous montrer, en premier, ce qu'il vient d'inventer, et pour en parler, sans formalité. "Je donne une conférence de presse tous les cinq ans et c'est à La Réunion que ça se passe !" […] Ici, en tout cas, JJG se refait une santé, dort comme un bébé, affûte un spectacle tout neuf et, plutôt joyeux, fait volontiers la conversation, même pour répondre à des questions qui font partie du passé ou qui, *a priori*, n'ont qu'un rapport éloigné avec sa vie. Devenu une sorte de repère dans un univers mouvant, que ça lui plaise ou non, il respecte trop les gens qui lui font confiance pour se désintéresser de ce qui peut les motiver. Et puis, l'homme a toujours l'humour comme recours quand il s'agit d'éluder ou de changer de sujet. Mais

1. *Le Journal de l'île de La Réunion*, 18 mars 1998.

il laisse largement l'occasion à chacun de s'exprimer. Pas le genre à bâcler une interview programmée[1]. »

Lorsqu'il est en confiance, il n'élude pas. « Pressé de questions sur la politique en général et l'engagement des artistes en particulier, Jean-Jacques Goldman (qui a voté avant de prendre l'avion) dira encore que la mobilisation s'exerce surtout quand les gens sont directement touchés (qu'il s'agisse des "sans-papiers" ou de l'AMI...) et que nombre d'exemples témoignent aujourd'hui d'un réveil de la citoyenneté (fermeture de la centrale atomique Superphénix, périphérique de Lyon...) accompagnant en bonne logique une baisse des pouvoirs politiques. Et à propos du Front national, parti qu'il ne considère pas comme un réel danger pour une France dont l'histoire, estime-t-il, ne permet pas d'envisager une fatalité fasciste, Jean-Jacques Goldman n'a pas renoncé à aller chanter dans ses fiefs sudistes, qu'on se le dise[2]. »

Il doit donner huit concerts, au théâtre de Champ-Fleuri à Saint-Denis, au théâtre Luc-Donat au Tampon, au théâtre de Saint-Gilles. Son spectacle est centré sur les chansons du dernier album, très acoustique. C'est à Champ-Fleuri qu'il est rodé. *Le Journal de l'île de La Réunion* nous rend compte : « ... cette tournée toute neuve qui débute ce soir à Champ-Fleuri, réservant certaines surprises dans la mise en scène pour un public qu'il aimerait honorer à égalité avec celui de la mère patrie. Ce qu'il fait plutôt bien en venant lui livrer en priorité deux heures de ritournelles nouvelles plus quelques morceaux d'hier en pointillé. Des chansons qu'il aime bien, *of course*. "Mieux vaut que j'aie envie de les chanter parce qu'après c'est parti pour un an, et tous les soirs[3] !" »

Il ne néglige personne et surtout pas les adolescents du bout du monde, attentifs à ses mots, tellement attachés à ses textes, ses musiques. Il rencontre un groupe d'élèves du lycée Sarda-Garriga de Saint-André et de Paul-Moreau à Bras-Panon.

---

1. *Le Journal de l'île de La Réunion*, 18 mars 1998.
2. *Le Journal de l'île de La Réunion*, 18 mars 1998.
3. *Le Journal de l'île de La Réunion*, 18 mars 1998.

Cet échange mérite que l'on s'y arrête grâce à la narration du *Journal de l'île de La Réunion*[1].

— C'est la cinquième fois que vous revenez à La Réunion, y a-t-il quelque chose qui vous étonne ?

— Bien sûr. Cette année, j'ai accordé une conférence de presse à des lycéens. C'est une originalité.

— Les adolescents sont-ils également une source d'inspiration ?

— Tout est source d'inspiration comme cette rencontre avec des lycéens de Saint-André et Bras-Panon car c'est pour moi un moment intense.

— Vous avez une place particulière dans la vie des ados. Avez-vous conscience qu'en plus d'être chanteur, vous êtes aussi un modèle pour eux ?

— Je n'en suis pour ainsi dire presque pas conscient. Car est-ce vraiment le rôle d'un chanteur d'être un modèle pour les adolescents ? Je ne produis que des chansons et le fait qu'on les écoute, c'est déjà bien. C'est une chance pour moi.

— Lorsque vous étiez lycéen ou étudiant, avez-vous fait des "vacheries" à vos profs ?

— J'étais un élément extrêmement calme à l'école. Je me rappelle qu'à ma notoriété naissante, une radio a fait une enquête auprès de mes anciens professeurs pour savoir ce qu'ils ont retenu de l'élève Goldman. Aucun ne s'est souvenu de moi. En classe, j'étais absent, transparent.

— Il y a bien un souvenir qui vous revient ?

— Il y a bien cette fois où ce professeur d'université a piqué une crise de nerfs. J'ai quitté la salle car je n'avais pas à subir sa mauvaise humeur. Je me suis dit que je reviendrais quand il serait calmé. Ce jour-là, tout l'amphithéâtre m'a suivi.

— Comment voyez-vous l'avenir des jeunes d'aujourd'hui ?

— Bien. L'espérance de vie s'allonge sans cesse. Les jeunes ont droit à la parole bien plus qu'avant. On s'intéresse vrai-

1. *Le Journal de l'île de La Réunion*, 22 mars 1998.

ment à eux. Aujourd'hui, ils ont leurs émissions, les enfants ont également leurs chansons.

— Comment réagiriez-vous si l'un de vos enfants décidait de faire le même métier que vous ?

— Cela ne pose aucun problème particulier, mais je crois que c'est mal parti. Ils aiment écouter la musique mais c'est tout. Ainsi, le phénomène *boys band* ne les intéresse pas vraiment. Et puis ce n'est plus de l'âge de ma fille de treize ans.

— Nos parents sont souvent réservés sur les thèmes comme la sexualité et le sida. Comment abordez-vous le sujet avec vos enfants ?

— En métropole, le contexte est presque agressif. Les médias évoquent tous les jours ce genre de sujet. Aujourd'hui, ce n'est qu'une question parmi tant d'autres qui nécessite une communication progressive entre parents et enfants. Il faut éviter de prendre son enfant à seize ans et de lui dire “Viens, je vais te parler de la sexualité”. La communication et la confiance se construisent avec le temps.

— Comment conciliez-vous votre rôle de père et de mari et le prenant métier de chanteur ?

— Vous savez, je ne fais qu'une tournée tous les quatre ans. Je suis donc assez disponible. Je passe toutes les vacances scolaires avec mes trois enfants. Et lorsque je travaille en studio, je m'organise pour dîner avec eux et pour avoir une vie de famille comme tout le monde. Ce métier n'est pas incompatible avec la vie familiale.

— Avez-vous encore le temps de conduire vos enfants à l'école ?

— Ma première a vingt ans, est déjà à la fac, le second, qui a dix-huit ans, également. En ce qui concerne la troisième, je m'efforce de la conduire deux fois par semaine à son collège. Mais je crois que c'est plus pour la moto que pour moi.

— Ses amies ne vous sautent pas dessus ?

— Je garde toujours mon casque pour que l'on ne me reconnaisse pas.

— À votre avis, aujourd'hui, quelle est la part des études dans la réussite professionnelle ?

— Cette part est importante : 95 % des gens qui travaillent sont instruits et parmi les 12 % de la population active au chômage, il y a plus de recalés aux examens. Mais c'est vrai que James Brown et Chuck Berry n'ont pas eu besoin de diplôme pour faire de la musique. Mais sans études, ils ne savent pas lire les notes. Je milite pour l'école.

— Votre avis sur le phénomène *boys band*…

— Ces chansons sucrées ont toujours existé. Si vous prenez les morceaux des Jackson Five et que vous les traduisez en français, vous verrez que ça se ressemble. Ce phénomène continue donc aujourd'hui. Et il ne faut pas comparer Jacques Brel et les *boys band*.

— Avez-vous déjà fumé un « pétard » ?

— Si mes enfants fumaient un joint, je ne leur dirais rien. D'autant que je préférerais qu'ils fument un pétard au lieu de se mettre à la cigarette. Seulement, dans la classe de quatrième de ma fille cadette, tous les élèves sont déjà fumeurs, sauf deux. Et devinez qui est l'une d'eux ?

— À ce sujet, êtes-vous pour la dépénalisation des drogues dites douces ?

— Déjà, le terme drogue douce me heurte. Ce sont deux mots qui ne vont pas ensemble. Institutionnellement, je dirais que je suis contre. Mais ce monde dit artificiel a toujours existé. L'alcool et la drogue font partie de la vie et de ses traditions dans plusieurs pays. Ce n'est pas d'en prendre, je pense, qui pose vraiment problème, mais surtout l'usage et l'abus dont en font les gens.

— Vous avez chanté *Envole-moi*, *Au bout de mes rêves*, *Là-bas*, et sur votre dernier album, le titre favori s'intitule *On ira…* On a l'impression que vous êtes toujours en quête de quelque chose ?

— Les chansons ne parlent pas de moi, mais de certaines fatalités dont il nous faut parler. Lorsque Francis Cabrel chante *Corrida*, il se met à la place du taureau, mais ce n'est pas un animal pour autant. Moi, je dis mon émotion face à ces gens qui se battent pour un mieux-être. Et ces gamins qui luttent pour s'en sortir ne laissent pas indifférent. Je n'ai jamais cru en cette fatalité sociale.

— Qu'est-ce qui vous énerve le plus ?

— (Rires). Les choses, tout ce qui est technique. Je n'aime pas les choses et les choses ne m'aiment pas non plus. Quand ça ne marche pas, j'ai plutôt tendance à envoyer l'objet à la poubelle.

— Alors que vous avez du succès, pourquoi avoir dit que vous vouliez retrouver l'anonymat ?

— La célébrité apporte, il est vrai, quelques changements dans sa vie de tous les jours. Toutefois, je m'évertue à ne faire que ce que j'apprécie. Je n'aime pas nager dans la piscine alors je vais à la mer avec mon journal où personne ne vient me déranger. En concert, je préfère m'y rendre à moto, c'est ce que je fais… Je n'ai donc pas l'impression d'avoir une vie différente par rapport à mes voisins ou à mon public[1].

L'équipe quitte la douceur de vivre réunionnaise pour retrouver le ciel breton à Rennes, le 17 avril. Puis cap sur Brest, Lorient, Le Mans… Quelques inquiétudes et beaucoup d'incertitudes accompagnent ce retour vers la France. Le public sera-t-il au rendez-vous ? Va-t-il s'investir autant ? L'enthousiasme sera-t-il le même qu'avant ? Ses doutes s'envolent au soir du 17 avril, à Rennes : « … on a tous un souvenir très ému de cette première où l'on s'est rendu compte que c'était comme avant[2]. » Bien rodés, techniciens, musiciens, administrateurs s'adaptent au mieux. Le groupe est soudé, solidaire et partage le mode nomade imposé par la tournée. Jean-Jacques le décrit fort bien : « Un genre de vie post-adolescente. Ça ressemble à rien, c'est une vie extrêmement artificielle, très préservée, une vie d'hôtel, de route, extrêmement futile[3]. » Il nuance :

1. *Le Journal de l'île de La Réunion*, 22 mars 1998.
2. *Tournée 98 En passant*, DVD, 1999.
3. *Le Journal des Spectacles*, Europe 1, 19 juin 1998.

« La tournée, c'est vraiment un endroit agréable parce qu'on est dans l'action et pas dans la conception[1]. » Il raconte volontiers son quotidien : « On se lève tard parce qu'on s'est couchés tard. Donc, on se lève vers midi, une heure. En général, on prend la route vers deux heures. On arrive dans l'hôtel de la ville suivante en fonction de la longueur du déplacement. Ensuite, on va à la salle où l'on fait une balance vers dix-sept heures trente à peu près. Ensuite, en général, les musiciens mangent un peu, et puis vers dix-neuf heures, moi j'attaque[2]. » Il reçoit la presse locale, les radios, afin d'être libéré pour vingt heures. Durant la première partie du spectacle, il attend dans les loges avec ses musiciens. Puis, il entre dans la lumière : « Quand on arrive et qu'on monte sur scène et qu'on entend cette bronca de bienvenue, c'est une chose à laquelle on ne s'habitue pas ! C'est chaque soir, à chaque fois aussi impressionnant[3]. »

Spectacle différent donc : acoustique, intime pour la première partie. La seconde est plus électrique. « Il y a quatre chansons qui sont vraiment clés et qui signifient quelque chose. C'est évidemment la première, la dernière, la première du rappel et la dernière dernière. Par contre, pour la toute première et la toute dernière, elles étaient liées à l'esprit du spectacle, c'est-à-dire, commencer seul et terminer seul[4]. » S'il a un brin tâtonné en début de tournée, il est parvenu à trouver le bon équilibre à force d'essais, de changements dans la programmation. Rien de plus normal : « Quand tu décides huit mois avant du choix des chansons – sans public, sans musicien, sans rien –, le jour où il y a le premier concert, y'a des surprises, des bonnes et des mauvaises. Il y a certaines chansons qu'on n'a pas réussi à caser dans le spectacle, qui n'allaient pas avec les autres. Ça a été le cas avec la chanson *En passant* : on l'a essayée à plusieurs endroits et chaque fois elle posait un problème, et elle tuait un peu le concert. Ça a été le cas de la dernière – *Pour*

1. RFM, 17 juin 1998.
2. RFM, 17 juin 1998.
3. RFM, 17 juin 1998.
4. *Tournée 98 En passant*, DVD, 1999.

que tu m'aimes encore – qui fonctionnait plus ou moins. Et peu à peu, j'ai changé les textes… Ensuite, elle a fonctionné mieux. Ça a été le cas même de *Je te donne* qu'on a commencé à l'île de La Réunion sans les images et elle ne fonctionnait pas sans les images. Dès que les images ont été ajoutées, qu'il y a eu ce clin d'œil, elle a recommencé à fonctionner[1]. »

Un double CD est réalisé à partir d'enregistrements faits en juin et novembre 1998 au Zénith de Paris. Il sera mis en vente l'année suivante[2]. Un livret l'accompagne où Jean-Jacques a délié sa plume pour rendre hommage à Dédé, responsable de la sécurité, décédé durant la tournée : « Dédé dirigeait une société de sécurité. Nous travaillions ensemble depuis dix ans. Nous étions très liés. Très. Lui, l'indestructible, est mort d'un cancer le 10 novembre 1998. Cette tournée si gaie, si chaleureuse, si réussie lui est dédiée. Cet album aussi, même si on n'avait pas besoin de ça pour se souvenir de lui. Sa vitalité, ses appétits, sa force, son immense tendresse nous manquent. » Délicatesse, attention à l'autre, respect, compassion, telle est la signature Goldman, toujours et en toutes circonstances… La vie, la mort, les joies, les peines, les sourires, les larmes, le soleil, le ciel gris…

Le clap de fin était prévu pour le mois de décembre, mais Jean-Jacques décide de prolonger la tournée jusqu'en avril 1999. Une escale musicale s'impose dans l'océan Indien, à Madagascar, l'île Maurice et la Martinique. Les 5 et 6 janvier, il se produit en Côte d'Ivoire. *Africa Online*[3] convient que « Le mélodiste français de talent » propose un répertoire original. « Dans un décor simple, scène revêtue d'un tapis rouge avec un jeu de lumière formidable virant au rouge, vert, jaune orangé, bleu et blanc en adéquation avec les titres proposés, bien tenu par la régie lumière, avec en arrière-plan un seul écran géant. […] En instrumentiste accompli, il a joué de la guitare acoustique, du violoncelle [sic], du violon et du piano. Pour le bonheur

1. *Tournée 98 En passant*, DVD, 1999.
2. CD mis dans les bacs en juin 1999.
3. *Africa Online* n° 204, 8 janvier 1999.

du public acquis à sa cause. Un peu plus acoustique dès le départ, le spectacle a après évolué en gradation donnant un peu plus dans le pop rock. » Pas le temps de flâner à Abidjan, il rembarque pour Paris où il attaque le Zénith le 12 janvier. Nouveau transport en mars… « JJG en tournée à Mada : Tout finit par arriver », titre *Le Journal de l'île de La Réunion*[1]. Une nouvelle série de concerts est annoncée : « … sa tournée va retrouver l'ampleur régionale qu'elle avait acquise dans les années 1980 en passant non seulement par l'île mais aussi par Madagascar selon les vœux du chanteur. […] Le chanteur le plus fidèle au public réunionnais va donc pouvoir bien profiter de son passage dans la région. En renouant tout d'abord pour une soirée avec le lieu pour lui quasi mythique où il a fait ses débuts de scène ouverte et plein ciel… » C'est la basse saison sur l'île où les activités divertissantes favorisent d'agréables moments grâce à l'accueil chaleureux des Réunionnais. « … une certitude : Goldman et La Réunion, c'est une histoire d'amour. La preuve, il nous revient un an à peine après ses concerts 98 pour réaliser un vieux rêve : chanter à Mada », s'enflamme la presse[2]. « On a beau dire, ce Goldman a du chien. Quelque chose d'indéfinissable, comme un air de pas y toucher tout en étant dupe de rien. Un sourire, une pirouette, et la conviction qu'il domine ce quotidien banal à coups de génie, de couleurs et de notes. […] Goldman est de ceux qui savent. Qui savent que l'on ne sait pas grand-chose. Que l'on est toujours plus vivant quand on chante pour les siens, sans lumières, que quand on cherche trop à s'en rapprocher. C'est parce que le peuple malgache fait partie des siens, justement, de son univers, de son temps, qu'il attend depuis onze ans le jour où il lui redonnerait un concert. Le premier avait tourné à l'émeute, un soir de 1988 […] cette fois, il va enfin pouvoir tenir sa promesse. “Ce concert qui avait mal fini, c'était un acte manqué. Si je me souviens bien, on était repartis dans une ambulance de l'armée. Les autorités avaient visiblement

---

1. *Le Journal de l'île de La Réunion*, 12 mars 1999.
2. *Le Journal de l'île de La Réunion*, le 26 mars 1999.

sous-estimé l'attachement des Malgaches à cet événement. Cette fois-ci, je suis beaucoup plus serein, le responsable de l'Alliance Française a changé, l'organisation sera complètement différente." » Le journaliste souligne son humilité : « La modestie des gens qui ont un vrai talent. Celle-là même qui lui fait emprunter un pseudo pour signer deux chansons du nouvel album de Patricia Kaas. [...] Pas la peine d'insister, la grosse tête, Goldman connaît pas. "J'écris une dizaine de chansons par an. Ça fait même pas une par mois. De toute façon, je n'ai que ça à faire..." » Le secret de sa popularité ? Sans doute cette façon de tout écrire sans jamais rien livrer de lui-même qu'un sourire, qu'un mot ébauché mais terriblement sincère. À notre époque, on appelle ça « l'authentique ». Cette attitude qui lui fait regretter les concerts impersonnels des salles grand format version Stade de France, même avec Johnny. « Ce genre de scènes, ça prend l'énergie mais c'est tout. C'est très abstrait. Ça ne donne pas de plaisir d'être à au moins cent mètres du public. Ça donne l'impression de faire une télé. »

Jean-Jacques endosse avec satisfaction cette image de boy-scout. « Au contraire, je la revendique. J'essaie de faire mes concerts un peu comme des veillées. Il est courant que des spectateurs me lancent un foulard sur scène. Je le mets chaque fois. Devant cinq mille ou six mille personnes, cela ne me gêne pas[1]. » Il a le souvenir de son enfance chez les scouts : « La nature, la marche, l'effort physique, la nuit, le froid, c'est là que ça se passe. J'ai appris l'intimité avec la nature, avec la nuit et le silence, appris à être seul avec moi-même. À douze ans, on partait en "explo" à six ou sept en dormant dans les granges, en cherchant notre route à la boussole, ce qui ne serait plus possible aujourd'hui. On n'avait peur de rien. Maintenant, je me sens partout chez moi, même en Afrique, à l'autre bout du monde. Je sais me préparer un repas, monter une tente, désinfecter une plaie, je n'ai pas besoin d'être assisté tout le

1. *La Vie* n° 2878, du 26 octobre au 1er novembre 2000.

temps ! […] J'ai appris avec la vie collective à parler une autre langue. La découverte de soi, des autres, ce sont des libertés en plus, des verrous qui sautent : on n'a plus peur de la nuit, de la route, d'une route inconnue. Aux scouts, on apprend vraiment à entrer en contact avec le monde, qu'il s'agisse de vendre un calendrier, de demander un hébergement, de se débrouiller en voyage. Le rapport à l'autre est sain[1]. » Florent Pagny[2], sensible à cette abnégation, y va de ses éloges : « La fonction de l'artiste est de donner ses clés de vie au public. Mais dans tout le *show-biz* actuel, je n'en vois pas beaucoup qui pourraient se le permettre. Goldman pourrait. Il est hyper-brillant. Il a une belle vision du monde, mais il a aussi trop de distance pour y aller franchement. Lui, c'est toujours entre gris clair et gris foncé, il l'a écrit et l'assume. Il n'a aucune envie d'être devant. C'est dans sa nature profonde. Il sait qu'il peut être utile sur des coups comme les Restos du Cœur, sinon il fait son chemin à lui. Il a totalement réglé ses problèmes d'ego. »

Plus que jamais, les petits riens de l'existence et les menus plaisirs qu'on en retire modestement lui apparaissent comme la seule perspective de création digne d'intérêt. « C'est bizarre, mais tout à l'heure en arrivant de l'aéroport, j'étais dans un taxi et le chauffeur écoutait de la country. C'était quelque chose comme "je ne sais pas si tu reviendras un jour, mais ce jour-là, je serai là. Je t'attends". Des paroles extrêmement simples mais touchantes. Plus je vieillis, plus je me dis qu'il faut revenir à l'essentiel de ce que doit être une chanson, que ça ne doit pas être un manifeste mais un accompagnateur de vie. Je l'ai toujours su quelque part mais maintenant je pense que j'avais raison de l'écrire[3]." »

Le public ne s'en lasse pas. « Il y a ce lien, cette complicité avec le public qui piaffe, qui saute, qui guette, qui pleure, bref qui vit comme il en rêve. L'espace de deux heures. Il y a ces enchaînements, cet autre lien qui unit un rap à un tango,

1. *La Toile Scoute*, publié le 13 février 2015 (Sources La Vie n° 3225, 21 juin 2007, Élisabeth Marshall et Delphine Roger. *Le Figaro*, 22 mars 2007, Anne Jouan et Agnès Leclair).
2. *Télé Moustique* n° 3807, 16-22 janvier 1999.
3. *Le Journal de l'île de La Réunion*, le 26 mars 1999.

un swing à un rag. Une vie à d'autres. Et puis il y a la patte Goldman. Cet humour pudique et impromptu au détour d'un solo, cette autodérision sur une prestation qui vise plus l'émotion que le spectaculaire. "Comme il n'y a pas de décor, la seule idée qu'on a trouvée, c'est de changer de guitare. On a pensé changer de tenue, comme Madonna. On a fait des essais chez des grands couturiers, ils n'ont pas donné suite…" Ou encore ce regard nostalgique sur le couple Goldman-Jones en culotte courte. "Tu louchais pas un peu ?" "En tout cas, au moins, à l'époque on avait des cheveux…[1]" »

Alain Souchon aussi en redemande. Il se dit touché par l'homme : « Il ne faut pas se baratiner, on ne devient pas chanteur pour concurrencer Placido Domingo ou pour gagner de l'argent, mais pour étaler un peu ses états d'âme et surtout pour faire hurler les filles. Faire hurler les filles était donc mon occupation et ça allait, elles hurlaient bien. Et puis Jean-Jacques Goldman est arrivé et elles ont hurlé plus. J'ai donc eu un *a priori* défavorable sur lui. Mais le phénomène s'est amplifié, et étant d'un naturel pas jaloux, plutôt bon gars, je me mis à écouter *Je te donne*, *Comme toi*, *Je marche seul* et j'y ai trouvé ce que j'aime dans les chansons : quelque chose de facile et profond, unique et universel qui nous donne envie de bouger, de siffler, mais aussi nous rassure sur nos inquiétudes. Quelque chose de vrai qui manque souvent dans les chansons. Un regard porté sur le monde d'une vision claire. Après je l'ai croisé, rencontré, je me suis aperçu qu'il donnait sans compter son temps et son talent pour des causes auxquelles il croit, évidemment Les Restos, mais il peut également partir jouer de la guitare derrière un chanteur inconnu parce qu'il aime sa musique. Et voyez-vous, malgré sa puissance de travail qui frise la folie, son physique agaçant, son compte en banque exaspérant, je suis bien content d'être ami avec lui[2]. »

1. *Le Journal de l'île de La Réunion*, le 27 mars 1999.
2. *Paris Match*, 1er avril 1999.

Grâce à Bernard Baños-Robles et Jean-Pierre Bricman de l'Alliance Française, Jean-Jacques revient à Madagascar quitté si précipitamment en 1988. Avant de prendre l'avion, par l'entremise d'une émission de radio[1], il a l'opportunité de converser avec Frédéric Dard[2]. Auteur de plus de quatre cents romans, il est le père du fameux commissaire San-Antonio, secondé de son adjoint Bérurier. L'admiration réciproque des deux hommes s'exprime à travers leur dialogue. RFI le questionne : comment se fait-il qu'il apprécie autant cet écrivain ?

« Jean-Jacques : Parce que c'est une jubilation... Un des aspects de la jubilation de la lecture !

RFI : Je vous demanderai de mettre le casque, exceptionnellement, Jean-Jacques, sur la tête. Frédéric Dard est avec nous aujourd'hui en ligne. Bonjour, Frédéric Dard !

Frédéric Dard : Bonjour à tous ! Bonjour, Jean-Jacques Goldman !

RFI : Alors vous avez eu le texte de la chanson de Jean-Jacques Goldman, sous les yeux, *Bonne idée* ? Vous avez été touché, Frédéric Dard, que Jean-Jacques Goldman parle de vous dans une chanson ?

Frédéric Dard : Extrêmement touché, d'autant plus que – c'est pas pour lui mouiller la compresse – je voulais simplement lui dire que je le considère tout bêtement comme un grand crack de cette fin de siècle. C'est vraiment un type magnifique. Et je suis heureux de l'avoir en ligne pour le lui dire. Et pour lui dire que j'espère bien le rencontrer un jour au gré de ses vagabondages et aussi des miens. Il n'y a pas de raison qu'on ne se rencontre pas.

Jean-Jacques : Je voudrais dire à Frédéric Dard que j'ai la compresse toute mouillée, là ! (Rires)

Frédéric Dard : Elle va sécher ! Les compresses finissent toujours par sécher sur les fronts brûlants. Tu dois avoir le front brûlant pour écrire tout ce que tu écris. C'est merveilleux. Tu es un fiévreux. C'est l'ivresse de ceux qui gagnent.

1. Radio France internationale, 2 avril 1999.
2. Frédéric Dard (1921-2000).

Jean-Jacques : Si j'ai bien compris, la fièvre, elle ne s'éteint pas avec l'âge !

Frédéric Dard : Elle ne s'éteint pas, et je me demande même si elle s'éteint un jour pour de bon. On est chaud ou on ne l'est pas. À tout jamais. Et toi, tu es chaud, et tu es un mec que je reconnais, et que j'ai reconnu tout de suite, dès que j'ai entendu ta voix, que je t'ai entendu chanter, j'ai baissé ma propre vie. Tu sais, on se met en veilleuse pour t'écouter !

Jean-Jacques, ému : Qu'est-ce que je fais, avec tous ces mots ?!?

Frédéric Dard : Je sais pas, tu les mets par paquets de douze, et tu les mets dans une armoire ! Avec des fleurs séchées. Je te tutoie, tu m'en veux pas ?

Jean-Jacques : Ah non, non, il manquerait plus que ça !

Frédéric Dard : Tu es tout jeune. Il y a quelques chanteurs, quelques écrivains, quelques peintres, qui un jour me télescopent, et je me sens – je vais dire une chose qui pourrait paraître prétentieuse –, je me sens moins seul. Je me dis, ah ben y'a du monde, on est en bonne compagnie !

Jean-Jacques, encore plus ému : C'est super ! C'est super ! Je comprends très bien cette phrase.

RFI : Il y a toujours un risque, mais on se demandait si Frédéric Dard avait des choses à raconter à Jean-Jacques Goldman, et vice versa, parce qu'on peut parler des uns des autres, mais apparemment, vous avez beaucoup de choses à vous raconter.

Jean-Jacques : Je sais tout de lui déjà ! Quand on écrit autant qu'il écrit, de la façon dont il écrit, je sais que je n'aurais aucune surprise en le rencontrant. Il dit tout ce qu'il est dans chacune de ses phrases. Il y a aucun doute. Il y a une intimité absolue quand on le lit.

Frédéric Dard : Je peux te dire une dernière chose, c'est que quand tu viens de dire que dans je sais pas quel bled d'Afrique, où ça se bousculait pas, eh bien il faut être un très grand pour dire ça, parce que personne ne te le demandait. Pour dire ça, il faut être un vrai mec. Il faut avoir ce que je pense là où je pense. Je te dis bravo, c'est une preuve de plus que tu es “aimable”, dans le sens profond. »

Banco pour une prochaine rencontre, le plus vite possible, entre ces deux amoureux de bons mots. Hélas, il est très difficile de concilier les agendas surchargés des deux hommes. Pourtant, ils en auraient des choses à se raconter ces deux-là. Frédéric Dard a passé sa jeunesse à Lyon. Il a vécu à la Croix-Rousse, au 4 rue Calas, de 1944 à 1949. Il avait épousé, à Lyon, en octobre 1942, Odette Damaisin… Elle avait pour camarade une certaine Ruth Ambrunn. Jean-Jacques évoquera cette coïncidence : « Oui, ma mère Ruth et Odette Dard ont été des copines d'enfance, à Lyon. Elles sont restées amies et ma mère a même vécu, par confidences interposées, le suicide manqué de Frédéric Dard. Il a voulu se pendre, une nuit, et il s'en est tiré de justesse. On peut parler de mort-vivant parce qu'il a eu beaucoup de chance qu'on le trouve, inconscient, sous les combles…[1] » En effet, le père de San-Antonio avait tenté de mettre fin à ses jours dans la nuit du 28 au 29 septembre 1965. La Faucheuse ne lui accordera pas une seconde grâce. « Je me demande si la mort vaut vraiment le coup d'être vécue », plaisantait-il. Elle sera bien au rendez-vous le 6 juin 2000, à Bonnefontaine (Fribourg, Suisse). Jean-Jacques, le lendemain, s'apprêtait à prendre le train pour aller déjeuner avec lui, aux Mureaux « Où il m'avait invité depuis plusieurs semaines, quand j'ai appris la nouvelle », confiera-t-il à Fred Hidalgo.

À Maurice, c'est la fin de l'été austral. Les tempêtes, les cyclones et les pluies sont passés. Les nuits sont moins chaudes et la douceur s'installe. L'engouement n'a pas faibli chez les fans de Jean-Jacques. Ils seraient bien capables de camper sur le tarmac pour attendre son avion. Les journalistes affûtent leurs plumes : « Je suis un chanteur populaire », affiche *Le Mauricien*[2]. Les propos sont aimables, constructifs : « D'une simplicité et d'une modestie à peine qualifiables, l'artiste fran-

1. Propos recueillis par Fred Hidalgo pour *Chorus* nº 54 (hiver 2005-2006).
2. *Le Mauricien*, 2 avril 1999.

çais, qui aborde une fraîche quarantaine, a des allures d'adolescent sage et mesuré. [...] Placide, affichant presque la moue d'un Monsieur Tout-le-Monde posé et peu enclin à bavasser, il affirme sans formule qu'il se reconnaît pleinement dans cette chanson populaire qui parvient au miracle de faire chanter et danser les gens. "J'ai animé beaucoup de bals quand j'étais plus jeune. Pour moi, la musique, c'est parvenir à cette magie d'unir deux êtres qui dansent sur une même piste. C'est cela la grandeur de la chanson populaire", dit-il. [...] Cette sorte de candeur dans la personnalité de l'artiste qui est loin d'être une rock'n'roll-attitude à la scène ou à la ville cache en fait une force tranquille. Et généreuse de surcroît. Puisque cette qualité consiste notamment à se muer en auteur qui crée dans l'ombre pour d'autres artistes, d'autres personnalités. [...] JJG se rendra à Madagascar accompagné de son équipe de quatre-vingts personnes après son passage chez nous. »

Un portrait présente l'artiste aux lecteurs : « Goldman : un troubadour fin de siècle[1] » et décrypte sa personnalité. « *En passant*, son dernier album, est une vive saisie des moments furtifs dans la vie des gens ordinaires. Goldman a toujours fait preuve d'une réelle propension à raconter ces histoires simples, presque banales, d'hommes et de femmes tirés de notre quotidien. Et l'homme est la clé de voûte de sa symphonie. [...] Textes courts, inscrits dans le concret, et musique aux résonances des cantiques amoureux sont les deux principales caractéristiques de cet album. [...] Sans aucun doute, ce romantisme désabusé, populaire et recherché a son public. [...]

Mais que chante J.J. Goldman au juste ? Le mal-vivre du quotidien, la solitude des villes et des banlieues, les lieux communs des amours difficiles et du besoin d'aimer, la nécessité d'avoir des "frangins" de toutes les couleurs et de combattre le poison du racisme... et comment ne pas parler de ce métissage qui est mis en évidence par les membres mêmes de son groupe qu'on ne présente plus et de leurs cultures musicales "autres". [...]

1. *Le Mauricien*, 2 avril 1999.

Le seul titre de l'album, *En passant*, rend compte des préoccupations sociales du chanteur-parolier. Poète de la chanson française contemporaine, anti-star et troubadour fin de siècle à la guitare électrique qui s'entête à évoquer des images familières. Au passage.

Baladin doté de cette nostalgie de l'ange déchu – et c'est en cela qu'il plaît aux plus jeunes, aux plus purs aussi –, sa voix se veut le miroir de ce qu'on ne dit pas. L'indifférence. L'oubli. L'égoïsme. Les petites gens aux histoires sans intérêt pour autrui. Des vies simples dans des décors simples, urbains, nus. Mais à l'atmosphère limpide. Le dernier album de Goldman répond à ses détracteurs. Traversant la périlleuse épreuve du temps, le chanteur-compositeur-interprète croit toujours aux mêmes valeurs qu'il énonce depuis le début de sa carrière. [...] Il chante et bouscule. La jeunesse française y répond avec engouement. Puisque la musique n'a pas de couleurs, notre jeunesse – euro, afro, indo, sino ou bâtardée – à nous pourrait s'y arrêter elle aussi. Surtout si, comme chez Goldman, il s'agit d'une façon de décrier les basses-cours complaisantes qui n'aiment pas ceux qui marchent seuls ou qui n'aiment pas les "bandes" ».

Jean-Jacques sait passer avec subtilité les messages en tous lieux. La presse apprécie et s'en saisit : « Jean-Jacques Goldman et ses complices ont offert au nombreux public présent hier soir à La Citadelle un spectacle des plus rodés qui comptera sans doute comme le happening culturel et musical le plus marquant de l'année. [...] Après deux titres, JJG fait appel aux souvenirs, car, malgré leur forte mobilisation, il n'y a pas que des adolescents dans l'assistance. Deux générations de fans sont en effet massées dans l'antre de La Citadelle, se sentant unies par une même musique. Les concerts de JJG ont cela d'unique. [...] Les anciennes chansons et les nouvelles, de son dernier-né, *En Passant*, se succèdent naturellement. Le public chantera avec la même ferveur sur *Là-bas* et *Je te donne*, en duo avec le guitariste Michael Jones. Il écoutera également, dans un émouvant recueillement, le violon de JJG interprétant *Natacha*. “Pour la paix et la sécurité, pour la justice à l'île Maurice. Justice aussi pour les musiciens. Étant entendu qu'il n'y a pas de paix sans justice” : JJG passe ainsi un subtil message dont la signification ne fera aucun mystère pour le public mauricien à qui il dédie *Il suffira d'un signe*[1]. »

Sous ces latitudes, il a le sentiment enivrant d'accéder à l'essence de l'existence au plus près de la nature et ses bienfaits. Il exprimera cette symbiose dans la chanson *L'Abandon* interprétée par Céline Dion. Ce texte sensuel, sensible, la douceur de son thème musical, seraient-ils des offrandes-dédicaces de l'auteur aux îles sous le soleil ?

[…] *Les peaux nues se donnent aux tièdes vents*
Là-bas les tempos paraissent
Battre au rythme paresseux du temps […]
Caresses des vagues aux chauds courants
Le sable doux, bel et tendre amant
Là-bas les danses infinies
Nous mélangent et l'amour aime la vie
L'abandon, c'est appris, la nature initie ici
On sait déjà ces moments-là
Le soleil avait préparé ça
L'abandon tout petit
Les îles initient à l'amour ici […]
La chaleur et le vent
Oh tout doucement mon île m'apprend […]
Tout ici : l'eau, le climat
Tout est désir, on n'y échappe pas
L'abandon, tout s'apprend
Dans les danses et les jeux d'enfants

Il arrive à Madagascar le 6 avril, accompagné de ses musiciens et techniciens – vingt-sept personnes en tout –, pour

1. *Le Mauricien*, le 5 avril 1999.

donner une série de concerts les 8, 9, 10, 11 avril au Palais de la Culture et des Sports de Mahamasina à Antananarivo. Dans l'enceinte de ce stade se trouve une pierre sacrée. Elle a donné son nom au lieu. « Mahamasina » signifie « Ce qui rend sacré ». Il faut savoir que c'est là que Philibert Tsiranana, premier président de Madagascar, proclama l'indépendance en juin 1960. « Il était une fois à Ankorahotra une soirée pas comme les autres », relate *L'Express de Madagascar*[1]. En effet, les noctambules du club *Rubis détente*, ont la surprise de croiser l'artiste français lors d'une soirée privée. « Prévue pour recevoir des invités étrangers, cette première soirée a vu la présence d'une personne, célèbre paraît-il, mais qui était venue tout simplement "boire un coup… en passant", répondant ainsi à l'invitation décente d'Ianja. Une surprise pour les personnes présentes, quand un JJ Goldman, au fait il s'appelait ainsi, s'approchait d'elles en leur serrant la main comme s'il s'agissait d'un ami proche. Et il repartait tout simplement comme il était venu après s'être délecté de quelques morceaux de musique traditionnelle émise par la valiha de Rajery accompagné par le sodina[2] du légendaire Rakoto Frah. Une soirée pas comme les autres dites-vous ? En tout cas, rien de mieux que de s'amuser au sein de gens simples. "On ne sera jamais des standards, des gens bien comme il faut…", chantait un artiste bien connu de chez nous. » Nul doute que Jean-Jacques goûta le jeu des musiciens et apprécia leur dextérité. La valiha, originaire d'Asie du Sud-Est, est l'instrument emblématique de Madagascar, une sorte de cithare tubulaire. Autour d'une tige en bambou sont tendues dix-huit cordes, parfois plus en fonction de la taille du bambou. À l'origine, la valiha était un instrument sacré, intermédiaire entre les morts et les vivants pour appeler les esprits. On joue avec le plus souvent des riffs, mélodies répétitives qui évoquent l'âme.

1. *L'Express de Madagascar*, 13 avril 1999.
2. Sodina : flûte droite.

Il se souviendra avec émotion de sa rencontre avec le musicien Rossy et l'évoquera pour *La Libre Belgique*[1] : « Quand j'ai été jouer à Madagascar, j'ai rencontré un musicien très connu là-bas, qui s'appelle Rossy, à qui j'ai demandé comment vivent les musiciens dans ces endroits très, très pauvres comme les villages côtiers. Eh bien, ils sont pris en charge par les villageois, qui se cotisent pour leur donner un zébu, deux zébus, de quoi vivre, comme s'ils représentaient quelque chose d'absolument vital. Sinon, ils vont partir dans un autre village, et comment on va faire les mariages, les enterrements, les naissances ? On en a besoin comme d'eau, de sel, etc. Avec les sonos, c'est une fonction du musicien qu'on oublie. Quand on retombe dessus, dans un village, il y a de quoi être émerveillé : sur la place, les premiers accords arrivent, les filles se sont faites belles et regardent les garçons, et les garçons sont bien habillés, c'est superbe d'être musicien dans ces cas-là. »

Ce qui épate la communauté à son sujet est révélé dans *La Revue de l'océan Indien*[2]. « Goldman a refusé de toucher son cachet, pas même un centime. » Ainsi apprenons-nous : « Pour un budget de plus de 600 millions de francs malgaches [600 000 FF], 6,6 % et 10 % des recettes sont allées respectivement à l'OMDA [équivalent de la Sacem] et au Fivondronana [Commune]. [...] 200 millions Fmg [200 000 FF] de cachet ont été versés aux vingt-quatre techniciens et musiciens de Jean-Jacques Goldman. Ce dernier a refusé de toucher un centime. "Ma plus grande satisfaction a été, nous a-t-il confié, celle d'avoir pu chanter pour mes nombreux fans qui n'ont pas pu, en 1988, assister à mon seul et unique concert dans la capitale." Rajery [un musicien] a offert une valiha à Goldman. Celui-ci a fait cadeau de huit baguettes de batterie au groupe rock féminin Dillie. En échange, ses membres lui ont fait de grosses bises ! Et pour le public malgache, Goldman a promis d'encourager ses "amis" à venir. Entre autres, Patricia Kaas et Francis Cabrel. Lui-même, il reviendra ! »

1. *La Libre Belgique*, 10 décembre 2001.
2. *La Revue de l'océan Indien*, mai 1999.

Organisé par Solidarité Sida en juin-juillet 1999 à l'Hippodrome de Longchamp, le festival *Solidays* accueille Robbie Williams et The Corrs. Jean-Jacques vient jouer avec Carole Fredericks et Michael Jones des reprises de rock et de country pendant quarante minutes. *Solidays* réunit aussi Jean-Jacques et Gérald De Palmas pour des duos. Dans les loges, ils échangent leurs préoccupations du moment. Gérald De Palmas est en pleine gestation et il sèche. Les plus doués connaissent aussi l'angoisse de la page blanche. « Je commençais vraiment à flipper. À l'époque, je côtoyais un peu Jean-Jacques Goldman, j'avais participé aux Restos du Cœur. Un jour, il m'a invité à le rejoindre sur la scène du festival *Solidays* pour une reprise, et l'après-midi, pendant les répétitions, je lui ai demandé : « Est-ce que si je t'amène des mélodies, tu peux m'aider ? » De Palmas envoie alors quatre ou cinq chansons, dont ce fameux *Time for lover*[1]. » Jean-Jacques s'en souvient : « Il m'a dit : "Je prépare un nouvel album, mais je rame un peu sur les textes, tu ne pourrais pas m'en faire un ?" Alors je lui ai dit : "Fais-moi écouter !" On s'est vus chez moi, et il m'a fait écouter des trucs. Puis, je lui ai dit : "Celle-ci, elle me plaît[2] !" » Ils se retrouvent un mois plus tard. Jean-Jacques a bossé sur cette ballade rock en laquelle il a cru. Gérald est dans ses petits souliers d'autant qu'il est prêt à jeter l'éponge, raccrocher définitivement. « Jean-Jacques m'a invité à venir l'écouter, effectivement, un mois plus tard. J'étais terrifié à l'idée que ça ne me plaise pas. Il m'a reçu dans sa cuisine. Il avait refait un arrangement avec un son de clavier pourri. C'était vraiment comique[3]. » Jean-Jacques est détendu et assure : « Il faut le voir sur soi. » Gérald doute : « Je sentais que ça swinguait bien. Mais je n'étais pas à l'aise avec quelques mots du texte. J'en ai parlé à Jean-Jacques qui m'a dit : "Je crois que tu te trompes, réécoute bien." Il sentait que l'équilibre était bon. » Jean-Jacques est

1. *Le Parisien*, 26 juillet 2016.
2. *M6 Music*, décembre 2001.
3. *Le Parisien*, 26 juillet 2016.

sûr de lui, *J'en rêve encore* est prête. Concentration extrême, doutes, interrogations… Enfin vient le déclic pour De Palmas. « J'ai redemandé des textes à Jean-Jacques. Il a refusé en me disant : “Tu vas écrire le reste, tu sais le faire.” Cette collaboration m'a donné confiance. Qu'un mec comme Goldman accepte de faire un texte pour moi voulait dire que j'avais une valeur. Et j'ai recommencé à écrire des textes[1]. » *J'en rêve encore* intègre l'album *Marcher dans le sable* qui sort en novembre 2000. Il se vendra à plus d'un million d'exemplaires. C'est l'occasion pour Jean-Jacques d'adresser un très joli compliment au chanteur : « De Palmas est un type tellement intègre, tellement vulnérable de candeur et d'honnêteté, qu'avoir participé à sa reconnaissance est un plaisir inouï[2]. »

1. *Le Parisien*, 26 juillet 2016.
2. *La Libre Belgique*, 10 décembre 2001.

8

La gloire est l'ombre de la vertu ; elle l'accompagne malgré elle. Mais comme l'ombre tantôt marche devant, tantôt à côté de nous, et tantôt derrière, ainsi la gloire quelquefois nous précède et frappe tous les regards ; d'autres fois elle nous suit, d'autant plus grande qu'elle est plus tardive : l'envie alors s'est retirée.

SÉNÈQUE

Attendu comme une gourmandise tant en France que dans les pays francophones, l'album de Céline Dion arrive à point nommé. *S'il suffisait d'aimer*, enregistrée en février 1998, sort à travers le monde en septembre. La symbiose est telle entre Jean-Jacques et Céline qu'ils ont enregistré la totalité des chansons en une semaine. Leur secret est tout simple. Céline s'assoit avec Jean-Jacques. Ils chantent *piano* ensemble. Elle s'imprègne du texte, de la mélodie, tout en exprimant son ressenti. Elle propose sa lecture. Jean-Jacques conseille, nuance. Il valide les *ad libs*, gomme les fulgurances trop américaines, filtre, allège, lui fait travailler la souplesse, la fluidité. Interrogé par un journal de Montréal[1], il avait répondu en son temps : « Céline est un prodige sur le plan vocal. Je voulais écrire douze chansons qui iraient à sa voix, à sa personnalité. J'ai écrit pour elle des mots qui sont les siens. Il n'y a

1. *La Presse*, 14 mars 1998.

rien de moi dans cet album. » L'article souligne : « Quand il parle de Céline, Jean-Jacques Goldman est intarissable. Tout son être s'anime. Et après avoir atteint le record de ventes de tous les temps à travers la francophonie avec l'album *D'eux*, le tandem Céline Dion et Jean-Jacques Goldman s'est attaqué à la réalisation d'une seconde œuvre. Il y a à peine deux jours, Céline a quitté les studios parisiens où douze nouvelles chansons se sont modelées au son de sa voix. [...] Au cours d'une longue rencontre dans les bureaux parisiens de Sony Music, Jean-Jacques Goldman, dont l'album *En passant* vient de sortir au Québec, considère comme un privilège d'écrire des chansons pour Céline Dion. « J'avais vraiment très envie, dit-il, de répéter l'expérience. Pour moi, c'est d'abord et avant tout un plaisir. Céline et moi, nous nous sommes reconnus dès les premiers instants. Nous sommes du même quartier, nous habitons le même monde. Cette fois, on s'est permis d'aller plus loin dans certaines choses. On a demandé la participation de choristes classiques. Un orchestre philharmonique s'ajoutera à la formation de base. On ne peut comparer cet album à *D'eux*. Pour moi, ce n'est pas un deuxième album, ce sera toujours le premier. » [...] « Maintenant, commente-t-il, Céline Dion est la plus grande chanteuse du monde. Elle est devenue une superstar. À la sortie de *D'eux*, j'avais un statut, je l'ai aidée à se faire connaître en France. Maintenant, je n'aurai plus à le faire. »

Le compositeur ne tarit pas d'éloges : « Je me sens dans la situation d'un auteur-compositeur à qui l'on donne une voix exceptionnelle, que n'importe quel auteur-compositeur souhaite avoir. C'est un rêve, c'est une interprète hors du commun. » Il est admiratif : « Pour moi, elle a deux qualités extraordinaires. Tout d'abord, sa mémoire. Tu répètes avec elle, pour la première fois, une chanson pendant quinze à vingt minutes, et six mois après elle s'en souvient avec des détails que, toi, tu as oubliés. C'est un véritable don. Sa deuxième qualité, c'est que Céline est une musicienne. C'est la première voix avec laquelle je travaille, hommes et femmes confondus, qui propose énormément de choses au niveau musical : elle propose des deuxièmes voix, des mélodies différentes, instinctivement, comme un musicien à qui tu donnes une partie de guitare et qui, tout à coup, commence à partir sur un solo. Elle se sert de sa voix comme d'un instrument, avec une oreille effarante. Avec elle, il est possible de travailler très vite. Parce qu'elle chante bien, parce qu'elle a travaillé en amont. Une chanson peut être enregistrée en trois ou quatre prises seulement. Elle me dit que certains producteurs américains lui font faire jusqu'à dix ou vingt prises de voix. Je ne comprends vraiment pas pourquoi. Moi, j'arrête au bout de trois ou quatre, parce qu'après je ne sais plus quoi choisir : tout est juste, tout est en place, tout est intéressant[1]. » Leur harmonieuse collaboration, leur complicité sont exceptionnelles. La chanteuse québécoise s'en extasie : « Je pense que, Jean-Jacques et moi, on a tout fait ensemble, c'est-à-dire qu'on a parlé de toutes les saisons et de toutes les émotions. » Les deux artistes ont tissé un lien professionnel exclusif, privilégié, tant artistique qu'amical. La diva québécoise avouera lors de l'émission *Sept à huit*[2] : « Jean-Jacques, c'est un gars tellement simple. J'ai comme presque plus envie de travailler avec d'autres. C'est que c'est tellement simple, c'est tellement vrai. »

La première adaptation au cinéma de la célèbre bande dessinée éponyme de René Goscinny et Albert Uderzo, *Astérix et Obélix contre César*, réalisée par Claude Zidi, dans les salles en février 1999, réunit une pléiade d'acteurs. Christian Clavier et Gérard Depardieu dans les rôles d'Astérix et Obélix, entraînent avec eux Roberto Benigni, Laetitia Casta, Arielle Dombasle, Michel Galabru, Claude Piéplu, Daniel Prévost, Sim… Claude Zidi a confié la conception de la bande-son à Jean-Jacques. Bonne idée. Pour Jean-Jacques, ce n'est pas une évidence. Il a découvert assez tard l'univers de la BD. Il n'est pas tombé dans le chaudron comme les générations actuelles : « La télévision est arrivée tard chez nous,

1. RFM, 28 septembre 1997.
2. *Sept à huit*, TF1, 28 septembre 2003.

explique-t-il. Lorsque j'avais douze ans, les bandes dessinées avaient beaucoup d'importance, surtout *Tintin*, *Lucky Luke*, le journal *Pilote*, puis *Astérix*. Je ne suis pas un cinéphile, je vais peu au cinéma. C'est pour moi une fenêtre sur les autres au même titre que la télé, le journal, les livres ou la rue. Je ne crois pas avoir été influencé par des images. Seulement par des musiciens. J'aime Woody Allen, Milos Forman, Claude Sautet. Des films où je peux me sentir concerné. Musicalement, j'aime quand la musique sert l'histoire. Quand elle est en phase, on l'oublie... Astérix, pour moi, ça a été d'abord, plutôt qu'un projet qu'on accepte, un projet qu'on ne refuse pas. Par son intérêt, son ampleur. Ensuite, les gens qui ont conçu ce projet donnent confiance. De Zidi à Berri, Depardieu ou Clavier, on se dit que ce sont des gens qui savent, qui aiment et qui se trompent peu. À propos de ce film, je me suis effectivement demandé s'il existait une musique "farceuse". La réponse est non. Et plus le décalage est grand entre la comédie et la musique imperturbablement sérieuse, plus l'effet est amusant. Pour *Astérix*, nous aurons une musique de film très "traditionnelle" à la base. C'est le choix de quelques instruments celtes et la déclinaison "radio" de certains thèmes qui lui donneront sa couleur particulière. Évidemment, il y a concertation avec le metteur en scène. Le film n'a jamais besoin de chansons (en dehors de chansons à boire !). La chanson sert clairement à entraîner le succès de la BO. Il faut un sujet qui puisse toucher sans référence forcée au film. En ce sens, le malheur, l'impuissance d'Obélix à se faire aimer me semblent concerner chacun de nous.

Je serais incapable de faire seul une musique de film, c'est pourquoi je ne l'envisage pas sans Roland Romanelli. Mais je peux proposer des thèmes, des directions instrumentales et des déclinaisons de ces thèmes, de façon différente des musiciens traditionnels. C'est ma singularité et ma limite[1]. » Modeste, toujours.

1. Dossier de presse *Astérix*, janvier 1999.

En effet, il s'est bien entouré. Le compositeur Roland Romanelli, l'orchestrateur Hubert Bougis, le violoniste Didier Lockwood apportent leurs multiples talents aux quatorze chansons de cette bande originale, vraiment pittoresque. Il évoque son travail sur une courte vidéo filmée lors des prises de son en studio : « Est-ce qu'il existe une musique spécifique pour les comédies ? Donc, j'ai vu quelques films dans ce sens-là pour essayer de comprendre en essayant de distinguer la musique. Mais, en fait, je ne crois pas. Je ne crois pas qu'il y ait besoin de paraphraser ce qui se passe à l'image. Donc, on reste sur une musique extrêmement classique et traditionnelle. À la limite, même, plus la musique est traditionnelle et plus l'effet est comique, le décalage entre les deux augmente l'effet comique. Enfin, moi je trouve. Peut-être les gens sont tout à fait contre ça, mais c'est ce qui m'a semblé. Et ensuite, il a fallu trouver une couleur, parce que la musique gauloise, je ne sais pas exactement ce que c'est. [...] En plus, il y a des Romains d'un côté, des Gaulois de l'autre côté, donc il fallait un petit peu jongler entre une musique qu'on a décidé un peu médiévale-celte tout en restant à la base sur une musique de film traditionnelle[1]. »

Grâce au *Midi Libre*, nous apprenons un détail et non des moindres concernant l'altruisme de Jean-Jacques. « Jean-Jacques Goldman séduit par la belle histoire de la Bécède », titre le journal[2]. « Rencontre avec un chanteur, un professionnel, un homme tout simple. Un peu plus d'une heure avant le concert. Devant la scène, la foule se presse déjà depuis un bon moment. Jean-Jacques Goldman est assis dans sa loge, au rez-de-chaussée d'une petite maison, à quelques mètres de là. [...] Sur les murs de la pièce, il y a les dessins que les enfants de la colonie de la Bécède ont faits pour lui.

Il est là pour eux, pour faire bouger les choses et aider cette association qui se bat "sur des valeurs différentes... sur le principe de vacances sociales au service des enfants", et qui refuse

1. Dossier de presse 1999.
2. *Midi Libre*, édition d'Alès, 10 août 1999.

de devenir “un club de vacances rentable”. Et cette fois-ci, c’est tout simplement l’homme, un homme au regard brun empli de conviction qui parle.

Ce qui l’a convaincu de venir, ce sont les gens, mais aussi toute l’histoire de la Bécède, colonie fondée pour les enfants des mineurs de la région.

Il explique : “Le premier métier de mon père, c’était mineur… en Bretagne, dans une mine à ciel ouvert.” Étudiant, il a aussi connu un pays minier dans le Nord, où il a vécu trois ans. Par contre, c’est la première fois que le chanteur vient dans les Cévennes. La Grand-Combe ? “J’ai regardé sur une carte où c’était.” Arrivé sur place vers dix-sept heures, il a juste eu le temps de recevoir la médaille de la ville de La Grand-Combe, de goûter un peu de pélardon et d’effectuer les réglages techniques, avant le concert. Les balades et la découverte des Cévennes, ce sera donc pour le lendemain, lundi : “L’organisation m’a proposé d’aller voir les enfants.”

En attendant, ce soir, c’est le dernier concert d’une tournée débutée en avril 1998. “C’est le dernier, dernier !” Il insiste et s’amuse : “C’est la fin des vacances ! Pendant les tournées, on a des excuses pour ne rien faire !” […] Ce qui compte ce soir pour Jean-Jacques Goldman, c’est le concert et de transmettre son coup de cœur pour l’association de la Bécède au public. »

Dans un second article, il est précisé : « Ils sont tous allés au bout de leur rêve. Dimanche soir, à La Grand-Combe, plus de quatre mille spectateurs ont applaudi Jean-Jacques Goldman. Le puits de mine de la vallée Ricard qui surplombe le musée du Mineur n’a pas dû en croire ses écrous rouillés, dimanche soir, en voyant déferler les quatre mille spectateurs du concert-événement de l’été organisé à La Grand-Combe par et pour l’association de la Bécède !

Dès l’ouverture des portes, à dix-neuf heures, ils étaient des centaines à courir vers la scène pour obtenir les meilleures places. Certains avaient même commencé à faire la queue dès neuf heures du matin. […] Juste avant d’entamer une dernière chanson, Jean-Jacques Goldman a remercié le public d’être venu soutenir l'association de la Bécède avant de lui lancer un appel, ainsi qu'au président du Conseil général, Alain Journet, présent dans la tribune : "La Bécède a quelques soucis. J'espère simplement que les pouvoirs publics auront le même enthousiasme que vous avez eu, que nous avons tous eu, quand nous avons appris comment marchait cette association."

Les enfants de la colo étaient là, une soixantaine d'enfants, sur les quatre-vingts qu'accueille actuellement la colonie de vacances de la Bécède, à assister à ce concert exceptionnel. Dans un périmètre réservé et accompagnés de leurs moniteurs, un foulard de tissu provençal jaune noué au cou, ils se sont régalés. Les moyens, les grands, les pré-ados et les ados sont repartis "crevés, mais heureux"[1]. »

Parfois, il déroge à ses principes et évoque ce qui lui procure de la joie, de l'émotion. Il aime les plaisirs simples, prendre un café, faire une promenade en montagne, jouer au tennis, gratter sa guitare, assister à un spectacle, rouler à moto… « Je joue au tennis, je fais du surf en hiver, ou du ski… voilà. Je vais des fois à la piscine avec mon copain Sorj. Je vais courir avec mon copain Sorj[2]. » Il a cette faculté de se réjouir d'un rien : « Elle n'a rien à voir avec la vie objective, la situation sociale, etc. Cet état de bonheur est évidemment une grande injustice, comme la beauté, l'intelligence, dont on hérite ou pas. Et parfois, on est amené à le masquer sous peine de paraître presque obscène. Donc, merci d'abord à mes parents de m'avoir fait[3] ! » Naturellement, son attention se tourne vers les autres. Il est très attentif au monde, à l'environnement, les qualités, les travers, les émotions de ses contemporains. Il a en cela un talent remarquable. Au micro de Radio France internationale[4], il insiste sur l'importance d'aller voir les camarades en concert : « On fait ce métier-là parce qu'on aime ça ! Je suis toujours allé aux concerts, j'adore aller aux concerts. Malraux disait qu'on

1. *Midi Libre*, édition d'Alès, 10 août 1999.
2. Week-end Jean-Jacques Goldman, Nostalgie, 26-27 septembre 1997.
3. Livre de partitions *En passant*, Hit diffusion, 1998.
4. *Radio France internationale*, 2 avril 1999.

apprenait à peindre dans les musées. Je trouve qu'on apprend la musique en allant écouter les autres. »

En janvier 2000 paraît chez Michel Lafon l'ouvrage *Les Restaurants du Cœur, les Relais du Cœur 1985-2000*, de Valérie Péronnet. Jean-Jacques signe la préface. « Cette association me paraît importante pour les bénéficiaires, mais aussi pour les bénévoles, explique-t-il au *Figaro*[1]. L'enthousiasme, l'idéalisme et la convivialité peuvent s'exprimer autour d'un projet concret, vivant, gai. C'est une générosité moderne, correspondant à ce que le militantisme syndical et politique suscitait auparavant. » La mobilisation est toujours au rendez-vous pour la quinzième édition du spectacle intitulé *Les Enfoirés en 2000*. Après avoir sillonné les routes de France et distrait les foules à Toulouse, Marseille, Lyon, Strasbourg, Nancy, Lille, Rennes et Bordeaux, les quarante artistes donnent de la voix sur la scène du Zénith durant trois heures. Patrick Bruel, Francis Cabrel, Elsa, Patrick Fiori, Liane Foly, David Hallyday, Patricia Kaas, Marc Lavoine, Maurane, Pascal Obispo, Alain Souchon et bien d'autres encore s'amusent comme des petits fous et le public ne boude pas son plaisir. Jean-Jacques est ravi car : « Il m'a toujours semblé qu'en faisant des trucs de solidarité on était gagnant. Évidemment, l'exemple typique c'est l'émission des Enfoirés, où tout le monde demande à être tellement l'ambiance est bonne. [...] Les gens viennent parce qu'ils s'éclatent. Évidemment, pour les artistes nouveaux, c'est un peu une reconnaissance maintenant d'y être invités. Mais les autres viennent parce que d'abord, artistiquement, on a l'occasion de faire des choses qu'on ne fait pas ailleurs, chanter avec d'autres personnes, d'autres chansons, mais aussi parce que l'ambiance est vraiment particulière, peut-être à cause du désintéressement, à cause du fait que c'est juste pour le plaisir et pour être utile[2]. » On remarque cependant que les premiers Enfoirés, membres de la promotion 1989, ne sont plus à l'af-

1. *Le Figaro*, 24 janvier 2000.
2. Alain Etchegoyen, *Les pères ont des enfants. Dialogue entre deux pères sur l'éducation*, Le Seuil, 1999.

fiche. Véronique Sanson qui y participa six fois, jusqu'en 1999, est un brin nostalgique des débuts : « C'est devenu de plus en plus spectaculaire et on ne m'a plus invitée, mais ça ne m'a pas du tout vexée, indique-t-elle[1]. Jean-Jacques disait à juste titre que je n'étais pas là pour faire le clown. Mais je reste acquise à cette cause. Ma sœur y est bénévole tous les lundis. » Eddy Mitchell, s'il est intervenu de nouveau en 1994 et 1995, quant à lui, avoue : « Je préfère envoyer des sous. Je ne suis pas à l'aise avec la tournure que ça a pris, le côté barnum télévisuel, mais ça continue et ça marche, c'est donc que c'est bien[2]. » Idem pour Johnny Hallyday, présent aussi en 1997 et 1998.

Parrain de l'opération *Champions de la Paix*, à la demande des Scouts de France, Jean-Jacques remet les prix récompensant les louveteaux, en juin 2000. Il est très impliqué auprès des jeunes et exprime son ressenti quant aux valeurs prônées par ce mouvement : « Je partage avec les scouts une même réflexion sur la paix, l'altruisme, la solidarité. Mais je ne suis pas pratiquant. L'important, c'est une certaine "foi", quelle qu'en soit la forme. C'est le refus des fausses valeurs du matérialisme. Les religions proposent des réponses sur Dieu. Moi, je ne sais pas. Mais il y a une grande probabilité objective que le monde ne soit pas le fruit du hasard[3]. » Le prix *Champions de la Paix* est une initiative commune des Scouts de France, en partenariat avec l'Unesco et le Haut-Commissariat aux réfugiés, à laquelle se sont joints l'Action catholique des enfants (ACE) et le Mouvement eucharistique des jeunes (MEJ). Le but est d'inviter les enfants à réaliser une action permettant une éducation à la paix, sous le parrainage d'une personnalité extérieure à leur mouvement. « Dans le bénévolat et l'action sociale, on peut même être gagnant, professionnellement parlant, expliquait-il dans l'ouvrage d'Alain Etchegoyen. J'ai écrit des chansons grâce à des idées, des choses que j'ai pu

1. *Le Parisien*, 8 mars 2019.
2. *Le Parisien*, 8 mars 2019.
3. *Pèlerin Magazine*, 12 mai 2000.

ressentir à ces occasions-là. Il n'y a pas de bénévolat dont on ne sorte enrichi[1]. »

Il a rejoint Caen et les enfants du Calvados, rassemblés dans un champ à la campagne pour un week-end, afin de leur décerner leur récompense[2]. « Malgré son emploi du temps chargé, il prend régulièrement des nouvelles des enfants et de leurs réalisations, se réjouit Isabelle Pommiers, commissaire nationale louveteaux chez les Scouts de France. Lors des répétitions du spectacle des Enfoirés, il a même invité des enfants des trois mouvements pour leur faire découvrir les coulisses. Mais il souhaitait pouvoir les rencontrer plus longuement. D'où sa présence à Caen pour le dernier week-end[3]. » Le chanteur constate que le thème est difficile à traiter pour les enfants d'un pays en paix. « À mon avis, explique-t-il, la paix ne s'obtient pas seulement avec des bons sentiments ou des imprécations. » Il admire leurs inventions, tel un jeu de chamboule-tout où les mots « violence » et « racisme » sont inscrits sur les boîtes de conserve à renverser. « J'aime bien cet aspect un peu "agressif" du combat pour la paix[4]. » Il est venu avec sa guitare et s'en saisit bien volontiers pour chanter avec eux avec une touchante et authentique simplicité. « Meute par meute, les louveteaux défilent pour répéter avec lui les chants de la veillée. Pour lui, la chose est entendue : il vient participer à l'animation de la veillée et non faire un concert. Aussi, quand il ne connaît pas un chant, il n'hésite pas à confier sa guitare à l'un des chefs, heureux et impressionné de pouvoir jouer avec la guitare d'une "star", rapporte *La Croix*. Ce n'est qu'à la toute fin du week-end qu'il cède enfin aux supplications des enfants pour qu'il chante une chanson. Mais s'il reprend sa guitare pour s'approcher du micro, c'est encore une fois avec une chorale de louveteaux qu'il entonne sa chanson *Nos mains*, un des grands refrains du week-end. Auparavant, il a remis aux louveteaux de Blainville

1. Alain Etchegoyen, *Les pères ont des enfants. Dialogue entre deux pères sur l'éducation*, Le Seuil, 1999.
2. Juin 2000.
3. *La Croix*, 29 juin 2000.
4. *La Croix*, 29 juin 2000.

leur prix de “Champions de la Paix”, pour le spectacle *Adieu la peur, bonjour la paix* qu'ils ont réalisé. »

Il est très attentif à la façon dont des associations ou des politiques utilisent ses chansons, ses textes, ses mots. Ainsi ne cacha-t-il pas sa désapprobation lorsque Johnny Hallyday reprit *Je t'attends* lors d'un rassemblement de soutien à Jacques Chirac en 1988. On se souvient de son courroux en apprenant que sa chanson *Famille* eût pu servir d'hymne de campagne à Patrick Balkany. Pour lui, s'exprimer en dehors de sa compétence est une imposture. « Un décorateur officiel qui s'occupe de la réhabilitation d'écoles m'a demandé l'autorisation de mettre une grande photo de moi, entre autres, avec un extrait de texte sur les murs d'une école. Ça a été à moi de lui expliquer que quelqu'un qui vendait des disques n'avait pas sa place dans l'enceinte d'une école publique. Il ne comprenait pas et il l'aurait fait avec l'appui de l'Académie[1] ! » Certes ses chansons sont là pour être chantées, mais lorsqu'elles se transmettent par un biais dévoyé, il n'est pas d'accord.

A contrario, il éprouve une grande émotion lorsqu'un millier de choristes venus de toute l'Europe, mais aussi du Québec, interprètent pour lui une vingtaine de ses plus beaux textes. Il est l'invité d'honneur de la *Semaine chantante*. Dix mille spectateurs emplissent le stade Pierre-Pibarot d'Alès (5 août 2000). « Époustouflant, déroutant, émouvant, voilà les premières impressions que les dix mille spectateurs du stade Pibarot ont exprimées, hier soir, lors de la soirée hommage à Jean-Jacques Goldman », peut-on lire dans la presse[2]. « Les chœurs ont offert une intensité et donné une nouvelle dimension au répertoire de l'artiste présent dans les gradins remplis à ras bord. [...] Avant que l'auteur-compositeur-interprète vienne chanter trois titres en guise de final (*Peur de rien*, *Rouge* et *Puisque tu pars*), et sortir ainsi de sa légendaire discrétion. »

Les spectateurs sont-ils venus pour les choristes ou pour Jean-Jacques Goldman ? questionne le journaliste. Réponse

1. *Pèlerin Magazine*, 12 mai 2000.
2. *Midi Libre Alès-Cévennes*, 6 août 2000.

spontanée d'une jeune fille : « En premier, c'est pour Goldman, mais il y a aussi la curiosité d'entendre ses chansons chantées par les choristes[1]. »

Entre-temps, il a planché sur un autre univers et écrit *Ni divin ni chien* pour l'ancien champion des internationaux de tennis de Roland-Garros 1983, Yannick Noah, lancé dans la chanson. Le titre rejoint ceux composés par son frère Robert, qui les signe sous le pseudonyme de J. Kapler, dans l'album *Yannick Noah*[2]. Robert a commis *Madingwa Africa*, *Simon Papa Tara*, *Jamafrica* et *La Voix des sages/No more fighting*. Robert, qui avait choisi de résider à Los Angeles au moins un an pour se mettre en retrait de la société de Montrouge afin de composer, ne se fait pas prier pour décrire leur méthode de travail : « Nous avons puisé dans l'histoire de Yannick. Pour la plupart des artistes, les chansons créent un lien avec le public. Dans le cas de Yannick, c'est l'inverse. Le lien existait déjà, mais il fallait le mettre en musique[3]. » La chanson *Simon Papa Tara* fait aussitôt un tabac. *La Voix des sages* (*No more fighting*), aux sonorités reggae, sortira en *single*, en mai 2001. Autre gros succès.

Yannick Noah livre quelques confidences à propos des frères Goldman. « On s'est rencontrés, plusieurs fois, pour les Restos du Cœur. J'ai toujours beaucoup aimé la façon dont Jean-Jacques Goldman travaille, ainsi que ses qualités humaines. Un jour, son frère Robert, qui est aussi son bras droit, m'a téléphoné et m'a dit qu'ils voulaient me faire un album. Jusque-là, j'avais très peu chanté en français parce que les textes que l'on me proposait ne me plaisaient que moyennement. Quand j'ai reçu les premières maquettes de ces chansons, je me suis senti immédiatement investi dans le projet. On m'a fait un très beau cadeau[4]. » Les frères Goldman renouvelleront l'expérience avec un autre opus, intitulé *Pokhara*, sorti en 2003.

1. *Midi Libre Alès-Cévennes*, 6 août 2000.
2. Album *Yannick Noah*, sorti en septembre 2000.
3. *L'Express*, 1er décembre 2005.
4. *Le Soir*, 13 décembre 2000.

L'échange qu'il a avec Jean-Claude Escaffit[1] est précieux car maintes nuances révèlent l'homme que l'on qualifie de secret. Il y a des mots qui disent beaucoup…

Est-il un éternel optimiste ? Pas vraiment. Il se dit « lucide sur la fragilité de la vie, je ne sais pas s'il y a quelque chose après. Mais j'ai conscience de la banalité de la mort. Je ne me révolte pas contre le fait de mourir ou d'être malade. Cela fait partie de la condition humaine. Il y a eu des milliards d'hommes avant, il y en aura des milliards après. Nous sommes actuellement une petite partie de cette chaîne infinie des vivants. Mais profitons de cet instant de lumière qui brille pour nous. Nous avons la chance de n'être ni Somaliens ni Kosovars.

— Pourtant, vous êtes sensible aux malheurs qui vous entourent. Vous vous mobilisez pour des causes comme celle des Restos du Cœur.

Jean-Jacques : J'aime cette phrase d'Aristote : « Faire du bien aux autres, c'est de l'égoïsme éclairé. »

— Qu'est-ce qui vous révolte le plus dans la vie ?

Jean-Jacques : Les abus de pouvoir. À tous les niveaux. Ces gens qui ont une parcelle d'autorité. Ça va du petit chef qui harcèle ses subordonnés à l'employé de la Sécurité sociale qui ne répond pas au téléphone… Cela nous amène à nous interroger sur nos propres excès. Chacun à son niveau. […]

— Vous n'êtes pas ce que l'on appelle un chanteur engagé ?

Jean-Jacques : Je ne crois pas que les chanteurs « engagés » changent le monde davantage que ceux qui disent ne pas l'être. Moi, je me contente de distraire. Mais peut-être que les chanteurs ont un rôle fédérateur. Nous réunissons des gens différents qui n'auraient peut-être pas l'occasion de se rencontrer autrement. Il peut y avoir une vraie communion sur un rythme de James Brown ou la poésie de Cabrel.

— Que pensez-vous apporter à votre public ?

Jean-Jacques : Je peux vous dire plutôt ce que je reçois de lui.

1. *La Vie* n° 2878, du 26 octobre au 1er novembre 2000.

Une connivence, des émotions partagées. Sur scène, je ne me sens pas seul à les éprouver. [...]

— Vous qui avez écrit un livre sur la paternité [*Les pères ont des enfants*, avec le philosophe Alain Etchegoyen], qu'avez-vous envie de transmettre d'essentiel à vos enfants ?

Jean-Jacques : La joie de vivre ! C'est une maladie contagieuse que je tiens de mon père pour qui chaque minute était un miracle. Et mes trois enfants ont dû aussi l'attraper. Je ne sais pas trop pourquoi on est là, mais je suis persuadé que l'on a de la chance d'exister et de transmettre la vie. À travers la paternité, j'ai l'impression de tenir un rôle auquel on ne peut se soustraire : être ce maillon indispensable dans l'immense chaîne humaine, apporter une contribution à cette humanité qui n'a pas fini de nous étonner[1] ».

L'essentiel est dit...

Ses fans sont ravis, le coffret *1990-2000*, composé de six CD dont deux doubles, est mis sur le marché. Présentoir en acier ouvragé, livret, photos, notes, manuscrits de Jean-Jacques, quantité de souvenirs des coulisses, des concerts, des studios, du voyage en Russie, une chronologie/discographie exhaustive. Enfin, *F-G-J, Sur scène, Rouge, Du New Morning au Zénith, En passant* et *Tournée 98* paraissent en décembre 2000.

Il y a quinze ans, le regretté Coluche lançait Les Restos du Cœur ! Plus que jamais, son association remplit son rôle auprès des populations défavorisées, dans le besoin. Elle nécessite des dons, des bénévoles pour encadrer les points de distribution. Jean-Jacques a réuni le 29 janvier 2001, à Lyon, à la halle Tony-Garnier, un plateau exceptionnel de vedettes pour *L'Odyssée des Enfoirés*. Alizée, Patrick Bruel, Francis Cabrel, Elsa, Patrick Fiori, Garou, Maurane, Mimie Mathy, Pascal Obispo, Guy Roux, Zinedine Zidane... font les cent pas dans les coulisses. « Derrière la scène, une fourmilière s'organise autour de Véronique Colucci, la veuve de

1. *La Vie* n° 2878, du 26 octobre au 1er novembre 2000.

Coluche. Techniciens, maquilleuses, décorateurs se pressent à des tâches bien définies, que seuls ces magiciens de l'ombre connaissent. [...] À l'écart, Jean-Jacques Goldman observe, donne quelques directives[1]. » La salle se remplit. À vingt et une heures précises, Muriel Robin, la marraine, militante de la première heure, prend la direction du spectacle. Très investie, elle a écrit les sketches, proposé des intermèdes pour faire passer l'idée de fraternité, fédérer les bénévoles, surprendre avec des rires et des émotions.

Une autre cause requiert toute l'attention de Jean-Jacques. Il avait un jour annoncé, à Alès, qu'il composerait une chanson qui s'appellerait *Ensemble*. *Le Midi Libre*[2] nous en dit plus : « Michel Schwingrouber, le directeur artistique de la *Semaine chantante en Cévennes*, n'a pas été surpris d'apprendre, il y a quelques jours, que Jean-Jacques Goldman avait, une fois de plus, tenu ses promesses. Non seulement la chanson *Ensemble* a bel et bien pris corps, mais l'artiste a décidé de confier la création des chœurs de la chanson au chef de chœur et compositeur alésien. Cette chanson figurera parmi les titres de son nouvel album qui sortira en septembre. Peut-être même que l'album s'appellera "Ensemble". "Deuxième preuve de confiance, explique Michel Schwingrouber, qui ne cache pas son bonheur, Jean-Jacques m'a confié qu'il reviendrait, cet été, enregistrer sa chanson avec les chœurs de la quatrième *Semaine chantante*. Il est même question qu'il la présente, en exclusivité nationale, le 4 août au soir, en ouverture de la soirée d'hommage consacrée cette année à Gilbert Bécaud, qui sera présent sur les gradins aux côtés de son ami et auteur fétiche Pierre Delanoë". » En effet, fidèle à son engagement aux côtés du centre de loisirs de la Bécède, sis au-dessus de La Grand-Combe, il donne un concert dans le stade d'Alès pour la troisième *Semaine chantante en Cévennes*, le 5 août.

1. *Ciné Télé Revue*, 8 mars 2001.
2. *Le Midi Libre*, 22 avril 2001.

Pour preuve, le papier du *Parisien*[1] confirme : « J'avais dit que je composerais une chanson pour décrire ce moment-là. Et il me semblait naturel de venir la rendre là où je l'avais prise. » Michel Schwingrouber, le fondateur du festival, témoigne[2] : « Mille choristes, c'est une sensation unique. J'ai moi-même chanté avec les Chœurs de l'armée Rouge qui étaient déjà puissants mais n'étaient que cent. Alors mille, c'est une très grosse différence, cela vous met tous les poils au garde-à-vous. » […] Cette chanson qu'il devait aux choristes venus de France, de Suisse, de Belgique et du Canada, Goldman l'a enregistrée jeudi dernier, dans le théâtre d'Alès, pour son prochain album. Son Titre : *Ensemble.* Samedi soir, devant dix mille spectateurs, sous la lune ronde, il l'a interprétée pour la première fois sur scène avec eux. […] Quinze minutes avant de monter en scène, Jean-Jacques Goldman était encore assis à table, dans la pénombre des mûriers platanes. Il signait, dédicaçait. Surtout, il parlait. De sa carrière, de sa façon de travailler, de ses amis chanteurs. […] évoquait enfin ce nouvel album où *Ensemble* aura sa place, qu'il promet pour novembre, "moins intimiste que le précédent, plus musicien, avec des chansons populaires, avec des choristes et pour le bal". »

TV Guide[3] annonce : « Quatre ans après son retour en solitaire avec *En passant*, le plus prolixe des faiseurs de tubes nous fait un nouveau CD tout seul. Un album placé sous le signe du chœur qui devrait sortir quelques jours après le cinquantième anniversaire du « passeur » de sons. Doué ? Affirmatif. Discret ? Assurément. Généreux ? Résolument. Séducteur ? *No comment.* Mais, entre nous, vous en connaissez, vous, des artistes qui font ce métier pour déplaire à tout le monde ? Cela dit, ce qui fait la singularité de JJG, c'est son côté insaisissable, cette façon unique d'évoluer dans l'ombre à visage découvert. Aussi omniprésent qu'invisible, voilà

1. *Le Parisien*, 6 août 2001.
2. *Le Parisien*, 6 août 2001.
3. *TV Guide* (Suisse), 25 août 2001.

près de vingt ans qu'il embrase les hits avec une constance qui n'a d'équivalent que le soin qu'il met à se taire et laisser dire. Peu d'interviews, encore moins de confidences et un vrai sens de l'esquive. […] À quoi ressemblera-t-il ? Selon les dires de JJG, ce disque prévu pour novembre sera "moins intimiste que le précédent, plus musicien" et riche en chansons populaires. »

Il est faux d'affirmer qu'il lui est arrivé de demander aux journalistes de lui faire parvenir une lettre de motivation pour toute demande d'interview. « Marie-Laurence Gourou [attachée de presse de Columbia] doit simplement demander aux journalistes qui souhaitent m'interviewer de m'en faire la demande par écrit, confirme-t-il. C'est toujours le même principe : moi, je ne sollicite pas, on me sollicite. Ce terme de "lettre de motivation" a été inventé par les journalistes eux-mêmes, je ne pense pas qu'il ait été prononcé une seule fois par les collaborateurs de la maison de disques[1]. »

Il a une seule exigence, il refuse d'apparaître en première page. Son attitude est très vivement critiquée par certains journaux qui l'accusent de les manipuler pour imposer son propre marketing basé sur de la fausse modestie. Il répond à cela : « Mes rapports avec la presse se sont quand même améliorés depuis les années 1980. Mais je considère que c'est aux médias de nous solliciter et pas le contraire. Ensuite je ne veux pas être en première page. Quand vous passez en une, votre statut change, votre quotidien aussi. On vous arrête dans la rue, on vous interrompt, etc. Si vous n'apparaissez qu'à la rubrique musicale, c'est autre chose. Mais cela dit, je comprends très bien qu'on ne le comprenne pas, qu'on ne me croit pas, et que ça contrarie le marketing de certains journaux. […] Cette simplicité, je ne l'affecte pas, je la vis. Ça fait cinquante ans que je vis dans le sud de Paris, que je roule à moto ou à vélo. C'est une réalité. Si je porte ce vieux t-shirt, ce jean, vous croyez que c'est parce que j'ai réfléchi à ça ? Vous croyez que je devrais avoir une Rolex, une Ferrari[2] ? »

1. *Le Nouvel Observateur*, 20 décembre 2001.
2. *Sud-Ouest*, 14 décembre 2001.

La journée promet d'être belle. Des milliers de personnes rejoignent leur lieu de travail sous un ciel ensoleillé ce 11 septembre 2001, lorsque, à 8 h 46, un avion de ligne s'écrase contre la tour nord du World Trade Center à New York. Dix-huit minutes plus tard, la tour sud est touchée par un autre avion. Le président des États-Unis, Georges W. Bush, en déplacement en Floride, est informé de l'événement peu avant qu'un troisième avion ne s'écrase sur une des ailes du Pentagone (Arlington, État de Virginie) et un quatrième en Pennsylvanie, dans la région de Pittsburgh. Ces attentats meurtriers sont responsables de la mort de trois mille personnes. Dix jours plus tard, la France connaît un drame incompréhensible. L'explosion de l'usine AZF à Toulouse souffle la ville, le 21 septembre. Elle occasionne la mort de trente personnes, fait huit mille blessés. Le pays est sous le choc. La solidarité s'organise. Jean-Jacques rejoint Francis Cabrel à l'initiative des concerts[1] pour les sinistrés de Toulouse. Le groupe Gold et Images, Michael Jones, Patricia Kaas, Serge Lama, Catherine Lara, Zazie sont là aussi. Il est prévu que la recette soit versée dans son intégralité à la Fondation de France pour les sinistrés de la Ville rose. Il interprète *Je te donne*, puis *Sarbacane* avec Paul Personne qui connaît bien la cité des violettes pour y avoir vécu pendant dix ans. Le petit plus qui fait toute la différence se produit lorsqu'il prend son harmonica pour l'accompagner sur ce titre. Un article de *Libération*[2] rapporte son attitude : « Jean-Jacques Goldman, ayant posé son micro et enfilé un bonnet, est parti se promener dans l'arène, comme d'habitude dans ces sortes d'occasions où la convivialité militante l'emporte sur le star-system. Le public a mis dix secondes à réagir. Mais comme on peut réagir à l'arrivée d'un copain. Puis il y a eu très vite des Patrick Bruel et des Catherine Lara pour "sentir ce moment de solidarité", observe une productrice. La chanson *Ô Toulouse*, reprise en chœur, sur scène et dans le public, a conclu ce samedi soir sur la terre en

1. Concerts : samedi 17 novembre 2001 à 15 h 30 et 20 h 30 sous chapiteau, au Stadium de Toulouse.
2. *Libération*, 19 novembre 2001.

communion laïque. La Fondation de France fait savoir qu'elle ne se substitue pas aux assurances ni ne remplace les fenêtres. Mais tous ses secours sont résolument concrets et matériels. La bande à Cabrel y aura ajouté un sensible supplément d'âme. »

Cinquante ans le 11 octobre qu'il a poussé son premier cri en venant au monde. « Cinquante ans, ça va, constate-t-il[1]. C'est une barrière qui n'est pas trop visible. Il y a d'autres âges plus cruciaux, que j'ai plus mal vécus : par exemple trente ans, celui de la fin de l'enfance. C'est l'un des avantages de notre époque, par rapport à celle de nos parents : cinquante ans, ce n'est pas encore le début de la fin. » Trouve-t-il encore de l'énergie pour créer, pour s'occuper ? « J'en fais de moins en moins. Franchement, je me considère un peu comme un retraité qui fait ce qu'il veut : un peu de vélo, un peu de tennis. Mais un retraité qui reste passionné de musique. Avant, je faisais un album par an, j'en écrivais pour les autres. C'était presque une nécessité, ça me poussait de l'intérieur. Aujourd'hui, j'en fais un tous les cinq ans et j'écris, çà et là, des chansons pour d'autres. Je ne pense pas que l'envie s'arrête un jour, même si le rythme peut encore s'espacer[2]. »

Qu'importe, il choisit de tourner une nouvelle page du roman de sa vie.

Avec sa jeune compagne, Nathalie Thu Huong-Lagier, née en 1979, ils ont décidé de s'unir le 13 octobre 2001, à Marseille. L'un comme l'autre ignoraient lors de leur première rencontre dans les coulisses d'un concert en 1995 que l'amour les réunirait après de longs échanges épistolaires. Réserve et bienséance sont de mise pour leurs noces. Jean-Jacques fera remarquer dans les colonnes du *Nouvel Observateur*[3] : « Les paparazzis étaient là et quelques articles ont paru. Comme je ne me marie pas tous les jours, ce fut supportable. Évidemment, si j'avais épousé Loana, ça aurait été plus difficile à gérer ! Mais elle

1. *Sud-Ouest*, 14 décembre 2001.
2. *Sud-Ouest*, 14 décembre 2001.
3. *Le Nouvel Observateur*, 20 décembre 2001.

n'a pas voulu de moi ! Je ne devrais pas dire ça, je risque de retrouver ma photo dans votre canard sous le titre : "Loana n'a pas voulu de Goldman !" »

« Le mariage discret de Jean-Jacques Goldman », peut-on lire dans *Le Parisien*[1].

« … le chanteur qui "marche seul", n'est plus seul désormais. Samedi, à Marseille, à la mairie des 11e et 12e arrondissements, aux environs de quinze heures, le célèbre auteur-compositeur a épousé Nathalie, une ravissante étudiante de vingt-deux ans, deux jours après avoir lui-même fêté ses cinquante ans. Un mariage célébré en toute discrétion et en toute intimité, puisque, à part les familles et son ami le guitariste Michael Jones, il n'y avait aucune VIP présente dans la salle des mariages. En revanche, on remarquait la présence de Renaud Muselier, premier adjoint au maire de la cité phocéenne. Sous une température caniculaire – près de 30 °C –, Goldman s'était entouré d'un service de sécurité digne d'un concert pour cette union célébrée par Sylvie Carrega, conseillère municipale de la ville et mère d'une amie de Nathalie. Des dizaines de fans pressés derrière des barrières n'ont pas pu apercevoir les mariés, pas plus d'ailleurs que les photographes accourus pour les immortaliser. Protégé par de nombreux gardes du corps – les "novis" comme on dit à Marseille –, le couple est donc sorti de la mairie sous les huées d'admirateurs déçus. Destination le 13e arrondissement, pour une grande fête privée, avec peut-être quelques chansons du marié. Le conte de fées qui s'est conclu ce week-end a commencé il y a quelques années. Divorcé et père de trois enfants, Jean-Jacques Goldman a rencontré Nathalie, une superbe Eurasienne native du quartier des Caillols, à Marseille, alors qu'elle était une de ses fans. Désormais, il semble que le chanteur, dont le nouvel album, *Chansons pour les pieds*, sortira à la mi-novembre, soit de plus en plus enclin à vivre dans la ville natale de sa jeune épouse. »

---

1. *Le Parisien*, 15 octobre 2001.

Seul Michael Jones[1] s'autorisera quelques mots à propos de cet amour-là. « Ils ont correspondu, puis ont fini par se dire qu'ils étaient faits l'un pour l'autre. Ils se sont mariés peu de temps après avoir officialisé leur union. Ce qui lui a plu dès le début, c'est qu'elle n'était pas une groupie et qu'elle écrivait très bien. »

Le couple réside le plus discrètement possible dans un F3, à Plan-de-Cuques, commune limitrophe à l'est de Marseille, et d'Allauch, sis en plein cœur du massif du Garlaban. Depuis sa hauteur, on jouit d'un panorama exceptionnel sur la rade de Marseille et la Méditerranée. Cher à Marcel Pagnol, qui le célébra dans son œuvre, le Garlaban est réputé dans le monde entier. Les barres de Saint-Esprit, le Taoumé, la Baume Sourne… tant de lieux sont immortalisés par la caméra de Marcel Pagnol avec ses films *Angèle*, *Regain*, *La Fille du puisatier*, *Manon des sources*… Quantité de ses sentiers offrent à Jean-Jacques de belles balades à moto. Il pratique aussi à l'occasion la plongée sous-marine. Détenteur du niveau 1, il peut s'y adonner librement. Il a donc apprivoisé la mer. Il n'y a que les imbéciles qui ne changent pas d'avis assure l'adage. On se souvient de ce dialogue rapporté dans *Ouest-France*[2] :

« Jean Théfaine : Il paraît que tu as horreur du bateau.

Jean-Jacques : J'aime pas l'eau. D'abord, je trouve que ça mouille. Ensuite, c'est pas stable. Et puis je ne respire pas quand je suis dans l'eau, contrairement aux poissons. Je suis mieux sur terre. » Changement de décor, adaptation réussie : « Je voulais partir de Paris, pas spécialement parce que c'est Paris, mais parce que c'est une très grande ville, que j'y suis né et y ai toujours vécu, parce que c'est très difficile de vivre là-bas. J'avais envie de partir depuis cinq, six ans. J'hésitais entre le Sud-Ouest et le Sud-Est, et puis j'ai rencontré mon épouse à Marseille. Ce qui m'a le plus frappé, c'est la gentillesse des gens[3]. » Le climat, sa jovialité, la sympathie du voisinage n'ont pas de prix à ses yeux : « J'ai simplement des luxes

1. *VSD*, 19 septembre 2007.
2. *Ouest-France*, 12 juillet 1986.
3. *MusiConnexion*, mai 2002.

différents. Vivre au soleil, habiter à côté d'une gendarmerie, dans un immeuble avec des voisins sympas… Effectivement, je suis sensible au bruit, mais je n'ai pas le luxe des meubles, des dorures, de la surface. Je ne vois pas à quoi servent mille mètres carrés ou même trois cents. Si c'est très beau ou correct, je ne fais pas la différence[1]. » Ils prêtent à des amis l'hôtel particulier du 6 rue Férou, à Paris, sis dans le 6e arrondissement, à deux pas du jardin du Luxembourg, qu'il aurait payé quarante-cinq millions de francs. Il s'agit de l'ancien hôtel de Mlle de Luzy[2]. « Je me suis offert une très grande maison à Paris, explique-t-il, mais je vis en fait avec ma femme dans un trois-pièces à Marseille, parce que c'est là qu'elle fait ses études et que c'est avec elle que je me sens bien[3]. »

Prédestination ? La rue ne pouvait qu'accueillir ce magicien des mots au regard de ceux qui l'ont précédé. François-René de Chateaubriand résida un temps dans « le petit hôtel de Villette » (numéro 4 rue Férou). Jacques Prévert, né à Neuilly, au gré des multiples déménagements familiaux, y vécut, avec ses parents, au dernier étage. Le numéro 6 fut la propriété de la comédienne Dorothée Dorinville, dite Mademoiselle Luzy, protégée et maîtresse d'Étienne-Nicolas Landry. Elle y accueillit souvent son amant, le jeune Talleyrand, alors étudiant au séminaire Saint-Sulpice, bien avant qu'Henri de Jouvenel, l'époux de Colette, n'y habite. Ernest Hemingway s'y installa avec Pauline Pfeiffer, qu'il avait épousée en mai 1927. Il y griffonna les premières phrases de son roman *L'Adieu aux armes.* L'écrivain Ernest Renan demeura au numéro 11. L'hôtel de Luzy avait été racheté en 1969 par Pierre Schlumberger.

Lorsque des enfants leur seront donnés, les époux Goldman s'installeront au Roucas-Blanc, un quartier de Marseille, dans une villa à laquelle des aménagements seront apportés. Alfred Saurel[4] donne une description très fidèle de l'endroit : « Le Roucas-Blanc fourmille de maisons séparées les unes des

1. *Télé Moustique*, 25 juin 2003.
2. Mlle de Luzy (1747-1830).
3. *Femina Hebdo*, 28 avril 2002.
4. Alfred Saurel : (1827-1887) écrivain et historien.

autres par des clos, des jardins, des bancaous, des vergers et des jardins potagers. Ces maisons sont éparpillées à droite et à gauche de routes, de chemins, de traverses et d'impasses où l'on se heurte à chaque pas à des murs élevés et à des portes basses. » Il fut un temps où le chorégraphe Roland Petit et son épouse et muse Zizi Jeanmaire[1] y élurent domicile. Il faut savoir aussi que l'humoriste Jean Roucas[2], originaire du quartier, a choisi son pseudonyme en référence à celui-ci.

S'éloigner du cœur de la ville pour davantage de quiétude ? Jean-Jacques n'a jamais caché son peu d'appétence pour la nature. Ainsi répondait-il franchement à Alain Etchegoyen :

— Quand on vous voit dans votre jardin de Montrouge, on voit immédiatement que vous n'avez pas été élevé à la campagne…

— C'est vrai que je suis très ignorant des choses de la nature, je le regrette.

— En revanche, vous avez appris à observer les hommes, cela se voit aussi très bien…

— Ça vaut mieux pour faire ce métier… […] Je crois d'ailleurs que, si je faisais d'autres enfants, je quitterais Paris. […] Dans les villes, on ne voit pas les cimetières ; à la campagne on passe presque tous les jours devant. À la campagne, on a conscience de s'inscrire dans une histoire, dans un monde. En ville, nos enfants n'ont pas du tout cette sensation-là… On n'y naît pas, on n'y meurt pas. Le temps est abstrait[3].

Il a constaté que l'environnement urbain, les banlieues, sont loin d'être idéales. Selon lui, « elles empêchent les jeunes qui y vivent de trouver leur identité ». Ainsi envisage-t-il de revoir ses principes éducatifs : « Je crois qu'un môme qui nage, qui sait ce qu'est la mer, qui se rend compte comme il est fragile, qui apprend comme une vague peut être puissante, apprend à se connaître d'une façon fondamentalement différente. C'est pareil pour la montagne, un gamin qui marche, il sait ce qu'est

1. Roland Petit (1924-2011). Zizi Jeanmaire (1924-2020).
2. Jean Roucas né Jean Avril, à Marseille en 1952.
3. Alain Etchegoyen, *Les pères ont des enfants. Dialogue entre deux pères sur l'éducation*, Le Seuil, 1999.

une pente, ce qu'est la fatigue. Pour moi, il se jauge, il s'évalue, il se trouve et il apprend à se connaître en confrontation avec cette nature. En ville, il sait à peine ce qu'est le froid. D'une certaine manière, il n'y a pas de froid chez nous, il n'y a pas de chaud, il n'y a pas de fatigue[1]. » Cette existence lui sied. Désormais, il s'emploie à évoluer en paix, en harmonie avec ses nouveaux critères adaptés aux valeurs de sa jeune épouse.

Il est bien conscient qu'il risque à tout moment d'être balancé par un journaliste en mal de notoriété, dénué de scrupules, avide de sensationnel. Oui, il peut déchaîner des engouements, des toquades, des passions. Il reste une référence, un exemple pour beaucoup. « Je n'ai pas de soucis avec les fans. Je pense qu'il y en avait 999 sur 1000 qui souhaitaient me laisser tranquille à ce moment-là [cérémonie de mariage avec Nathalie] et qui ne me pardonneraient pas d'être dans *Paris-Match* ou quoi... Là, tu me parles de nécrophiles qui n'ont rien d'autre à foutre que de me harceler. Ce sont des cinglés, pas des fans. Ça ne me dérange pas de les décevoir, ceux-là[2]. » Malgré tout, qu'un étudiant en musicologie le choisisse pour son mémoire de maîtrise a certainement dû le surprendre. Il s'agit de David Claude, un professeur de musique au collège à Poitiers et Vouillé. « Depuis toujours, j'apprécie ses mélodies et j'admire la justesse des mots, explique-t-il. Tout cela fait un tout dans lequel les gens aiment se retrouver. Sur le plus long temps, c'est l'artiste le plus populaire en France, le premier aussi en droits d'auteur[3]. » À ses élèves et collègues intrigués, il concède bousculer les normes : « Pour changer l'approche des cours que je donne et apporter ma connaissance de la musique populaire. J'aime donner aux jeunes des clés pour décrypter ce qu'ils écoutent, pour ne pas qu'ils soient hermétiques à d'autres styles de musique que ceux qu'ils aiment. Je n'espère pas les convaincre, mais je veux que leur horizon musical s'élargisse, qu'ils soient ensuite capables de

1. Alain Etchegoyen, *Les pères ont des enfants. Dialogue entre deux pères sur l'éducation*, Le Seuil, 1999.
2. *Le Soir*, 5 décembre 2001.
3. *La Nouvelle République du Centre-Ouest*, le 24 octobre 2001.

dire : “Oui, j’aime le rap, mais je suis aussi ouvert à d’autres genres.” » Il a bien cogité son truc. Il distribue six cents exemplaires d’un formulaire comprenant une cinquantaine de questions dont il analyse les réponses. « J’en ai retiré une base de données de quarante pages et j’ai bâti mon mémoire. Trois ans de travail sur un sujet pour lequel mon directeur, Joseph Le Floch, et ma famille m’ont largement soutenu sans considérer qu’il s’agissait d’une amusette. En trois ans, j’ai mûri dans ma réflexion sur l’artiste et j’ai pu approfondir les causes de son succès. » Un petit regret malgré tout. Il n’a pu rencontrer l’artiste. « Je lui avais envoyé le pré-mémoire mais il n’a pas eu le temps de me recevoir, il écrivait pour Céline Dion et avait beaucoup de travail. Par contre, il a répondu lui-même, à la main, aux questions que je posais, m’a fourni des documents[1]. » L’artiste s’emploie à remettre les pendules à l’heure. « Si je suis parmi les gens qui changent la vie, c’est dans le quotidien, avec ma famille, avec les gens qui travaillent avec moi, avec mes musiciens ; mais pas avec les gens qui viennent à un concert ou achètent un album tous les quatre ou cinq ans[2]. » Rien de nouveau sous le soleil. Il enfourche sa BMW K 75 grise, enfile son casque et roule vers le lieu de rendez-vous pour répondre à un journaliste : « Une chanson peut désinhiber, elle peut confirmer une vocation, pas la susciter. En ce qui me concerne, ma responsabilité est toute relative. Je ne traite pas de sujets lourds, comme le suicide. Je ne donne pas de solution politique. Et je ne me mouille pas vraiment en conseillant d’aller à l’école[3]. »

Un court reportage diffusé lors du journal de 20 heures sur TF1[4] lance l’album *Chansons pour les pieds*[5]. Le journaliste ne sait pas trop sur quel pied danser justement. Les propos sont édifiants :

1. *La Nouvelle République du Centre-Ouest*, le 24 octobre 2001.
2. *Le Figaro*, 10 décembre 2001.
3. *L’Express*, 20 décembre 2001.
4. TF1, 16 novembre 2001.
5. Album *Chansons pour les pieds*, sorti le 20 novembre 2001.

« TF1 : Gigue, tarentelle, rock, slow, à chaque titre correspond une danse précise. Aidé par son ami Erick Benzi et le maître des sections à cordes Yvan Cassar, Jean-Jacques Goldman a écrit des “chansons pour les pieds”. Cette expression un brin provocatrice qui sert de titre à l'album est en fait un hommage aux musiciens de bal qui font danser.

Jean-Jacques : Je trouve qu'il y a quelque chose de magnifique, de très noble, dans le fait de s'adresser aux pieds, c'est-à-dire de faire que les gens se lèvent et qu'ils dansent. Je trouve que dans, je ne sais pas, une chanson comme *Sex machine* ou des choses comme ça, je trouve qu'elles sont aussi nobles qu'*Avec le temps*.

TF1 : Enregistrée avec cinq cents choristes, *Ensemble* incite, sinon à bouger, du moins à communiquer. Une fois encore, les chansons de Jean-Jacques Goldman parlent souvent d'amour et posent parfois un regard critique sur notre société. Contestation ? On peut dire contestation ?

Jean-Jacques : C'est plutôt des regards ironiques sur des idées politiquement correctes, quoi !

TF1 : C'est l'an prochain que Jean-Jacques repartira sur les routes pour donner des concerts. À n'en pas douter, ce sera une tournée… pour les pieds ! »

Le Parisien[1] s'emporte. Comment ? Le faiseur de tubes ose encore snober le journal et se passer de promotion et d'explications ! « On se demande, parfois, pourquoi Jean-Jacques Goldman a choisi un métier public, tant il en accepte difficilement les règles du jeu. Au moment de la sortie de chaque nouvel album – comme aujourd'hui avec *Chansons pour les pieds* –, il a du mal à “communiquer”. Avec la presse notamment, dont il semble se méfier d'une manière de plus en plus maladive. Dès lors qu'il s'agit d'écouter son disque ou d'une éventuelle interview de sa personne, il multiplie les conditions, quitte à ce qu'elles soient de plus en plus sidérantes. C'est d'autant plus

1. *Le Parisien*, 20 novembre 2001.

ennuyeux que l'artiste en question est intelligent, plutôt attachant, bénéficiant même d'une image particulièrement positive au sein de l'opinion. L'image d'un chanteur intègre, pur et dur, irréprochable. Avec son air constant de s'excuser d'être là, son air craintif de se faire gruger, et son air frileux comme s'il portait une écharpe soulevée par le vent, Jean-Jacques Goldman est le poète d'aujourd'hui le plus proche des Français. [...] Mais c'est un homme complexe, qui veut maîtriser son image autant que sa parole, sans se rendre compte qu'en se conduisant ainsi il empiète sur nos prérogatives. En refusant, par exemple, que sa photo et son nom figurent à la une de notre journal pour annoncer un hypothétique entretien, il se mêle de ce qui ne le regarde pas : l'élaboration au quotidien de notre quotidien. D'autres artistes, déjà, ont de plus en plus tendance à exiger, eux, la première page ou à imposer "leur" photo, au lieu de nous laisser décider et de faire confiance à nos propres photographes. À quand la livraison directe de l'article avec le reste de la promotion ? »

Jean-Jacques a dû apprécier les termes « empiète sur nos prérogatives »...

Reste à savoir comment sera accueilli ce nouvel opus par ses fans. Car il compose avant tout pour eux, les inconditionnels, les fidèles, tout en ne se leurrant point sur la fidélité de certains. « Je trouve que c'est une fidélité relative, mais qui n'en est que plus belle. Je pense que les gens sont fidèles à un artiste parce qu'ils en sont contents. On les a vus être très infidèles et quitter des artistes qui tout à coup ne les contentaient pas, que ce soit sur scène, c'est-à-dire qu'ils venaient en bâclant, ou que ce soit sur disque, c'est-à-dire qu'ils sortaient des disques moins travaillés. Donc, moi je suis super touché par cette fidélité. Mais je sais qu'il faut que je fasse des albums qui leur plaisent[1]. » Bien sûr, il espère donner satisfaction, ce n'est pas pour autant qu'il va accepter de se pavaner pour de

1. *La Première*, 17 décembre 2001.

la promotion. « Je ne veux pas apostropher les gens, c'est au public de faire la démarche qui consiste à venir à ma rencontre, explique-t-il. La une d'un quotidien ou la couverture d'un magazine interpelle les passants, des individus qui ne sont peut-être pas des lecteurs du journal. Quand un article paraît dans la rubrique "chanson", le lecteur est libre de s'y arrêter, de s'y intéresser ou de passer à la page suivante. J'ai toujours agi de cette manière, et j'ai été rarement trahi. Sauf une fois, par *Le Nouvel Observateur* d'ailleurs[1]. » Qu'on le taxe de manipulateur ou de stratège l'irrite au plus haut point : « Je marche à l'instinct, sans aucun calcul. [...] Sans stratégie, surtout en ce qui concerne la télé, que je fréquente peu. Cela ne m'ennuie pas de faire de la télé, mais je suis quand même mieux chez moi[2]. » Il fait l'effort de quitter son foyer pour une émission de France 2[3] où il justifie le titre de son album solo : « En fait, c'est un hommage aux musiciens qui font danser les gens. Les musiciens qui m'impressionnent le plus, c'est peut-être personnel, c'est les musiciens de bals, les musiciens qui s'occupent des pieds des gens, qui sont la bande-son de leurs émotions, et de leurs existences. [...] Plus je réfléchis sur la chanson, et plus je me dis que ce n'est pas le lieu des débats. Je pense que la chanson est beaucoup moins importante que ça, et beaucoup plus importante que ça. Il manque beaucoup de choses. J'ai pas mis de chanson yiddish par exemple. J'ai pas mis de chanson country-western, j'ai pas mis de chanson russe. Il y en a plein que j'ai pas mises. » C'était pourtant clair. Il l'avait écrit dans le livret de l'album : « C'est l'unique ambition de ces chansons : faire que des gens se lèvent, se regardent, se parlent, se frôlent, chantent et dansent. Juste des chansons pour les pieds. »

Exemple, Les Petits Chapeaux :

Elle a comme une petite douleur dans l'regard
Cette ombre qui rend les gens fréquentables

1. *Le Nouvel Observateur*, 20 décembre 2001.
2. *Femina Hebdo*, 28 avril 2002.
3. France 2, 19 novembre 2001.

Elle m'est tombée dessus sans trop crier gare
J'voudrais qu'elle me garde un petit peu plus tard
Un petit peu plus tard

Et j'aime aussi comme elle se passe de moi
Comme elle est fière et secrète parfois
Comme elle donne tout à chaque fois
Elle met des petits chapeaux, et moi ça me va
Moi, ça m'va.

Il complète ses dires : « La chanson, c'est la légèreté. Il y a bien sûr une tradition très française, ce qu'on appelle la grande chanson, qui s'écoute assis, celle de Barbara, Brassens, etc. Moi, j'ai appris la chanson avec les Beatles, Dylan, Hendrix. Je ne comprenais pas les textes, je recevais tout sensuellement. Dans mon travail, j'ai tenté de retrouver la nature de la chanson populaire, celle qui se chante et se danse ensemble, qui s'adresse au corps[1]. » « Moi, je trouve que toutes les chansons sont d'abord pour les pieds, enfin quand je dis pour les pieds, c'est pour l'épiderme. Le propre d'une chanson, c'est d'abord d'être reçue de façon je dirais sensuelle. C'est une voix, c'est une musique. Ça ne veut pas dire que les chansons doivent être bêtes, qu'elles ne doivent parler de rien, mais je ne pense pas que ce soit l'endroit pour des réflexions, pour des prises de position. Je pense qu'une chanson vaut beaucoup moins que ça et beaucoup plus que ça[2]. »

La Libre Belgique[3] s'étonne de la parution d'un tel album au regard des événements dramatiques et de la violence qui enflamment le monde. Il s'en explique : « Non, je n'ai pas pensé une seconde changer quoi que ce soit dans l'album. Ma musique et mes chansons ne sont pas inscrites directement dans la dureté du monde, ni positivement ni négativement. Bien sûr,

1. *Sud-Ouest*, 14 décembre 2001.
2. Europe 1, 20 novembre 2001.
3. *La Libre Belgique*, 10 décembre 2001.

il y a des rapports, les textes ne sont jamais détachés de ce que l'on vit, mais, pour ce qui me concerne, je n'ai pas l'impression que mes chansons s'inscrivent dans la marche du monde. Elles ne sont pas de même nature alors que, pour d'autres, elles le seront. […] J'ai l'impression qu'on danse, qu'on chante dans les prisons et partout ailleurs. Dans le malheur, les gens continuent à manger, à respirer, à faire l'amour. Et la chanson s'inscrit un peu là-dedans, comme quelque chose d'intangible. »

Emplis de préjugés, les journalistes s'agitent. Les sempiternelles interrogations fusent. Se renouvelle-t-il vraiment ? Ne fait-il pas systématiquement du Goldman pour faire du Goldman ? On lui reproche de surfer sur ses acquis, de se complaire dans la facilité. « Moi, l'angoisse que j'ai, c'est au début, quand je commence à composer, en me disant : "Est-ce que je vais avoir des idées ?" Ça, je l'ai. "Est-ce que ça va être intéressant ?", "Est-ce que je vais trouver des trucs un peu nouveaux ?", des choses comme ça. "Est-ce que je ne vais pas trop me répéter ?", sachant que je sais qu'on est obligé de se répéter quand même un peu. Une fois que cette angoisse est éteinte, parce que j'ai l'impression d'avoir trouvé dix choses qui me semblent un peu intéressantes, du moins suffisamment pour faire un disque et puis que j'ai bien travaillé, enfin que je n'ai pas bidonné, que j'ai été sérieux, et tout ça, là je n'ai plus d'angoisse[1]. » Bien plus tard, il concédera : « Même si je suis content, je peux te dire que c'est un disque que j'ai fait plus pour les autres – pour les musiciens et le public – que pour moi[2]. »

Lorsqu'il répond aux questions du *Nouvel Observateur*[3], il a bien conscience que les médias voudraient le voir modifier sa ligne de conduite originelle. Il énerve, il agace. « Trop secret ? Trop riche ? Trop commercial ? Alors qu'il vient de sortir un nouvel album, l'homme le plus puissant de la chanson française énerve encore beaucoup de monde. »

1. *M6 Music*, décembre 2001.
2. *Chorus* n° 53, automne 2005.
3. *Le Nouvel Observateur*, 20 décembre 2001.

Le Nouvel Observateur : Si on vous dit que vous faites de la variété…

Jean-Jacques : J'acquiesce.

Le Nouvel Observateur : … et que vos textes sont un peu trop simples…

Jean-Jacques : Ça ne me paraît pas si faux, ça.

Le Nouvel Observateur : … et vos mélodies un tantinet accrocheuses…

Jean-Jacques : Visiblement, oui ! […] J'ai les mêmes goûts que le grand public, j'adore ça, les mélodies accrocheuses.

Le Nouvel Observateur : On vous reproche de n'être qu'une "usine à tubes".

Jean-Jacques : C'est un fait. Mes disques marchent depuis vingt ans. Je n'ai aucun problème avec le succès.

Le Nouvel Observateur : Vous gagnez beaucoup. Quel est votre rapport à l'argent ?

Jean-Jacques : J'ai beaucoup d'argent mais, au-delà d'un certain seuil, il ne me sert à rien. Attention, je ne m'en fiche pas : j'ai toujours été angoissé à l'idée de ne pas pouvoir payer mon loyer. Mais tant que je peux m'habiller, acheter deux motos et une maison où je veux, et que je peux partir en voyage quand je veux, ça me va. Je ne mène pas une existence très différente d'un cadre supérieur. Mon luxe, c'est de pouvoir travailler avec les gens qui me plaisent. C'est tellement important. Je pourrais me rendre dans le Sud en avion privé, mais je trouve ça moins marrant que de prendre Air France. Rien n'a changé depuis mon enfance. Mes parents n'étaient pas riches, mais j'ai toujours eu les moyens de m'acheter un bouquin, de prendre un billet de train et j'ai eu chaud en hiver. Et puis, la mer, le soleil et les filles sont gratuits – du moins celles qui me plaisent. Bref, les choses essentielles sont gratuites !

Le Nouvel Observateur : Vous donnez l'impression d'être un drogué du travail.

Jean-Jacques : C'est faux. Cette année, j'ai composé mon album, j'ai écrit une chanson pour Gérald De Palmas et une autre pour Yannick Noah. C'est tout. Je crée moins d'une chanson par mois. En revanche, je prends tout le temps des notes : sur une rencontre, sur une expérience, un bouquin. Je ne commence pas à écrire un texte si je n'ai pas deux ou trois pages sur le thème que je vais aborder. Je ne suis pas un poète mais un *song maker*, un faiseur de chansons. Je n'écris pas une ligne sans avoir au préalable composé la mélodie. [...]

Le Nouvel Observateur : Récemment, lors d'une émission de télévision, vous avez choqué beaucoup de monde en déclarant que *Mourir pour des idées*, la chanson de Brassens, était “obscène”.

Jean-Jacques : En plein milieu de cet hommage à l'anarchiste Brassens, j'apprends qu'il a fait le STO, le Service du travail obligatoire, où il a fabriqué des moteurs d'avion. Là, je ne lui reproche rien, personne n'est tenu d'être un héros ! Mais quand après la guerre, alors que des résistants se sont battus, se sont fait torturer ou fusiller pour que M. Brassens puisse reprendre sa guitare, chanter que toutes les idées se valent, alors oui, je trouve ça obscène. »

Trop riche Goldman ? Voilà bien l'interrogation qui torture les échotiers.

« C'est vrai, j'ai de l'argent, mais il faut mettre les choses à leur niveau, répond-il dans *Sud-Ouest*[1]. Je ne suis pas comme ces tennismen ou ces auteurs connus, qui vont vivre en Suisse ou en Irlande. Le premier emploi de l'argent est clair : je suis imposé sur mes revenus entre 55 et 70 %. Je trouve ça normal, j'ai toujours été pour ce principe de redistribution. Et il m'en reste encore énormément. Si c'est trop, qu'est-ce que vous voulez que j'y fasse ? » Lorsque *Le Soir Magazine*[2] lui demande s'il continue ce métier pour créer ou pour vivre, il répond : « Oh, plus du tout pour vivre. Je pense pouvoir faire vivre dix générations. Je continue ce métier pour que la vie soit belle. Il y a des retraités qui font de la musique, chantent dans des chorales, jouent dans des petits groupes. Moi, je fais des

1. *Sud-Ouest*, 14 décembre 2001.
2. *Le Soir Magazine*, 14 décembre 2001.

disques et des tournées parce que j'adore ça. » Sa richesse se situe ailleurs. C'est sa relation privilégiée avec son public. « Il m'est arrivé bien plus que ce que je ne pouvais imaginer. Pas seulement sur le plan du succès, mais sur celui de mon rapport avec les gens, sur l'attention dont mon travail fait l'objet. C'est inimaginable. Je ne savais même pas que l'on pouvait écouter quelqu'un comme ça[1] », fait-il remarquer.

Les répétitions de la future tournée débutent à Marseille en décembre 2001. En amont, il a depuis longtemps tissé la trame. Il a choisi les chansons qui composeront le spectacle, en a dressé la liste. « Je l'envoie aux musiciens parce que je ne veux pas perdre de temps avec eux à faire ce qu'ils peuvent faire tout seuls, c'est-à-dire à apprendre les chansons. Donc je leur envoie la liste des chansons et les CD, même parfois avant que l'album ne soit sorti, de façon à ce qu'ils puissent travailler chez eux. Ils sont payés même pour ça… pour déchiffrer et faire les partitions chacun de son côté. Ce qui fait que le jour de la première répétition, je fais "3, 4" et on joue les vingt-cinq chansons[2]. » Il réunit les techniciens et l'équipe, présente son projet puis : « Je leur laisse le bébé, et eux, ils le font grandir[3]. » À Marseille, il travaille la mise en place définitive. « On s'est rendu compte qu'on se fatiguait dès qu'on mettait une sono et qu'on mettait du bruit, alors que c'est de la mise en place, à ce moment-là, ce dont on a besoin, c'est de la discussion. On n'a pas besoin de beaucoup de bruit, donc on a décidé, cette fois-ci, de le faire même… je crois qu'il [Christophe Deschamps] battait sur des annuaires de téléphone ou quelque chose comme ça[4]. »

C'est à la bonne franquette, à Paris, dans la cuisine de son logement qu'il reçoit Laurent Boyer pour *Fréquenstar*[5], l'émission tant prisée par les admirateurs des deux hommes.

1. *Le Soir Magazine*, 14 décembre 2001.
2. Chronique d'une année de tournée, DVD 2, *Un tour ensemble*, 2002.
3. Chronique d'une année de tournée, DVD 2, *Un tour ensemble*, 2002.
4. Chronique d'une année de tournée, DVD 2, *Un tour ensemble*, 2002.
5. *Fréquenstar*, 16 décembre 2001.

L'animateur lui rappelle son goût pour les spaghettis… Il lui laisse entendre qu'il partagerait bien un plat avec lui. Qu'à cela ne tienne ! « Il n'y a pas d'heure pour en manger des spaghettis », répond le compositeur. En t-shirt, jeans black denim, il attrape une casserole et met de l'eau à chauffer ! Tout en répondant aux questions très techniques sur la conception de son album *Chansons pour les pieds*, il ajoute du gros sel, de l'huile d'olive et les spaghettis. Il précise à son interlocuteur : « Je les coupe en deux, ce qui est absolument interdit, mais je le fais quand même et tu rajoutes [au temps de cuisson] deux minutes de plus pour que ce soit mangeable pour des Français parce que sinon c'est trop *al dente.* » Jean-Jacques sait créer cette complicité insolite.

« Je ne suis pas trop conscient de ma notoriété… sauf la tendresse des gens à mon égard, quand je m'arrête dans un village puis que je vais acheter une bouteille d'eau… en dehors de cet aspect qui est éminemment positif, je ne m'en rends pas bien compte, assure Jean-Jacques. Franchement. Cela ne me pèse pas[1]. » Il se tient éloigné du *show-biz* depuis toujours et il n'y a pas de raison que cela change. Il l'a énoncé maintes fois : « Ce qui représente le métier, avec des guillemets, c'est surtout tout ce qui est cocktails, réceptions, boîtes de nuit et tout ça. Je ne peux pas dire que ce soient des endroits qui m'excitent beaucoup, même quand je ne faisais pas ce métier. »

Que fait-il de ses journées ? « J'écoute les infos à la radio. Depuis que je fais de la moto, j'écoute presque plus de musique. Avant j'écoutais dans la voiture. C'est vrai, je ne suis pas assez curieux, pas assez motivé pour aller écouter profondément ce qu'est la techno, profondément ce qu'est le rap, tout ça. Je ne connais pas bien. […] Mes enfants, ils n'écoutent que ça, eux, mais en général, je leur demande de faire moins fort, c'est tout. Comme tous les parents. » Il suit, de loin, les débats politiques : « Je vais m'engager là. Je demande à tout le monde de s'inscrire sur les listes électorales. Parce qu'on n'a pas le droit de gueuler

1. *Fréquenstar*, 16 décembre 2001.

juste contre les politiciens, c'est nous qui les élisons. Donc, soit on la ferme, soit on va s'inscrire sur les listes électorales et on va voter pour changer la politique. » Sa petite vie « pépère » lui va comme un gant et il la revendique : « Disons que ce n'est pas à cause de ça que j'existe ; j'ai jamais eu l'impression que c'est parce que j'étais à la Sacem et que je touchais de l'argent de la Sacem que j'existais. J'avais l'impression d'exister avant lorsque je travaillais dans mon magasin de sport. Et je ne me sens pas mieux maintenant. Je ne me sens pas un meilleur homme parce que j'ai plus d'avoir. » L'échange est bon enfant, détendu. « Si tu donnes tant d'importance aux choses, à la montre que tu as, aux fringues que tu as, aux marques que tu as, cela veut dire que toi tu penses que tu n'existes pas [...] s'évaluer soi-même à l'aune des choses, cela veut dire se dévaluer soi-même. » Prendre la vie comme elle vient, en apprécier les douceurs et les roses, mais encaisser ses rudesses, arracher ses épines qui nous blessent. Le thème de sa chanson *La Pluie*, en fait : « Accepter dans notre nature le fait qu'il y ait de la pluie et dans le déroulement de notre existence... ça me plaît cette idée d'accepter les gouttes d'eau et les coups de tonnerre, et tout ça comme quelque chose de notre condition humaine. Et puis, il faut le vivre et on en sort plus riche de tout ça. »

Laurent Boyer interroge le père de famille. « Freud, à la question "Qu'est-ce que je dois faire pour bien élever mes enfants ?", avait répondu : "Mais, madame, quoi que vous fassiez, vous ferez mal !" Moi, je me suis gouré comme tout le monde, comme tous les parents. Mon père, il a fait des erreurs, ma mère, elle a fait des erreurs. Leurs parents ont fait des erreurs. On fait tous des conneries et ensuite il faut qu'ils se débrouillent avec. Alors probablement que je n'ai pas été un père parfait. Dieu merci, mais qu'ils se débrouillent. L'essentiel, ils l'ont eu, c'est-à-dire c'est vraiment de l'intérêt et de l'affection. »

Oui, bien sûr, il a des névroses, il en est conscient : « Le fait de ne pas aimer le regard des autres, d'être très timide, d'avoir une espèce de répulsion à m'imposer, le fait de travailler énormément tout seul. […] Le fait d'être incapable de demander quoi que ce soit à n'importe qui, d'avoir du mal à demander aux autres… tout ça… je ne sais pas d'où ça vient… chacun a son caractère… » C'est sans doute pour cela qu'il a dit non au musée Grévin qui lui proposait d'y faire son entrée. Son bonheur est de faire de la musique, pas d'être célèbre !

La lecture occupe à présent bon nombre de ses heures : « J'ai toujours baigné dans la musique depuis le début, mais c'est vrai que depuis quelques années j'y suis un peu moins réceptif. J'écoute moins et je suis plus dans la lecture. Je n'arrive pas à faire les deux en même temps. Je sais qu'il y a des gens qui lisent en écoutant de la musique, mais, moi, la musique me happe tellement qu'il me faut le silence. Je passe de l'un à l'autre et plus dans la lecture pour l'instant que dans la musique, c'est vrai[1]. » D'autant que sa bibliothèque est bien fournie. Quantité d'ouvrages sont venus s'ajouter à sa collection. À l'occasion de leur union, le couple a demandé un livre aux invités qui souhaitaient leur offrir un présent. « Un livre. C'est ce qu'on a demandé à tous ceux qui voulaient nous offrir quelque chose. Et de préférence bien sûr "le" livre qu'ils aiment », a-t-il confié au *Journal de l'île de La Réunion*[2]. Il ne lui déplaît pas d'assister à des compétitions, à des matchs de football et de rugby. « Je suis passionné par le sport par lui-même, pas parce que je me suis dit qu'il est très bon d'en faire. Mais il se trouve en plus que c'est bon d'en faire. […] Le rugby est le seul sport où chacun à sa place. C'est-à-dire que le gros costaud a une place dans une équipe de rugby, le teigneux, le talonneur qui n'a pas peur a sa place, le demi de mêlée a sa place, l'ailier rapide a sa place[3]. » Il apprécie l'esprit rugby : « Au rugby, on ne se bagarre pas à l'extérieur, mais c'est aussi parce qu'on se bagarre sur le terrain. […] Au rugby, on sait ce que c'est que l'attaque physique, ce qu'est le contact physique. Au foot, il y a

1. *Ça cartonne*, RTL, 20 novembre 2001.
2. *Journal de l'île de La Réunion*, 21 mars 2002.
3. Alain Etchegoyen, *Les pères ont des enfants. Dialogue entre deux pères sur l'éducation*, Le Seuil, 1999.

des contacts physiques terribles, il y a même plus d'accidents au football qu'au rugby, mais d'une façon beaucoup plus sournoise qu'au rugby où l'on a le droit de prendre un gars par les épaules[1] ! » Une petite pointe de frustration sourd : « Si j'ai un regret dans mon existence… J'aurais adoré faire du rugby, faire partie d'une équipe. Cela m'a beaucoup manqué. »

Les répétitions reprennent en février 2002 : « Une fois qu'on a mis en place le concert – je crois qu'on a passé deux fois une semaine en quasi-acoustique –, là il faut quand même l'entendre avec les instruments, les sons, la vraie batterie. Donc, il faut sonoriser. [...] Là, ce sont les essayages. On joue vraiment le concert pour de vrai et donc on fait des modifications en fonction des sons, du temps, on commence à mesurer[2]. » Il s'oblige à élaborer le meilleur spectacle pour satisfaire ses admirateurs envers lesquels sa gratitude est immense : « Je les remercie. Je voudrais qu'ils sachent à quel point ce qu'ils me font vivre est précieux pour moi, d'autant plus que ce n'était pas ma nature au départ d'être sur une scène, et ils m'ont tellement montré de marques d'affection, de confiance et d'estime que j'ai vécu et que je continue à vivre une aventure d'autant plus précieuse qu'elle est inattendue. Moi, au début, j'étais bien dans la fosse des orchestres à regarder mes chanteurs préférés ou alors en train de faire du bal, mais si possible, derrière le chanteur. Tout à coup, par un concours de circonstances, je me suis retrouvé devant, assez tard, vers trente et un, trente-deux ans, avec beaucoup de peur, beaucoup d'appréhension, et voilà, je les remercie d'avoir rendu cette chose improbable concrète[3]. » Il se plaît à évoquer son public : « Ce sont des gens globalement plutôt intégrés dans la société. Ils ont très souvent un rapport avec la vie associative. Ils sont profs, instituteurs. Ils cherchent ou ont une dimension autre que strictement matérialiste, un lien avec la religion. En même temps, ils savent assez bien se

1. Alain Etchegoyen, *Les pères ont des enfants. Dialogue entre deux pères sur l'éducation*, Le Seuil, 1999.
2. Chronique d'une année de tournée, DVD 2, *Un tour ensemble*, 2002.
3. Chérie FM, 4 décembre 2001.

débrouiller avec les règles de la société. Ils ont compris que le seul moyen de ne pas être le jouet de ces règles, c'est de les maîtriser[1]. » Des gens ordinaires, comme il les aime. Avec néanmoins ce petit supplément de cœur qui les distingue.

C'était un cordonnier, sans rien d'particulier [...]
C'était un professeur, un simple professeur
Qui pensait que savoir était un grand trésor [...]
C'était un p'tit bonhomme, rien qu'un tout petit bonhomme
[...]
Et loin des beaux discours, des grandes théories
À sa tâche chaque jour, on pouvait dire de lui
Il changeait la vie[2].

Il accorde un long entretien à Raphaël Toledano, riche en confidences[3].

« Raphaël Toledano : Votre dernier album, *Chansons pour les pieds*, est sorti le 20 novembre dernier et il comprend treize nouveaux titres ciselés dans des styles musicaux différents : rock, zouk, techno, fanfare... Comment est né cet étonnant mariage ?

Jean-Jacques : Je commence par faire les chansons et au bout d'un certain temps, je trouve un titre à l'album. Ce sont donc les sept-huit premières chansons qui déterminent ce à quoi l'album va ressembler. [...]

Raphaël Toledano : Là, dès le départ, vous vous êtes dit "je vais faire un album de danses" ou bien c'est venu progressivement ?

Jean-Jacques : Non, je me suis aperçu que les six ou sept premières chansons étaient des danses et j'ai décidé de continuer dans cette voie. Et l'exemple que l'on peut citer, c'est la chanson *The Quo's in town tonite* que j'avais faite pour l'album

1. *L'Express*, 20 décembre 2001.
2. Paroles *Il changeait la vie*, Jean-Jacques Goldman.
3. Entretien enregistré le 20 février 2002, propos recueillis par Raphaël Toledano. *L'Arche* n° 535, septembre 2002.

précédent, mais qui n'y avait pas trouvé sa place, alors qu'elle s'intègre bien à cet album-là. [...]

Raphaël Toledano : Quand vous composez vos chansons, comment procédez-vous ? Vous grattez, vous trouvez des musiques, et puis les textes viennent après ou bien... ?

Jean-Jacques : J'ai les deux phases. C'est-à-dire : je suis à mon piano ou à ma guitare et je trouve des petits bouts de mélodie, des choses comme ça, que je stocke sur un dictaphone. De la même façon, je fais une rencontre, je croise une situation ou je lis quelque chose et j'ai une idée de texte qui vient. [...] Et puis ensuite, quand j'ai suffisamment d'idées, je fais les mariages entre les musiques et les textes. [...]

Raphaël Toledano : Depuis plusieurs années, vous faites partie des personnalités préférées des Français avec l'abbé Pierre, Zidane. Qu'est-ce que cela vous fait ?

Jean-Jacques : Cela me touche beaucoup. Et j'en tire deux remarques. La première, c'est qu'il y a Zidane et Goldman, un musulman et un juif, dans les personnes préférées des Français. Je pense que ce n'est pas possible dans un autre pays ! Il faut rendre hommage à cette population et à ce pays-là. Je trouve cela vraiment magnifique. La deuxième chose, c'est qu'il semble que l'on puisse donc être apprécié des gens sans forcément être très présent dans les médias, juste en étant très présent dans son travail. [...]

Raphaël Toledano : Vous allez bientôt reprendre la route pour une série de concerts. Quel genre de tournée avez-vous prévu ? Grandiose comme celle de *Rouge* ? Plus intimiste comme celle d'*En passant* ?

Jean-Jacques : *En passant*, c'était une fausse intimité puisqu'il y avait une partie très extravertie. Je pense que ce qui faisait le côté un peu plus spectaculaire de *Rouge*, c'était le nombre de participants. Là, effectivement, il y aura d'autres participants. Et les mêmes musiciens que pour la précédente tournée. Je ne suis pas très jusqu'au-boutiste, c'est-à-dire que, pour moi, c'est une erreur de faire des concerts "intimistes" ou des concerts "spectaculaires". Toutes les vingt minutes, il me semble que l'on s'ennuie. Quand on a du spectaculaire, on veut des choses un peu plus intimes, et quand on n'a que de l'intime, au bout de vingt minutes, on bâille ! En fait, je vais faire comme d'habitude, c'est-à-dire faire se succéder des phases différentes. [...]

Raphaël Toledano : Quelle part d'autobiographie se retrouve dans vos chansons ?

Jean-Jacques : Moi, je vis assez peu de choses. Oui. Enfin...

Raphaël Toledano : Par exemple, dans l'album précédent, beaucoup de chansons parlaient de séparation : *Quand tu danses*, *Les Murailles*...

Jean-Jacques : Oui, mais franchement, ces chansons ont été écrites de façon tout à fait indépendante de ce que je vivais ou de ce que j'ai vécu avant. J'ai une vie normale, mais je suis beaucoup plus un observateur. À la limite, je parle assez peu de ce qui m'arrive et je suis beaucoup plus touché par un livre ou par un fait divers ou par quelque chose qui arrive à un proche. J'ai l'impression d'être beaucoup plus journaliste dans ma démarche que psychanalyste.

Raphaël Toledano : [...] Comment voyez-vous la fin de votre carrière, si vous l'imaginez ? Parce que là, on voit les albums qui s'espacent...

Jean-Jacques : Oui, ben, je la vois comme ça.

Raphaël Toledano : Espaçant de plus en plus ?

Jean-Jacques : De plus en plus, je ne sais pas, mais en tout cas, en prenant mon rythme, sans aucun enjeu qui soit celui de la gloire ou de l'argent et en allant – comme ça l'est déjà maintenant – au gré de mes désirs, sans essayer de convaincre de nouveaux publics ou de nouvelles personnes mais en restant tranquillement avec les gens qui me suivent. Comme les autres chanteurs, quoi. Mais sereinement[1]. »

La tournée *Un tour ensemble* débute en mars à La Réunion. La coutume est bien ancrée et les Réunionnais attendent leur idole comme un cadeau de Noël, un vin nouveau, je n'ose dire

1. Entretien enregistré le 20 février 2002, propos recueillis par Raphaël Toledano. *L'Arche* n° 535, septembre 2002.

« le Messie ». L'île est en joie. « On ne vous apprend rien, vu que vous êtes tous au parfum : Jean-Jacques Goldman revient ! » lit-on dans la presse[1]. « Mais il y a comme ça des bonnes nouvelles que l'on ne se lasse pas de partager avec notre lectorat. Ça fait dix-sept ans que ça dure. C'est toujours d'ici que partent ses nouvelles aventures. Après un CD tout frais, c'est sa tournée pour les Réunionnais. [...] Il arrive ce matin », claironne le quotidien[2]. « Jean-Jacques Goldman va débarquer avec la même dégaine, le même air familier et la même simplicité pour laisser derrière lui, dans ce petit pays, des traces de gaieté, un gros brin d'émotion et un indéfectible plaisir partagé entre les générations au rythme de chansons qui, pour être nouvelles, ont déjà, ici, quelles que soient les intempéries, un effet soleil garanti. Incontournable, même pour la "grande presse". Une fois de plus, il sort de sa jolie boîte émaillée à emballer les tubes, qu'il réussit mieux que personne, pour nous épater en *live*, les premiers. [...] Pour La Réunion, l'évidence médiatique rejoint celle du public, depuis un bout de temps. Et on fait partie de ces gens qui se sentent simplement en forme quand il fait son entrée sur scène. De ceux qui apprécient la finesse, l'humour, la tendresse et la précision des mots qui font mouche sans brio. De ceux qui aiment savoir qu'il aime, qui ne sont pas surpris de ses partages de talents avec ses cadets ou ses aînés en chansons et qui ne risquent pas de focaliser sur ses cinquante balais. On apprécie justement d'avoir à portée d'oreille une musique d'une cuvée qui reste pareille, même si elle a pris de la bouteille. Un vrai réconfort, l'homme en or. On est contents itou de savoir que dans sa fratrie musicale (Jean-Jacques revient avec Michael Jones, Christophe Deschamps, Claude Le Péron, Jacky Mascarel et Christophe Nègre), il y ait aussi un partage professionnel réellement familial avec son petit frère Robert, alias J. Kapler ! »

Les dates sont affichées : « La Tournée JJG 2002 commence cette semaine, jeudi et vendredi, à Champ-Fleuri. Suite chez

1. *Le Journal de l'île de La Réunion*, le 19 mars 2002.
2. *Le Journal de l'île de La Réunion*, le 19 mars 2002.

Luc-Donat samedi au Tampon. Puis concerts en série sous les étoiles de Saint-Gilles la semaine prochaine, du mardi 26 au dimanche 30 non-stop. Et après, en avril, cap au sud de la France. [...] Fin de tournée prévue après son anniversaire en octobre entre Suisse et Belgique[1]... »

Michael Jones a une curieuse impression : « J'ignorais que Jean-Jacques ne voulait pas la faire [la tournée]. La seule chose qu'il a dite, c'est qu'on n'irait ni aux Antilles ni en Guyane, après la métropole. Mais c'est vrai que ça sentait "J'en ai marre", dans la mesure où le début de la tournée a été organisé en mode "marathon". On faisait six concerts d'affilée et on n'avait qu'un jour "*off*" par semaine. Soit on restait dans la même ville, soit c'était une journée de voyage. Si bien qu'au mois de juin, on était tellement fatigués qu'on ne se parlait plus. On avait l'impression que Jean-Jacques avait envie de s'en débarrasser... Mais il a dû se prendre au jeu. Et comme ça marchait super bien, on a recommencé à la rentrée, alors que ce n'était pas initialement prévu[2]. »

Le 21 mars, alors qu'il entame sa série de concerts, un quotidien[3] titre « Tournée Goldman : il voulait vous revoir. » La presse locale l'a à la bonne. « Avec une habituelle courtoisie et un supplément de sérénité, il s'est plié aux curiosités des médias, comme à la confesse, les uns après les autres, pour favoriser le dialogue. Des rencontres qui se suivent et se ressemblent, avec un plaisir toujours partagé. [...] Lui c'est rock, rhythm and blues, cool, jazzy... Tout ce qui nous fait bouger, et cette fois, il a mis le paquet en truffant sa nouvelle tournée des titres à gambiller de son dernier CD. C'est d'ailleurs bien joli de nous offrir des chansons à danser, mais notre chanteur préféré se sent-il concerné, lui, par cet appel du pied ? "Pas du tout ! Non, c'est vrai, je ne danse jamais. En réalité, je suis très mauvais. Je l'ai toujours été. C'est une question de... (il cherche la précision), une question d'abandon. Ça me fait tout à fait penser

1. *Le Journal de l'île de La Réunion*, le 19 mars 2002.
2. Propos recueillis par Alexandre Fievée, *Fredericks Goldman Jones*, Gründ.
3. *Le Journal de l'île de La Réunion*, 21 mars 2002.

à cette chanson que j'ai écrite pour Céline Dion. L'abandon, c'est un état qui n'existe pas dans nos pays froids, mais qu'on voit bien chez les enfants de chez vous. On sent qu'ils ont été tout petits caressés par le vent tiède et doux, par la lumière, la mer... Ça donne à leur corps un rapport naturel avec la vie, l'environnement, qui sûrement les incite à danser. Mais quand on a été emmailloté, emmitouflé pour se protéger de l'air glacé, c'est différent. J'ai l'impression que ça vient de là. Chez nous, c'est pas naturel de danser. »

En France, le ton des échotiers est différent, jusqu'à s'autoriser certaines audaces.

« Radio Maguelone[1] : Par rapport au titre *Je voudrais vous revoir*, quelle a été la base de l'inspiration ?

Jean-Jacques : [...] ce n'est pas loin de *Confidentiel*. L'idée, plus que de quelqu'un qui écrit une lettre pour revoir quelqu'un, c'est l'idée de se dire qu'il faut vénérer ce qui a été vécu, quoi. Et voilà. C'est toujours cette idée, même si ça s'est plus ou moins bien passé, il y a peut-être eu un autre déclic. J'avoue, je ne m'en souviens pas précisément. Mais en tout cas, l'idée de base, c'est ça et, par exemple, la phrase : "Je voudrais nous revoir", à la fin, c'est une phrase qui vient dans l'écriture, quoi. C'est comme dans *Quand tu danses* : "Que deviennent les amoureux perdus ?" et, à la fin : "Que deviennent les amours éperdues ?", ça, ce ne sont pas des choses qui sont déterminées. Ça fait partie des surprises de l'écriture. C'est-à-dire, tout à coup, il y a cette évidence-là qui vient. Et qu'à la fin, le gars dise que c'est lui qu'il veut revoir, finalement, quand il était jeune à travers le regard de cette femme, ce n'est pas prémédité. C'est en écrivant que tout à coup, ça devient une évidence. [...]

Géraldine : Une dernière question qui va vous paraître culottée mais beaucoup de personnes me la demandent. Alors, tant pis, allons-y ! Êtes-vous slip ou caleçon ?

1. Radio Maguelone, 17 avril 2002.

Jean-Jacques : Ah ! Alors, comme ça me paraît une question super intéressante et, vraiment, qui doit prendre beaucoup de temps, je la laisse comme ça, en suspens. Si je puis me permettre ? De façon à ce qu'elle puisse nourrir les discussions, les colloques, les comptes-rendus et même, pourquoi pas, des mémoires de troisième cycle, sur cette question-là. Voilà. »

Jolie pirouette et il tourne les talons… Il préfère livrer les petits secrets de la conception de la scène mobile, attraction du spectacle, au micro de RTL[1]. La tournée a été difficile à divers niveaux. « D'abord parce qu'il y avait deux scènes, une grande scène et une petite scène au milieu des gens, donc deux systèmes de son, déjà techniquement, ça posait beaucoup de problèmes. Ensuite, techniquement, c'était difficile parce que les parties de guitare étaient difficiles pour moi. Ensuite, il a fallu que je réapprenne le violon, enfin, que je me remette au violon, ce qui était vraiment un boulot de six mois pour pouvoir faire à peu près les parties qui étaient difficiles. Ensuite, sur le plan des textes, j'ai eu du mal à les apprendre, je pense que c'est l'âge, le début de la sénilité… Enfin, donc, c'était super compliqué. La mise en scène ensuite, il y avait vingt-quatre danseurs qui venaient, c'était la première fois que je travaillais comme ça avec des mises en scène. Je ne voulais pas que ça fasse trop nul, je voulais qu'ils arrivent de façon… pas trop "Chantal Goya" quoi ! Enfin, tout ça était difficile. » Mais surtout la réalisation de son idée de fou, la scène mobile : « Je cherchais une idée comme ça un peu spectaculaire, et puis un matin, j'ai rêvé de ça… enfin non, j'y ai pensé ! Alors j'ai fait un petit dessin – je dessine très mal – avec des petits bonhommes sur le truc, une flèche qui montrait que ça devait aller vers le haut… J'ai envoyé ça à Xavier qui s'occupe de la scène et je lui ai dit : "Est-ce que ça, c'est possible ?" Et c'est le genre de type, plus c'est compliqué et plus ça l'intéresse… »

C'est sur le titre *Envole-moi* que se produit l'impensable. « Il faut imaginer qu'à un moment la scène commence à se lever

1. *Le Grand Bazar*, RTL 2, 2 juin 2003.

à la verticale : la scène qui est horizontale tout à coup bouge sur un axe et se met à quatre-vingt-dix degrés. Bon, je vous le dis franchement, au début, il y en avait un ou deux – que je ne citerai pas – qui avaient le vertige. Donc, on n'allait que jusqu'à quarante-cinq degrés en s'entraînant, parce que c'est quand même très difficile de jouer en étant accroché comme ça. Et on a terminé au taquet : à la fin, ils faisaient ça en se frisant les moustaches. Mais au début, c'était vraiment dur. Enfin, pour certains… […] pendant le rappel, on mettait des harnais. En fait, c'était juste une ceinture sécurisée avec un crochet, et derrière nous il y avait des pylônes, qu'on ne voit pas trop mais qu'ils installaient au dernier moment. Et nous, on était accrochés par un câble très fin en métal par ce pylône, et avec les pieds, on trouvait le point d'équilibre et on pouvait jouer. En fait, le plus dur c'était, d'une part, pour le batteur parce qu'en fait il se tenait sur un pied, et avec l'autre, il faisait la grosse caisse. Et c'était très difficile aussi pour le saxophoniste parce qu'il devait placer le harnais de façon à ce qu'il ne lui enlève pas de souffle… Eux, ils ont souffert[1] ! »

Au bout du compte, le bilan est jubilatoire. « Finalement, et évidemment, je le savais aussi qu'une fois que je serais dans la marmite, on serait heureux ensemble. Donc, cette tournée a été magnifique pour tout le monde », se réjouit-il[2].

Il est satisfait de sa réussite. Comment ne pas l'être ? Mais de là à s'en gargariser, surtout pas : « Chaque disque qui fonctionne est une bonne surprise pour moi. Mais un jour je serai dépassé, rejeté, c'est une certitude, je suis même étonné que cela dure si longtemps. Je suis surpris de séduire un public jeune avec de la musique de vieux. Et je trouve anormal que les artistes qui sont au top des ventes et des spectacles soient des quinquagénaires : Cabrel, Clerc, Souchon, Hallyday. Même Noir Désir ou Bruel commencent à prendre de l'âge[3]. »

1. *Le Grand Bazar*, RTL 2, 2 juin 2003.
2. Chronique d'une année de tournée, DVD 2, *Un tour ensemble*, 2002.
3. *Femina Hebdo*, 28 avril 2002.

9

L'ami doit être passé maître dans l'art de deviner
et dans l'art de se taire.

FRIEDRICH NIETZSCHE

Comment ne pas évoquer Carole Fredericks, décédée le 7 juin 2001 d'une crise cardiaque à l'hôpital de Dakar ? Elle avait fêté ses quarante-neuf ans deux jours auparavant tandis qu'elle se produisait sur scène à l'occasion de sa tournée internationale qui devait s'achever près de Paris, à Sevran (Seine-Saint-Denis), le 24 juin. Sa carrière solo était au beau fixe avec l'enregistrement de deux albums : *Springfield* en 1996, produit via JRG, la maison d'édition de Jean-Jacques, et *Couleurs et parfums* en 1999. Il avait composé deux musiques *Change et Jesus in me.* Carole n'était pas peu fière : « Depuis longtemps, les fans me demandaient de faire un album de soul et de gospels. [...] L'année dernière, je me suis dit : pourquoi pas ? En plus, les gens que je côtoie m'ont offert leur musique et m'ont poussée à écrire. Écrire des paroles, c'est un défi personnel. Une fois qu'on a de la bonne musique comme faite par Jean-Jacques, Yvonne Jones, Erick Benzi, Jacques Veneruso, on peut écrire[1]. » Son frère Taj Mahal et sa sœur Connie ont chanté sur plusieurs titres. Sur le second opus, Jean-Jacques lui a écrit et composé *Respire*. Il a signé le texte *Personne ne saurait*, sur une musique de Jacques Veneruso. Il confiait

1. DL, 11 août 1997.

d'ailleurs dans une émission de Michel Drucker[1] : « Carole en est à son deuxième album. Elle m'a demandé d'y participer. Évidemment, j'en avais envie. Je lui ai composé une chanson. Jacques Veneruso, qui a produit à peu près l'ensemble de l'album, un jour, m'a fait écouter cette mélodie, que j'ai trouvée vraiment touchante. J'étais en tournée à ce moment-là, et je déteste écrire ou composer à ce moment-là. En fait, j'en suis incapable, mais là, à chaque fois que j'avais un petit moment, je travaillais dessus, parce que je tenais absolument à être sur cette chanson. Ensuite, Carole a eu l'idée de demander aux Poetic Lover, qui sont des vrais chanteurs, de chanter avec elle. Je trouve que c'est une réussite. »

Ça prendra le temps qu'il faudra
Des jours et des semaines mais n'oublie pas
Il en faudra du temps pour tout ça
Le moment viendra
Et tu comprendras
Ça prendra de drôles de chemins
Tu te perdras parfois, loin, si loin
Mais n'aie pas trop peur de ça, non [...]
Personne ne saurait voir comme moi je te verrais
Personne ne saurait
Personne ne saurait vouloir comme je te voudrais
Personne ne saurait
Personne ne saurait aimer comme je t'aimerais
Jamais personne
Personne ne saurait comme je te sais...

Christophe Battaglia se souvient des séances de travail avec Carole : « Elle pouvait faire cinq chansons dans la journée sans problème. Et je peux vous dire que chanter cinq chansons en studio, c'est compliqué. C'est vraiment beaucoup d'efforts.

1. *Tapis Rouge*, 21 novembre 1998.

Mais ça ne posait aucun problème à Carole. Elle avait une très grande capacité de travail. »

Alors qu'il était en route pour le lieu des répétitions du spectacle *Autour du blues*, à Paris, où Carole devait le rejoindre quelques jours plus tard, Jean-Jacques est informé de sa disparition. « C'était comme si le ciel venait de me tomber sur la tête. Je me souviens qu'en arrivant aux répétitions, j'ai confirmé son décès à tous les autres. Ils pensaient que je déconnais. "Non, c'est sérieux !" » Lorsque le 11 juin, Jean-Jacques et ses musiciens montent sur scène pour l'enregistrement en *live* d'*Autour du blues*, « Plein d'artistes sont venus chanter alors que ce n'était pas prévu », rappelle Michael Jones. « Zazie, Lââm, le tout en hommage à Carole. Ce concert est devenu un *tribute* à Carole plutôt qu'un spectacle de blues. » Depuis, pendant la tournée Un tour ensemble, tous les soirs un hommage est rendu à Carole, en projetant une image d'elle sur un écran géant pendant le morceau *Juste après.* Plus encore dans la chanson suivante : « Moi, *En passant*, je l'ai chantée tout le temps en pensant à Carole, c'est-à-dire en pensant à ce qui venait de se passer. Pour moi, c'était le moment où j'y étais le plus. Alors, je ne sais pas si les gens l'étaient, eux aussi. Mais je parlais d'elle, je parlais de nous, je parlais du fait d'avoir vécu ensemble et tout à coup de se séparer. Cette chanson, elle dit ça. Pour moi, elle était clairement liée encore à ce passage de Carole parce qu'il n'était pas question de partir sur *Tournent les violons* ou sur *C'est pas vrai* ou des trucs comme ça. Pour moi, l'évocation continuait. Et ce n'est que sur *Veiller tard* où tout à coup on revenait dans le concert[1]. »

La tournée à Bordeaux[2] se termine, elle a galvanisé huit cent mille spectateurs. Il confesse : « Je n'avais pas envie [de faire cette tournée]. Parce que je trouvais que la tournée précédente avait été vraiment, le terme banal c'est "magique", mais je n'aime pas ça, mais en tout cas "facile" : tout s'était

1. Chronique d'une année de tournée, DVD 2, *Un tour ensemble*, 2002.
2. 10 décembre 2002.

très bien passé, il y avait eu une super entente avec l'équipe. Et du fait d'avoir fait des salles plus petites – enfin on avait un petit peu rapproché la scène des gens et tout le début était assis avec des écrans –, il s'était créé une intimité que je n'avais jamais connue avant. Donc j'avais peur de toucher à cette tournée, et je me demandais comment j'allais pouvoir ne pas décevoir les gens[1]. » Il en convient, tout le monde a éprouvé beaucoup de joie et de plaisir. « Bon, c'est sûr que le moment où l'on se retrouvait à quarante-cinq degrés en face des gens, c'est des moments uniques. C'est vrai que le moment où l'on était comme ça sur une chanson, et qu'on savait que la voix de Carole allait arriver, c'était un moment extrêmement prenant pour nous. Mon arrivée sur scène lorsque je venais seul juste avec une guitare acoustique, et puis que je marchais et que je me retrouvais au milieu des gens, c'est sûr que c'est des moments très, très forts qui reviennent parfois[2]. »

Le CD de la tournée se classe premier au Top Albums dès sa sortie[3]. Il comprend un DVD avec concert intégral et un autre consacré aux bonus, répétitions, interviews, pannes techniques, etc. Une façon de faire découvrir la face cachée de tout cela à ses fans. Il se murmure qu'il va raccrocher, qu'il n'a plus le feu sacré. « Récemment, je suis allé voir Claude Nougaro sur scène. Ce n'était pas dans un Zénith, mais dans une salle de mille ou deux mille personnes. J'ai trouvé ce concert très digne. Il n'y avait pas de racolage. Il était normal qu'il soit là et il était tout à fait compréhensible que les spectateurs soient là aussi. Enfin, j'ai trouvé cela magnifique ! Si j'ai ma santé, pouvoir chanter des anciennes chansons devant un public qui me voit une fois tous les trois, quatre, cinq ou six ans et à qui cela fait plaisir, je trouve ça éminemment respectable[4]. » Une élégante manière de tirer sa révérence à n'en pas douter lorsque l'heure aura sonné.

1. Radio Scoop, 4 décembre 2003.
2. Bel-RTL, 30 mai 2003.
3. CD *Un tour ensemble*, sorti le 26 mai 2003.
4. *L'Arche* nº 535, septembre 2002.

Fred Hidalgo, auteur d'une biographie réalisée grâce à un impressionnant travail journalistique, de longues interviews, et la collecte de maints témoignages de ses proches, lui a proposé de se prêter au jeu des questions-réponses du questionnaire de Proust[1]. Nous y retrouvons la technique des peintres impressionnistes. Petits coups de pinceau visibles, touches de peinture, couleurs juxtaposées, façon Goldman…

Quel est le principal trait de ton caractère ?
L'indépendance.

Quelle est la qualité que tu préfères chez un homme ?
La gentillesse.

Quelle est la qualité que tu préfères chez une femme ?
La beauté.

Ce que tu apprécies le plus chez tes amis ?
La gentillesse.

Quel est ton principal défaut ?
L'indépendance.

Ton occupation préférée ?
Lire le journal.

Ton rêve de bonheur ?
Changez rien !

Ce que tu voudrais être ?
Adroit.

Le pays où tu voudrais vivre ?
Ici.

1. Mai 2002.

Quels sont tes auteurs favoris en prose ?
Céline, Frédéric Dard, Anna Gavalda.

Quels sont tes poètes préférés ?
Dylan, Renaud, Brassens, Souchon.

Quels sont tes héros dans la vie réelle ?
Jean-Marie Tjibaou, Sadate, mon père.

Quelles sont tes héroïnes dans la vie réelle ?
La Birmane Aung San Suu Kyi, Thatcher, les mères seules, Nicole Notat.

Quels sont tes compositeurs préférés ?
Berger, Voulzy, Phil Collins, Elton John, Abba, Brian Wilson, Jerry Lee Lewis.

Quels sont tes chanteurs ou chanteuses préférés dans l'histoire ?
Aretha Franklin, Joe Cocker.

Quels sont tes chanteurs ou chanteuses préférés aujourd'hui ?
Michael Bolton, Céline Dion.

Ce que tu détestes par-dessus tout ?
La prétention, le mépris.

Les caractères que tu méprises le plus ?
Prétentieux, méprisants !

Quel est le fait militaire que tu estimes le plus ?
La révolte du *Potemkine*, la libération des camps de concentration.

Quelle est la réforme que tu admires le plus ?
Le droit de vote donné aux femmes.

Le don de la nature que tu voudrais avoir ?
L'adresse.

Comment aimerais-tu mourir ?
Lentement, mais sans souffrir.

Les fautes qui t'inspirent le plus d'indulgence ?
Les fautes avouées.

Quelle est ta devise ?
Y'a pas de problème, que des solutions.

Une certaine manière de voir et de capter l'autre qu'il utilise aussi pour s'approcher de ceux qu'il admire. C'est du moins ce qu'a ressenti Patrick Fiori[1] : « Je crois que ça faisait assez longtemps que Jean-Jacques m'observait », explique-t-il à l'occasion de la mise dans les bacs de son cinquième album. En 1999, dans les coulisses du concert des Enfoirés, ils ont pu s'apprécier : « Comme il savait que je voulais travailler avec lui mais que je n'allais pas oser, comme plein de gens peuvent être pétrifiés devant un mec comme lui, il s'est approché de moi et il m'a tendu un petit papier arraché d'une table avec son numéro dessus. » Quelques mots l'accompagnent : « Si tu as besoin de moi, je suis là. On peut faire des chansons ensemble. » Patrick Fiori narre : « Il y a un an, c'est avec beaucoup de discrétion qu'il est venu vers moi. Ensemble, on a tout de suite discuté de tout, de musique bien sûr, mais aussi de la vie, de moto, de bouffe… Il voulait en savoir plus sur moi. Quand on s'est mis au boulot, il est resté avec moi près de six mois dans le sud de la France. Il a le don de détecter ce qui peut correspondre à un artiste, il est formidable. C'est lui, aussi, qui m'a stimulé à descendre mon chant de plusieurs tons et à tenir compte, enfin, de ma sensibilité. Dans *Notre-Dame de Paris*, j'avais toujours

1. *Flair L'hebdo*, 7 novembre 2002.

l'impression que je n'en donnais pas assez, mais Jean-Jacques m'a permis de changer la donne. Même si, je l'avoue, ça a été difficile à accepter. Il ne faut pas oublier qu'à douze ans je montais sur les tables et gueulais du Johnny Hallyday comme un putois[1] ! » Jean-Jacques signe paroles et musique de *Si tu revenais*, *Je sais où aller* et *Debout*. Il écrit *Ligne 13*.

Pour l'album *Si on chantait plus fort*[2], Jean-Jacques reviendra avec cinq titres dont *Quatre mots sur un piano*. L'histoire de ce trio est belle : « Jean-Jacques a accepté de la chanter [la chanson] avec moi et c'est lui qui a eu l'intuition qu'il fallait l'interpréter en trio. [...] J'étais en train d'enregistrer l'album dans ma maison en Corse. On ne trouvait pas de voix féminine. Un de mes copains m'a suggéré une de ses connaissances, Christine Ricol, une mannequin qui, m'a-t-il assuré, "chantonnait". Le réalisateur de l'album l'a contactée. Elle a enregistré, sa voix allait bien. Ce n'est qu'à ce moment-là que je l'ai appelée pour lui dire qu'il s'agissait d'un trio avec Goldman et moi. Elle ne m'a pas cru, elle hallucinait complètement. On a envoyé ce morceau aux radios sur un CDR, on n'avait même pas eu le temps de faire un argumentaire. La maison de disques m'a dit que ça ne se faisait pas. J'ai répondu : "Envoyez-la, on est pressés. S'ils la passent, tant mieux. Sinon tant pis." Le titre est passé à la radio et est resté numéro un six semaines ou quelque chose comme ça[3]. » Le titre *Merci*, toujours de Jean-Jacques, figurera sur l'album *Les Choses de la vie*[4]. Suivront d'autres participations avec les albums *L'Instinct masculin*[5], *Choisir*[6] et *Promesse*[7].

L'année 2003 se poursuit avec de nombreuses collaborations artistiques et philanthropiques. En premier lieu *La Foire aux Enfoirés*, concert au bénéfice des Restos du Cœur, enregis-

1. *Flair L'hebdo*, 7 novembre 2002.
2. Album *Si on chantait plus fort*, sorti en 2005.
3. *20 Minutes*, 28 novembre 2017.
4. Album *Les Choses de la vie*, sorti en 2008.
5. Album *L'Instinct masculin*, sorti en 2010.
6. Album *Choisir*, sorti en 2014.
7. Album *Promesse*, sorti en 2017.

tré au Zénith Arena de Lille[1]. « C'est plutôt du plaisir qu'une mission. Tout ça s'est fait non pas tant par conviction que ça, mais plutôt par relations, d'abord avec Coluche, ensuite avec Véronique Colucci. On se met ensemble, on a du plaisir à être ensemble, on a du plaisir à travailler ensemble, et puis le projet marche. C'est plus sur ces notions de plaisir que vraiment de militantisme, parce qu'on sait très bien qu'on ne va pas changer les choses définitivement avec Les Restos du Cœur[2]. » Il est l'un des parrains du dispositif *Envie d'Agir*, sous l'égide du ministère de la Jeunesse, qui apporte un soutien à la fois pédagogique, technique et financier permettant d'accompagner les jeunes « de l'émergence à la réalisation effective de leur projet, quels que soient leur âge, leur situation ou l'envergure de leur projet ». Le texte du Sénat est explicite : « Ce dispositif, qui a une vraie finalité éducative, permet de développer l'autonomie, le sens des responsabilités et l'implication des jeunes dans la vie sociale. Il permet d'encourager l'expression de leurs talents, de leur capacité d'action et de création. Enfin, il contribue à leur insertion sociale et professionnelle par la voie de l'expérience[3]. » Jean-Jacques rédige pour l'occasion ce texte : « Le discours mercantile est partout, moderne, bruyant, inventif, tentant. Face à lui, qui n'a besoin que de consommateurs serviles : la famille (quand il en reste), l'école (quand elle le peut) et cette fragile mais permanente étincelle d'idéalisme propre à la jeunesse. Ce projet de faciliter l'engagement associatif s'inscrit dans ce combat : permettre à cette étincelle de se nourrir, de grandir jusqu'à éclairer sa vie. » Il soutient aussi l'association *Laurette Fugain* dont l'objectif est de faire prendre conscience aux gens que donner son sang, ses plaquettes, sa moelle osseuse peut sauver des vies. « J'ai appris il y a une dizaine d'années l'importance du don de moelle osseuse, écrit-il. Je suis immédiatement devenu donneur. Aujourd'hui, trop

1. Le 20 janvier 2003.
2. TV5, 21 novembre 1999.
3. Journal Officiel Sénat.

vieux, j'espère que les jeunes seront, à leur tour, sensibles à ce geste indolore, facile et… vital. »

Au moment de la présentation de son album, Maurane se livre à des confidences : « On s'est rencontrés aux Restos du Cœur. Goldman, c'est une vieille histoire[1]. » Ils se connaissent depuis les années 1980 : « On se connaît depuis 1981. Nous nous étions rencontrés dans une émission de radio à l'époque où il commençait avec *Il suffira d'un signe*. Depuis, il a fait le chemin qu'on connaît. Malgré cela, il lui est arrivé de venir voir mes spectacles et je ne le savais qu'après, par un petit mot ou un bouquet de fleurs. C'est quelqu'un de très classe[2]. »

Jean-Jacques n'a pas chômé l'année précédente… Il travaillait donc aussi pour elle ! « On se connaît depuis vingt ans, on a toujours eu des rapports assez pudiques, constate Maurane. De temps en temps, il venait voir mes spectacles, je ne savais pas qu'il était dans la salle… Il se manifestait de façon très élégante. On avait parlé plusieurs fois de travailler ensemble mais cela n'avait pas abouti. Pourquoi ? Je ne sais pas. Mais c'est vrai qu'à l'époque où il était très sollicité, après l'aventure Céline Dion, je n'ai pas voulu le déranger[3]. » Occupés à leurs tâches respectives, ils ont suivi d'autres chemins. « Il s'est passé qu'il fut de plus en plus sollicité et que, moi, je n'ai jamais plus osé aborder le sujet, parce que je ne voulais pas le déranger. Je sais que, d'un autre côté, lui, il n'aime pas s'imposer. Voici deux ou trois ans, après un Resto du Cœur, nous avons rebavardé ensemble et là, je lui ai dit : "Est-ce qu'un jour tu me la feras, cette chanson ?" Il m'a proposé de se voir spécialement pour en parler, en précisant que, si ça ne se faisait pas, il ne fallait pas que cela entrave notre amitié. Avec lui, tout est toujours simple. Mais il a vécu toutes les guerres et tous les bonheurs de ce métier et cela lui a appris à prendre beaucoup de recul. Il relativise les choses. Quand il n'est pas d'accord, il n'a pas envie de

1. *La Tribune de Bruxelles*, 8 mai 2003.
2. *La Dernière Heure* (Belgique), le 24 avril 2003.
3. *La Tribune de Bruxelles*, 8 mai 2003.

conflits. C'est un homme qui a décidé d'être heureux, toujours d'humeur très stable, avec une espèce de constance fascinante. Moi, je suis plus portée vers les hauts et les bas, ça se calme un peu avec l'âge. Mais je reste toujours plus instable[1]. » La native d'Ixelles n'y tenant plus compose son numéro de téléphone : « Il y a un an, je l'ai appelé et je lui ai dit franchement : "Alors quoi ? Tu le sens, tu le sens pas ?", ensuite je lui ai donné quelques thèmes qui me tenaient à cœur. Il a tout mis dans un coin de sa tête, puis il s'est mis à composer[2]. »

L'un et l'autre possèdent des registres bien différents, néanmoins Jean-Jacques s'est volontiers laissé guider, se réjouit la chanteuse belge. « Il m'a fait une confiance incroyable car je sais que quand il a une chanson dans la tête, il a aussi une idée très précise de la production. On n'aborde pas les choses de la même façon, il a une vision plus simple de la musique que moi, beaucoup moins harmonique. [...] on a des formations différentes. Il y a des chansons de lui que je n'aime pas et il y a des chansons de moi qu'il déteste. Par exemple, il déteste la bossa nova, moi, c'est tout ce que j'aime. Je n'aime pas le jazz, ça l'enquiquine. De temps en temps, il y a des trucs qui me cassent aussi les pieds dans la pop. [...] *Quand la musique est bonne*, personnellement, ce n'est pas mon truc. Par contre, *Là-bas* fait partie pour moi des perles qu'il a écrites[3]. »

Elle raconte volontiers leur façon de procéder entre deux éclats de rire : « Jean-Jacques commence à te faire un truc "cracra boudin", dépouillé. La maquette, c'était vraiment avec les moyens du bord. C'était Jean-Jacques avec un petit clavier comme ça, un petit micro comme ça. Ils ont utilisé du matériel comme ça. Tu as vraiment l'impression que c'est le concierge du coin qui fait une maquette pour un disque. Et je pense que le concierge du coin fait des maquettes mieux ! Je me souviendrai toujours du premier jour où l'on s'est rencontrés. On était vraiment très jeunes tous les deux. Je devais avoir une vingtaine

1. *La Dernière Heure* (Belgique), le 24 avril 2003.
2. *La Tribune de Bruxelles*, 8 mai 2003.
3. *La Tribune de Bruxelles*, 8 mai 2003.

d'années. Je le trouvais mignon, alors je me demande si je ne l'ai pas un peu dragouillé à l'époque. C'était du genre, "tu as de beaux yeux". Lui regardait un peu plus bas et me disait, "toi aussi, tu as de beaux yeux". C'est parti sur l'humour. On s'est parlé de travailler ensemble, mais on s'est parloté de ça. Je ne sais pas si c'était de la pudeur, mais en tout cas, de la mienne, ça l'était. [...] C'est très bizarre ce qu'il m'a écrit, parce que c'était l'état dans lequel je rêvais d'être depuis bien longtemps. [*Des millions de fois*], c'est vraiment une chanson de jubilation, d'épanouissement. C'est précisément ce que je vis en ce moment. [...] Il est allé chercher, un peu comme [Jean-Claude] Vannier d'ailleurs, ces petits traits de caractère, qui lui semblaient évidents, plus qu'à moi[1]. » Du sur-mesure pour une interprète d'exception. « Elle a une exigence sur le plan de l'écriture, qui a un rapport avec la musique classique, avec cette éducation, commente Jean-Jacques[2]. Elle est très exigeante sur le plan de la prononciation, sur le plan des mots employés. Elle est très sensible à ça. En général, je préfère les chansons aux interprètes, mais dans le cas de Maurane, j'ai toujours été plus touché par l'interprète que par les chansons elles-mêmes. [...] Elle a des graves qui sont vraiment uniques. Elle a une façon moderne de chanter. Tout est naturel. Elle vibre parfois, mais la plupart du temps, sa voix est sans vibrato. » Il signe quatre chansons. Maurane est intarissable : « Quand on prépare un album, le défrichage est un gros travail. J'avais reçu pas loin d'une centaine de chansons, envoyées par de nombreux auteurs. À un moment, il faut trancher. En garder seize, ce n'est rien à côté de ce que j'aurais voulu mettre. Dans le cas des chansons de Goldman, cela s'est passé de façon particulière. Lui-même, il était parti d'une douzaine d'idées, mais avait effectué une première présélection de chansons qui me ressemblaient le plus. Et plutôt que de me faire écouter les chansons, il me les a fait chanter phrase après phrase. C'est sa méthode à lui. Qui m'a fait beaucoup rire d'ailleurs. Mais il a l'habitude de

1. *Les Deux* (Belgique), 22 septembre 2002. *Making of* de l'album *Quand l'humain danse.*
2. *Les Deux* (Belgique), 22 septembre 2002. *Making of* de l'album *Quand l'humain danse.*

travailler comme ça et c'est ainsi que j'ai découvert les chansons. Il m'en a donné quatre en me disant : "Tu en fais ce que tu veux !" Dont une s'intitule *Ce que le blues a fait de moi.* C'est mon premier gros blues qui tache. Mais j'aime bien[1]. »

Pour le groupe toulousain Émile & Images, il écrit *Et tout recommencerait.* « J'avais déjà fait appel à Émile & Images pour assurer la rythmique d'un album sur lequel j'avais travaillé, indique-t-il à *La Dépêche du Midi*[2]. Quand ils m'ont demandé d'écrire cette chanson pour eux, j'ai tout de suite accepté. Et je l'ai fait par amitié et avec beaucoup de plaisir. Je trouve que Mario et Émile ont eu une très bonne idée de marier leurs deux voix. Je suis très fier de partager ainsi leur aventure et je leur souhaite bonne chance. » À Michel Drucker, pour l'émission *Tapis Rouge*[3], il affirmera : « Émile, c'est un grand chanteur. » Il complétera ses dires en insistant sur l'amitié qu'ils partagent : « Maintenant, j'ai vraiment la chance de ne pouvoir écrire que par intérêt, par amitié. Quand ils m'ont demandé de faire un texte sur une de leurs chansons, ça m'a fait plaisir de le faire[4]. »

L'amitié est un bon carburant. La preuve, à peine le temps d'une pause et il entre en studio à Las Vegas[5] pour enregistrer les chansons de l'album *Une fille & 4 types*, avec Céline Dion, Jacques Veneruso, Erick Benzi et Gildas Arzel. Ils ont tous les quatre écrit, composé et produit ce troisième album français de Céline. Les mélodies et les arrangements ont déjà été enregistrés en France. Il ne reste plus qu'à poser la voix de Céline sur chaque chanson. Jean-Jacques a composé deux titres *Je lui dirai* et *Des milliers de baisers*, et écrit le texte *Et je t'aime encore.* « J'ai beaucoup d'affection pour elle. C'est par respect et honnêteté que je n'ai pas écrit plus. Pour mon ego ou mes finances, je n'ai pas besoin de signer un album entier et je

1. *La Dernière Heure* (Belgique), le 24 avril 2003.
2. *La Dépêche du Midi*, 28 janvier 2003.
3. *Tapis Rouge*, 21 novembre 1998.
4. *Plus vite que la musique*, M6, 5 avril 2003.
5. Enregistrement studio à Las Vegas du 2 au 11 mai 2003.

ne me sentais pas capable d'en faire davantage. Je suis content de ces chansons parce que je crois sincèrement que ce sont de bonnes idées et qui changent des vingt-quatre chansons que je lui ai déjà écrites[1]. »

Chaque soir, ils se retrouvent dans un petit studio de la ville, le Digital Insight. Jean-Jacques apprécie la simplicité de l'artiste québécoise : « Elle est prêteuse. [...] C'est-à-dire qu'elle partage super facilement, il n'y a jamais de problème. Par exemple, là il y a une chanson où l'on chante tous. Bon, elle pourrait dire : "Bon, calmez-vous, c'est quand même... il y aura marqué « Céline Dion » sur l'album, quoi !" Et y'a une chanson, elle a six phrases à faire, elle est super contente, elle écoute les autres chanter[2]... »

Installée en studio, derrière le micro, face au pupitre supportant la partition, Céline déploie sa voix. Le plaisir qu'elle prend est perceptible :

Je lui dirai qu'il est de ce pays
Où son grand-père était bûcheron
Que dans son sang l'Orient coule aussi
Que les mélanges font de beaux enfants [...]
Je lui dirai qu'il est né de l'amour
Que nous l'attendions passionnément [...]
Qu'il est un parmi des millions d'humains
Mais bien l'unique pour moi[3].

L'ambiance détendue fait dire à Céline : « Cet album, c'est l'album du plaisir. [...] Quand j'ai ce luxe d'être près de mes mecs, c'est comme si j'enlevais mon armure et que je devenais légère de nouveau[4]. » Le clip de *Tout l'or des hommes* est tourné dans le désert du Nevada. Toujours à l'écoute et à la disposition de l'équipe de tournage, elle fait preuve d'une grande patience et d'un professionnalisme à toute épreuve.

1. *Télé Moustique*, 25 juin 2003.
2. *Sept à huit*, TF1, 28 septembre 2003.
3. Paroles *Je lui dirai.*
4. *Sept à huit*, TF1, 28 septembre 2003.

« Je me sens comme si je faisais partie d'un groupe. J'aurais aimé partir en tournée avec eux, avec ma petite valise, trois t-shirts et un jean », explique-t-elle[1]. Pour Jean-Jacques, tout est à l'avenant, décontracté et cool. Il fait à vélo le trajet qui le sépare de sa chambre d'hôtel au studio, ça lui suffit de croiser les limousines sur le boulevard. Il est là pour le fun. « C'est ni important pour moi ni pour elle. C'est que du plaisir, parce que, elle, vendre quelques millions de disques en plus, elle s'en fout, parce que le marché français et francophone pour elle, c'est pas grand-chose. C'est vraiment que du plaisir quoi. Et puis moi, je le fais vraiment que par plaisir, parce que je n'ai pas besoin de Céline pour vivre non plus[2]. »

Le journal *La Presse* (Québec) qui fait sa spécialité de « révéler » des détails que personne n'a, et que personne ne demande d'ailleurs, y va de ses commentaires : « Dans cet hôtel de vacances de Plan-de-Cuques (eh oui !), un village de la périphérie de Marseille, où il s'est récemment installé, j'attendais de voir apparaître Jean-Jacques Goldman sur sa moto, son seul moyen de locomotion à Paris. Rien à l'horizon. Je regarde distraitement un type filiforme se pointer sur son vélo, vêtu de noir et coiffé d'une casquette, s'arrêter devant le portail, fixer son redoutable engin à la grille avec un antivol. Tout ça sans un bruit, comme dans un film muet. Un employé de l'hôtel ? Le type enlève sa casquette et me dévisage tranquillement sans un mot : c'est Goldman[3]. » Ce qui nous intéresse, c'est la naissance de l'album. Jean-Jacques livre son vécu. « L'affaire a donc commencé il y a environ dix-huit mois : René Angélil et Céline proposent à Goldman de refaire un troisième album : « Je leur ai dit que je ne me sentais pas prêt pour faire un disque entier pour elle. Dans mes tiroirs, j'avais des notes et des idées pour deux ou trois chansons, pas plus. René m'a quand même demandé d'être le maître d'œuvre, pour assurer la cohérence

1. *Sept à huit*, TF1, 28 septembre 2003.
2. *Sept à huit*, TF1, 28 septembre 2003.
3. *La Presse* (Québec), 11 octobre 2003.

de l'album. » JJ a donc rameuté ses habituels copains, Benzi (Erick), Arzel (Gildas), Veneruso (Jacques). La plupart anciens d'un groupe de folk rock marseillais des années 1980, le groupe Canada ! « À partir du moment où je leur demandais des chansons, je savais à peu près ce qu'ils allaient me proposer. Seule indication de ma part : que je privilégierais les chansons avec une partie chorale. Pour faire groupe… Après, ce fut la routine habituelle : j'ai eu trente chansons en main, j'en ai gardé vingt, puis une quinzaine. Venue à Paris en septembre 2002 pour la promotion de son album en anglais – moi, je faisais le Zénith –, Céline a fait des maquettes en studio. On a retravaillé la musique pendant six ou sept mois. Et puis voilà : Céline a mis sa voix là-dessus. »

Attaque à peine déguisée du journaliste[1] : « *A priori*, rien de plus improbable que cette rencontre entre Céline Dion-Angélil et un Goldman issu de la banlieue parisienne, de l'immigration juive par ses parents, mais aussi de l'effervescence intello-gauchiste de la fin des années 1970. Et dont le mode de vie – jeans, moto, maison en banlieue populaire de Paris – n'était pas vraiment celui de Nord-Américains lancés à l'assaut des États-Unis. "Je n'ai jamais eu de problèmes avec ça, dit-il. J'ai toujours trouvé Céline cohérente avec le monde du *show-biz* que je connaissais bien. Je m'entends très bien en France avec tous les chanteurs, même quand ils sont rapidement classés « à droite », comme Sardou : après tout, ils sont tous démocrates, ce qui me semble par les temps qui courent, non seulement suffisant, mais héroïque. Dans la chanson, je ne rencontre pas souvent des auteurs qui chantent la pureté de la race ou me conseillent de déménager en Israël"… » Et toc ! Est-ce assez clair ?

Ragots, voyeurisme, la presse à sensation la plus sordide dispense aux Français, friands des échos glanés dans les antichambres des célébrités, les pires indiscrétions sur le monde

1. *La Presse* (Québec), 11 octobre 2003.

du *show-business*. Les ventes sont ainsi multipliées. Goldman fait plus que jamais recette. Il apparaît de nouveau dans un sondage du *Journal du Dimanche* qui l'a classé en deuxième position des personnalités préférées des Français derrière l'abbé Pierre. Il demande aussitôt à en être retiré. Beaucoup de bruit pour rien selon lui. Place aux jeunes. « Je sais que quand je fais une chanson qui me plaît, elle va plaire aux gens qui me sont fidèles. Ça, je le sais, qu'ils vont être touchés par ça. Mais je ne sais pas du tout, et d'ailleurs à juste titre, si ça va plaire aux médias ou pas. D'ailleurs, il y a des chansons qui passent complètement à côté, qui n'accrochent pas du tout en radio ! Mais c'est normal. Avant je cohabitais avec Sardou, avec Johnny, avec les gens de cette époque, avec Renaud, avec Francis [Cabrel]. Maintenant, quand on est en radio, on cohabite avec Kyo, Carla Bruni, avec des rappeurs, c'est très difficile de faire partie d'une vraie famille[1] ! »

Depuis le départ pour l'autre rive de son cher époux, Ruth Goldman s'est installée sur la côte normande. Jean-Jacques a plaisir à l'y rejoindre lors des vacances d'été. Cabourg, Deauville… Rien ne saurait dissuader la presse *people* de le pister et le démolir. « Jean-Jacques Goldman : Plus rock'n'roll que jamais ! » ose titrer un journaliste pour illustrer des photos volées où on le voit promener sa petite Maya dans une poussette le long d'une plage. « Eh oui, il est comme ça, Jean-Jacques, simple, modeste, fan de Normandie, poursuit le scribouillard. Les concours de t-shirts mouillés et de batailles au champagne, il les laisse aux *people* en mal de notoriété. Lui, ce qu'il aime, c'est la nature, les parcours de santé et les joies de la vie de famille. […] Chaque jour, après avoir dormi dans un modeste trois étoiles (un palace ? Jean-Jacques ne mange pas de ce pain-là !) l'interprète de *Je te donne* offre un peu de son temps à celle qui lui a donné la vie. Par générosité ? Même pas, juste parce que ça lui fait plaisir… Rien d'étonnant de la part d'un millionnaire qui a toujours refusé de s'installer en Suisse et se

1. *Quand la musique est bonne*, RTL, 5 juillet 2003.

dit fier de reverser 70 % de ce qu'il gagne aux impôts[1]. » Jean-Jacques a les photos volées en horreur. Il est sans concession : « La dernière fois, confie-t-il à Fred Hidalgo[2], ils ont publié des photos de ma femme et de ma fille sans même masquer sinon leurs visages du moins leurs yeux. Si ce n'est pas une atteinte à la vie privée, ça… J'attaque à chaque fois et chaque fois je gagne. Et je reverse aussitôt le montant de l'amende que la justice leur a infligée à une association. C'est de l'argent auquel je ne veux pas toucher. Mais ce n'est jamais une somme suffisamment dissuasive. Elle est de toute façon très inférieure à ce que leur rapporte le fait de mettre une vedette en une avec un titre aguichant, tape-à-l'œil. »

Son pote Michael Jones subit le même traitement dès lors qu'il intègre la *Star Academy.* « Pour la première fois de ma vie, j'ai passé un entretien d'embauche », plaisante Michael Jones. Approché par Endemol, il est recruté pour assurer les répétitions des élèves de la *Star Academy*, en septembre 2004. Par amitié, Jean-Jacques le rejoint sur le plateau de l'émission[3]. Ils interprètent le titre *Le frère que j'ai choisi*, extrait de l'album de Michael, puis le blues *Dust my blues* en compagnie des finalistes de l'émission. Michael vient de lancer son album *Prises et Reprises* sur lequel il rend hommage à Carole Fredericks avec le titre *Un Dernier Blues pour toi.* L'ami Goldman a composé pour lui *Le frère que j'ai choisi* et les deux complices chantent ensemble *P'tit blues peinard.* En parallèle, Jean-Jacques travaille pour Liane Foly. Il concocte *La Chanteuse du bal* et *Deux centres du monde.* Il enchaîne les titres pour Lââm : *On pardonne*, *Tu es d'un chemin* ; Lorie : *C'est plus fort que moi* ; Julie Zenatti : *Dans ces villes.*

Au détour d'un article de *Libération*, il s'exprime à propos des Restos du Cœur : « Je n'ai jamais pensé qu'on était indispensable à ce qui est la base des Restos : la nutrition. Je n'ai jamais pensé que si les Restos s'arrêtaient, il y aurait des morts

1. *Closer* n° 2, 27 juin-3 juillet 2005.
2. Fred Hidalgo, *Confidentiel*, l'Archipel, 2016.
3. Star Academy, 17 décembre 2004.

de faim en France. Pourquoi les Restos, alors ? Pour moi, il y a deux aspects. D'abord les bénévoles, quarante mille personnes qui vivent magnifiquement un même idéal, une même action désintéressée. Ensuite, même si c'est bien que les gens aient un petit rancard, un plat, un verre, j'aimerais bien que les repas soient un prétexte à un peu plus. En 1999, j'ai aidé à distribuer de la nourriture sous le pont d'Austerlitz, à Paris, mais si je devais recommencer l'expérience des Restos, je ne ferais que de l'alphabétisation ou du soutien scolaire. Une fois qu'un gamin sait lire ou qu'il a envie de lire, je ne vois pas ce qui peut lui arriver. C'est ça qu'il faut faire. Si tu apprends à lire à un enfant, il n'aura plus jamais faim[1]. »

Lorsque sort l'album *D'elles*[2] de Céline Dion, dont les thèmes sont centrés sur les femmes, le public apprend que les textes sont écrits par des auteures françaises chevronnées et des québécoises. Il y a cependant un homme incontournable aux manettes. Jean-Jacques a supervisé l'aspect musical, dont les orchestrations et réalisations sont signées par ses complices Jacques Veneruso, David Gategno, Erick Benzi, Gildas Arzel. Céline Dion aime à le souligner : « Pour faire exception aux femmes, avec son œil artistique et surtout amical, Jean-Jacques Goldman a bien voulu se prêter au jeu pour m'aider à révéler cet album[3]. »

Il enregistre une vidéo, en juin 2007, pour My Major Company… la société appartenant à son fils Michael. Elle s'occupe de financement participatif afin de pouvoir produire des chanteurs inconnus. La mise en scène est désopilante, pleine d'humour, toute en autodérision. Jean-Jacques est filmé dans un studio d'enregistrement (Hyperion) où il essaie de chanter l'une de ses chansons. Il est sans cesse coupé par un jeune producteur qui visiblement ne le connaît pas, lui fait maints reproches, l'insulte même.

1. Libération, 5 décembre 2006.
2. Album *D'elles*, sorti en mai 2007.
3. *Céline parle D'elles*, documentaire, 2007.

— C'est peut-être juste un problème de tonalité ? suggère-t-il d'une petite voix.

— De quoi ? Mais non, la réalité, c'est que c'est de la merde. Depuis ce matin, tu joues que de la merde. Et tu crois quoi ? Tu crois que je suis là pour quoi, toi ? Tu crois qu'ils sont là pour quoi eux ? Hein ? Tu sais combien ça me coûte cette merde ? Alors maintenant, tu vas arrêter de me jouer tes slows à la con et tu vas me faire le plaisir de jouer quelque chose de bien. Pas vrai ! Putain, le boulet !

Jean-Jacques reprend voix et guitare, calmement.

— Non, mais, qu'est-ce que tu me fais là ? La même chose qu't'aleur ?

— On la finit pas ?

— Hey, non, non. Non, on la finit pas ta chanson de merde parce qu'elle intéresse personne là. Weu weu weu… elle restera … machin… […] Putain, tu crois quoi, toi là ? Que Céline Dion elle a écrit *La Vie en rose* en deux minutes ?

— Je ne crois pas que ce soit Céline Dion qui ait écrit…

— Et… je crois pas que ce soit… Mais tu la connais Céline Dion, toi ? Non. Tu vas pas m'apprendre mon métier, merde ! Alors, tu fais ce que je te dis et puis tu fermes ta gueule et puis c'est tout. Putain. C'est incroyable ! Incroyable ! Le mec, il joue deux-trois accords sur sa guitare et il se prend pour un cador. J'ai jamais vu ça ! Trente ans de métier et j'ai jamais vu ça !

D'un calme olympien, Jean-Jacques accède aux demandes de son interlocuteur. À la fin de la séquence, le producteur a rejoint l'artiste et tente de le flatter :

— C'est-à-dire que moi je suis plus « *dance* » à la base, tu vois. Genre David Guetta, Chimène Badi. Mais ce que je veux dire, c'est que c'est pour ça que je te connaissais pas quoi, tu vois.

Jean-Jacques remballe sa guitare, enfile son blouson :

— C'est pas grave, murmure-t-il.

— Et sinon, je veux dire, tu as vendu beaucoup de disques ? Par rapport à Matt Pokora, par exemple ?

Jean-Jacques lui tend la main, la lui serre, sans un mot et quitte la place.

Si Jean-Jacques ne peut se passer de musique, son épouse, professeure de mathématiques dans un collège de Marseille, goûte la science des nombres et des formes. Elle soutient sa thèse de doctorat, en sa présence[1] : « Terme constant de fonctions sur un espace symétrique réductif *p*-adique. » Qu'est-ce à dire ? Elle s'en explique : « Nous établissons une généralisation de la dualité de Casselman aux espaces symétriques réductifs *p*-adiques et nous étudions le comportement asymptotique de certains coefficients généralisés. Nous prouvons aussi un analogue d'un Lemme de Langlands grâce auquel nous obtenons un résultat de disjonction de certaines parties de la décomposition de Cartan des espaces symétriques réductifs *p*-adiques. » Est-ce plus clair pour vous ? Ses dédicaces sont édifiantes : « Je dédie cette thèse à mes parents qui m'ont transmis suffisamment d'assurance et de liberté pour aimer le sport autant que les heures à mon bureau, U2 autant que Pierre Bachelet, J.-J. G. Le Clézio autant que Pythagore. »

Il fait de nouveau appel à son amie Céline Dion pour l'édition 2008 du spectacle des Restos du Cœur, *Les Secrets des Enfoirés*. Elle rejoint la troupe et monte sur la scène du Zénith de Strasbourg[2]. Avec sa gentillesse et sa fougue coutumières, elle participe à divers tableaux, chante *Argent trop cher* et *I Want to know what love is* avec David Hallyday, Tina Arena, Lââm, Christophe Maé et Jenifer. Si tout se passe à merveille, le maestro paraît néanmoins soucieux. Il confie ses tracas au *Figaro*[3] : « Ma préoccupation principale est l'avenir de cette émission. L'âge fait qu'on ne sent plus aussi bien les désirs des téléspectateurs. Il faut du sang neuf. » Une bouteille à la mer, un appel du pied… quelqu'un pour les suppléer… Sera-t-il entendu ? Malgré la lassitude, il s'émerveille de la belle ambiance qui règne à chaque édition : « Des collègues américains, canadiens, anglais sont ahuris de nous voir cohabiter

1. 13 juin 2007 université d'Aix-Marseille.
2. Le 27 janvier 2008.
3. *Le Figaro*, 6 mars 2008.

ainsi, sans entourage, comme “en colo”, et me disent que c’est inenvisageable chez eux. Je crois que la vraie singularité se situe là. À mon avis la “2e génération” Cabrel, Le Forestier, Voulzy, Souchon et moi a été déterminante. Par hasard, par miracle, nous étions tous sans ego, responsables et respectueux les uns des autres. Et le pli a été pris. »

Des lignes sobres, aussi discrètes qu’elle le fut, pour annoncer la mort de Ruth, à Paris : « Ses enfants, ses petits-enfants et arrière-petits-enfants, ses amis ont la tristesse de faire part du décès le 4 avril 2008 de Madame Ruth Goldman née Ambrunn, veuve de Alter Mojzesz Goldman », peut-on lire dans *Libération.*

Dans le silence du deuil, les paroles de *Veiller tard*, les mots du fils, préservent les souvenirs :

Les lueurs immobiles d’un jour qui s’achève […]
Le silence inquiétant qui précède les rêves […]
Le noir où s’engloutissent notre foi, nos lois
Cette inquiétude sourde qui coule en nos veines […]
Ces visages oubliés qui reviennent à la charge
Ces étreintes qu’en rêve on peut vivre cent fois
Ces raisons-là qui font que nos raisons sont vaines
Ces choses au fond de nous qui nous font veiller tard […]
Ces morsures aux regrets qui se livrent à la nuit
Ces solitudes dignes au milieu des silences
Ces larmes si paisibles qui coulent inexpliquées […]
Ces liens que l’on sécrète et qui joignent les êtres...

Il se remet à la composition et offre *C’est dit* à Calogero, premier single de l’album L’Embellie[1]. Tout aussi discret que Jean-Jacques, Calogero est entré en chansons avec un premier album en 2000. Deux ans plus tard, son titre *En apesanteur* tourne en boucle à la radio et le clip fait un tabac. Il assoit

1. Album L’Embellie, sorti en 2009.

son succès avec *Si seulement je pouvais lui manquer* ou *Yalla*. Entre ces deux-là, la rencontre est belle, empreinte de pudeur et d'estime. « On n'est pas amis mais on s'aime bien, précise Calogero. On n'avait jamais fait de chansons ensemble. J'ai voulu travailler avec lui d'abord parce que je trouve que c'est un bel auteur. J'aime beaucoup ses textes, plus que ses musiques. Je trouvais intéressant de le faire travailler sur une musique qui n'a pas de refrain. Il m'a dit qu'elle était bizarre, ma chanson. Je lui ai dit : "Trouve l'accroche." Il en a trouvé deux : *On n'est riche que de ses amis* et *C'est dit*[1]. »

On retrouve Jean-Jacques à L'Olympia[2] pour participer à la soirée dédiée à l'association ELA, association d'aide aux familles touchées par les leucodystrophies, parrainée par Zinedine Zidane. Lors du concert de *Rockaway*, assis aux claviers, il interprète *Border Song*, un titre d'Elton John. « Le groupe rock du journaliste Christian Jeanpierre (TF1) donnait dimanche soir (15 mai) son traditionnel concert à L'Olympia, rapporte *L'Obs*[3]. [...] Après les répertoires des Beatles (2010) et Supertramp (2009), le groupe avait cette année décidé d'explorer celui d'Elton John. [...] Démarré à vingt heures trente devant une salle comble, le concert a notamment connu trois temps forts. L'arrivée sur scène du chanteur Grégoire qui a interprété une chanson, ce fut ensuite la présence de Guy Roux accompagné de quatre joueurs de l'équipe de France de rugby puis celle de Jean-Jacques Goldman dont les apparitions sur scène sont de plus en plus rares. La star a interprété une chanson au piano et participé au "bœuf" final avec un plaisir non dissimulé. Le concert de *Rockaway* a permis de récolter soixante-dix mille euros pour l'association ELA. » Plus tard dans la saison, il rejoint Patrick Fiori, parrain de la manifestation, pour un concert dédié aux *Vendanges du Cœur*, à Ouveillan[4]. Au détour d'une page d'ouvrage, un ami parle de lui : « Il ne fait pas beaucoup de fautes ! Tant sur le plan

1. *Le Soir*, 21 avril 2009.
2. Concert *Rockaway*, 15 mai 2011.
3. *L'Obs*, 16 mai 2011.
4. 21 juillet 2011.

humain que professionnel », raconte Patrick Bruel[1]. « Ce n'est pas un saint, juste un mec bien, dans son comportement avec les autres, dans sa manière de gérer les conflits, de s'adresser aux gens, de respecter ceux avec qui il travaille, même sa façon d'engueuler un mec qui n'a pas bossé sa chorégraphie pour le spectacle des Enfoirés, en l'occurrence, moi… C'est très joli la manière dont il fait les choses, il aide les gens. Il agit dans l'ombre, sans rien revendiquer. L'élégance de Jean-Jacques a quelque chose d'unique. Une manière de te donner sans jamais rien te prendre, sans rien demander. Je l'ai constaté à nouveau quand j'ai fait l'album *Entre deux*. On a chanté ensemble *Le Temps des cerises*. Et c'était magnifique. David, un de mes frères, m'avait dit : "Si tu fais cette chanson avec Goldman, j'ai presque envie de n'entendre que vos deux voix. Je vais vous proposer l'arrangement le plus minimaliste possible." Juste contrebasse-voix… Un moment de grâce. »

En 2012, le maire de Trémuson, dans les Côtes-d'Armor, fait savoir à Jean-Jacques qu'il souhaite donner le nom de son père à l'école de la ville. Très touché, selon ses dires, l'artiste décline la proposition : son père n'a passé que six mois sur place et de plus « C'était aussi le père de Pierre, écrira-t-il. J'ai peur que votre initiative soit utilisée par ceux que vous voulez combattre, ceux qui assimilent immigration et délinquance[2]. » L'établissement sera baptisé Louis Blériot.

Sa réputation le précède, redoutablement intelligent, cultivé, modeste, sensible, indépendant, doté d'une grande bienveillance, mêlée de générosité. Ce qui explique sans aucun doute la volonté de certains politiques à le courtiser. Ainsi Najat Vallaud-Belkacem tenait-elle absolument à le rencontrer. Elle organise un déjeuner en février 2012. Après les flatteries d'usage, elle parle d'elle :

— C'est très étonnant pour moi de vous rencontrer. Depuis que j'ai quinze ans, vos musiques me bercent, cela compte beau-

1. Patrick Bruel, *Conversation avec Claude Askolovitch*, Plon, 2011.
2. Propos cités par *Ouest-France*.

coup pour moi. [...] Mais enfin vous devez le savoir puisque chaque fois que je fais une interview, je ne manque jamais une occasion de dire que je suis fan de vous !

— Ah non, je ne l'avais jamais vu. En revanche, j'ai lu une interview de vous qui m'a attristé. [...] Vous y racontiez comment, sur un territoire de droite que vous alliez conquérir, vous ne feriez pas la même erreur qu'en 2007, de ne vous adresser qu'à la gauche, que vous iriez chercher des voix là où elles se trouvaient et plutôt à droite.

— Et alors, en quoi cela vous a attristé ?

— Je trouvais que c'était dommage de la part de la relève politique d'être déjà cynique à ce point-là, de penser à abandonner quelques-unes de ses valeurs pour aller chercher des voix[1]. L'histoire ne dit pas s'il fut servi un digestif à la fin du repas...

À grand renfort de publicité, paraît le CD *Génération Goldman*[2], un album de reprises, coproduit par M6 Music, chaîne de télévision musicale du groupe M6 et MMC[3]. Qu'en pense l'intéressé ? « Aucun avis, ça m'est absolument égal. C'est l'initiative d'une télé, je n'y participe pas du tout, ni au choix des chansons ni au choix des artistes, rien, explique-t-il à son ami Fred Hidalgo[4]. Ces chansons ne m'appartiennent plus. J'ai juste demandé à vérifier les accords parce que je sais par expérience (c'est effarant) que les musiciens relèvent "à peu près"... » Certes, la société de son fils est partie prenante. C'est la moindre des choses : « Comme pour les livres ou les émissions à mon sujet, M6 ne m'a pas demandé mon avis pour lancer l'idée des CD *Génération Goldman*, et si My Major Company avait refusé de les réaliser, une autre société l'aurait fait[5]. » Un second volume sera proposé l'année suivante[6].

1. *Les Goldman : Dans l'intimité des frères Goldman*, Ambre Bartok, Éditions Pygmalion.
2. Album sorti le 19 novembre 2012.
3. My Major Company, label de financement participatif, cofondé en 2007 par Michael Goldman, fils de Jean-Jacques.
4. Fred Hidalgo, *Confidentiel*, l'Archipel, pages 476-177.
5. Fred Hidalgo, *Confidentiel*, l'Archipel, pages 476-177.
6. Volume 2, sorti le 26 août 2013.

Peu lui chaut : « Pour ma part, j'ai toujours refusé de participer à ce type de projet. À tort ou à raison, il me semble que les meilleures versions de Balavoine, Berger, Ferrer ou Brassens sont encore les leurs ! (C'est différent pour Dylan : Aufray et Cabrel apportent la traduction, c'est inestimable[1].) »

Le premier opus de *Génération Goldman*, numéro un des ventes d'albums avec cinq cent mille exemplaires, est certifié disque de diamant fin 2012. « Ce coffret, sorti sans promotion, balise le parcours d'un artiste toujours aussi discret qui agite les fantasmes artistiques. [...] Ces refrains traversent le temps avec une facilité déconcertante. Sans une ride. Le privilège des belles chansons », note *L'Indépendant*[2]. En mai 2013, le record est battu avec sept cent mille albums ! Les nouveaux interprètes portent haut les couleurs de leur idole. Le public semble apprécier les prestations d'Anggun, Amel Bent, Corneille, M. Pokora, Soprano, Tal, Amaury Vassili, Zaz, etc. L'engouement ne se démentira point, le volume 2 dépassera un million de ventes en mars 2014. Un coffret, *La Collection 1990-2001,* compilant ses derniers albums, accompagné d'un livret et d'un DVD de trente-trois clips, est proposé en décembre 2012. *L'Indépendant* constate : « Fin 2012, Jean-Jacques Goldman renoue malgré lui avec les feux de la rampe. Lui seul sait s'il les affrontera à nouveau un jour, sur scène, mélodies inédites en bandoulière. "Le doute est père de la création", écrivait Galilée. Doute-t-il aujourd'hui ? »

Les lecteurs du *Parisien*[3] bénéficient de détails saisis sur le vif : « La Canebière n'en revient pas. [...] Sur place, sa maison, une villa non loin de la mer dans le quartier chic du Roucas-Blanc, le laisse à l'abri des regards. [...] Aux alentours, ce n'est pas le chanteur que l'on croise mais l'homme, le voisin. "Il vient régulièrement faire ses courses chez nous, confirme Marie-Laure, caissière de la supérette en bordure de plage. On le voit notamment le vendredi à vélo avec ses

---

1. Fred Hidalgo, *Confidentiel*, l'Archipel, pages 476-177.
2. *L'Indépendant*, 8 décembre 2012.
3. *Le Parisien*, 19 janvier 2013.

filles, dont il parle beaucoup." [...] "Il s'implique vraiment dans la vie de l'école, ajoute une maman. Il participe à l'organisation des animations de la kermesse. L'an passé, il avait tenu le stand de jeu de quilles." Goldman se montre, mais jamais comme chanteur. Plutôt même comme joggeur. "Il court souvent sur la corniche le matin, raconte Jean-Jacques Siffredi, patron de la brasserie *Chez David*, en bord de mer. Quand il vient chez nous, c'est quelqu'un qui réserve à un autre nom. Et on le voit débarquer par surprise. Dans ces cas-là, on le met dans un coin et si des clients veulent l'aborder, on leur demande de se calmer." Le chanteur veille à se fondre dans la masse, comme lorsqu'il participe à la célèbre course Marseille-Cassis, dont il a bouclé les vingt kilomètres en moins de deux heures en octobre dernier. "C'est une très bonne performance, il a terminé cent quatre-vingt-dixième dans sa catégorie des vétérans de plus de cinquante-neuf ans, explique Mélanie Uzan, responsable de communication. C'est sa troisième participation. Pour sa première en 2006, on s'est aperçus de sa présence après-coup. Mais aujourd'hui, rien n'a changé, il paie son inscription comme tout le monde, et ne demande aucun traitement de faveur, ni garde du corps." [...] » Discret mais abordable : c'est aussi le souvenir qu'il a laissé à Plan-de-Cuques, commune de dix mille habitants, où il vivait encore jusqu'en 2010 avec femme et enfants avant de déménager à Marseille. Il y a environ deux ans, le chanteur et sa petite famille habitaient dans un T4 au dernier étage d'un petit immeuble posé près d'un rond-point. Difficile de croire que l'une des figures emblématiques de la chanson française avait atterri là, loin du confort de certains de ses confrères, roulant dans la vieille Audi de sa femme. « C'est une fille du pays, elle était prof de maths au collège ici, raconte Norbert, patron du *Palmarès*, magasin spécialisé dans le tennis, où Goldman venait faire corder ses raquettes. Il joue moins maintenant, car il a un problème à l'épaule qui l'empêche de servir. » Au fil des témoignages se dessine le portrait d'une star en quête d'une vie normale, depuis sa quasi-retraite il y a dix ans. « Les gens étaient habitués à sa présence ici, explique Karen, du magasin *Grandir Autrement*, juste en face de son ancien logement. Il m'avait même offert l'un de ses DVD pour mon anniversaire. Je le voyais tous les jours. » Mais le chanteur se faisait parfois tout petit. « Il se mettait dans un coin, attendait qu'il y ait moins de monde à la caisse pour payer, se souvient Renaud, patron du *Tabac du Mail*. Quand on le lui demandait, il signait des autographes, mais ça le gonflait. »

La multiplicité des apprentissages pour ses filles est essentielle, tant au niveau émotionnel que physique : « J'essaie d'apprendre à mes enfants, à considérer que lorsqu'ils sont malheureux c'est normal, ce n'est pas immédiatement dramatique, et ça ne se soigne pas avec des pilules[1] ! » Il veille à préserver leur quotidien des mirages de la célébrité : « Physiquement, la douleur est un apprentissage, les enfants apprennent le feu, la fatigue, le froid, tout ça, par la douleur ; la douleur est le signal dont le corps use pour nous faire comprendre… Oui, quand ça fait mal, c'est un signal qu'il faut savoir interpréter. C'est ce qui permet à chacun de mieux se connaître. C'est aussi comme cela qu'on acquiert sa propre identité[2]. »

Malgré sa volonté de ne plus apparaître dans les sondages, *Le Journal du Dimanche* le réintègre après dix années d'absence pour concourir au titre de personnalité préférée des Français. Sans surprise, il accède à la première place en juillet 2013. Il est touché bien sûr, mais tient à souligner : « On ne peut pas dire que je fasse grand-chose pour que ça se passe, mais c'est très émouvant. » La rédaction du *JDD* sollicite une réaction de sa part, il lui écrit : « C'est compliqué. Je ne sais pas comment réagir à cette marque d'affection. Vous me suggérez une interview “musicale”, mais elle me semblerait tellement hors sujet, voire malvenue, voire impossible dans les contextes nationaux et internationaux actuels… Une fois de plus, je préfère ne rien dire plutôt que de proférer

1. Alain Etchegoyen, *Les pères ont des enfants. Dialogue entre deux pères sur l'éducation*, Le Seuil, 1999.
2. Alain Etchegoyen, *Les pères ont des enfants. Dialogue entre deux pères sur l'éducation*, Le Seuil, 1999.

des “banalités de chanteur”… Je comprends que ça ne vous arrange pas, veuillez m’en excuser ! »

Selon Marc Vignaud, du *Point*[1], la mise en vente du CD a relancé l’engouement du public : « … c’est la sortie de *Génération Goldman,* en décembre 2012, un album de reprises interprétées par des chanteurs de la nouvelle génération […]. Son succès a été tel (plus de huit cent mille exemplaires vendus, soit un des plus gros succès de ces dernières années) que My Major Company – cofondé, tiens donc, par le fils de Jean-Jacques Goldman – va remettre le couvert avec la sortie dans les bacs de l’opus n° 2 le 26 août… Chose rare, la compilation a permis de réunir parents et enfants autour de la même musique, même si pour les inconditionnels de Jean-Jacques Goldman (dont fait partie, vous l’aurez compris, l’auteur de ces lignes), les titres ont été massacrés. »

Rien de plus normal pour Didier Varrod[2] : « La première place de Jean-Jacques Goldman dans ce classement est logique, puisque l’artiste synthétise selon lui “les valeurs de l’abbé Pierre, de Yannick Noah et de Coluche, évidemment, qui ont longtemps figuré en tête de ce classement. Il reste la personnalité qui cristallise nos idéaux[3]. » Sur Internet est diffusé le 20 mars 2013 un clip vidéo, tourné à Marseille, auquel il a participé pour l’association L’Arche. Fondée en 1964, elle a pour but « de faire connaître le don des personnes ayant un handicap mental à travers une vie partagée et leur permettre de prendre leur juste place dans la société ». Ce clip, selon l’association, colle parfaitement : « *Je te donne*, une chanson dont chaque parole fait sens pour ce que nous partageons et vivons à L’Arche : acceptation des différences et des fragilités de l’autre, don de soi, don de son temps pour construire des relations d’amitié, fidélité des liens noués avec les personnes handicapées[4]. » On y voit Jean-Jacques offrir une guitare aux personnes handicapées effectuant diverses tâches tout en chan-

1. *Le Point*, 4 août 2013.
2. Didier Varrod, directeur artistique et de la Musique de France Inter.
3. France Info, 4 août 2013.
4. Site de L’Arche : je-te-donne.arche-france.org/

tant son titre *Je te donne*. Chanson de circonstance assurent les représentants de L'Arche : « C'est à croire que *Je te donne* est une chanson écrite pour L'Arche ! [...] "Je te donne toutes mes différences, tous ces défauts qui sont autant de chances", chante M. Goldman. Dans une société qui impose la réussite à tout prix. L'Arche souhaite donner une place pleinement reconnue aux personnes ayant un handicap mental. [...] Accueillie dans toutes ses dimensions : familiale, sociale, citoyenne, spirituelle, la personne handicapée gagne en confiance et en autonomie et révèle des qualités qui lui sont propres. Elle a le don de susciter des relations simples, authentiques, qui nous transforment et nous rendent plus humains[1]. » Le porte-parole de l'association raconte que Jean-Jacques enregistre aussi des vidéos, plus personnelles, pour les personnes handicapées, mais qui ne sont pas visibles par le grand public. Il rappelle : « Le point de départ a été sa visite, un jour, dans un centre de L'Arche de Marseille. Il était venu pour jouer de la guitare tout simplement. C'est en discutant avec le directeur du centre qui lui faisait part de ses projets de rénover et d'agrandir les lieux de vie et de travail des personnes handicapées mentales qu'est née l'idée de ce "lip dub" sur l'air de Je te donne. Il n'a pas dit non et a débarqué le jour du tournage à vélo, avec short et baskets. Plus tard, il devait partir chercher ses enfants à l'école. Il a proposé de repasser[2]. »

Il compose une douce mélodie et écrit un très joli texte, *Le bonheur est multicolore*, pour les élèves de l'école Prado-Plage à Marseille, avec qui il travaille l'interprétation[3].

Si tout était bleu comme le ciel et la mer
Si tout était vert comme le bois, les clairières
Moi je veux tout blanc comme la neige l'hiver
Et moi transparent, comme le verre, le vent

1. Site de L'Arche : je-te-donne.arche-france.org/
2. *L'Obs*, 11 septembre 2014.
3. En 2013.

Si tout était noir comme la nuit, l'encre des mots
Pourquoi pas rouge ? Orange, beige ou bordeaux
Je voudrais tout rose comme un flamant, des bonbons
Si tout était jaune, un monde citron

En essayant toutes les couleurs
J'ai cherché celle du bonheur
Est-il ébène, est-il amande ou gris vert ?
On croit l'entrevoir mais on le perd
En essayant toutes les couleurs
J'ai cherché celle du bonheur
Je l'ai trouvé un jour, il était dehors
Le bonheur est multicolore...

« Les enfants ont chanté avec… Goldman, relate *La Provence*[1]. Un beau plateau enfantin et un chanteur, Jean-Jacques Goldman, qui vient en toute discrétion et en toute humilité accompagner une classe. Ainsi peut-on résumer la première journée des "9es Rencontres vocales au théâtre Silvain".

Sous le label de Marseille-Provence 2013, le beau temps était revenu, et malgré un fort mistral glacial, la chaleur des parents et spectateurs remplissant les gradins du théâtre a rapidement réchauffé l'atmosphère. Environ mille cinq cents personnes ont applaudi les élèves de plus de soixante-dix classes marseillaises, accompagnées de leurs professeurs et de musiciens professionnels, qui ont chanté les chansons du répertoire "Ensemble, d'ici et d'ailleurs" qui étaient mises en scène pour raconter une histoire. […] Il y avait donc en final un invité illustre venu avec sa guitare, son enthousiasme et sa simplicité. Jean-Jacques Goldman est venu chanter *Le bonheur est multicolore*, une création qu'il a faite avec les élèves de l'école Prado-Plage. Un petit tour de chant avec les écoliers et puis s'en va, pour le plaisir de tous. »

1. *La Provence*, 2 juin 2013.

Il donne un concert privé, à la guitare acoustique, en toute décontraction, lors du Gala annuel du Casim[1], au château de la Buzine[2]. Sous forme de sketch, avec l'humoriste Gérald Dahan imitant Nicolas Sarkozy, ils chantent *Je marche seul.* S'ensuit un dialogue surréaliste :

— Vous êtes qui, vous ? interroge l'imitateur en s'adressant au chanteur.

— Eh bien, Jean-Jacques Goldman.

— Ah non, Jean-Jacques Goldman, c'est moi.

— Non, c'est moi.

— D'abord Jean-Jacques Goldman a des cheveux !

— Avait des cheveux… fait remarquer Jean-Jacques avec une moue.

— Et puis, Jean-Jacques Goldman est jeune.

— … était jeune, sourit l'artiste.

— En plus, il est toujours bien habillé. Avec une petite cravate…

— Oh ! Il n'a jamais été très bien habillé… remarque Jean-Jacques. Mais il avait une autre caractéristique, dit-il en improvisant un morceau à la guitare avant de la tendre à l'humoriste qui préfère rejoindre les coulisses après cette déconvenue.

Sharon, chanteuse amateure, entonne avec lui *Envole-moi.* Joyce Jonathan le rejoint sur scène pour la chanson *La Vie par procuration.* Ses principaux tubes (*Il suffira d'un signe, Quand la musique est bonne, Comme toi*) sont repris par le public, adultes et enfants de différents mouvements de jeunesse comme le DEJJ, EEIF et Habonim Dror. Une chorale spontanée l'accompagne dans *Au bout de mes rêves.* Parrain de l'association, Jean-Jacques « montre l'exemple en donnant un peu de son temps au nom de ceux qui manquent de tout, ceux qui sont dans le besoin et que la vie n'a pas épargnés », précise la présidente de l'association. Tout comme « les donateurs qui, grâce à leur générosité, permettront cette année encore à des enfants dans le besoin de partir en vacances ».

1. Comité d'action sociale israélite de Marseille.
2. 20 novembre 2013.

Il défile, avec des centaines de personnes, au centre de Marseille, sur la Canebière et le Vieux-Port pour se rendre au Pavillon M, le 21 septembre 2013, afin de réclamer la libération des quatre otages français détenus au Niger par Al-Qaïda au Maghreb islamique. Thierry Dol, Marc Féret, Daniel Larribe et Pierre Legrand ont été enlevés le 16 septembre 2010 à Arlit. Ils seront libérés, le 29 octobre 2013, au Mali. Dans le cortège, Jean-Jacques, voisin d'un des otages, est aux côtés des familles. « Il faut essayer de faire des actions de ce genre-là qui sont des piqûres de rappel citoyennes, je dirais, pour que les responsables comprennent que c'est une affaire qui ne s'oubliera pas, dit-il au micro de France Info. Ce n'est pas un accident de voiture avec des gens qu'on enterre. C'est des gens qui sont vivants tous les jours dans des conditions très difficiles. » Il confirme à *L'Indépendant*[1] : « Je suis là parce que je suis marseillais, parce que j'ai des voisins qui sont de la famille d'un des otages et qui m'ont sollicité pour être avec eux. Il ne me semble pas inutile que les gens qui sont en charge du règlement de cette affaire terrible sentent qu'ils sont observés, que les gens sont attentifs, que ça fait trois ans et qu'ils ne baissent pas les bras. Qu'ils attendent un dénouement. »

Lorsque au zénith de Strasbourg, Les Enfoirés fêtent le vingt-cinquième anniversaire de leur tournée[2], Jean-Jacques va rejoindre les musiciens durant un entracte. Il se met aux claviers et interprète *Famille*. Émotion dans les coulisses. Cela n'était pas prévu. Les collègues envahissent la scène pour écouter religieusement le « patron ». Zaz se souvient : « Tous les ans, après le dernier concert des Enfoirés, il est de coutume pour la troupe de chanteurs de se retrouver à l'hôtel pour un bœuf qui dure jusqu'au bout de la nuit. Les dernières années, Jean-Jacques avait cessé de venir. Début 2014, à Strasbourg, ça a été de la folie. Le soir, à l'issue du concert, nous nous sommes tous retrouvés, et lui aussi a fini par arriver. Ça a été un festival.

1. *L'Indépendant*, 21 septembre 2013.
2. 17 janvier 2014.

Il jouait du rock et du blues avec Jean-Louis Aubert jusqu'à six heures du matin. Il avait l'air de prendre tellement de plaisir. C'est sûr que lorsque l'on voit ça, on a du mal à comprendre son retrait actuel[1]. »

Nicolas Noguier, via un réseau social[2], révèle le soutien qu'apporte Jean-Jacques à l'association Le Refuge, créée en 2003. Celle-ci propose une aide psychologique et un hébergement provisoire à de jeunes majeurs victimes d'homophobie, en rupture familiale. Le responsable du Refuge partage le message d'encouragement reçu de l'artiste : « Votre action est juste et utile. Transmettez mes amitiés à vos "réfugiés" et au personnel qui se dévoue. [...] Ce que je pense de leur situation est chanté dans *C'est ta chance*. Je crois que l'on tire nos forces de nos différences, faiblesses et épreuves. » Avec l'assentiment du compositeur, Le Refuge opte pour la chanson *Famille*, comme emblème de l'association. La nouvelle court à travers le Net : « Avec l'autorisation de Jean-Jacques Goldman, *Famille* devient l'hymne du Refuge ! » Il a décliné l'invitation pour devenir parrain de l'association, mais reste solidaire comme l'atteste la missive adressée à Nicolas Noguier : « Il me semble qu'un parrain doit être présent, s'impliquer, ce que je ne ferai pas. Mais sympathisant avec plaisir ! »

Le ton employé par Jean-Jacques n'est pas le même le 12 mars 2014 ! Il est beaucoup moins amène. Il est furax ! Pour assurer à Patrick Balkany un maximum de visibilité à quelques jours du premier tour des élections municipales, les militants UMP de Levallois-Perret (Hauts-de-Seine) ont enregistré une reprise de la chanson *Famille*. Le texte laisse songeur : « Une histoire qui recommence, un sourire quand on y pense. On est là tous ensemble, tous à la permanence, pour une nouvelle échéance. Levallois c'est ta vision, une vie de passion et d'ambition, etc. » Cette nouvelle version a été postée sur YouTube par élus et militants tandis qu'Isabelle Balkany, l'épouse de Patrick Balkany, l'a relayée sur Twitter, le 8 mars. Jean-Jacques, par

1. *L'Obs*, 11 septembre 2014.
2. Facebook, 8 janvier 2014.

l'intermédiaire de son avocat, demande le retrait de la vidéo « qui ne lui correspond pas ». Ce que confirme, sur son compte Twitter, la Sacem : « Pour le clip de Balkany, on a pris un avocat pour que cette chanson soit enlevée car les paroles ne sont plus les mêmes. »

Il ne faut pas toucher à *Famille*. D'autant qu'à l'occasion de la vingtième édition des *Vendanges du Cœur*, baptisée « 20 sur vin », une œuvre caritative dont il est le parrain, il se met aux claviers pour la chanter[1]. Il lance le concert à Ouveillan, dans l'Aude, devant quatre mille spectateurs. Pascal Obispo, Tina Arena, Yannick Noah, Michael Jones, Jean-Pierre Mader, Patrick Fiori et Michael Miro sont là pour cette édition particulière. Après avoir interprété deux titres avec l'ensemble des musiciens, il reprend *Envole-moi* en duo avec Michael Jones. Chaque année depuis 1995, *Les Vendanges du Cœur* combinent une vente aux enchères de vins de la cave coopérative d'Ouveillan suivie d'un concert. Les fonds récoltés sont remis aux Restos du Cœur. Les enchères ce soir-là permettent de collecter la somme record de cent treize mille euros.

1. 20 juillet 2014.

10

Ce n'est pas ce qu'il a, ni même ce qu'il fait, qui exprime directement la valeur d'un homme : c'est ce qu'il est.

HENRI-FRÉDÉRIC AMIEL

Notre pays est frappé du 7 au 9 janvier 2015 par une série d'attaques terroristes. Le siège de l'hebdomadaire *Charlie Hebdo*, dans le 11e arrondissement de Paris, est attaqué dans la matinée du 7. Douze personnes sont tuées par balles. Le lendemain, à Montrouge, une policière municipale est assassinée. Quatre clients d'une supérette casher, située porte de Vincennes, sont abattus le 9. Au lendemain de ces abominables tueries, des millions de personnes, dans les villes de France, défilent en hommage aux victimes. Jean-Jacques accompagne cette marche pour la défense des valeurs de la République. Il s'exprime dans *Le Journal du Dimanche*[1] : « Je marche parce que dix-sept de mes compatriotes ne marcheront plus jamais. Je marche parce que l'éducation marche mal. Je marche parce que trop de pères reculent, je marche parce que l'intégration boite, je marche parce qu'il faut avancer. Je marche dans ma rue parce qu'à Marseille les partis politiques n'ont pas su marcher ensemble. »

Surmonter l'horreur, résister, poursuivre vaille que vaille, véhiculer l'espoir sont les réponses opposées à la terreur et

1. *Le Journal du Dimanche*, 11 janvier 2015.

au fatalisme. C'est pourquoi, selon l'adage *Show must go on !* Jean-Jacques mobilise ses troupes pacifiques. Le spectacle *Sur la route des Enfoirés* est enregistré le 26 janvier 2015 pour être diffusé sur TF1 en mars. Il est très bien reçu par le public. La chanson *Toute la vie*, écrite et composée pour cette édition par Jean-Jacques, est dans les bacs des disquaires depuis le 9. Or, vers la fin février, les réseaux sociaux voient enfler une polémique peu ragoûtante. Jean-Jacques y est conspué à propos du titre *Toute la vie*. Les médias relayent l'information et ajoutent leur grain de sel. On l'accuse d'être anti-jeunes, de véhiculer des idées réactionnaires. La chanson lui vaut de sévères critiques qui vont certainement précipiter son départ de France. Est dénoncé le ton paternaliste et donneur de leçon. Jean-Jacques s'en défend et assume : « C'est une chanson dans laquelle des adolescents reprochent aux générations qui les ont précédés l'état du monde qu'ils leur laissent : pollution, chômage, violence, dette, misère… Les Enfoirés jouent le rôle des adultes qui leur répondent comme trop souvent en se dédouanant et avec mauvaise foi, mais en espérant qu'ils feront mieux. Le fait que la jeunesse nous demande des comptes me semble la moindre des choses. Le fait que la chanson se termine en faisant confiance à l'avenir aussi », explique-t-il dans une lettre ouverte.

Jacques Attali écrit sur son compte Twitter, le 26 février : « J'ai toujours détesté Les Enfoirés. Leur dernier clip est un monument de vulgarité et de haine des jeunes. Au secours, Michel[1] ! » Il poursuit sa diatribe au *Club de la presse* d'Europe 1 : « Peut-être que le mot détester Les Enfoirés est excessif, mais je le maintiens[2]. » Arguant que la « démarche des Enfoirés est obscène », il donne des leçons : « On ne se met pas en scène quand on fait la charité. » Il se rattrape aux branches : « J'ai beaucoup d'admiration pour Jean-Jacques Goldman, j'ai beaucoup d'amis dans le groupe des Enfoirés. » Qui l'eût cru ? Il remet une couche : « Quand on fait quelque chose de géné-

1. 26 février 2015.
2. *Club de la presse*, Europe 1, mars 2015.

reux, on ne doit pas le dire. [...] Je trouve ça obscène. » À propos de la chanson *Toute la vie*, il a bien sûr ses critères : « Elle est d'un mauvais goût incroyable. Elle dit tout le contraire de ce que disent Les Restos du Cœur. [...] Les jeunes ne parlent pas comme ça. Ils ne veulent pas la caisse des vieux. » Il est affirmatif dans son analyse du texte : « ... c'est les nantis contre ceux qui ne le sont pas. C'est tout le contraire de ce que doit être l'image des Restos du Cœur, tout le contraire de ce qu'était Michel [Coluche]. »

« Jean-Jacques Goldman est-il un vieux con ? » interroge *Le Figaro.fr.*

« Jean-Jacques Goldman est-il devenu un "vieux réac" ? » titre le magazine *Challenges.*

Artistes et amis volent à son aide. Pour Maxime Le Forestier, au micro d'Europe 1[1], cette polémique est « un malentendu » dans la chanson « les vieux sont aussi cons que les jeunes ». Il est consterné par : « La montée de l'intolérance et de la connerie. » Il rappelle l'engagement de Coluche : « Ce qu'il voulait, c'était donner à manger aux gens » et souligne : « Je pense que quand on sait pourquoi on fait "Les Restos du cœur", on reste dans cette optique-là. » Marc Lavoine écrit sur son compte Facebook[2] : « Il est des injustices plus cruelles que d'autres quand elles s'attaquent à des êtres doux et fraternels. Accuser Goldman d'être réactionnaire, par-delà son caractère absurde, c'est aussi vouloir empêcher un artiste de jouer avec ses mots pour tenir à distance les maux qui nous gangrènent : refus de la faim et de la misère, refus têtu, obstiné, de toutes les discriminations. [...] Accuser Goldman, c'est vouloir nuire à ceux qui créent du lien et du sens. Comme une nuit de l'esprit. » Il renouvelle son soutien au collectif : « Aujourd'hui plus encore je me sens un Enfoiré. ».

Serge Lama[3] arrive à la rescousse et poste lui aussi sur Facebook : « Je voudrais essayer de ne pas me laisser emporter

1. Europe 1, 27 février 2015.
2. Facebook, 27 février 2015.
3. Facebook, 1er mars 2015.

par une plume aisément pamphlétaire. Non, simplement parler du bon homme Goldman, de l'honnête homme, au sens du XVIIIe siècle. Je le connais peu, je ne peux donc pas me prévaloir d'être ni son ami, pas même son copain. Simplement, j'ai participé à un certain nombre de Restos du Cœur, j'ai observé un homme exemplaire tant dans son comportement que dans la qualité humaine qu'il mettait à guider n'importe lequel d'entre nous, star ou débutant, sur le bon chemin, dans tel ou tel numéro. Il s'adresse à vous toujours avec une délicatesse, une politesse extrême, en tenant compte des susceptibilités de chacun dont son regard omniprésent a pris la mesure. Tous les grands jouent souvent aux petits chefs, lui, jamais. Il est responsable ; son humilité, alliée sans doute à une certaine timidité, n'est pas feinte et pourtant je vous assure que quand on y regarde de plus près, on ressent que ça bout parfois à l'intérieur.

Un panel de Français l'a nommé depuis deux ans *homme de l'année*, ça prouve que le peuple, qu'il ne faut pas confondre avec la foule, a du bon sens et de la reconnaissance.

Jean-Jacques, depuis les années 1980, offre sa plume aux plus démunis, aux oubliés de la société, à ceux qui marchent seuls, aux petites vieilles qui jettent des miettes sur leur balcon pour nourrir les pigeons, puis se noient dans leur télévision. Il a depuis longtemps choisi son camp, quitte à sacrifier une écriture qu'il aurait pu hisser vers un ton plus littéraire, je sens qu'il en avait les capacités. Il a écrit pour être compris par ceux à qui il s'adresse. C'est un noble sacrifice car Jean-Jacques a de la fierté et peut-être même de l'orgueil.

Il y a de la rigueur du saint chez Jean-Jacques par les choix drastiques qu'il a faits dans sa vie. Une discipline qu'il s'applique à lui-même tous les jours. Sa vigilance n'est jamais prise en défaut et le peu qu'il se hasarde à dire, il le pense sans détour.

Quand Brassens, interprété par Maxime Le Forestier, proclame qu'il veut "mourir pour des idées mais de mort lente", Goldman se fâche tout rouge à la télévision et dit tout haut qu'il y a des idées dont il pense qu'elles méritent qu'on meure pour elles. Et pourtant Dieu sait que ces deux-là (j'ai bien connu

Brassens) auraient été vraiment faits pour s'entendre. Georges était un véritable anarchiste, Jean-Jacques peut-être plus un révolutionnaire, mais leur premier soin, à l'un comme à l'autre, est de se borner à ne pas trop emmerder ses voisins et chacun à sa manière, d'écrire une "chanson pour l'Auvergnat". Pour ma part, je pense qu'il est aussi nécessaire de vivre pour des idées.

Voilà, Jean-Jacques est pour nous la goutte d'eau de l'espoir. Oh ! Elle est ténue, mais dans ces moments difficiles que nos sociétés traversent, on l'accueille avec joie et bienveillance.

Hommes de gauche, et même d'extrême gauche, comment avez-vous eu le culot de taxer de réactionnaire un homme de cet acabit ; un homme dont on est fier quand il vous serre la main ou vous fait avec pudeur un petit compliment.

Les Restos du Cœur est la dernière grande émission populaire qui peut s'apparenter à ce que furent les Carpentier dans les années 1960/1970. Beaucoup de rythme, beaucoup de joie, beaucoup d'émotion, en bref, de la variété.

Si Jean-Jacques quittait les Restos, rien ne serait plus pareil.

Pour dire un mot sur la chanson de cette année : la jeunesse se bat tous les jours dans des combats difficiles, chômage, etc., et dans beaucoup de cas la vieillesse tente de l'aider, bien qu'une grande partie de cette dernière survive avec des retraites misérables, je le constate un peu partout dans la France que je traverse.

Ce qui est certain, c'est que la situation en elle-même n'est pas simple. Il faut unir les anciens et les modernes, dans un combat unitaire, et pour les mêmes valeurs. La liberté, la volonté de l'espoir et un rien d'utopie.

Jean-Jacques, c'est le rameau de la paix et de l'espoir, qu'il tend, aussi mince soit-il.

Traiter Jean-Jacques de réactionnaire et de la part de son propre camp, s'il en a un, est une honte.

Quelle pitié ! Quel désespoir ! Quelle insulte pour les Français qui l'ont choisi !

Et pardonnez-moi, pauvre France !

Serge Lama. »

Julien Clerc se manifeste aussi : « On peut ne pas aimer la chanson, les termes, le clip, trouver que les paroles sont bien-pensantes, mais dire que la chanson est anti-jeunes est complètement con. Elle reflète des débats qui ont lieu dans les familles. Les Enfoirés, on les prend en bloc ou on ne les prend pas. Nous avons la chance de faire notre métier bénévolement. Cela paraît évident, mais ça va mieux en le disant. Et on sait pourquoi on le fait. Comme Maxime [Le Forestier], j'estime que quand je dis oui aux Enfoirés, je suis là et je fais tout pour la cause des Restos du Cœur, c'est ça qu'il ne faut pas oublier. » Il rappelle l'implication de Jean-Jacques : « Il tient ça à bout de bras depuis des années », condamne les détracteurs : « C'est un peu facile d'être derrière son écran et de donner des leçons. Je dis à ceux bien calés derrière leur écran qu'à la place, ils fassent ce que réalisent les Restos[1]. »

Sa réponse, tout en finesse, comme à son habitude, parvient à ses détracteurs via un sketch réalisé pour *Le Petit Journal*[2] de Canal+. Il s'interroge, lui aussi, concernant les leçons de morale de Jacques Attali : la vulgarité n'est-elle pas plutôt de plagier un livre ? faisant ainsi référence aux accusations de plagiat dont fut l'objet Attali à la sortie de son *Verbatim*. À l'époque, celui-ci avait assisté à des entretiens entre François Mitterrand et Elie Wiesel, le prix Nobel de la paix. Il avait repris quarante-trois extraits dans son livre non sans avoir changé les lieux et les dates. Elie Wiesel avait déploré ces emprunts dans les colonnes de *Libération*.

Autodérision et second degré font de ce sketch un moment de télévision des plus savoureux. Le scénario s'articule autour de deux journalistes, sous les traits d'Éric et Quentin, qui agressent l'artiste. Il est traité de « réac », totalitaire, anarchiste, complotiste, paranoïaque, antisémite (un comble !) chaque fois qu'il tente de répondre à leurs questions.

---

1. *L'Union*, 3 mars 2015.
2. *Le Petit Journal*, 4 mars 2015.

— On dit de votre chanson *Toute la vie* qu'elle est réactionnaire et anti-jeunes. Vous répondez quoi à cela ?

— Je suis un peu surpris parce que le thème de la chanson, c'est quand même, au contraire, des jeunes qui demandent des comptes aux adultes.

— Vous vous rendez pas compte que c'est réac ?

— Non, franchement, non, je ne m'en rendais pas compte.

— Ben, voilà, le principe d'un réac, c'est de ne pas se rendre compte qu'il est réac, lance un journaliste.

— Un classique, lui rétorque son homologue.

— Ah bon ? ose Jean-Jacques.

— Et dire aux jeunes de se bouger, c'est pas réac ?

— Mais mon père, il me disait des fois, bouge-toi.

— Votre père était réac ?

— Papa était réac ?

— Ouhai ! Vous dites à vos enfants de se bouger aussi ?

— Bien, oui. Je leur dis aussi, je sais pas moi, de ranger leur chambre. [...] En fait, c'est quoi d'être réac ?

— C'est de penser que la vie c'était mieux avant.

— Mais la chanson ne dit pas du tout que la vie était mieux avant. [...] Et le fait que la chanson se termine avec « C'est à ton tour et vas-y », c'est-à-dire on dit aux jeunes vous allez prendre notre place peu à peu, c'est réac, ça ? Vous allez prendre le pouvoir.

— Prendre du pouvoir, c'est du totalitarisme. Vous êtes totalitariste ?

— Mais non. Ils font ce qu'ils veulent, affirme Jean-Jacques.

— Anarchiste. Vous êtes anarchiste.

— Vous êtes anarcho-réac.

— Oh là là... C'est un complot, s'interroge le chanteur en se touchant le front.

— Eh bien, il est complotiste en plus.

— Anarcho-réaco-complotiste ! Bon, on aura tout vu.

JJ demeure stoïque. [...]

— C'est juste une chanson. Vous ne pensez pas qu'on cherche juste un petit peu trop la petite bête ?

— Il est paranoïaque.

— Paranoïaque et réac. Classique.

— Est-ce que je peux dire, juste, que cette polémique me touche.

— Ça vous touche d'entendre Jacques Attali dire que Les Enfoirés sont un monument de vulgarité ?

— Vous savez ce que c'est la vulgarité ? insiste un journaliste.

— Je ne sais pas, moi. Plagier un livre ? interroge Jean-Jacques.

— Ah non, hein. Ah, non, ça, c'est pas vulgaire. [...] Bref, pour résumer vous êtes anarcho-réaco-complotiste.

— Et à mon avis, il est même antisémite.

— Ah, non, non, moi je respecte toutes les religions. Vraiment, affirme Jean-Jacques.

— Prosélyte, pointe du doigt un journaliste. [...]

Dans un reportage pour la télévision, en 1975, Coluche exposait son analyse concernant les aléas de la célébrité : « Au début, on se dit "Ah ! Merde, les gens me reconnaissent dans la rue, c'est formidable !" [...] Après ça, il y a une période où ça fait franchement chier et puis une période où l'on se dit « c'est de notre faute à nous ». On fait un métier public. On a voulu le public. On l'a ! Si on n'en voulait pas, on avait qu'à rester chez nous dans notre cuisine. Personne ne serait jamais venu nous chercher. [...] Le principe, c'est que tu ne peux pas en vouloir au mec qui te tape dans le dos d'être le cinquantième puisque, lui, c'est la première fois qu'il te tape dans le dos. » CQFD.

La publication des résultats d'un sondage par *Le Parisien*[1] remet les pendules à l'heure : « Quel que soit leur âge, les Français soutiennent Les Enfoirés dans la tourmente. Selon notre sondage Odoxa[2] pour *Le Parisien* et *Aujourd'hui en France* à paraître ce dimanche, ils sont 77 % à avoir une bonne

1. *Le Parisien*, 7 mars 2015.
2. Sondage réalisé par Odoxa les 5 et 6 mars auprès de 1 018 personnes représentatives de la population, âgées de 18 ans et plus. Méthode des quotas.

opinion des artistes qui chantent pour Les Restos du Cœur. Si elles aiment moins *Toute la vie*, la chanson qui a déchaîné depuis le début de la semaine les critiques sur les réseaux sociaux, que les autres, 84 % des personnes interrogées ne sont pas choquées par ce titre de Jean-Jacques Goldman, accusé par ses détracteurs d'être réactionnaire. [...] *Toute la vie* est jugée "en phase avec les reproches que font les jeunes au monde adulte (62 %) et motivante pour les inciter à se battre et croire en l'avenir (62 %)" [...] Même si la moitié des Français la trouvent simpliste (49 %), ils ne la trouvent pas maladroite ni donneuse de leçons (55 % pensent que ce n'est pas le cas), encore moins provocatrice (66 % disent qu'elle ne l'est pas) et insultante pour la jeunesse (84 % réfutent cette critique). Enfin, si Les Enfoirés ne sont pas intouchables (61 % des sondés estiment légitime de les critiquer s'ils disent des bêtises), 6 Français sur 10 (61 %) se disent choqués par la sortie de Jacques Attali. [...] Entre Jacques Attali et Jean-Jacques Goldman, "il n'y a pas match", souligne Odoxa. 87 % des Français préfèrent Goldman à Attali ! »

TF1 propose un *Grand Reportage*[1] sur les coulisses du dernier spectacle des Enfoirés. C'est l'occasion pour Jean-Jacques d'annoncer : « Cette émission a vingt-cinq ans. Ceux qui font ça depuis le début, maintenant, ils ont entre soixante et soixante-cinq ans. Le grand chantier, c'est de préparer l'avenir, c'est-à-dire d'impliquer les nouveaux, non pas uniquement sur le plan de la participation, mais aussi celui de la conception et de nous effacer petit à petit » et d'expliquer : « C'est ce qu'on est en train de faire, en particulier cette année : il y a des tableaux qui sont pris en charge entièrement par des nouveaux. On va voir si le miracle continue. »

Le passage de flambeau est discret, mais ferme. Ce qui ne manque pas d'inquiéter Michèle Laroque qui s'exprime au micro d'Yves Calvi, dans *RTL Matin*[2] : « Ce serait dramatique.

1. *Grands Reportages*, 7 mars 2015.
2. *RTL Matin*, 13 mars 2015.

Il [Jean-Jacques Goldman] est une caution morale incroyable pour nous. C'est un peu le sage. Celui que l'on va voir quand il y a une petite crise. Je ne sais pas comment on peut faire sans lui. [...] Combien de fois je suis arrivée en répétition en disant "Je ne peux pas chanter cette chanson ! Je ne suis pas chanteuse hein !" En deux secondes, il me dit : "Mais si, regarde." Et puis il me convainc de tout. Il n'a pas ce pouvoir-là seulement sur moi. Il l'a sur tous. » Pascal Obispo se refuse à y croire : « Pour gérer un grand groupe, il faut pouvoir être respecté par tout le monde. [...] Jean-Jacques a cette légitimité, nous sommes ses soldats. [...] Il est irremplaçable. » Pourtant... Le concert des Enfoirés, diffusé sur TF1, le 13 mars, a pour thème *Sur la route des Enfoirés*. « On a choisi ce thème-là parce qu'il me semblait d'actualité, explique Jean-Jacques. L'an dernier avec la chanson *À quoi ça sert l'amour*, on s'est rendu compte que le fait que Les Enfoirés parlent à des enfants était bien dans l'esprit, celui de la transition... »

Selon les sondages, le spectacle accuse une baisse d'audience que *Le Monde*[1] commente ainsi : « Malgré la polémique liée à la dernière chanson de Jean-Jacques Goldman, le concert a tout de même réuni vendredi soir 10,8 millions de spectateurs. [...] Avec 10,8 millions de téléspectateurs, soit 48 % de part d'audience, la 26e édition de ce show télévisé, qui réalise chaque année des records d'audience, a fait moins bien que l'édition 2014, qui avait réuni 12,2 millions de téléspectateurs (52,2 % de parts d'audience). [...] En 2014, Les Enfoirés ont rapporté aux Restos du Cœur [...] près de 23 millions d'euros, soit 12,5 % d'un budget déficitaire de 7 millions, après avoir servi 130 millions de repas à un million de personnes. »

Paris-Match[2] réalise un long reportage sur Jean-Jacques. Il ne cesse d'intriguer. Que fait-il ? Comment occupe-t-il sa retraite ? *Quid* de sa nouvelle famille ? Ce genre d'investigations occupe régulièrement les chroniqueurs. Les lecteurs sont

1. *Le Monde*, 14 mars 2015.
2. *Paris-Match*, 17 août 2015.

friands de scoops. Des journalistes ont tenté de le suivre pas à pas : « Huit heures sonnent. Comme chaque matin, Jean-Jacques Goldman accompagne ses filles à l'école. À Marseille, dans un lotissement du 8e arrondissement, sa maison – une villa moderne entourée de pins – se trouve à quelques mètres de l'établissement public où sont inscrites Maya (neuf ans), Kimi (huit ans) et Rose (six ans). En polo, short et baskets, leur papa entretient une silhouette athlétique et un style passe-partout. Depuis 2004, il pratique à plein temps un job qui lui sied, celui de père au foyer. En fin d'année, il anime l'atelier "chamboule-tout" de la fête de l'école et, presque tous les après-midi, il joue avec ses petites dans un square. Ce 1er octobre 2013, entre deux activités extrascolaires, il envoie par e-mail des mots simples et aimables : "Le temps me manque terriblement, j'ai tant à faire. Pardon de ne pas en avoir pour bavarder." [...] Son existence réglée s'organise autour des enfants et du sport. À soixante-deux ans, Jean-Jacques a laissé tomber le tennis et la moto, qu'il pratiquait à un haut niveau. Il court trente minutes tous les jours et s'inscrit chaque année aux vingt kilomètres de la course à pied reliant le stade Vélodrome au port de Cassis. Fan de foot, il avait pour habitude de programmer ses concerts en fonction des championnats pour ne pas rater les matchs. Il a désormais le temps de se rendre au stade. Le soir, il emmène Nathalie dans de bons restaurants. Au concert, il paie sa place et, debout, se mêle au public dans la fosse. [...] Un événement particulier l'a obligé, le 7 septembre dernier, à bousculer son emploi du temps d'ermite. Le mariage de sa deuxième fille. Nina, vingt-huit ans, est née d'un premier mariage avec Catherine, une psychologue dont il a deux autres enfants, Caroline et Michael. À Antibes, des passants ont aperçu le père de la mariée, chemise grise et costume sombre, souriant sur le parvis de la mairie sous une pluie de pétales blancs. De sa famille, Jean-Jacques Goldman attend la même pondération, peu importe l'occasion. "On nous avait demandé le secret absolu", affirme l'attaché de presse du maire à propos de la cérémonie. Une employée d'un café voisin a raconté : "Naturellement, des passants qui faisaient leur marché ont reconnu Goldman. Certains ont pris des photos, mais personne n'a osé lui réclamer un autographe."

Il y a, lâche un de ses collaborateurs, "un système Goldman" à la tête duquel on trouve, en coulisses, l'artiste et, sur les devants, son frère cadet, Robert, gestionnaire de ses éditions et de son patrimoine. La fratrie s'étend au-delà des liens du sang. Parmi les fidèles, on compte Chalandon et Jones, le musicien Erick Benzi, Alexis et Xavier Grosbois, respectivement conseiller et concepteur de ses décors. Ils forment autour de la star un mur de protection, un paravent de discrétion, ne parlant aux journalistes qu'après avoir demandé à Jean-Jacques l'autorisation – accordée en général. [...]

Éduqué dans la sobriété, il est devenu l'un des plus fortunés de l'industrie musicale. Il toucherait, selon *Capital*, jusqu'à dix millions d'euros les années où il sort un disque ; deux fois moins quand il lâche son micro. [...] En France, on compte en moyenne soixante-dix diffusions quotidiennes de ses chansons. La Sacem lui verserait ainsi plus de deux millions d'euros par an, "des droits désormais supérieurs à ceux des ayants droit de Ravel et de son fameux *Boléro*". De l'argent que Goldman investit dans la pierre, achetant des appartements à Paris. Sympathisant socialiste, fidèle à une certaine idée de l'anticapitalisme, favorable à la redistribution des richesses, Goldman s'est plusieurs fois déclaré contre la notion d'héritage. Impossible de savoir si aujourd'hui, père de six enfants, il garde la même conviction. »

Dans la soirée du 13 novembre 2015, les terroristes ont frappé de nouveau, laissant cent trente et un morts et quatre cent treize blessés. Jean-Jacques apprend avec stupeur la série d'attaques simultanées perpétrées à Paris et à Saint-Denis quelques mois après l'attentat contre *Charlie Hebdo*. Trois hommes, introduits dans la salle de concert du Bataclan, ont tiré sur les spectateurs faisant quatre-vingt-neuf morts. La BRI et le Raid interviennent en fin de soirée pour libérer les otages et abattre les terroristes. Il s'agit des attentats les plus meurtriers jamais commis en France. Le public n'a plus le cœur à la fête. La fréquentation des salles de spectacle s'effondre dans les semaines qui suivent. Les tournées des spectacles en province sont maintenues. Les organisateurs sont plus vigilants. La sécurité est désormais au centre de leurs préoccupations.

Dans la nouvelle salle de Bercy, lors d'un changement de décor durant un entracte du concert *Au rendez-vous des Enfoirés*, en janvier[1], Jean-Jacques monte sur scène. Vêtu d'un t-shirt blanc et d'une salopette, guitare en main, en compagnie de son complice Michael Jones, il interprète *Encore un matin*. Le public est en délire. "Merci. Bonne soirée à tout le monde", lance-t-il à la fin du morceau avant de s'éclipser avec discrétion. Une dernière apparition, en fait… Il ne va pas tarder à tirer sa révérence. Il tenait sans nul doute à offrir ce cadeau, sans tambour ni trompette, à tous les bénévoles et fidèles des Restos. Il a atteint la limite qu'il s'était fixée : trente ans de bons et plus que loyaux services à la cause. Il passe la main pour Les Restos. Son empreinte demeure ne serait-ce qu'à travers la chanson emblématique des Enfoirés. « Personne n'imaginait que Les Restos prendraient une telle ampleur et qu'ils survivraient à Coluche, s'émerveille-t-il. Personne n'avait prévu un tel destin. Cette chanson est liée aux Restos, c'est un peu son générique. Et chaque fois qu'elle est jouée à la fin des Enfoirés, elle rassemble et donne de l'énergie[2]. »

La nouvelle tombe en mai 2016. C'est officiel. Jean-Paul Chaluleau, de *L'Indépendant*, a recueilli la parole de Jean-Jacques : « 2016 est une échéance que je vois venir depuis quelques années. Ce sont les trente ans de la chanson, mais également l'année de mes soixante-cinq ans. On prépare la relève depuis quelques éditions aux Enfoirés. Une équipe rajeunie prend de plus en plus les choses en main et de jeunes artistes s'impliquent. 2016, à soixante-cinq ans et après trente ans d'Enfoirés, je crois qu'il est temps de passer la main. Je n'ai

1. 20 au 25 janvier 2016, Bercy Arena, Paris.
2. Entretien avec Jean-Paul Chaluleau, *L'Indépendant*, mai 2016.

plus la créativité, les idées, la modernité que nécessite une telle émission. » Il ne tourne pas complètement la page. « Je vais arrêter quelques années. J'ai l'intention de voyager. Je reviendrai avec plaisir dans quelques années si l'on m'invite et si je suis encore présentable ! »

« Merci », tel est le titre posté par Les Enfoirés sur le site internet[1] des Restos du Cœur. Suit un communiqué : « Nous partageons tous l'émotion provoquée par l'annonce de Jean-Jacques Goldman. Il nous avait fait part de ses intentions depuis quelques années et avait fait en sorte d'organiser la continuité des Enfoirés. Il nous a confirmé son départ il y a quelques jours. Nous comprenons qu'après trente ans de bons et loyaux services, et à soixante-cinq ans, il désire passer la main. Nous tenons au nom de tous les bénévoles des Restos à le remercier chaleureusement pour tout ce qu'il a fait pendant ces trente ans pour Les Restos du Cœur. Nous savons qu'il reste à nos côtés ! Olivier Berthe, Président. Véronique Colucci, Responsable communication & Enfoirés. »

Mimi Mathy, marraine des Enfoirés, avait déjà posté ce commentaire sur sa page Facebook[2] : « Cher patron… je comprends ta décision et la respecte… En fait non, je ne veux pas comprendre et je n'ai pas envie de la respecter ! "J'veux pas qu'tu t'en ailles… j'veux pas qu'tu t'en ailles…"

Les Enfoirés, c'est toi. S'il n'y en a qu'un d'irremplaçable, c'est toi et uniquement toi. Et même si des petits nouveaux nous rejoignent chaque année, même si des centaines de personnes travaillent sur ce spectacle unique au monde… Tu es le seul qui d'un regard, d'un sourire sait en imposer à tous.

Ceux qui prennent un malin plaisir à nous démolir depuis quelques années ne se rendent pas compte de ton travail en amont et des mois de préparation pour que ce show, qui ne vit qu'une semaine par an, soit à la hauteur. Tu bosses depuis trente ans dessus et je peux comprendre tes doutes et ton ras-le-bol, ton envie de vivre autre chose loin de tout ça.

1. Site Les Restos du Cœur, 15 mai 2016.
2. Facebook Mimi Mathy, 14 mai 2016.

Bien sûr qu'on va essayer de continuer sans toi… "puisque tu pars"… mais fais un beau voyage et reviens vite…

"Il suffira d'un signe" et on se retrouvera parce que "tu es de ma famille".

Je t'aime pour toujours et je ne suis pas la seule. »

Michael Jones livre son ressenti dans *Ciné Télé Revue* : « Il s'est mis trente ans au service des Enfoirés, c'est énorme. Il s'occupait de tout le côté artistique. C'était un boulot gigantesque. Tous les soirs, après chaque concert, il revisionnait les images. Il n'arrêtait jamais. Ensuite, comme il le dit lui-même, il était à court d'idées. Il pense vraiment qu'il était temps de passer la main. Il a soixante-cinq ans, comme moi. Mais il n'a pas pris cette décision à la légère. Il n'a pas laissé tomber Les Enfoirés. Il est parti en s'assurant qu'une équipe prendrait le relais. Il a passé la main. Place aux plus jeunes ! » Il n'est pas inquiet quant à la suite donnée à l'organisation des concerts : « Il y a dans l'équipe des gens qui ont le talent et la carrure pour prendre la suite. Mais je ne sais pas encore de qui il s'agira. Ce seront en tout cas forcément des gens qui font déjà partie de la troupe et qui ont la force d'organisation et de gestion artistique pour succéder à Jean-Jacques. Reste qu'il faut des artistes qui aient aussi le temps. […] Il s'est occupé des Enfoirés tout en continuant à sortir ses propres disques et à faire des tournées. Ensuite, Jean-Jacques ne gérait pas tout non plus. La partie humoristique était déjà déléguée à Mimie Mathy, Michael Youn et Kad Merad. Les chorégraphies sont prises en charge depuis plusieurs années par Lorie. Il y a déjà eu une répartition de certaines tâches. » Michael Jones ne pense pas du tout que la décision de Jean-Jacques soit motivée par les attaques dont il fit l'objet, notamment pour la chanson *Toute la vie*. « Sinon il aurait arrêté l'année dernière. Jean-Jacques n'est pas le genre à se laisser berner par les critiques, surtout venant de personnes qui ne font rien pour ceux qui ont faim. Ce qui nous a en fait le plus affectés, c'est que les gens n'ont pas compris le message de la chanson

Toute la vie. Elle était faite dans l'esprit de Coluche et de son sketch *Gérard* où le père alcoolique reproche à son fils de fumer du haschich. Ici, on avait les adultes qui sermonnaient les jeunes alors qu'eux-mêmes sont en partie responsables de la situation actuelle. C'était dans ce sens que le texte devait être compris. Mais on a peut-être commis une erreur dans le clip. On aurait dû mettre des artistes comme M. Pokora ou Tal parmi les jeunes et pas du côté des Enfoirés. Ça aurait mieux passé. »

Les journaux relayent l'information. « Après trente ans d'implication dans le projet impulsé par Coluche avec la création des Restos du Cœur en 1986, l'auteur-compositeur-chanteur de soixante-cinq ans a annoncé son envie de passer la main et laisser d'autres reprendre le flambeau[1]. […] Déjà en retrait de la scène musicale depuis 2002 et *Un tour ensemble*, sa tournée d'adieu, Jean-Jacques Goldman va cette fois se faire beaucoup plus rare : l'artiste, classé plusieurs fois personnalité préférée des Français, va passer la main avec Les Enfoirés… »

Pour *Le Parisien* : « Le choix de tirer sa révérence, tout du moins en ce qui concerne le fameux concert caritatif, est visiblement mûrement réfléchi. »

Selon *Le Point*[2] « Michaël Youn prépare l'après-Goldman. Avec Lorie et Bénabar, l'humoriste prépare la relève pour "faire honneur" à l'héritage de Jean-Jacques Goldman, qui a quitté l'aventure. […] La jeune génération répond présente ! […] les jeunes artistes ont déjà quelques idées pour ranimer la flamme. » Michaël Youn assure au journal : « On va dégager plus de temps avec Bénabar et Lorie pour travailler un peu plus à la conception du *show*. On va se serrer les coudes, on va revenir plus forts, si ce n'est plus. On va se défoncer, pour Jean-Jacques et pour les gens qui en ont besoin. […] Ça lui prenait beaucoup de temps de s'occuper des Enfoirés, reconnaît-il. C'était quasiment six mois de son année. Je n'ai pas six mois, mais je vais donner le maximum. On va tous travailler un petit

1. *L'Alsace*, 13 mai 2016.
2. *Le Point*, 9 juin 2016.

peu plus pour qu'en janvier prochain, vous ayez un *show* top, qui continue à convaincre les gens d'acheter le CD et le DVD. » Pas d'inquiétude donc, tout va être mis en œuvre pour assurer au maximum : « Ça va être difficile, mais on va faire sans lui. On va essayer de lui faire honneur. De lui montrer qu'il n'a pas tenu la barque pour rien pendant trente ans. Qu'on ne va pas abandonner maintenant qu'il n'est plus là[1]. » Pas question de le remplacer : « Que ce soit clair : on ne remplace pas Jean-Jacques Goldman, qui a un cœur et un cerveau beaucoup plus gros que le mien. On ne s'est pas dit : Tiens, qui va remplacer Jean-Jacques ? On n'essaie pas de le remplacer[2] ! »

Pour Jean-Jacques, la sortie en France, le 24 mai 2016, de la chanson *Encore un soir* de Céline Dion est assez bouleversante. L'époux et manager de la diva est décédé après de longues années à lutter contre le cancer. Jean-Jacques pensait avoir tout écrit pour Céline ; or il n'en était rien. Plus que de l'amitié, un devoir l'obligeait à l'ultime offrande à ce couple exceptionnel qui avait porté si haut et si loin l'art de chanter. C'est un événement pour les fans de Céline et de Jean-Jacques. Ils sont de nouveau réunis ! En trois jours, le titre se classe numéro un des ventes en France, le CD est *single* de platine avec plus de vingt millions de ventes dans le monde.

Il faut se souvenir qu'un an auparavant, à des milliers de kilomètres de Marseille, à Las Vegas, Céline Dion accompagnait son mari René vers l'inexorable. Il était condamné. Néanmoins, il poussait celle dont il avait fait une star mondiale à programmer un album en français. Ils évoquèrent bien sûr Jean-Jacques. Elle en convient : « Jean-Jacques fait partie de mes bagages. Jean-Jacques a tout écrit pour moi et sachant que je voulais enregistrer un nouvel album français, je me suis permis de lui faire un petit coup de fil, en lui disant, écoute Jean-Jacques, je ne veux pas abuser, je sais que tu as tout écrit pour moi, je t'en suis super reconnaissante. Mais ce qu'on vit

1. *Le Point*, 9 juin 2016.
2. *Le Point*, 9 juin 2016.

en ce moment est tellement important… si jamais tu peux me donner un petit peu de ta petite magie, ta petite touche. C'est un sujet très délicat. De quelqu'un qui se bat très fort pour sa vie. C'est le début d'une nouvelle vie. Il a accepté tout de suite. Ça m'a énormément émue[1]. » Le compositeur saisit sa supplique : « Elle est venue avec une idée. C'est elle qui m'a demandé, est-ce que tu peux faire une chanson qui parle du temps qui passe, quoi ? Et puis en y réfléchissant, voilà, cette chanson m'est venue. Donc, je lui ai proposé. »

Sur la maquette adressée par Jean-Jacques, les paroles de la chanson *Encore un soir* scandent le tic-tac d'une horloge, chaque seconde résonne… Céline et René sont terriblement ébranlés : « J'ai écouté ça, et puis je me disais : encore un soir, encore une heure, encore un baiser… encore l'espoir, encore une fois, remarque Céline. C'est large comme thème. Parce que, si on pense à nous, ça nous colle à la peau, mais ça peut être facilement encore un jour de vie ? Ça peut parler de gens qui ont de la difficulté à garder leur couple en vie. Ça peut être la mort. […] encore une larme de bonheur, encore une chanson, encore un spectacle. […] J'ai appelé Jean-Jacques en lui disant écoute, je peux pas te dire merci, il n'y a pas de mot. Je t'ai dit "merci" il y a douze ans pour tout ce que tu as fait pour nous. Mais ce que tu fais pour nous maintenant, ça prend une telle importance. C'est pas juste une chanson, c'est un moment important, alors merci[2]. » Elle renchérit : « Il n'y a rien à y changer… Il n'y a jamais rien eu à changer avec Jean-Jacques. Je n'écris pas mes chansons, je suis à la merci des textes, et je peux parfois ne pas être à l'aise avec certaines phrases, mais avec Jean-Jacques, il y a une complicité : on n'a même plus besoin de se parler, plus besoin de se rencontrer pour interpréter. » René entendit l'enregistrement. Il ne pouvait plus parler, mais il exprima toute sa joie et sa satisfaction : « Jean-Jacques m'a préparé un beau départ », rapporte son épouse. René Angélil passa de vie à trépas le 14 janvier 2016.

1. Émission spéciale *Maintenant*, TVA, mai 2016.
2. Émission spéciale *Maintenant*, TVA, mai 2016.

S'il a choisi de résider à Londres afin de compléter la culture générale de ses filles, Jean-Jacques demeure néanmoins fidèle à sa patrie. Les blessures qu'on lui inflige et les images retransmises par les médias s'impriment dans son inconscient, comme en ce 14 juillet 2016 lorsque à l'issue du feu d'artifice tiré sur la Promenade des Anglais pour la fête nationale, un homme au volant d'un camion fonce sur la foule sur près de deux kilomètres, avant d'ouvrir le feu. Le bilan est terrible : quatre-vingt-six morts, quatre cent cinquante-huit blessés. Il communie par la pensée avec ses compatriotes. Dans sa *Lettre à France*, Michel Polnareff chantait : « Tu n'es pas toujours la plus belle/et je te reste infidèle/Mais qui peut dire l'avenir de nos souvenirs/Oui, j'ai le mal de toi parfois même si je ne le dis pas/L'amour c'est fait de ça. » Jean-Jacques, lui, continue de payer ses impôts en France. Il assure qu'il trouve logique de reverser 60 à 70 % de ce qu'il gagne à l'État. « Une autre chose me choque également, c'est l'extrême tolérance des gens sur l'évasion fiscale quand des artistes ou sportifs populaires vont habiter en Suisse, strictement pour des raisons fiscales », faisait-il remarquer dans *Les pères ont des enfants.* Il tire des leçons des erreurs du passé où, selon lui, il ne s'est peut-être pas suffisamment occupé de ses enfants. Désormais, il entend bien accorder toute son attention à l'éducation de ses filles. Il a révisé sa copie et s'en explique avec Alain Etchegoyen[1] : « … pour commencer, du temps d'éducation. C'est là que j'essaierai de m'améliorer le plus aujourd'hui. Apprendre à nager, faire de la musique ensemble, aller au cinéma, faire des courses, apprendre à changer une rustine, des choses banales, mais je crois que c'est grâce à ça qu'un jour votre enfant pourra vous parler d'un problème existentiel ou plus intime. Si vous n'avez pas réparé les pneus, si vous n'avez pas montré comment on coupe du bois, le dialogue ne se fera pas. » De là à se comporter en papa-poule, tant s'en faut. Il tient à rappeler la place du père dans un foyer : « … son rôle premier, celui qui est

1. Alain Etchegoyen, *Les pères ont des enfants. Dialogue entre deux pères sur l'éducation*, Le Seuil, 1999.

vraiment fondamental, reste un rôle d'autorité et de règle. Il n'y a pas d'éducation sans conflit. » Même, s'il en convient : « … c'est un peu à nous aussi de faire la cuisine, de débarrasser. […] N'est-on pas en train d'inventer une façon d'être père qui fasse un peu l'amalgame entre l'autorité et la proximité ? […] Il me semble que pour un enfant, il vaut mieux avoir à se heurter que de n'avoir rien en face de soi qu'un ventre mou qui accepte tout, tolère tout, n'indique jamais de limites, ne donne aucun repère. » Il se rappelle qu'avec ses aînés il avait établi des règles strictes : « Nous, ce que nous avions organisé – et qui va avec l'apprentissage de la règle –, c'était une discussion sur ce qu'ils souhaitaient et ce que nous, adultes, souhaitions. Une fois que tout était décidé d'un commun accord, c'était affiché dans la salle de télé et chacun s'y tenait. Vous avez droit à une demi-heure tel jour, telle émission, et puis il y avait négociation certains soirs en fonction de l'émission, c'est-à-dire la possibilité de déroger si une émission était particulière[1]. » Il maintient ses principes concernant l'héritage qui, selon lui, « est une chose absolument inique, au-delà même de l'aspect moral, c'est-à-dire de son injustice : il se trouve que, avec mon métier, je rencontre des gens d'autres milieux et je vois les ravages des fortunes héritées sur les individus. Ce sont des désastres humains sur des individus qui avaient plein de possibilités, mais qui ne se sont jamais heurtés à la réalité à cause de cette espèce de coussin de fumée d'argent qui leur permet de vivre dans un monde virtuel pas du tout heureux, juste confortable ». Cette sécurité lui fait dire qu'il s'agit « d'un renoncement aux risques et à la douleur. On peut dire que l'argent est un peu le Prozac, peut être un Prozac de l'existence ». Pour éviter cela à ses enfants, il affirmait en 1999 : « J'ai dit que je dépenserai tout ! Bien sûr, dans les faits, je leur rends la vie plus facile parce que je suis père […] ils ont un budget qui correspond au budget de leurs copains étudiants. Ma fille aînée est obligée de travailler un jour par semaine pour vivre convenablement.

1. Alain Etchegoyen, *Les pères ont des enfants. Dialogue entre deux pères sur l'éducation*, Le Seuil, 1999.

[…] Quand j'ai dit à mon fils aîné que je lui supprimais son argent de poche parce que je pensais qu'il ne remplissait pas son contrat, il m'a finalement dit que j'avais raison. Enfin… il m'a dit que je n'avais pas tort ! Ma fille aussi m'a remercié un jour de lui avoir enlevé cinq cents ou sept cents balles de son mois, de façon à ce qu'elle ait à travailler un jour par semaine pour les gagner. Elle m'a remercié parce qu'elle vivait des choses très intéressantes en gardant des mômes[1]. » À ceux qui insistent, voudraient savoir ce qu'il léguera à ses enfants, il martèle que l'argent, ça se gagne. Il n'y a pas à attendre le décès d'un parent pour qu'il tombe tout cuit dans l'escarcelle. « Il n'y a que les routes qui sont belles. C'est accéder à quelque chose qui fait les épices et l'intérêt d'une existence et pas le fait de les avoir[2]. » Reconnaissons qu'en dépit de sa notoriété, il a réussi à maintenir un équilibre entre sa vie professionnelle et sa vie personnelle tant son désir de préserver un espace qui lui est propre, loin des regards indiscrets, l'a obsédé sa vie durant. Son choix de protéger sa sphère privée reflète son attachement à des valeurs familiales profondes.

Mireille Dumas se plaît à enquêter sur trois figures incontournables de la pop française. Elle réalise un documentaire *Goldman, Balavoine, Berger : quand on est ensemble*, diffusé le 4 novembre 2016. Elle y retrace leurs vies, leurs parcours, leurs carrières et donne la parole à leurs proches. « Ce film inédit, précise France 3, croise habilement la vie de ces trois anti-stars et nous fait découvrir sous un jour nouveau ces personnalités hors du commun. » C'est pour nous l'occasion d'entendre Jean-Jacques évoquer la mémoire de son frère Pierre : « C'est probablement quelqu'un qui a compté, comme tous les gens qui te sont proches ou qui sont de ta famille parce que tu essaies de les comprendre, parce que tu vis leurs paradoxes, leurs mystères. Et Pierre, c'est un mystère. J'étais un

1. Alain Etchegoyen, *Les pères ont des enfants. Dialogue entre deux pères sur l'éducation*, Le Seuil, 1999.
2. *Fréquenstar*, M6, 1998.

peu atypique aussi dans la famille dans le sens où moi j'étais politiquement musicien. Et ceci dit j'étais intéressé par les conversations à table, les événements dans le monde parce que c'était la culture familiale. Mais bon, c'était toujours dans une ligne sociale traître comme il disait. Moi, je dirais simplement anti-social démocrate classique. »

Jean-Jacques Goldman, de l'intérieur, un nouveau documentaire proposé par France 3, occupe la soirée de nombreux Français le 15 septembre 2017.

Bien malgré lui, Jean-Jacques suscite maints projets mettant non seulement en avant ses créations, mais servant surtout à placer dans la lumière des artistes en mal de reconnaissance ou de renaissance. *Télé 2 semaines*, comme d'autres magazines, assurent la publicité du concert *Goldman : 40 ans de chansons*, enregistré durant l'été 2017 à la Seine Musicale à Boulogne-Billancourt et diffusé le 26 janvier 2018 sur TF1. Au prétexte de rendre hommage au chanteur, ils reviennent sur « Quarante ans de chansons et des dizaines de succès pour celui qui a gravé son premier 45 tours en 1976. Aujourd'hui, 26 janvier à vingt et une heures, les tubes de Jean-Jacques Goldman vont résonner sur TF1 dans l'émission *Goldman : 40 ans de chansons*. Qu'ils l'aient côtoyé ou qu'ils l'aient juste admiré, qu'ils soient de sa génération ou beaucoup plus jeunes, un festival de stars a répondu présent en juin 2017 à l'appel de Nikos pour célébrer la longue carrière de l'illustre auteur-compositeur-interprète. [...] Tandis qu'une certaine Céline Dion fera l'honneur de sa présence sur le plateau[1]. »

La star québécoise a lancé sa tournée estivale européenne *Live 2017*, à Copenhague[2] (Danemark), à la Royal Arena. Elle a pris ses quartiers, à Paris, au Royal-Monceau[3] où ses enfants et leurs accompagnants ont désormais leurs habitudes. Il est convenu qu'elle se rende grâce à son jet dans les villes choisies pour donner son spectacle puis qu'elle regagne Paris dans

1. *Télé 2 semaines*, 26 janvier 2018.
2. [15 juin 2017]
3. [14 juin 2017]

la nuit. Pour le final de son *show*, elle traverse toute la salle, rejoint la régie technique et chante *Pour que tu m'aimes encore*, version guitare-voix. Stéphane Le Tavernier, président de Sony Music en France, lui remet un disque de diamant pour sept cent mille exemplaires vendus en France de son album *Encore un soir*. Les concerts parisiens coïncident avec la Fashion Week à laquelle elle apprécie tant de participer, mais elle a consacré le temps nécessaire à l'enregistrement de sa prestation pour le concert hommage à son ami Jean-Jacques.

Goldman écrira-t-il de nouveau pour Céline ? questionnent les échotiers. Dans l'ouvrage *Fredericks-Goldman-Jones, De l'intérieur*[1], Christophe Battaglia souffle à l'auteur : « Si on lui demande une chanson et qu'il a une idée et que ça l'intéresse, il le fait. C'est ce qui s'est passé avec Céline pour *Encore un soir*, même si, dans ce cas de figure, l'idée n'était pas de lui, mais de Céline. Jean-Jacques n'a pas encore coulé ses oreilles dans le béton. Mais ce n'est pas un secret de dire que Jean-Jacques est plus près de la fin que du début. Il suffit de regarder son parcours, son âge. C'est plus l'occasion qui fera le larron, comme on dit ! »

Véronique Colucci est emportée par la maladie, le 6 avril 2018. Elle œuvrait depuis plus de trente ans aux Restos du Cœur avec discrétion. Lorsqu'elle est portée en terre, au cimetière de Montrouge, Jean-Jacques est là pour lui rendre un dernier hommage. Il prend la parole : « Elle était là aux côtés de Coluche. Elle a été là après lui. Elle était là pour imaginer de nous réunir tous […] aux répétitions, aux concerts, aux réunions, discrète, efficace, elle était là, pour parler aux nombreux critiques…, aux médias, au monde artistique, comme aux bénévoles, aux techniciens, elle était là… séduisante, envoûtante, toujours impeccable. Puis au début de l'émission des Enfoirés, elle était là pour aller convaincre les artistes un à un, pour organiser, diriger, choisir. Elle était là. Pendant les coups durs, elle était

1. Alexandre Fievée, *Fredericks Goldman Jones, de l'intérieur*, Gründ, 2018.

là. […] Pour réconforter un ami, elle était là. Pour combattre un ennemi, elle était là toujours. Elle était secrète, elle parlait peu d'elle, éludant jusqu'à sa maladie, mais son ironie, son sourire, ses phrases laser, ses mots brillants et tendres portaient toujours… […] Marius et Romain, vous perdez votre maman. Nous perdons notre amie et notre repère. » Il termine son hommage en chantant *a cappella*, presque dans un murmure, les derniers couplets de *La Chanson des Restos*.

Certes il a passé la main pour le spectacle annuel des Enfoirés, mais il envoie des petits mots d'encouragement à l'équipe et donne des conseils à la productrice Anne Marcassus, quand elle le sollicite. Michael Jones est toujours dans la troupe et n'a manqué que trois éditions. « Je suis un peu nostalgique de l'époque où l'on avait beaucoup de choix de reprises – après trente ans, c'est forcément plus restreint –, mais je m'amuse toujours, explique-t-il. Maxime (*NDLR : Le Forestier*) étant absent cette année, je suis le doyen. J'y resterai jusqu'à ce que je ne puisse plus physiquement. Enfoiré un jour, Enfoiré toujours[1]. »

En 2016, une majorité de citoyens britanniques avaient voté pour sortir de l'Union européenne. Initialement prévu le 29 mars 2019, le Brexit a été repoussé à trois reprises jusqu'en janvier 2020. *Quid* du statut des résidents non britanniques ? Jean-Jacques, préoccupé par les conséquences et les changements que provoquera la sortie du Royaume-Uni de l'Europe, effectue les démarches administratives inhérentes à sa condition de résident afin de ne pas perturber la scolarité de ses filles. Il choisit Valmorel, en février 2020 pour passer les vacances hivernales en famille. Il arpente, chaque hiver, les pentes de la vallée du Morel et s'est même initié, selon les habitués de la station, à la pratique du ski de randonnée. Il reste à distance, sans tapage ni volonté de s'arroger des privilèges que certains se senti-

1. *Le Parisien*, 8 mars 2019.

raient en droit d'attendre de ceux qui les accueillent ou les servent. Pas de publicité autour de sa personne et des siens, pas de photographies. Ordinaire ! Il y tient. Il l'a bien expliqué à Alain Etchegoyen : « Le problème, ce n'est pas que les gens t'aiment encore ou qu'ils ne t'aiment plus, le problème, c'est que quand ils te voient, tu es quand même quelqu'un de différent. Ils ne vont plus te voir comme quelqu'un à découvrir mais comme une image, comme ton image[1]. »

De retour à Londres, il est sidéré par l'annonce de l'Organisation mondiale de la santé (OMS). Celle-ci déclare que l'épidémie due au Covid-19 est considérée comme une pandémie, la première causée par un coronavirus[2]. Apparue en décembre 2019, elle inflige aux Français une terrible hécatombe. Des mesures de confinement sont décrétées alors que le personnel médical lutte pour endiguer sa propagation et venir en aide aux malades. Jean-Jacques sort de sa retraite afin d'apporter son soutien « aux héros du quotidien », infirmiers, soignants, médecins, pompiers, livreurs, facteurs, routiers et tant d'autres. Il reprend son titre *Il changeait la vie* dont il modifie les paroles pour leur offrir une nouvelle chanson intitulée *Ils sauvent des vies.* Tous les droits générés par ce titre seront reversés à la Fondation de France qui les répartira selon les besoins.

Loin des yeux, loin du cœur… Que nenni ! L'émission, présentée par Laurent Delahousse, *Un jour, un destin*[3] consacrée à Jean-Jacques, diffusée sur France 3, scotche les Français devant leur poste de télévision. Le documentaire revient sur quarante ans d'une carrière d'exception, hors-norme. S'il ne s'est pas opposé à la réalisation du document, l'intéressé n'a pas souhaité y participer. Il a fait confiance, laissé carte blanche au réalisateur. On croyait tout savoir sur l'artiste, pourtant on en apprend encore, par petites touches. Des amis à lui, d'anciens collaborateurs, des musiciens témoignent de leurs expériences à

1. Alain Etchegoyen, *Les pères ont des enfants. Dialogue entre deux pères sur l'éducation*, Le Seuil, 1999.
2. Déclaration de l'OMS le 11 mars 2020.
3. Un jour un destin, 23 septembre 2020, France 3.

ses côtés et partagent des anecdotes. Jean Bender fait référence à une phrase bien particulière du succès *Quand la musique est bonne* où il chante : « J'ai trop saigné sur les Gibson… » En effet, c'est du vécu, confirme-t-il. Après avoir joué pendant des heures dans une salle des fêtes de banlieue : « On était tous transis de froid et Jean-Jacques qui assurait les chorus n'en pouvait plus. Il avait les doigts complètement gourds, presque en sang, et il avait déjà une Gibson. » Ce retour par images et souvenirs interposés rassérène un peu ses fans. Et puis, sur l'album *Un air de famille*[1] de Patrick Fiori, ils découvrent *Nous ne le savions pas*, une valse surprenante et si touchante composée par Jean-Jacques.

Je te chante un monde presque oublié
Où les grand-mères embrassaient les enfants
Un monde tête à tête et mains nouées […]
Ces évidences, aujourd'hui des regrets
Mais nous ne le savions pas […]
Nous étions des princes, nous étions rois
Mais nous ne le savions pas[2].

L'interprète s'en émerveille encore : « Je suis un privilégié. Quand il écrit encore ce genre de chanson-là et qu'il me l'envoie et il me dit : “Je t'ai écrit un truc un peu particulier.” Il ne me dit pas pourquoi, il ne me dit pas comment. Je reçois une maquette avec sa voix en règle générale, que je garde précieusement et que j'efface. Je me mets derrière le micro et je me dis : “Mais c'est pas possible !” Quand il dit “Je chante un monde envolé”, il a tout raconté. Il est encore là, Jean-Jacques. Oui, je l'appelle sur mes projets, je lui demande des conseils. Y'en a qui vous saoulent quatre heures, lui, en quatre phrases, il vous a tout expliqué, mais surtout sans aucune prétention, sans aucun “je” ou “fais“. C'est toujours “Essaie, tu verras, tu trouveras”. »

1. Album *Un air de famille*, sorti le 2 octobre 2020.
2. Paroles *Nous ne le savions pas*.

La concorde et l'harmonie entre compositeur et interprète sont bien pâles comme échos pour une certaine presse avide de chaos et de tapage. Il lui faut du croustillant, du juteux, pour lancer des polémiques, des querelles, susciter l'indignation, offusquer les lecteurs. « Goldman touche 5500 euros de droits d'auteur par jour », balancent des journalistes. Voilà de quoi indigner le citoyen, doper les ventes des magazines. Et alors ? Jean-Jacques, drapé dans le silence, ne change pas ses habitudes. Autour du 24 décembre 2021, il est aperçu dans sa station de sports d'hiver fétiche de la vallée de la Tarentaise. Il n'y a rien de nouveau sous le soleil. Que passent les fâcheux ! C'est ailleurs, là où l'on ne l'attend pas, qu'il laisse une trace. En effet, le groupe corrézien Trois Cafés gourmands épate l'ensemble de la profession en lançant son titre *Quand* coécrit avec Jean-Jacques[1]. Celui-ci, personne ne l'avait vu venir. S'ils ne se sont jamais rencontrés, les membres du groupe aiment à raconter les événements qui ont précédé. Jérémy Pauly fut très surpris d'apprendre que Jean-Jacques suivait le projet du groupe depuis un certain temps. Il appréciait le fait qu'il venait du milieu de la scène et que le public les avait amenés au succès. C'est vrai qu'ils ne se sont jamais rencontrés, ont communiqué via des centaines de mails ou par visioconférence. La chanson restera secrète pendant deux ans. Ni leurs proches ni leur maison de disques n'étaient au courant de ces échanges.

Sébastien Gourseyrol confirme : « Avant d'être une chanson, c'est vraiment une amitié qui est née, ça a été une continuité d'une discussion démarrée il y a deux ans. […] ça commence par des échanges par e-mail, et une amitié qui débute et qui amène sur un travail collaboratif. » L'idée d'une possible écriture commune se fait jour. Puis, Jean-Jacques compose la musique, et les paroles sont écrites à huit mains. « Il nous disait "Est-ce qu'il vous plaît le titre ? Est-ce que vous êtes sûrs, parce que ce n'est pas moi qui y vais, c'est vous qui allez au travail, c'est vous qui allez le défendre, c'est votre bébé[2]". »

1. *Quand*, septembre 2022.
2. BFM TV, 23 septembre 2022.

Les thèmes développés dans *Quand* ne peuvent qu'éveiller les consciences en particulier sur l'écologie. « Mais pas seulement, souligne Sébastien Gourseyrol. Sur la paix dans le monde, sur la tolérance entre les gens. » Jérémy Pauly ajoute : « Sur les choses belles qu'on peut encore trouver sur terre. On n'avait pas envie d'être moralisateurs, mais que les gens s'éveillent sur ces sujets qui nous paraissent fondamentaux. » Mylène Madrias[1] confie : « On est hyper-contents, flattés et très chanceux, on le sait, de défendre un titre qu'on a coécrit avec lui. »

Dans le cadre de l'élaboration de leur livre *Stars & Lycéens, positifs contre le coronavirus*, les élèves de deux classes de seconde du lycée Joffre de Montpellier interviewent huit célébrités pour connaître leur ressenti face à la pandémie de Covid-19. Ils ont réalisé des travaux littéraires, des analyses de chansons telle *Né en 17 à Leidenstadt* de Jean-Jacques Goldman, *La Corrida* de Francis Cabrel, l'adaptation d'*Anna Karénine* avec Sophie Marceau, celle de *Robinson Crusoé* avec Pierre Richard. Jean-Jacques a accepté de répondre à leurs questions par écrit. « Avez-vous un message à faire passer aux jeunes générations qui évoluent et se construisent dans une époque marquée par la pandémie ? » avaient-ils demandé. « Ma génération a été très épargnée par l'existence, mais la vôtre est confrontée à une véritable épreuve, ce virus, a-t-il répondu. Nous pensions que la vie était simple, et que le Rwanda, la Bosnie, le Liban, la Syrie, l'Afghanistan étaient sur une autre planète… Mais nous nous trompions ; depuis toujours, la vie des hommes est compliquée et dangereuse. […] J'ai beaucoup pensé à ma maman qui avait dû fuir son pays natal, l'Allemagne, en 1933, à douze ans. Elle avait appris le français à l'école, qu'elle adorait, et puis la guerre est arrivée. Elle a dû se "confiner" dans un petit village avec ses parents, ça a duré quatre ans… Quatre ans sans école, sans amis, sans Internet, peu de nouvelles, avec la peur quotidienne d'être dénoncée et arrêtée. Mais la libération est arri-

1. BFM TV, émission direct 23 septembre 2022.

vée, elle a pu enfin sortir, travailler, tomber amoureuse, élever trois enfants, vivre une belle vie, et a même passé son bac… à soixante-dix ans ! » Il conclut son propos ainsi : « Donc mon “message” sera : espoir ! » L'ensemble des bénéfices du livre, publié en décembre 2021, est destiné à la Croix-Rouge.

L'émission *Star Academy*, en octobre 2022, se dote d'un nouveau directeur, Michael Goldman. Tandis que le magazine *VSD* révèle que son père a loué pour deux ans une demeure dans une banlieue résidentielle à l'ouest de la capitale britannique pour un million de livres (un million deux cent mille euros), *Voici*[1] commente dans ses pages : « Jean-Jacques Goldman débourserait ainsi cinquante mille euros par mois pour une demeure en location. Un prix justifié par une piscine située sur le toit de la résidence ainsi qu'une vue imprenable sur Green Park et cinq chambres. Et comme l'ancien pilier des Enfoirés ne fait rien comme les autres, il aurait payé deux ans de loyer en avance, soit un million deux cent mille euros ! »

« Et partout ça mitraille[2] », chante Jean-Jacques depuis bien longtemps.

Cent mille vérités
On jure on clame on braille
Ça vient d'tous les côtés
Radios et haut-parleurs
Des chaînes par milliers
Et passent les rumeurs
Promis craché juré vérifié officiel certifié
Mais c'est pas vrai.

L'Héritage Goldman[3], un album de reprises, grâce à la participation d'Erick Benzi et Michael Jones, fait revivre son répertoire. Les sœurs Camille et Julie Berthollet, Marina

1. *Voici*, 2 décembre 2022.
2. Paroles chanson *C'est pas vrai.*
3. *L'Héritage Goldman,* volume 1, sorti le 21 janvier 2022.

Kaye, Lilian Renaud, Mary Cooper, le Chœur Gospel de Paris reprennent douze de ses plus grands titres : *Quand la musique est bonne, Envole-moi, Là-bas, Encore un matin, Il suffira d'un signe, Je marche seul, Je te donne*, etc. Le volume 2 sort en décembre avec de très belles interprétations de Céline Dion, Céphaz, Patricia Kaas, Cyprien, Carla Bruni. À partir de mars 2023, après une série de représentations à Paris, dont une à L'Olympia, le spectacle, prolongé au Palais des Sports en septembre, part en tournée en France jusqu'à la fin de l'année 2024.

Comme chaque été, il a réuni tous les siens dans sa maison de campagne en Bourgogne, alors que les baveux spéculent sur le possible buzz de la rentrée. Dans les salles obscures, le long-métrage *Le Procès Goldman*, de Cédric Kahn, revient sur l'affaire Pierre Goldman[1]. Présenté en ouverture de la *Quinzaine des Cinéastes*, le film, un huis clos, traite de la partie judiciaire de l'affaire. Arieh Worthalter y campe un Pierre Goldman défendu par l'avocat Kiejman dont le rôle a été attribué à Arthur Harari. Jean-Jacques apparaît sous les traits d'Ulysse Dutilloy-Liégeois. Si les dialogues sont pour partie repris des propos tenus par Pierre lors de ses divers procès, le film n'est pas une reconstitution fidèle du procès d'assises. Cédric Kahn, secondé par la scénariste Nathalie Hertzberg, a choisi de mêler les deux procès de Pierre. « On a intégré des éléments qui ont été découverts après le procès, indique-t-il. On a pris pas mal de libertés, mais en même temps, on est restés très fidèles : la plaidoirie de Kiejman est quasiment la même au mot près, celle de l'avocat général aussi. » Il précise : « C'est le sujet qui a dicté la forme. Je voulais montrer l'art oratoire d'un procès et la difficulté de rendre la justice. » Indirectement au cœur de l'actualité, Jean-Jacques ne commente pas. Que s'agitent les rédactions, que spéculent les correspondants de presse. Beaucoup de bruit pour rien. Ce sera sans lui.

1. *Le Procès Goldman*, sortie en salle le 27 septembre 2023.

Voici ce qui le réjouit en novembre 2023 : Sarah Brightman a repris son titre *Le bonheur est multicolore*. Peu connue en France, la chanteuse possède pourtant une discographie impressionnante. Elle a joué dans de nombreuses comédies musicales dont *Cats* et *Le Fantôme de l'opéra*. Souvenez-vous, *Le bonheur est multicolore* avait vu le jour en 2013, avec les élèves de l'école Prado-Plage à Marseille. Autre satisfaction, alors que se profilent les célébrations de Noël, le violoncelliste Gautier Capuçon dévoile *Pense à nous*, le titre écrit par Jean-Jacques pour son album *Destination Paris*[1]. Son admiration pour lui remonte à sa prime jeunesse. Il raconte volontiers que depuis l'âge de cinq ans il a été bercé par les refrains de Goldman car sa sœur aînée, Aude, qui occupait la chambre contiguë à la sienne, écoutait ses tubes en boucle à longueur de journée. Sur son album *Destination Paris*, Gautier Capuçon souhaitait interpréter, en version instrumentale – violoncelle et orchestre –, le titre *Envole-moi*. « Je ne le connaissais pas, confie-t-il. J'étais fan depuis mon enfance et je rêvais depuis quelques années de lui demander d'écrire quelque chose pour moi. Je lui ai envoyé un e-mail en lui racontant mon projet avec les enfants. Et donc je lui parle de ce projet, je lui demande d'écrire un titre joyeux, qui rassemble. Il m'a répondu. » Gautier Capuçon savoure ce privilège : « On a travaillé ensemble. Il était là pendant l'enregistrement. » Une chorale de jeunes composée par des membres de l'association Orchestre à l'école, des Maîtrises de Radio France de Paris et de Bondy interprète la chanson. Jean-Jacques est venu spécialement, en avril, pour assister à l'enregistrement conduit par Lionel Bringuier, au Studio Colonne à Paris. Cerise sur le gâteau, Gautier Capuçon, très impressionné, a enregistré le titre *Envole-moi* en présence de son créateur qui s'est dit enchanté d'entendre sa chanson en version purement instrumentale.

1. *Pense à nous*, titre de Jean-Jacques Goldman, sur l'album *Destination Paris*, annoncé le 7 décembre 2023.

L'Homme en or n'a pas tiré sa révérence…

Jean Théfaine l'avait interrogé en 1986[1] à propos de l'empreinte qu'il pourrait laisser après sa disparition : « Quelle épitaphe aimerais-tu quand tu auras définitivement tiré le rideau ? » Jean-Jacques répondit : « Il n'y a rien de plus triste qu'une épitaphe. Ce que je voudrais, c'est qu'on m'oublie. N'importe comment, on m'oubliera, mais le fait de l'avoir décidé, je trouve ça un peu moins décevant. »

Qu'on se le dise, la postérité, peu lui chaut. Ce n'est pas d'aujourd'hui. « Les chansons sont là à la naissance et à la mort des gens. Cela est tellement énorme que la question de la postérité me paraît absolument subsidiaire par rapport à une telle réalité touchante qui ressemble à une bande-son de la vie, qu'on le veuille ou non. On peut détester Claude François ou Édith Piaf, mais les gens se rencontrent, se regardent et s'aiment sur ces chansons-là[2]. »

Cela ressemble fort au ressenti de son pote Coluche qui avait proposé pour sa propre épitaphe : « Circulez, y'a rien à voir ! » Ces deux Enfoirés-là n'ont que faire de la vanité des hommes.

★

1. *Ouest-France*, 12 juillet 1986.
2. *L'Union de Reims*, 17 mai 1998.

Remerciements

La reconnaissance est la mémoire du cœur.

Hans Christian Andersen

Merci à :

Michel. « *The road is long with many a winding turn that leads us to who knows where. But I'm strong. Strong enough to carry him. He ain't heavy, he's my brother... So on we go... It's a long long road from which there is no return... And the load doesn't weigh me down at all. He ain't heavy, he's my brother...* » Bill Medley, *He's ain't heavy, he's my brother* (Bob Russell and Bobby Scott)

Joëlle Couvidat. « Je te donne toutes mes différences. Tous ces défauts qui sont autant de chances. On sera jamais des standards, des gens bien comme il faut. Je te donne ce que j'ai, ce que je vaux. […] Je te donne nos doutes et notre indicible espoir. » (Jean-Jacques Goldman)

Bertrand Meyer-Stabley. « Garde cette chance. Que nous t'envions en silence. Cette force de penser que le plus beau reste à venir. » (Jean-Jacques Goldman)

Isabelle de Giverny, Nathalie Leduc, le personnel de l'INA. Frédéric Thibaud, Anne Coucogne, Emmanuelle Raux-Boterberg et toute l'équipe de City éditions.

Références bibliographiques

Ambre Bartok, *Les Goldman : Dans l'intimité des frères Goldman*, Pygmalion, 2018.

Patrick Amine, *Jean-Jacques Goldman*, Albin Michel, 1988.

Patrick Amine, *Jean-Jacques Goldman, un monde à part*, Bartillat, 2007.

Lucien Aimé-Blanc et Jean-Michel Caradec'h, *L'Indic et le Commissaire,* Plon, 2006.

Florent Berriot, *Florent Pagny, Rester vrai*, Éditions l'Étoile du Sud, 1998.

Patrick Bruel, Conversation avec Claude Askolovitch, Plon, 2011.

Philippe Deboissy, *Tout sur Goldman*, Hyperstar, 1986.

Alain Etchegoyen, *Les pères ont des enfants. Dialogue entre deux pères sur l'éducation*, Le Seuil, 1999.

Alexandre Fievée, *Jean-Jacques Goldman, sur ses traces*, Gründ, 2016.

Alexandre Fievée, *Fredericks Goldman Jones, de l'intérieur*, Gründ, 2018.

Pierre Goldman, *L'Ordinaire Mésaventure d'Archibald Rapoport*, Julliard, 1977.

Pierre Goldman, *Souvenirs obscurs d'un juif polonais né en France*, Seuil, Paris, 1975.

Mathias Goudeau, *Jean-Jacques Goldman, une vie en musiques*, City éditions, 2005.

Éric Jean-Jean, *Goldman, une vie en chansons*, J'ai Lu, 2023.

Éric Le Bourhis, *Le mystère Goldman - Portrait d'un homme très discret*, Paris, Prisma, 2014.

Valérie Péronnet, *Les Restaurants du Cœur, les Relais du Cœur*, Michel Lafon, 2000.

Michaël Prazan, *Pierre Goldman, le frère de l'ombre*, Seuil, 2005.

Jacques Ravine, *La Résistance organisée des juifs en France 1940-1944*, Paris, Julliard, 1973.

Retrouvez-nous sur les réseaux sociaux :

City Editions

www.city-editions.com

@cityeditions

www.facebook.com/cityeditions/

@CityEditions

@cityeditions

Achevé d'imprimer en octobre 2024
sur les presses de la Nouvelle Imprimerie Laballery
58500 Clamecy
Numéro d'impression : 409369

Imprimé en France

La Nouvelle Imprimerie Laballery est titulaire de la marque Imprim'Vert®